トピックスで読み解く

国際経営

板垣　博・周佐喜和・銭　佑錫

［編著］

文眞堂

はしがき

　本書は，様々な事例を読み解くことによって，読者に国際経営についての理解を深めてもらうことを目的としている。既に，「事例」や「ケース」をタイトルに掲げる著書がいくつかある中で，本書にはどのような特徴があるかを述べておきたい。

　第1に，序章および各章冒頭の「事例を読む前に」において，国際経営の理論や基本的フレームワークは説明するものの，個々の事例を理論やフレームワークと強く結び付けすぎないのを編集の基本方針とした。それによって，読者の中心となる大学の学部学生が，この事例はどの理論やフレームワークを適用すればよいかを自分自身で考える力を養うことができる。また，教える側の教員にとっても，様々な側面をもつ事例をどう読み解くかを学生達と議論する幅が広がるであろう。もちろん，事例によっては，理論とフレームワークを解説しておく必要があるものも存在する。その場合は，本文ではなくQRコードに収めた文章で説明を加えている。それと関連して，理論だけでなく，用語の解説などでQRコードを積極的に活用しているのも，本書の特徴である。

　第2に，事例に取り上げる対象企業の多様性を重視したことである。本社の所在地は，日本，中国，韓国，インド，アメリカ，ドイツ，イギリスなど多岐にわたる。事例として取り上げた海外子会社が事業を展開する地域も，アメリカ，中国，タイ，韓国，日本，インド，イタリア，中米，アフリカ，インドネシアなど様々である。業種においても，自動車・電子・繊維・日用品・薬品・食品などの製造業，IT業，小売業など多様である。本書の特徴である事例の多様性は，国際経営に関する視野を広げるのに大いに資するであろう。

　第3に，現場重視の姿勢である。何人もの実務経験者を執筆陣に迎えたのがその表れであり，研究者の場合は，実際に企業を訪問しインタビューや現場で得られた生の情報に基づいて執筆してもらった。現場で得られた生の情報は，学部学生のみならず，大学院生，研究者，若い実務家にも大いに役立つと考え

ている。その際，執筆者には，単に事実を紹介するのではなく，各事例の内部でそれぞれの事実がどのようなつながりをもち，いかなる因果関係があるかを重視して記述するようにお願いした。

　第4に，事例の鮮度にはこだわらないことを基本方針とした。単に鮮度を追い求めれば，その事例は時間の経過とともに陳腐化するであろう。鮮度が高い事例であれ，一昔前の事例であれ，国際経営を理解する上で大事な要素を豊かにもつ事例かどうかを選択の基準とした。

　編者3人は，それぞれの原稿を丁寧に輪読し，3人の合意に基づいて様々な注文や疑問を執筆者に投げかけて書き直しをお願いした。時には執筆者に対して失礼があったかもしれないが，それだけ本気で本書の出版に向き合った証であると自負している。それと同時に編者にとってこの議論は，まるで学生時代のゼミ活動に戻ったような知的刺激に富んだ楽しい経験であった。

　文眞堂の前野隆社長から事例を中心とする国際経営の教科書を出版してみないかとのお誘いを受けたのは，編者の1人である板垣が『東アジアにおける製造業の企業内・企業間の知識連携』を出版していただいたのがきっかけである。国際経営の講義を担当する中で，事例を中心として学生達と活発に議論できる教科書が欲しいと考えていたので，喜んでお引き受けした。同書の出版が2018年3月であるから，丸5年を経てようやくお約束を果たしたことになる。また，前野弘太氏には，前著と同様に丁寧な編集作業をやっていただけた。あらためて，感謝したい。

　1人でも多くの人に本書を手に取ってもらい，国際経営に関する興味と知識を深めていただければと願っている。

『トピックで読み解く国際経営』APPENDIX 一覧

https://www.bunshin-do.co.jp/contents/5234/appendix_0.html

2023年3月

板垣　博・周佐喜和・銭　佑錫

目　次

第2章
多国籍企業のグローバル調整

第 3 章

経営活動の海外展開

【事例を読む前に】
日本企業の経営システムの海外移転：その難しさと「解決」

第4章
国境を越えた人的資源の活用

【事例を読む前に】海外駐在員と現地人材のマネジメント

第5章
多国籍企業と現地の経営環境

序

国際経営とは何か

国際経営とは何か

　「経営」に「国際」が付くと何が変わるのだろう。そもそも「国際」とは何だろう。言葉の単純な言い換えではない特有の語り口で根強い支持者をもつ『新明解国語辞典』（三省堂）で「国際」の項目を見ると、「自国の中だけにとどまらず、他の国と何らかのかかわりをもつこと」とある（第八版）。したがって国際経営とは、企業が当初事業を始めた自国の中だけにとどまらず、国境の外の世界と関わりをもちながら行う活動のことである。

　企業は国境の外の世界、つまり自国以外の国々とどのように関わりを持つのであろうか。まずは、貿易である。企業は、自国で生産した製品を外国の市場に輸出し、自社が必要とする部品や原材料を外国から輸入することで他の国と関わりを持つ。さらに、企業が海外に子会社を持つようになると、他の国との関わりはよりいっそう深くなっていく。海外において企業が子会社を保有する目的は、販売、生産、サービスの提供、製品開発、基礎研究など様々である。そうした様々な目的を果たすために、海外の子会社は、現地の従業員を雇用する、現地の部品・原材料を調達する、現地で資金調達を行う、現地の政府と交渉するなど、進出先の国と多方面でより深い関係を築くようになるのである。

　企業が、海外で新規に子会社を設立したり、現地の企業を買収して子会社化したりするための投資を海外直接投資という。海外の子会社は現地の法律に基づいて設立されるので、海外現地法人とも呼ばれる。さらに、本国にある本社は、海外子会社における様々な活動を管理したり支援したりするので、本社自体が外国との関係を深めていくようになる。

　それでは、国境の外では国内と何が違ってくるのだろう。次の写真を見て欲

しい。マレーシアの首都クアラルンプールにある衣料品店で，2 人の女性が衣服を試着したところである。この店は，日本に本社がある有名な衣料品量販店であるが，この写真からその店の名前を言い当てるのは難しいのではないか。実は，この店はユニクロである。日本のユニクロに一般的に置いてある商品とは色もスタイルもかなり違っている。2 人が頭に着けているのはヒジャブといって，イスラム教徒の女性が人前で髪を見せないためにかぶるものである（最近では日本国内のユニクロでもヒジャブを扱う店があるが）。同じユニクロでも，国によっては顧客の好みや宗教上の理由によって品揃えが異なってくる。衣服だけでなく，食品，化粧品，家電製品，自動車などに対する顧客の好みが外国では異なっているのは誰でも知っている。もちろん，一国のなかでも，地域差など様々な要因によって好みの違いは生じる。しかし，自国内に比べて，国境の外ではその差がいっそう大きくなるのが一般的である。その分，企業にとっての対応が難しくなる。

　外からは見えない人間の心の中＝価値観にも国の内と外とではかなりの違いがある。日本企業が先進工業国への本格的な投資を開始した 1980 年代に，アメリカに進出した日本企業の子会社を訪問した折りに，1 人の日本人経営者が驚いたように言った言葉が，今でも印象に残っている。「ここの人たちの中には，仕事がよくできるので昇進させようとしても断る人がいるんですよ。多少

図表序-1　マレーシアのユニクロ

カラー写真

出所：筆者撮影。カラー写真 URL：https://www.bunshin-do.co.jp/contents/5234/appendix_0001.html

給料が上がっても，変に責任を持たされるよりは，今の地位にいる方が良いと言うんですね」。当時の日本の大企業の多くの社員が出世したいと考えているのが当たりまえ，という価値観からは驚きの発見であったであろう。給与の差の付け方も，何が望ましいかは国によって異なってくる。一生懸命働く人とそうでない人の差が大きな社会では給料の差を大きくする方が合理的であるし，逆に人による勤勉さの違いがあまり大きくない社会では，給料の差をつけすぎるとかえって多くの人々のやる気を阻害してしまう。時間に対する向き合い方も国によって大きな違いがある。日本企業の海外拠点を訪問するときには，少なくとも１カ月以上前に交渉を始める必要がある。一方，中国や韓国の企業との交渉では，１カ月前に依頼をしても，先のことは判らないのでもっと近くなってから相談しましょうと，言われる場合が少なくない。

　１人当たりの GDP で示される経済の発展段階，道路，鉄道，通信などの社会的インフラストラクチャーの整備の度合い，貧富の格差の大小，初等教育から高等教育に至る教育水準といった経済・社会状況が，国によって大きく異なっている。また，政府の権限，会社法や労働法をはじめとする法制度，労使が対立的であるか協調的であるかの労使関係などにも違いがある。

　しかも，単なる国の内と外の違いだけでなく，一口に外国といっても，国や地域の間には様々な相違が存在する。さらに，相手国によっては，日本などと比べて，１つの国の内部で大きな差がみられる場合も少なくない。先ほどのマレーシアを例にとると，マレー系，中国系，インド系の人々が暮らしており，それに応じて宗教上の戒律，食生活をはじめとする習慣，家庭内で使われる言語が異なっているのである。

　国際経営とは，こうした多様で複雑な世界の中での企業の活動なのである。そこには，当然のことながら，様々な困難が待ち受けているが，逆に，そうした違いをうまく活かして企業の中に取り込んでいくこともまた，国際経営の重要な側面であると言って良い。

　海外直接投資を積極的に行い，いろいろな国に子会社（現地法人）を保有する企業を多国籍企業という。多国籍企業は，より深い形で外国との関わりを持つ企業なので，企業の国際経営＝多国籍企業の経営，といってもよい。したがって，本書では多国籍企業を中心に取りあげ，その経営を様々な側面から論

4

じていく。

　多国籍企業の海外子会社＝海外現地法人は，先にも述べたように進出先の法律に基づいて設立されている。したがって，多国籍企業は，本社と子会社から成る様々な国籍を持つ法人の集合体と考えることができる。多国籍企業とは，国境によってもたらされる複雑性，多様性に対応し，かつ活かしていくことの重要性と，現地法人の単なる寄せ集めではなく，全体としてその企業らしさを追求することの必要性を，同時に表現した言葉なのである。

　多国籍企業とよく似た表現でグローバル企業という言葉がしばしば使われる。厳密な意味で両者の定義がどう異なるかは，必ずしも定かではない。しかし，グローバル企業という言葉が，国境を越えて活動するという側面を重視するのに対して，多国籍企業は，国境によってもたらされる複雑性，多様性にいかに対応し，かつ活かしていくかを重視した表現である。しかも，様々な国にある現地法人の単なる寄せ集めではなく，全体としてその企業らしさを追求する必要がある。そうした意味を込めて，本書ではグローバル企業ではなく多国籍企業という言葉を使いたい。

グローバル統合とローカル適応

　本書で国際経営の主要な担い手として取り上げる多国籍企業は，今日，私たちの身近な商品を提供する存在になっている。洗剤やシャンプーなどを提供するP&G社は，アメリカに本拠を置く多国籍企業である。iPhoneで知られるアップルや清涼飲料水のコカ・コーラなども，アメリカから世界中に進出した多国籍企業である。また，インスタントコーヒーやキットカットなどで知られるネスレは，スイス発祥の多国籍企業である。日本のトヨタ自動車も，世界中に工場を有して自動車を生産・提供する多国籍企業である。

　こうした多国籍企業が世界中で存在感を持っているのは，国境を越えて通用する競争上の強みを持っているからだと考えられる。上で挙げた5社は，いずれも世界中で通用する高いブランド力や，多くの国の顧客から支持される優れた商品（製品）を開発できる力を持っている。また，トヨタ自動車では，品質の良い製品を高い費用をかけずに生産できる力，という強みも見落とせないだ

ろう。多国籍企業は，このような国境を越えて通用するその企業ならではの強みに支えられているのである。

　しかし，前に触れた通り，国境を越えて活動する多国籍企業は，国境によってもたらされる複雑性や多様性に対応することを迫られる。そのため，本国と海外進出先とでは，提供する商品を変えることがしばしばある。P&Gの洗剤やシャンプーには，世界共通のブランドが使われることが一般的であるが，中身の成分は国ごとに変えていることが多い。それは，国ごとに，使用する水の性質の違い（ミネラル分の多い硬水と少ない軟水とでは，汚れを落とす成分の効き方が違ってくる）や，使用する水の温度の違い（洗濯の際にお湯を使うか，水を使うかの違いがあり，やはり汚れを落とす成分の効き方が違ってくる），使用する顧客の香りに対する好みの違い（日本では柑橘系の香りが好まれるが，他の地域では違った香りが好まれる）などが存在するためである。また，ネスレのキットカットは，パッケージデザインは世界中で共通だが，中身の風味は国や地域ごとに異なっている。P&Gやネスレは，国ごとの違いに対応しながら，その違いに合わせた商品を提供しているのである。このように，企業が進出先の国や地域の特性に合わせて活動を展開することを「ローカル適応」と言い，国際経営において重要な要素である。

　しかし，多国籍企業の中には，世界中で共通の商品を提供するところも目に付く。アップルのiPhoneやコカ・コーラのコーラ原液などは，世界中どこでも同じものが提供されている。では，なぜ，国ごとの違いを出さずに，世界共通の標準品を提供できるのか。商品デザインや性能・機能，品質，ブランドなど含めた商品トータルの魅力が，国境の垣根を越えて多くの顧客に支持されているからである。裏を返せば，進出先の現地企業では，これらに匹敵する魅力あるものが提供できない，ということを示している。例えば，日本で従来型の携帯電話を販売していた企業は，アップルのiPhoneの登場以後，急速に市場占有率を落としていった。企業が持つ世界中で通用する共通の強みを活用しようとする経営のあり方は「グローバル統合」と呼ばれ，前述のローカル適応と並んで，企業の国際経営では重要な要素とされる。

　グローバル統合とローカル適応の間には，一方を追求すると，他方が追求しにくくなるというトレードオフの関係が存在する，としばしば言われる。グ

6

ローバル統合を追求すると，海外の進出先で異なる商品を開発する試みの余地が小さくなる。他方，ローカル適応を進めると，世界共通で使用する部分が小さくなる。そのため，多国籍企業は，広く海外事業展開を進めていく上で，グローバル統合とローカル適応のどちらに経営の重点を置くのかを定める必要がある，というわけである。

　しかし，グローバル統合とローカル適応を，二者択一的な選択の問題として捉えるのは，正確ではない。実際には，両者の間の中間領域が広く存在し，その中のどのポジションを選ぶのかという選択の問題として捉えた方が，良いであろう。例えば，トヨタ自動車が世界で提供している自動車は，iPhone やコカ・コーラほど世界中で標準化されているわけでもなく，P&G の商品群ほど国ごとに異なっているわけではない。エンジンなど基幹部品は標準化を進めながら，車体のスタイリングなどでは進出先で異なる顧客の好みに合わせる努力がなされている。そのため，グローバル統合とローカル適応の問題は，二者択一の選択ではなく，両者のバランスをどのように取っていくのか，という問題なのである。

　もう1つ重要なのは，グローバル統合とローカル適応の問題は，海外で提供する商品開発だけの問題ではない，ということである。この節の冒頭で述べた，その企業特有の強みとその企業らしさを，国境を越えて世界中でいかに発揮するかは，多国籍企業におけるグローバル統合のまさに核心部分である。その際，本国において，その企業の強みを支えている生産の仕組みや販売・マーケティング活動の具体的なやり方，給与や昇進の決め方や人材育成方法といった人的資源管理のあり方などを，どこまで海外に適用するのか（グローバル統合），あるいは国や地域ごとの状況に合わせていくのか（ローカル適応），その結果，両者のバランスをどのように取って競争優位を発揮していくのかが，多国籍企業にとっての死活問題となる。具体的な内容についての説明は本書の各章を読んでいただきたいが，グローバル統合とローカル適応の問題は，企業の国際経営のほぼすべての領域に関連してくる課題なのである。

（板垣　博・周佐喜和・銭　佑錫）

企業はなぜ多国籍化するのか

【事例を読む前に】

企業の海外進出と優位性

1．企業が国際経営を行う色々な形態

　国際経営とは，企業が自国以外の諸外国と関係をもちながら行う経営活動である。企業は自国以外の国々とどのように関わりを持つようになるのであろうか。企業は何らかのモノやサービスを提供することで収益を得る組織である。企業は，まず自国で生産した製品を自国以外の国にも提供することで他の国とかかわりを持つことができる（輸出）。企業は自社が持っている技術情報の使用権を他の企業に売ることで収益を得たりもする（技術提携）。これは技術情報の使用を他の企業に許可する（ライセンスを与える）行為なので，技術ライセンシングとも呼ばれる。企業は海外の企業とこのような関係を持つことで他の国とかかわりを持つことができる（国際技術提携＝国際技術ライセンシング）。

　一方，企業がモノやサービスを生み出すためには，人材（ヒト），部材や設備（モノ），資本（カネ），情報といった経営資源が必要であり，それらを調達するのも企業の重要な活動である。必要とするこれらの経営資源を海外から調達することで企業は他の国とかかわりを持つことができる。外国の銀行からお金を借りるとか外国の株式市場に上場することで海外から資金を調達したり，必要な原料や部品，設備などを外国から購入して自国に持ち込んだり（輸入），海外の企業が持っている技術情報の使用権を購入したり（国際技術提携＝国際技術ライセンシング），することで他の国とかかわりを持つことができるのである。

　これまで企業が外国とかかわりを持つようになるいくつかの形態について説明したが，これらは，企業そのものは自国内にいながら海外とかかわりをもつ

形である。企業は，企業そのものを海外に拡張することによって，より本格的に他の国とかかわりを持ちながら経営活動を行うことができる。海外に資金を持ち出して（海外投資），自らの事業拠点を設けるのである。会社を所有して直接経営する目的で行われる投資は，利子や配当金を目的とした証券投資（間接投資）と区別して，直接投資と呼ばれるので，このように海外に会社を所有するために行う投資を海外直接投資と呼ぶ。このとき，海外に設けられた事業拠点は海外に作った子会社になるので海外子会社，海外に事業拠点を設けた本国の企業は親会社（本国本社）と呼ばれる。またこのような海外拠点は，現地の法律に基づいて設立された別会社であることから，（海外）現地法人と呼ばれたりもする。海外に別会社として設立された海外子会社（現地法人）は，外国の現地で事業活動を行うので経営活動のあらゆる側面でその国とかかわりを持つようになるのである。

　一言で海外子会社といってもその形は様々である。まずは，海外子会社を持つ方法である。現地で会社を新設する方法と既存の現地企業を買収（M&A）する方法がある。前者をグリーン・フィールド（Green Field），後者をブラウン・フィールド（Brown Field）と呼ぶ。既存企業の買収は手っ取り早いというメリットはあるが何かと既存企業の元の人員ややり方が残るために新設する方法に比べると子会社を自分の思い通りに設計運営できないというデメリットがある。

　もう1つは，海外子会社への出資比率による分類である。単独で全額を出資する独資形式と他の企業と合同で出資を行う合弁形式がある。合弁形式は資金負担が軽いという面と合同出資する企業の経営資源を活用できるという面でメリットがあるが，共同経営をしなければならないという負担と子会社の利益を分け合わなければならないというデメリットがある。独資の場合は，逆のメリットとデメリットがある。既存の現地企業を買収（M&A）する際にも全部を買収する独資形式と，部分的に一部だけを買収する合弁形式がありうる。部分的な買収とは現地企業の資本金の一部分を所有することを意味するので，資本参加とも呼ばれる。

2. 企業はなぜ国際経営を行うのか：初期の2つの研究

　企業は当初事業を始めた自国内にとどまらず，なぜ諸外国と関係をもちながら経営を行うのであろうか。もし自国内では手に入らないものやサービスがあれば国境を越えて海外からそれらを購入（輸入）しようとするであろうし，自国以外での市場でも自ら生産したものやサービスを販売したい時には国境を越えて海外の市場にもそれらを販売（輸出）しようとするようになるであろう。企業そのものは自国内にとどまりながら行う輸出や輸入のような国際経営も，言葉の通じない，慣れない外国企業とのやり取りになるので簡単なことではないが，なんとか克服することもできるであろう。

　より多くの困難を伴う国際経営の形態は，諸外国に自社の一部といえる海外子会社を設立して直接経営を行うという形の国際経営である。いわゆる多国籍企業としての国際経営である。海外に会社を設立して事業活動を行おうとすると，まず当該国の法律や許認可制度に基づいて会社（現地法人）を設立しなければならないが，これが一苦労である。当該国の法律や許認可制度に関する情報を新たに収得しなければならない。また，当該国で実際事業活動を行うことになれば，当該国の文化や制度などに精通している現地のライバル企業と競争しなければならないが，これに勝ち抜いて事業活動を継続するということは生半可なものではない。

　企業はなぜ海外に子会社を設立して自ら経営しながら事業活動を行うのであろうか。今となっては多くの企業が行っていて，当たり前のようにも思えることであるが，考えてみると企業が自国以外の国で会社を設立して事業活動を行うということは簡単な話ではなく，実は非常に奇妙な現象なのである。この本を読んでいるほとんどの学生が日本の大学に在籍していると思われるが，みなさんがなぜ海外の大学への進学を考えなかったのかということを考えると，自国以外の国で事業活動をしようとする企業の行動が当たり前なものではないことがすぐ分かるであろう。

　この奇妙な現象に対する説明を試みた初めての学者は，ハイマー（Stephen Hymer）であるといわれる。彼は 1960 年に MIT 大学に提出した博士論文の

中で，一国の企業（National Firm）が海外に子会社を設立して国際的な事業
活動（International Operation）を行うようになるロジックを説明しようとし
た。慣れない外国の地で企業が事業活動を行うようになるのは，その企業が優
位性を持っているからだとし，優位性には，安い費用で労働力や資本を入手で
きる能力，効率よく生産や流通を行える能力，自社製品を他企業と差別化でき
る能力などがあるとした。このような優位性があるからこそ不利な外国で事業
活動が行えるだけでなく，現地企業との競争にも打ち勝つことができて利益を
あげることができるとした。しかし，自社の優位性を活用して海外市場から利
益をあげる方法には，その国で直接事業活動を行う以外にも，輸出や技術提携
といった形もありうるので，企業が優位性を持っているからといって，即海外
子会社を作るわけではないことには注意が必要である。

　ハイマーの後を追うように1966年にはお隣のハーバード大学のバーノン
（Raymond Vernon）教授が，企業が国際経営を行うようになる理由について
の論文を発表している。バーノン教授はまず世界をアメリカ，アメリカ以外の
先進国（他の先進国），途上国の3つの地域に分類したうえで，新製品を開発
したアメリカ企業がその製品のライフサイクル（導入期・成熟期・標準化期）
ごとにどのような形態の国際経営をなぜ行うようになるのかについて分析を
行っている。新たに開発された新製品というのはその企業の優位性になりうる
ものなので，バーノンの研究はハイマーの説明に企業が海外子会社を作るよう
になる条件を明確に加えたものであるということもできる。

　19世紀末以来，アメリカでは慢性的な労働力不足を背景に，高所得者向け
の労働節約的なイノベーションが多く生まれていたが，そのような新製品が市
場に出始める導入期は，新製品という珍しさから価格が高くても売れる時期で
あり，需要は所得水準の高いアメリカ市場に限られる時期であるため，アメリ
カ企業は新しい市場の確保や安い生産コストを求めて，他の先進国や途上国に
海外子会社を設ける必要性を感じない。時間が経過し，新製品が成熟期に差し
掛かると，新製品の価格も徐々に下がってきてアメリカ以外の先進国でも需要
が増え，アメリカ企業による輸出が増えるようになるが，自国企業を保護しよ
うとする他の先進国政府がアメリカからの輸入を規制するようになることか
ら，アメリカ企業は輸入規制の回避策として他の先進国に海外子会社を設けて

現地生産・販売を行うようになるとしている。最後に，製品が標準化期になると，もはやその製品は新製品とは言えず技術も普及して標準的なものになるので，この時期になるともっぱら低価格が重要となり，アメリカ企業は安い生産コストを求めて途上国に海外子会社を設けて生産を行うようになるという。

　ここまで，1960 年代に行われた代表的な研究であるハイマーとバーノンの研究を紹介した。バーノンはその後の論文で自分の理論が日本企業や欧州企業へも適用可能であることを指摘しているが，この 2 人の研究は主に 1950 年代のアメリカ企業による海外直接投資を説明しようとするものであった。1970年代に入ると，企業の国際経営に関するより一般的な説明を試みる研究が登場してくる。

3．企業はなぜ国際経営を行うのか：一般理論の試み

　ハイマーやバーノンとは異なった方法で，企業がなぜ多国籍化するのかを説明しようとしたのが，バックレイやカッソンなどのイギリスのレディング大学を中心とした研究者達が提起した内部化論である（Buckley & Casson, 1976）。内部化（internalization）とは，聞き慣れない言葉だろうが，市場での取引を企業内部に取り込むことをいう。既に述べたように，企業が海外とかかわるには，貿易，ライセンシング，直接投資の 3 つの方法がある。海外の輸入業者に自社の製品を売って輸出すれば，企業の外部にある市場を通じた取引である。ライセンシングも自社の技術情報などの使用権を外国企業に売るのであるから，これも市場を通じた取引である。他方，自社で海外に販売子会社や生産子会社を設立する直接投資は，自社の製品，本国で生産した中間財，自社の技術・ノウハウ，ブランドなどを，企業組織の内部で海外に移転するのであるから内部化となる。

　では，企業が市場取引ではなく内部化，すなわち直接投資を選ぶのはなぜだろうか。それを説明する道具立てとして，内部化論は「取引費用」の理論を援用する。取引費用の理論とは，コースによって提起された議論である（コース，2020）。コースは，市場で取引を行い価格のシステムを利用する際には様々な活動費用，すなわち取引費用がかかると論じて，主流派の経済学（新古

典派経済学）とは異なる市場のあり方を考察した。新古典派経済学ではこの取引費用の存在を考慮せずに，市場の仕組みや働きを論じてきたのである（コースは，その業績によってノーベル経済学賞を受賞した）。その後，取引費用の理論は，コースの後継者達によって精緻化された。この場合の，「費用」は単なる金銭的なものだけではなく，時間や労力も費用とみなされる。具体的には，信頼できる取引相手を見つけ出し，取引される商品の中身を事前に把握するための費用（探索と情報の費用），価格の交渉を行い，契約を取り結ぶのに必要となる費用（交渉と意思決定の費用），契約が遵守されているかを監視し，もし契約違反があればきちんと契約を履行させるための費用（監視と強制の費用）などが挙げられる。もちろん，様々な経営資源の移転を自社内に取り込む際にも，組織化の費用が発生する。コース達は，市場での取引を企業内部に取り込んで取引費用を削減する効果が組織化の費用を上回れば，そこに企業の存在意義があると論じた。

　バックレイやカッソンなどの内部化論では，この取引費用の理論を企業が多国籍化する要因として援用した。市場を通じた国際的な取引において発生する費用の典型的な例は，輸出相手国の政府が，自国の産業を保護するために関税を引き上る（関税障壁），輸入に対して数量制限を加えたり煩雑な手続きを要求したりする（非関税障壁）ことである。

　もう1つ，ライセンシングに関連した取引費用の事例を挙げてみよう。自社の技術・ノウハウ・ブランドなどの使用権を売り渡すライセンシングには様々な不安定要因が存在する。自社の技術が特許によって守られているとしても，どこまでがその特許の範囲なのかはしばしば係争の種となる。また，特許権の保護がそもそも不完全な国も存在する。特許に書き込まれないノウハウなどでは，自社が蓄積した知識と相手が独自に獲得した知識の線引きがいっそう難しくなる。相手は，そうした曖昧さを利用して，強力なライバルとなるかもしれない。逆に，ライセンシングを与えた相手が品質の悪い製品を市場に出して，自社のブランドを傷つける恐れもある。こうした輸出やライセンシングに伴う取引費用の発生を抑えるために，企業は国境を越えた取引を直接投資によって企業内部に取り込むと論じたのが，内部化論である（Rugman, 1981）。

　内部化論は，企業の多国籍化を説明する議論として説得力をもつ。ただし，

次の2点に留意する必要があるだろう。1つは，取引費用は必ずしも数量化できるものではなく，企業の行動を説明する道具立てと考えるべきであろう。2つ目は，経営資源の国際移転に際しては，内部化の費用，すなわち，不慣れな外国において自社の経営資源を活用するのに要する時間や労力といった有形・無形の費用が，国内に比べてより大きくなることを忘れてはならない。

　企業の優位性（所有の優位性），内部化の誘因，そして立地特性の3つを統合して企業の多国籍化を説明したのが，折衷パラダイム（OLIパラダイム）を提唱したダニングである。Oは所有の優位性（Ownership-Specific Advantages），Lは立地の特性（Location-Specific Variables），Iは内部化の優位性（Internalization-Incentive Advantages）である。

　所有の優位性はハイマー以来の議論の蓄積があり，内部化の誘因については内部化論が詳しく論じてきたので，ダニングが力を入れて考察したのが立地の特性，とりわけ直接投資を受け入れる国の立地特性である。立地の特性には，以下のようなものがある。①市場規模，所得水準，経済成長率，②天然資源や人為的に生み出された資源（例えば高度な教育を受けた人材や安価で良質な労働力）の賦存状況およびその価格，質，生産性，③社会的な基盤（経済制度，法制度，教育，交通，通信など）の整備具合，④受入国政府の政策——例えば投資への優遇策や逆の阻害要因，関税・非関税障壁，⑤輸送および通信費用，⑥投資国と投資先の間のイデオロギー，文化，言語，ビジネス慣行などの距離，などである。立地特性は直接投資の促進要因（この場合は立地優位性があるという）にも阻害要因にもなり得る。

　ハイマー以来の所有の優位性は，企業が多国籍化する上でのあくまで前提条件である。内部化の誘因や立地特性を総合的に判断して，企業は市場を通じた取引を行うのか（輸出やライセンシング）それとも直接投資を選択するのかを

図表 1-1

		O優位性	I優位性	L優位性
海外市場への進出方法	直接投資	有	有	有
	輸出	有	有	無
	ライセンシング	有	無	無

出所：Dunning (1988).

決めるとするのが，OLIパラダイムである。ダニングはOLIと企業の海外市場への進出方法との関係を次のように整理している。

すなわち，O，I，Lの優位性が3つとも揃ったときに，企業は海外進出をする方法として直接投資を，O優位性とI優位性はあるがL優性が欠ける場合には輸出を，O優位性のみの場合はライセンシングをそれぞれ選択するとした。

このOLIパラダイムは，しばしば折衷理論と称されるが，理論と言うよりはものの見方，すなわちパラダイムと考えるべきであろう。

（銭　佑錫・板垣　博・周佐喜和)

【参考文献】

Buckley, P., & Casson, M. (1976). *The Future of the Multinational Enterprise*. London: Palgrave Macmillan. (清水隆雄訳 [1993]『多国籍企業の将来【第2版】』文眞堂。)

Dunning, J. H. (1988). *Explaining International Production*. London: Unwin Hyman.

Hymer, S. (1976). *The International Operations of National Firms: A Study of Direct Foreign Investment*. Cambridge, MA: MIT Press. (宮崎義一訳 [1979]『多国籍企業論』岩波書店。)

Rugman, A. M. (1981). *Inside the Multinationals*. New York: Columbia University Press. (江夏健一・中島潤・有沢孝義・藤沢武史訳 [1983]『多国籍企業と内部化理論』ミネルヴァ書房。)

Vernon, R. (1966). International investment and international trade in the product cycle. *Quarterly Journal of Economics*. 80 (20), 190-207.

Vernon, R. (1979). The product cycle hypothesis in a new environment. *Oxford Bulletin of Economics and Statistics*, 41 (4), 255-267.

コース，R.H.〔宮澤健一・後藤晃・藤垣芳文訳〕[2020]『企業・市場・法』ちくま学芸文庫。

事例 1-1

日米貿易摩擦と日本自動車企業のアメリカ進出：
本田・日産・トヨタの事例

　本事例では，本田技研工業（以下本田），日産自動車（以下日産），トヨタ自動車（以下トヨタ）のアメリカ進出を取り上げる。具体的には，上記3社のアメリカ進出を促した日米貿易摩擦の概要，日米貿易摩擦を引き起こした日本の自動車会社の競争優位，進出当初の3社における経営の特徴，アメリカ進出に伴って実践された伝統型アメリカ自動車産業の経営革新の要点について記述する。本田，日産，トヨタの工場運営については，主として1989年のインタビューと工場見学で得た情報によっており，アメリカ現地生産の初期の状況を紹介することとなる。

1．日米貿易摩擦と本田・日産・トヨタのアメリカ進出

1.1　自動車をめぐる日米貿易摩擦の激化
　自動車産業における貿易摩擦の最も深刻な相手国はアメリカであった。1960年代後半に日本の自動車企業にとってアメリカはアジアを抜いて最大の輸出相手国となり，その後も1970年代を通じてアメリカへの輸出台数は大幅に増加した（図表1-1-1）。しかし，それが直ちに日米間の貿易摩擦を引き起こしたわけではない。かつては「高校生のおもちゃ」と揶揄された日本車であったが，日本でのモータリゼーションが本格的に始まった1960年代末には品質・性能ともに格段の向上を遂げた。安くて，燃費がよく，小さいという日本車の特徴は，当時ベビーブーマーと呼ばれた若い世代から支持を得たし，またセカンドカーとしてはうってつけであった。しかし，多くのアメリカ人消費者の好みに合った大型車は利益幅が大きく，それを主力とするアメリカメーカーと

図表 1-1-1　日本の四輪車地域別輸出台数の推移（単位：千台）

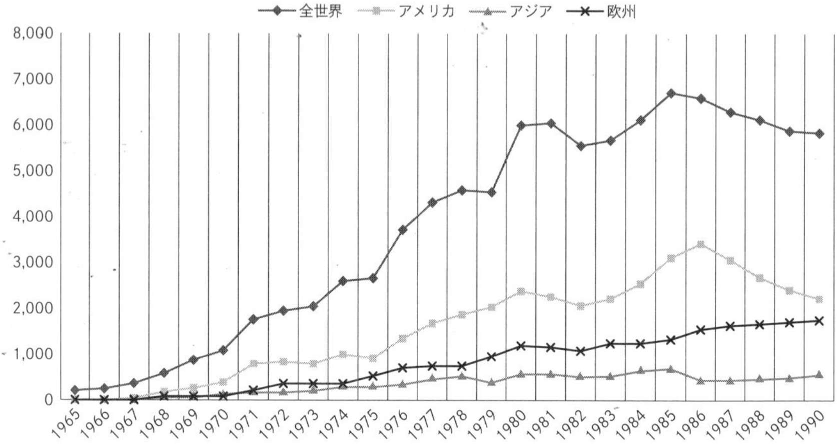

出所：日本自動車工業会『自動車統計年報』各年版より作成。

　日本メーカーはいわば棲み分けができており，UAW（全米自動車労組）からは日本車の輸入急増に不満の声も上がっていたが，深刻な貿易摩擦には至らなかった。

　状況を一変させた要因の 1 つは，1979 年の第 2 次石油ショックによってもたらされたアメリカの景気後退である。石油ショックによるアメリカの景気後退は，燃費の悪いアメリカ車を直撃し，アメリカ車は販売不振に陥った。さらに，70 年代に入って大都市の公害問題がクローズアップされる中で，排ガス規制に対するアメリカ自動車企業の消極的な姿勢が消費者のアメリカ車離れに拍車をかけた。他方，同じく都市の公害問題に悩む日本がアメリカより厳しい排ガス規制を実施し，日本の自動車メーカーが新技術によってその規制をクリアしたことによって，日本車への評価は一段と高まった。加えて，アメリカ車の品質欠陥問題が，品質の良い日本車との対比でより鮮明になったことも大きい。こうして小型の日本車を選好するアメリカの消費者が増加し，アメリカ車と日本車の棲み分けという構図は崩れ去ったのである。

　危機感を覚えたアメリカの自動車メーカーは小型車の開発・生産・販売に乗り出したものの，小型車を造る技術が十分ではなかったために，消費者の支持は得られず経営不振が続いた。その結果，経営不振に悩む自動車メーカー，失

業を恐れる UAW，自動車産業を地盤とする議員などから「日本の自動車メー
カーはダンピング。低賃金・長時間労働などの不公正な手段によって対米輸出
を拡大しているので，日本車の輸入を制限すべきである」との声が上がり，日
米間の貿易摩擦が激化した。この貿易摩擦は，自由貿易の旗手として自ら輸入
制限に手を染めたくないアメリカ政府とより厳しい輸入制限によってアメリカ
という最大の海外市場を失いたくない日本政府との間の妥協の産物として「日
本側による輸出自主規制」という形で「一応の」決着をみた[1]。アメリカ側の
「不公正な手段によって対米輸出を拡大している」という主張は事実誤認であ
るが，そうした事実誤認に基づいて，日本の自動車メーカーは輸出ではなく同
じ土俵の上で戦うアメリカで生産すべきである，という主張がなされた。日本
の通産省（当時の名称）も，アメリカとの摩擦を回避するためにもアメリカで
の現地生産を行うよう自動車各社に促した（以上，主として藤本，2003，上山，
2019 による）。

1.2　本田のアメリカ進出

　こうしたアメリカの状況に最も機敏に対応したのが本田である。貿易摩擦が
まだ本格化していない1970 年代半ばに対米進出の検討を開始している。1978
年に Honda of America Mfg., Inc（HAM）を単独出資で新規に設立し，まず
は二輪車の生産を開始した。二輪車に隣接する形で四輪車工場を建設し，1982
年にアコードの生産を開始した。本田が海外進出に当たってまず二輪車から始
めるのは，アメリカのみならず多くの進出先においてみられることである。二
輪車は四輪車に比べて投資や従業員の規模が小さくて済み，作業工程の編成も
複雑ではない。また，部品供給業者の開拓をまず二輪車で行って四輪車につな
げるという意味合いもある。

　本田がいち早く対米進出を決めた最大の理由は，本田にとってアメリカが売
上高の半分以上を占める最大の市場だったからである。アメリカへの輸出に支
障が出るようなことがあれば，会社そのものの存続が危ぶまれるという危機感
があったのは疑いない。また，本国市場における 2 番手，3 番手がトップ企業
よりも積極的に海外進出しようとする多国籍企業にしばしば見られる行動様式
とも合致している。本田がアメリカでの現地生産にかける意気込みは，HAM

にほど近い立地に基幹部品であるエンジン工場（1985年二輪車用エンジン，1986年に四輪車用エンジンの生産を開始）を建設したことにも示されている。

　本田が選んだ立地はオハイオ州のメアリーズビルという農村地帯であった。近隣の住民に自動車工場で働いた経験のあるものがほとんど存在しておらず，また，近くに部品供給業者もいないという一見不利な立地を選択した点に，伝統的なアメリカ型生産システムに染まっていない従業員を相手に本田イズムを浸透させたいという狙いがうかがわれる。筆者が1989年にHAMを訪問した際に，最も印象に残っているのは，広い間仕切りのないオープンなオフィスに日本人社長以下全員が本田の白い制服を着用して仕事をしている，まさに本田イズムの象徴とでも言うべき姿である。

　本田イズムを徹底的に浸透させたいという本田の方針は，経営管理層のあり方と日本人出向者の多さにも現れている。経営管理層は日本人社長をトップに，各部門の長も広報部のアメリカ人を除いてはすべて日本人とアメリカ人がペアを組んでいる態勢が敷かれていた。日本人出向者の数は350人と6,500人の全従業員に対して5.4%に達していた。この日本人比率は，1989年に訪問したアメリカ・カナダ・メキシコの41工場のうちでも高い数字である（操業開始から間がない工場の中にはより高い工場もあったが）。さらに，第2工場の操業安定化のためとはいえ，その他にも200人程度の日本人出張者が存在していた。それ故に，工場内のあちこちに現場で指導を行う日本人の姿が見られた。後に，HAMの副社長経験者にインタビューをする機会を得たが，「経営者の現地化は当面は無理である。工場経営を成功させるためには，日本人出向者が現地化する必要がある」というのが彼の率直な考えであった。

　本田イズムをアメリカに移植しようとする考えは，工場のレイアウトからも見てとれる。アメリカという広い建屋が安価に建設できる立地にありながら，レイアウトの基本が日本の狭山工場を模して設計されていたのである。その理由を聞くと，本田は「場所生産性」という考え方を重視しているとのことであった。場所生産性とは，場所をいかに効率的に使うかという意味である。果たして，アメリカという立地において場所生産性という考え方が合理的か否かを判断する能力は筆者にないが，広いオープン・オフィスと全員制服制と並んで本田イズムの徹底ぶりの表れであろう。

1.3　日産のアメリカ進出

本田に次いでアメリカでの生産に乗り出したのが日産である。日産は，1980
年7月にテネシー州のスマーナに新規に単独で出資した Nissan Motor Mfg.
Corp. USA（NMMC）を設立し，まずは小型トラックから生産を開始した。
トラックの量産開始は 1983 年 6 月である。その後，1985 年 3 月に小型乗用車
サニーの量産を開始している。テネシー州のスマーナという農村地帯への進出
といい，作業工程の編成も複雑ではないトラックから生産を始めたこととい
い，本田と軌を一にするものである。

しかし，経営管理層と日本人出向者については，本田の対極をなすもので
あった。経営管理層のうち，経営のラインに就いている日本人はアドバイザー
役の副社長のみであり，社長をはじめ各部門長（アメリカでは Vice President
の肩書きになる）はすべてアメリカ人であった。これらのアメリカ人はアメリ
カの自動車メーカーでの勤務経験者で，かつ日本的経営に興味がありそれを実
践したいとの意欲を持っている人たちであった。彼らをスカウトして経営を任
せることにしたのである。

日本人出向者の数は，1989 年の訪問時にはたまたま 20 人であったが，これ
は工場内に第 2 ラインを敷設中のためであり，ラインが完成すればもとの 14
人に戻すとのことであった。14 人の日本人出向者というのは，3,300 人の全従
業員に対してわずか 0.4％に過ぎない。

アメリカでの現地生産にあたって，当初からこれだけ徹底した経営者の現地
化を進めた日系企業は希有である。なぜ，アメリカにおいては操業開始時から
思い切った経営者の現地化を実施したのかを日産本社の副社長に尋ねたこと
がある。彼の答えは，下記の通りであった。「それは，メキシコ工場の反省か
ら来ている。メキシコでは，まずは大量の日本人を派遣し，ローカル人材への
技術移転を進めながら次第に日本人の数を減らしていこうと考えていた。しか
し，たくさんの日本人がいると現地側が日本人に依存してしまい，なかなか日
本人を減らすことができなくなってしまった。そこで，アメリカでは最初から
ローカル人材に経営を任せることになったのである」。「しかし，それはそれで
また問題があり，次に立ち上げたイギリス工場では，人数を絞った日本人が経
営ラインに入り，同時にやがて経営を任せるにたる人材を確保して，操業を開

始した」。

　日産本社の副社長はスマーナ工場にどのような問題があるかは明言しなかった。そこで，それと深く関係するであろう工場訪問時における２つのエピソードを紹介したい。工場訪問では，製造，品質管理，部品調達，人事などのアメリカ人副社長とインタビューを行った。彼ら・彼女らはそれぞれ個室を構えており，そこでの個別インタビューとなった。まず，この点で本田のオープン・オフィスとは全く異なっている。インタビューを進める中で，面白い経験をした。部品調達担当の副社長に，調達する部品の品質について何か困っていることはないかを質問したところ，「あなたたちは次に品質担当の○○とインタビューをする予定ですね。品質については彼が専門なので，彼に聞いて下さい」。まさに，専門領域をしっかりと定めて，各人はそれに専念するアメリカ式経営そのものであり，部門間の情報共有と連係を重視する日本型経営（本章の補論を参照）とは大きく異なっている。

　次は，工場現場での印象である。広々とした建屋の工場に長い生産ラインが敷かれており，タクトタイム（各々の工程で作業者が作業を行う時間）は本田や次に述べるトヨタに比べてはるかに長く，ラインスピードはほとんど止まっているかのようにゆっくりしている。作業者がついていない工程も散見される。ここでも，アメリカ自動車企業の工場との共通性が強く感じられた。上で述べた副社長のインタビューと併せて，これが，日本式経営に興味をもちそれを実践したいと考えているアメリカ人が実践する経営なのか，というのがその時の工場訪問で受けた率直な印象であった。

1.4　トヨタのアメリカ進出

　トヨタのアメリカ現地生産については，GM（ジェネラル・モーター）との合弁事業および単独出資の２つの事例を取り上げる。

　トヨタがアメリカ進出の検討を始めたのはホンダや日産よりも遅く，しかも単独進出ではなくアメリカ自動車企業との合弁を模索した。最初に合弁相手として浮かんだのがフォードである。1980年に両社の提携が合意に達したと報じられたものの，結局この目論見はご破算となる。次に，トヨタが目指したのがGMとの合弁事業である。

(1)　GM との合弁事業 NUMMI

　合弁事業をめぐるトヨタと GM の交渉は 83 年 2 月に基本合意に達し，翌84 年 2 月に合弁会社が設立された。合弁会社の名前は，New United Motor Manufacturing Inc.（以下 NUMMI と記す）である。折半出資（トヨタは現金で，GM は旧工場の建物と現金で出資）により，トヨタの開発した小型乗用車をトヨタ側の主導で生産し，販売はそれぞれのディーラー網を通じて行う，というのが合弁事業の骨子である。GM が提供する旧工場は，カリフォルニア州サンフランシスコ近郊のフリモントに立地し，ピーク時には 7,000 人の従業員を擁する大工場であったが，82 年に閉鎖されていたものである。

　トヨタはリスクとコストを抑えながらアメリカ現地生産を開始し，GM は自社での生産が困難な小型乗用車をディーラー網に供給できる，というのが合弁の理由であったが，実はもう 1 つの大事な目的がこの合弁事業にはあった。すなわち，トヨタはアメリカの環境の中でいかに経営するかを学び，GM はトヨタ生産方式[2]のノウハウを吸収する，というそれぞれの立場からの学習の場でもあった。

　トヨタ主導の経営ではあるものの，日本人出向者の数は 34 人で全従業員数2,800 人の 1.2% と 1989 年訪問時点でのアメリカにおける日系工場の中ではかなり低い比率である。工場の設備は，使用可能なものはそのまま利用されたが，鋼板をルーフやドアの形に打ち抜くプレス工場は新設され，車体溶接工程には日本からロボットが導入された。

　トヨタにとって焦点となったのが，UAW（全米自動車労組）との関係をどうつけるか，また，旧従業員の優先採用を認めるかどうか，であった。GM の旧工場が閉鎖された理由が，従業員の規律の悪さ（20% におよぶ欠勤率，工場内での麻薬や飲酒の蔓延）とストライキが頻発する険悪な労使関係であり，それ故の製品品質と生産効率の悪さにあったことからすれば当然であろう。

　トヨタは当初，旧従業員の優先採用には消極的であったとされるが，労働問題の顧問となった元労働長官の W. アサリー氏の助言や GM との関係もあって，旧従業員を中心に採用することになった。ただし，旧従業員を無条件で採用したわけではない。慎重な選別を経て，応募してきた旧従業員およそ 3,000 人の中から 1,800 人が採用された。これは，NUMMI の新規採用者約 2,100 人

のおよそ85%に相当する。

　労組との信頼関係の構築については，次の2点を挙げておきたい。第1に，NUMMIとUAW支部との間の労働協約（85年に締結）に，できる限りレイオフ[3]を避けると明記したことである。この条項は，生産量が減少すれば労働者をレイオフするのが当然であったアメリカ的労使慣行の中で画期的なものであった。第2は，従業員の選抜にあたってまず採用されたのが，旧工場のUAW支部の役員達であったことである。しかも彼らが，従業員の選考過程で人事部の協力者となって旧従業員達の選抜にあたった。会社側が，いかに労使間の協調と信頼関係を大事にしているか身をもって示したことになる。同時に，先程述べた選考基準を彼らに示すことが，トヨタ方式の理解につながる一石二鳥の策だったのであろう。

　こうして，旧工場から従業員と設備を引き継ぎながら，UAWに組織化された工場において，トヨタ生産方式を導入するという「歴史的な実験」が開始された。そして，その成果は，めざましいものであった。NUMMIの生産性は，日本の優良工場には及ばぬものも，旧フリモント工場に比べると45%も向上したのである。さらに，組立工程に帰因する不良は，1台当たり1.3から0.55へと半減した。これは，日本の平均的工場と同じ水準である。部品在庫の量はフリモント工場時代の数週間分から2.5日分へと激減し，欠勤率は4分の1へと減少した（以上の数字は，The MIT Commission on Industrial Productivity, 1989, pp. 38-39による）。NUMMIの歴史的実験は大きな成功を収めたのである[4]。これはまた，トヨタ生産システムがアメリカにおいても有効に機能することの証であり，日本の自動車輸出急増が不公正な手段によるものだとする主張への反証にもなっている。

(2)　新規単独出資のケンタッキー工場

　NUMMIが生産を開始した翌年の85年7月にトヨタは単独出資による生産を発表し，86年1月にケンタッキー州ジョージタウン市近郊にToyota Motor Manufacturing U.S.A. Inc.（TMM，以下ケンタッキー工場と記す）を設立した。乗用車カムリの生産が開始されたのは88年5月からである。スタート時から軌道に乗るまで当工場の責任者を務めたのが後にトヨタ本社の社長となる

　張富士夫氏であったことからも（最初は副社長で，88 年 12 月から 94 年 10 月まで社長），トヨタの本気度がうかがわれる。

　ケンタッキー工場が立地するのは，サラブレッドの飼育で有名なブルーグラス地域である。そうした立地が選ばれたのは，アメリカ的な労使慣行と生産システムに染まっていない「白紙」の従業員を対象にトヨタ生産システムを導入する目的があった。その点で，オハイオ州とテネシー州に進出した本田および日産と共通する。内陸部の田園地帯に立地し，組合がなく従業員も設備も新しいグリーン・フィールド工場という NUMMI とは対照的な条件のもとにケンタッキー工場はスタートを切った。

　1989 年時点での日本人出向者数は 72 名であり，全従業員数 2,950 人の 2.4%にあたる。この比率は 89 年時点での日系自動車工場のほぼ平均である。経営管理層をみると，日本人が社長と 1 名の副社長，アメリカ人が 2 名の副社長となっている。日本人出向者の一部は部長職を務めているが，残りはアドバイザーとしてアメリカ人の部長や課長についている。この点でも，ホンダと日産の中間にあると言ってよい。

　ケンタッキー工場の顕著な特色を 2 点挙げておきたい。第 1 に，自動化率の高い最新鋭の，しかし，日本国内で使い込まれた設備が，堤，田原，高岡の 3 工場から抽出される形で持ち込まれた。日本で使い込まれた設備としたのは，トラブルが生じたときにもスムーズな対応が可能になるからである。カムリを生産する堤工場を母体にしながらも，自動化の面ではトヨタの日本国内では当時最も積極的であった田原工場並みの新鋭工場ができあがった。第 2 に，日本の中で長い年月をかけて試行錯誤のうちに形成されてきたトヨタ生産システムを解析した上で，体系化されたシステムとして導入した。最新鋭の設備であればあるほど，設備メンテナンスの重要性が高まる。それを，「白紙」の，つまりは自動車生産の素人に担ってもらう必要がある。そこで，まず 1 つ 1 つの設備についてのメンテナンス業務を安全からトラブル・シューティングに至る 7 つのステップに分類した。それを全体で 2 万 7 千のタスクに分解して，一定のタスクの集合を各メンテナンス・チームに振り分けた。各チームの個々人の技能の習得状況をすべてコンピューターにインプットし，ともかく 3 年でチームとして各設備のメンテナンスができるように訓練計画を体系化したのである。

　最後に，1989年にケンタッキー工場を訪問した際の印象的な場面を1つ紹介しておこう。大きな応接室で行われたインタビューには，各部門を担当する日本人出向者達が応じてくれた。時には，こちらの質問にある部門の担当者が答えると，そのやり方が本当によいのかどうかをめぐって日本人出向者同士の議論になった。インタビューの場といい，異なる部門の担当者同士の議論といい，先ほど紹介した日産の事例とはまさに対照的であった。

2．日系自動車メーカーによる経営革新

　経営のスタイルや経営管理層のあり方は，本田，日産，トヨタと三者三様であるが，共通しているのは，アメリカの伝統的な工場現場運営から脱却し，日本型の方式を導入しようとする試みである。以下，3社に共通する代表的な試みを紹介する。

　第1は，ストライキが毎年繰り返されていた対立的な労使関係から，協調的な労使関係への転換である。そのためにできる限りレイオフを避けて雇用を維持することを明言し，それとひきかえに従業員にも生産性の向上への協力を求めた[5]。伝統的なアメリカの方式では，生産性の向上によって人員が余剰になればレイオフが実施されたので，生産性の向上に対しては，労組あるいは従業員の側に強い警戒心があった。生産性向上に従業員側の協力を求めるためには，レイオフをできるだけ避けるという方針を明示することが重要だったのである。

　第2に，数百人に及ぶ現場のブルーカラーを数週間にわたって日本に送り，工場現場での実習を含む研修プログラムを実施した。多くの時間と費用をかけて現場のブルーカラーの研修を行うなど，ブルーカラーはただ命じられたことをやればよいという伝統型のアメリカ方式ではおよそ考えられないことである。日本に派遣された作業者達は，チーム・リーダーやグループ・リーダーとして現場の要になる基幹労働者達であった。

　第3に，アメリカの工場現場では百数十に及ぶ職種があり，それぞれの職種が多段階の賃金グレードに配置されるのが一般的であったが，職種を3種類（一般作業職と保全・金型の熟練職）に簡素化し，現場作業者の賃金も一般工

と熟練工の２段階へと単純化した。多数の職種と多段階の賃金グレードは，作業者のジョブ・ローテーション（配置転換）の妨げとなる。ジョブ・ローテーションを通じる多能工の育成が，日本式の柔軟な作業編成の組み替えや工程全体の理解を深める前提であることを考えれば，職種と賃金グレードの簡素化は重要な措置であった。

　第４に，チーム・リーダーやグループ・リーダーを中心とするチームワークによる仕事が強調された。これも，チームワークとは無縁な単能工による作業を行ってきたアメリカ方式からの大きな転換であった。チームワークを行う最小単位は，チーム・リーダーを中心とした数人の作業者からなる作業チームである。様々な作業は，このチームを単位として割り当てられ，チームの全員がジョブ・ローテーションを通じて割り当てられた作業をこなすよう期待されている。３〜４の作業チームが集まってグループ・リーダーに率いられるグループが構成される。チームやグループには協力しあいながら仕事をこなす責任があり，また改善活動を行うことが期待されている。チームワークは作業チームやグループに限られるものではない。工場全体をチームと考えることもできる。そうしたチームワークがとりわけ必要になるのは，なにか問題が発生したときである。作業ミス，品質不良，設備のトラブルのいずれも，一般作業者，現場管理者，設備メンテナンス，品質管理者相互間の協力がなく It's not my job という従来のアメリカに見られた態度では，問題の迅速な解決は困難であるし，再発も防げない。

3．その後のアメリカ生産の成長・拡大と課題

　激しい貿易摩擦によって，いわば渋々ながらの現地生産を開始した日本の自動車企業であったが，生産開始時点から力を入れてきた経営革新が功を奏して，その後，順調にアメリカでの現地生産を拡大してきた。アメリカにおける工場数は，2022 年時点で，本田が４工場（カナダの１工場を含む。また HAM を１工場と数えたが部品生産を含む複数の工場がある），日産が３工場，トヨタが 11 工場（カナダの２工場を含む）となっている。

　もちろん，様々な問題点は抱えている。問題を２点指摘しておこう。第１

は，やや無理な経営者の現地化がもたらす問題である。操業開始から30年が経過した工場でも，大きなトラブルがあれば今でも日本から数十人に及ぶ応援隊が駆けつけることがある。第2に，現場の作業者には成績評価がないことが挙げられる。この点は，未だにアメリカの伝統を打ち破れていない。賃金グレードが2段階で成績評価がないというのは，昇進しなければ賃金が上がらないことを意味する。現地生産が成長している間はポストも増えるのでよいが，成長が鈍化したときにやる気のある従業員の士気をいかに維持するかが問われるであろう。

（板垣　博）

【注】
1　一応のという意味は，その後も1990年代半ば頃まで日米間の摩擦が続いたからである。
2　トヨタ生産システムに関しては，南アフリカのトヨタに関する事例1-2を参照のこと。
3　レイオフは，売れ行き不振などで余剰人員が生じたときにブルーカラーの人員削減を行うアメリカ流の方法である。日本語では「一時解雇」と訳されているが，これは必ずしも正確ではない。生産が回復すれば，レイオフした従業員を呼び戻すとされるが，企業にとって呼び戻すことは義務ではない。したがってレイオフされた人が別の企業に転職するケースもしばしば見られる。この点が，従業員を在籍のまま休業させ，休業中も賃金の6割以上を支払うことが労働基準法で定められている日本の「一時帰休」とは異なっている。
4　NUMMIは2010年にその活動に終止符を打った。これは，経営状態の悪化したGMがNUMMIへの出資を停止したことに伴い，トヨタも単独で経営を担うことを断念したためである。なお，その後，NUMMIの敷地には電気自動車で有名なテスラが新工場を建設している。
5　NUMMIのように文章でノーレイオフを示すのは稀で，多くは口頭での明言であったが。

【参考文献】
安保哲夫・板垣博・上山邦雄・河村哲二・公文溥［1991］『アメリカに生きる日本的生産システム：現地工場の「適用」と「適応」』東洋経済新報社。
藤本隆宏［2003］『能力構築競争：日本の自動車産業はなぜ強いのか』中公新書。
上山邦雄［2019］『大変革期：日本自動車産業は優位性を保てるか～海外展開通史から読み解く～』日刊自動車新聞。

事例 1-2

日本型生産システムの漸進的移転：
南アフリカのトヨタ自動車

1．はじめに

　本事例の課題は，トヨタ自動車の南アフリカ共和国の工場を対象として，日本的経営生産システムの現地への移転可能性を見ることである。現地の企業名は，南アフリカトヨタ自動車（Toyota South Africa Motors，以下 TSAM）である。ここで TSAM を事例として取り上げることの面白みを説明する。南アフリカは，アフリカの中において工業化の進んだ国である。そして民主的な選挙により成立した黒人政権が黒人の経済力強化政策（社会変動）を実施し，自動車産業を輸出産業として育成する。トヨタ自動車にとってこの社会変動は初めての経験である。TSAM はこの制度環境のもとで，いかに親会社の組織能力を移転したか，これが，本事例の明らかにすることである。筆者は，同工場を 3 度（2010 年，2012 年，そして 2017 年）にわたって訪問した。本事例はこの調査研究の成果を報告する[1]。筆者の知る限り南アフリカのトヨタ自動車に関する調査研究は他にないので，貴重な記録である。

　本事例の構成はつぎの通りである。TSAM の沿革と概要，経営管理，労使関係，教育訓練，そして生産管理，以上の項目について順次説明する。このうち経営管理と労使関係は外部の制度要因を受け入れて組織内化する側面を，教育訓練と生産管理は，組織能力の形成の側面を説明する。そして，「結びにかえて」において調査研究課題への答をのべる。

2. TSAM の沿革と概要

　南アフリカの自動車産業の生産の歴史は古い。1920 年代に，アメリカの 2
社（フォードと GM）が生産を開始した。第二次大戦後，ドイツの 3 社（VW，
メルセデス・ベンツ，BMW）そして日本の 2 社（トヨタと日産）が生産を始
めた。他のアフリカ諸国に比較してとりわけ長い歴史を持つのである。

　トヨタ自動車は，今でこそ 100％出資による製造工場を持って生産を行って
いるが，当初の形態は違った。まずは，製品の輸出からである。1961 年にト
ヨタ車の輸入販売事業を行うトヨペット・コマーシャル社とディストリビュー
ター契約を結んだことから始まる。翌年に，モーター・アッセンブリ社で「ス
タウト」の生産を開始する。これはトヨタ自動車としては，ブラジル（1958
年），メキシコ（1960 年）に続く 3 番目の海外事業である。現在のプロスペク
トン工場で生産を開始したのは 1972 年である。

　そしてトヨタ自動車が資本出資を開始したのが 1996 年である。2002 年に
は TSAM 株式の 75％を取得しここから本格的な製造事業への参加が始まる。
2006 年には，年間生産能力を 22 万台に拡充した。そして 2008 年には TSAM
の株式を 100％取得した。

　このトヨタ自動車の生産への積極的な関与は，南アフリカ政府の自動車産
業政策の変化に対応したものである。1994 年にネルソン・マンデラ（1919〜
2013）が大統領に選出された。初めて黒人が大統領になり，黒人による政府を
形成し，政治経済の統治を行うのである。ここから自動車産業政策も変化す
る。それまで完成車と部品には高率の輸入関税（1995 年，完成車 65％，部品
49％）を設定していたが，徐々に引き下げる。南アフリカ政府の新たな自動車
産業政策の特徴は，輸入関税を引き下げながら完成車の輸出を促進するところ
にある。そのため，同時に輸入関税の払い戻し制度を採用した。これは，完成
車と部品の輸出業者に対して完成車と部品の輸入の際に支払った関税を払い戻
すのである。日米欧の現地自動車企業は，現地生産車ばかりでなく輸入車も販
売している。そこでそれらの輸入完成車と現地生産に必要な輸入部品にかかる
関税を，完成車と部品の輸出に応じて払い戻すのである。それによって輸出を

図表 1-2-1　TSAM の概要

企業名	Toyota South Africa Motors (Pty) Ltd. (TSAM)
立地	南アフリカ共和国，ダーバン市近郊
設立	1961 年（1996 年からトヨタ自動車が資本参加）
所有	トヨタ自動車 100%
生産品目	IMV，カローラ，ハイエース，トラック
生産設備	スタンピング，溶接，塗装，組立
生産量	127,100 台（2016 年）
輸出比率	42.8%
従業員数	8,615 人
日本人派遣者数	40 人
労働組合	NUMSA，LIMUSA，UASA

注：NUMSA（National Union of Metalworkers of South Africa）。
LIMUSA（Liberated Metalworkers Union of South Africa）は，
NUMSA から分かれた現業の少数派組合。UASA（United Association
of South Africa）は，事務職の労働組合。
出所：TSAM 提供資料，2017 年 3 月 1 日。

促進するのである。工場側では国内販売と輸出の両方に向けた生産を行うことで規模の経済性を確保することを目指した政策である。

TSAM の主たる生産車種は，IMV（Innovative International Multi-Purpose Vehicle）とカローラである[2]。両車種ともに南アフリカ国内市場ばかりでなく，欧州とアフリカ諸国向けに輸出するのである。前述のように 2006 年に生産能力の 22 万台への拡大を行ったが，これは完成車の輸出を行うためであった。図表 1-2-1 のように製品の約半分を輸出している。

3．経営管理

南アフリカ共和国における企業管理を見るには，BEE（Black Economic Empowerment，黒人の経済力強化）と呼ばれる黒人優遇政策を説明する必要がある。アパルトヘイト時代に社会と経済の隅に押しやられていた黒人の経済的な地位を上げることで経済活動を活性化させる政策である。人口の多数を占める黒人を社会経済の主役にする政策である。この政策を保証する法

律が 2003 年にできた。黒人の経済力強化法（Broad-Based Black Economic Empowerment Act）がそれである。これは広い意味の黒人（黒人，インド人，カラード）に，経済力を付与することを目的とした法律である。トヨタ自動車が TSAM の株式 75％を取得し経営権を掌握した翌年，この法律が成立した。この政策により，企業は所有権，経営支配，技能開発（技能開発への投資），部品調達（BEE 遵守企業からの調達），社会経済発展への寄与に，ついて政策の遵守状況を評価され点数をつけられる。経営支配については，最高経営責任者，最高財務責任者，最高執行責任者などの経営層への黒人の任命を考慮される。それにより戦略や事業の意思決定に黒人が関与する度合いを見るのである。TSAM の経営管理層の構成は，この南アフリカの法律と政策を反映する3。

　多国籍企業の海外子会社の経営を担うのは，親会社からの派遣者と現地人経営者の両方である。この経営者は，親会社の経営方針や生産システムの移転と工場の日常的な業務管理の2つの役割を持つ。トヨタ自動車の海外子会社の場合，当初日本人派遣者が社長や副社長の職位と主要な部門の部長につき，この2つの役割を担う。そして徐々に現地人経営者に権限を移譲し，やがて責任ある地位ではなくアドバイザーの地位に着くようにしている。つまり，当初は，日本人派遣者が親会社のシステムの移転と日常的な管理の両方を担うのである。

　例えば，トヨタ自動車の北米における2つ目の工場である TMMK（Toyota Motor Manufacturing, Kentucky，トヨタ自動車ケンタッキー）の場合，1988 年の生産開始時点において主要な職位を日本人派遣者が占めていた。日本人は社長，3人の副社長のうちの2人，9人の部長のうち5人になっていた。2000 年には，日本人派遣者は，社長と3人の副社長のうちの1人につくだけであり，部長はすべて現地人となった。そして 2001 年から，現地人経営者が社長になった。最高経営責任者と部門の長はすべて現地人となったのである。

　ところが，TSAM の場合，日本人派遣者は責任ある地位につく人は大変少なく，ほとんどがアドバイザーあるいはコーディネーターになっている。うえで説明したように，トヨタ自動車が 100％所有となるのが 2008 年であることから想定し，それ以降しばらくは，日本人派遣者主導の経営となっても違和感

はない。ところが2010年には，43名の日本人派遣者のうち，責任ある地位に
就くのは3名つまり，TSAM本社の副社長，工場長そして製造部長の3人で
あった。TMMKの例で言えば，生産開始後12年経った2000年の姿に近いの
である。2012年には，35名の派遣者のうち責任あるラインに入っているのは
TSAM本社の副社長と工場長の2人だけとなり，製造部長は現地人になって
いた。2017年には，40名の派遣者のうち責任ある地位につくのは工場長だけ
であった。

　TSAMの経営管理層の構成は，上述した黒人優遇の法律と政策を遵守した
ものである。こうして当初から，日本人派遣者は，現地経営の2つの役割のう
ち，親会社の生産システムの移転の役割を担うことになる。それでも日本人派
遣者は，現地人責任者へのアドバイザーとして影響力を行使できる。さらに日
本人派遣者による現地人トップ経営者への評価を通しても影響力を行使する。
それゆえ，日常的な経営においても経営上の地位以上の影響力を行使すること
は想定できる。それにしても，トヨタ自動車がアフリカの戦略的な拠点として
力を入れる工場としては責任ある地位に就く日本人派遣者がすくないのであ
る。

4．労使関係

　トヨタ自動車は，海外においても相互信頼の労使関係を構築しようとする。
経営は労働組合を労働組合は経営を信頼する労使関係である。日本において，
その労使関係を形成するなかから，競争能力を構築したからである。ここでは
TSAMの団体交渉と企業内労使関係について説明する。
　ネルソン・マンデラの所属するアフリカ民族会議（ANC：African National
Congress）は，3者連合といわれる政治連合を形成した。すなわち，ANC，
南アフリカ共産党（SACP：South African Communist Party）そして南アフ
リカ労働組合連合（COSATU：Congress of South African Trade Unions）
の，2つの政党と1つの労働組合連合からなる3者連合である。労働条件（賃
金など）に関わる労使の共通ルールは，この連合の枠内で決まる。すなわち，
自動車産業経営者団体と南アフリカ金属産業労働組合（NUMSA）が構成する

全国団体交渉フォーラムがその役割を担う。自動車組立産業の労働者の賃金
は，この両者の団体交渉できまる。賃金は7等級に分かれている。生産工（組
立作業を行う労働者）と熟練工（設備の保全などを行う労働者）の賃金が，7
等級に分かれるのである。

　TSAMの経営者は，団体交渉制度とはべつに，企業内の労使関係を形成す
る。産業別労働組合とのあいだで，企業内の労使協議の制度持つ。4段階に渡
る労使協議の制度である。まずTSAMの経営者とNUMSAの交渉機関である
中央労使委員会がある。これは企業内労使交渉の最高の会議であり，四半期に
1度開催される。そのテーマは，経営側の労働政策，生産計画，企業の福利厚
生や法律事項である。次いで製造労使関係委員会があり，これは毎月開催され
る。そのもとに，経営側と組合の職場委員との会議が2段階あり，部門別にそ
して課別に開催される。もう1つホワイトカラーの労働組合（UASA）との交
渉が，2段階に渡って設定される。経営トップと組合トップの協議会（四半期
ごと）と人事部と組合委員との会議（毎月）である。

　労働組合との正式の労使交渉とは別に，経営者と従業員との話し合いの制度
も設定する。全従業員を対象に取締役が出席する集会，部門の従業員を対象に
部長が出席する集会（Soap Box）そして職場の従業員を対象にするグリーン
エリア集会など，多様な話し合いの場を設けている。こうして企業内の労働組
合，つまり時間給労働者（NUMSA）とホワイトカラー・月給従業員（UASA）
との労使協議の会議を設定するとともに，経営側と従業員との話し合いの場も
設定して，日本と同様のきめ細やかな労使関係の制度を形成している。

　ところで，南アフリカにおいては労働者によるアンプロテクテッド・ストラ
イキ（unprotected strike）という言葉をよく聞く。労働組合員の投票によら
ないストライキ，つまり違法ストをこのように表現する。労働組合は，アパル
トヘイト時代に人種差別と戦った経験をもち，違法ストは積極的な闘争方法で
あった。アパルトヘイト廃止後も，労働組合が工場を占拠するケースもあった
（メルセデス・ベンツの工場）。団体交渉の際には，今日でも違法ストが頻発す
る。

　TSAMを訪問し，会社概要の説明を受ける際も必ず，違法ストの話が出
る。トヨタ自動車は，JIT（Just-in-Time）による部品供給を行う。ストライ

キが起きると作業が停止するので，工場操業にとって障害となる。そこで，TSAM は，労働者と労働組合に対して就業上の規律の遵守をもとめた。そのため，工場内における違法ストに対して厳しい対応を行った。

　第1に，TSAM は，違法ストによる労働停止に賃金を支払わない「ノーワーク，ノーペイ」の原則を立てた（2000 年）。さらに違法ストに対しては，対抗措置として工場のロックアウトを行うこととし，これを TSAM 統治ルールと呼んだ。第2は，違法ストを扇動した労働組合の職場委員を解雇したことである（2006 年）。経営側が行った塗装工程における人事への不満から労働者が職場放棄を行った。経営側は，職場放棄に同調する労働組合の職場委員の行動は違法行為に当たるので，公式の労使交渉の場で解決を図るように伝えた。ところが，事態はさらにエスカレートした。経営側は，職場委員が，違法ストにおいて主要な役割を果たしたとして，解雇をした。それに対して，労働組合側は解雇無効の訴えを労働裁判所に行った。裁判官は，職場委員の行動をさもなければ爆発的な状況になるところをコントロールするのに成功した，それは労働者による違法ストを終わらせるための行動であったと評価した。そして解雇は不公平であり，職場に復帰させるべきであるとの判決を下した。

　経営側は，解雇を撤回したが，違法ストに対して厳しい対応を行うというメッセージを労働組合と職場委員に伝えた。経営側が外部の労働裁判所を利用して職場の規律を作るのである。

　違法ストは 2012 年までは起きたが，それ以降はなくなった。2016 年の賃金交渉（経営者団体と NUMSA の全国団体交渉フォーラム）の際にも，TSAMの工場では公式のストライキはなかった。こうして TSAM は，産業別労働組合と団体交渉では現地の制度に適応し，企業内の労使関係（労使協議制と職場秩序の形成）では，親会社のものを移転した。それによって工場内は，操業に障害がないように安定的な労使関係を作ったのである。

5．教育訓練

　トヨタの工場では多能工となる現場労働者が生産システムを支える。現場労働者が持ち場の仕事を正確に遂行することが第一条件である。そのうえで，労

働者は次のようなことを要請される。不具合（前工程における部品の取り付けミスや部品そのものの不良など）を発見すること，そして発見したら，現場監督者を呼び修理すること，一定の時間内に修理が完了しない場合は，ラインをストップして修理すること，作業遂行の範囲を広げるべく仕事を交替すること（これをジョブ・ローテーションという），さらに現場でよく発生する問題の解決に現場監督者と共に取り組むこと（改善活動）である。第一条件の持ち場の作業を繰り返し正確に遂行する中から，応用問題である，不良の発見，ラインストップ，改善へと徐々に能力を向上させてゆくのである。こうした技能を持つ労働者を労働市場から直接採用することは難しいので，内部で育成することになる。

　ここでまず，作業組織を説明しておく。製造作業を行う労働者（生産工）は，チーム・メンバー（TM：Team Member）と呼ばれる。そして4，5人のTMに1人の割合でチーム・リーダー（TL：Team Leader）が配置される。TLは，最末端の現場監督者であり，労働者への職場内訓練（OJT：On-the-Job-Training）や欠勤者の補充をする。そのうえにグループ・リーダー（GL：Group Leader）が配置される。GLは，現場作業の責任者であり，4人のTLに1人の割合で配置される。このように約20人のメンバーにTLが4人，その上にGLが1人配置されるので，監督者層（TLとGL）は現場労働者の約2割を占める。

　TSAMの教育訓練に話を戻す。多能工はもともと現地の労働慣行にはないので，組織内部で育成することになる。TSAMでは，2つのルートを通して教育訓練を行っている。1つは，南アフリカの経営者団体と産業別労働組合（NUMSA）が行う自動車産業に一般的な教育訓練であり，もう1つはトヨタ自動車が日本で開発した独自のプログラムである。まず産業一般教育から説明する。

　この自動車産業の教育訓練は，基本教育（数学と英語），コア教育（健康と安全，品質管理，資材管理など），技能教育（実技訓練），そして能力評価の4項目から構成される。TSAMでは，人事部の中に，この産業教育を担当する部門を持っている。

　教育レベル1は，とりあえず作業ができるようになるための教育で，4週間

の導入教育と2日間の職場におけるOJTである。レベル2から4項目の教育が行われる。レベル2では，コア教育として健康と安全，コミュニケーション，チーム・ワーク，基本教育として数学と英語，技能教育として8単位のジョブ・ローテーション訓練，が行われる。そして能力評価後，レベル3の初級に上がる。レベル3の初級では，コア教育として品質管理，資材管理，ビジネスの理解があり，基本教育として数学と英語の教育がある。技能教育として16単位のローテーション教育がある。そして能力評価後，レベル4の初級に上がる。レベル4の初級では，コア教育として労使関係，製造コンセプトがあがる。製造の専門的な教育の内容が高度になるのである。基本教育として，数学と英語がある。技能教育としては，24単位のローテーション教育がある。

　この技能教育レベルは，上述した7等級の賃金と対応する。すなわち，レベル1は，賃金等級1に，レベル2は賃金等級2に対応する。生産工の最上級のTLは，5等級となる。熟練工（保全工など）の賃金は，5等級から7等級までにそれぞれ位置づけられる。

　次にTSAMが独自に行う教育訓練を説明する。この教育を担当するのは製造部に属するMDD（Manufacturing Development Department）である。MDDには合計32人のスタッフがおり，2016年の教育対象人員は合計1,189名であった。これは全従業員の約8分の1に相当する。集合教育の成果を単純にスタッフと受講者数について計算すれば，スタッフ1人が37人の従業員を教育したことになる。

　カリキュラムは，基本技能，QCC（Quality Control Circle），役割研修，の3つのカテゴリーからなる。基本技能は，トヨタ自動車が海外工場の現場労働者用に開発した現場の標準作業，現場監督者（TLとGL）向けの教育からなる。教育対象は，TM，TL，そしてGL，である。2016年の受講者は513人であった。

　QCCは，小集団活動の教育であり，対象はTM，TL，GLとマネジャーで，同年の受講者は222人であった。役割研修は，TL，GL，マネジャーの役割の教育である。対象者はTL，GLそして管理者で，同年の受講者は454人であった。

　次に，熟練工（設備の故障に対応する保全工など）の育成機関を説明する。

BEE 政策は，かつて白人が占めていた賃金の相対的に高い熟練工職に黒人をつけるように要請する。この機関は BEE 政策に対応したものである。

　これは，工場内にもうけられた熟練工の育成機関であり，トヨタ自動車が日本で行っている保全工育成機関の小規模版である。訓練のための機械類と座学ができるように机と椅子が設置されていた。訓練生は全員が若い黒人であった。訓練生は，高等学校在学中にラーナーシップと称する7カ月の工場内プログラムを受けた後，TSAM に就職する。そして2年間は生産工として働いた後，この機関で4年間の保全工としての訓練を受けるのである。TSAM の社員として働きながら技能訓練を受ける。そのうえで資格認定試験に合格すると，熟練工として採用される。

　ここで，教育訓練の成果を確認しておきたい。時期を追って説明する。TM（現場生産工）の技能習熟状況は芳しいとはいえない。2010 年に，日本人派遣者は，TM のジョブ・ローテーションはまだ行っていない，TL が欠勤対応を行っているだけである，と述べていた。2012 年の訪問時点でも，基本的に変化はなかった。

　2017 年の工場見学中に見たことを記載しておく。トヨタ自動車の工場では，GL が，監督対象の労働者の技能習熟状況を一覧表にして掲示する。3度の訪問の際，共通して見たのが，ドア組立ラインである。技能習熟表はこの工程で初めて作成され，他工程に広がったと聞いた工程である。1度目と2度目の訪問の際は，技能習熟表が掲示されており，上記のように，変化はなかった。ところが，3度目の訪問の際は，表そのものが掲示されていなかった。案内役の日本人派遣者にその点を聞いたところ，白紙の技能表を持ってきて，このような用紙に各人の技能を記載することになっております，という答えであった。トヨタ自動車の海外工場において，技能習熟表を掲示していないのを見たのは初めてであった。日本人派遣者が日常の業務管理の責任者となっていないからであろうと推測した。

　そこでジョブ・ローテーションの実施上状況について聞いてみると，2017 年訪問の際の答えは次のようであった。自動車産業の教育訓練プログラムではローテーション可能な技能を教えており，それをもとに労働者にはローテーションをするように依頼している，一部の職場で始めたところである，と述べ

ている。

　生産工による品質チェックについてもほぼ同じ傾向が確認できた。2017年
の訪問の際に異状を発見した際TMはラインストップをするか同じ質問をし
たところ,「イエスだが, なお改善の余地がある」と答えた。このようにこの
7年間のTMの多能工化の成果は, 分厚い教育訓練にもかかわらずあまり芳し
くない。本来の持ち場の仕事は正確に遂行するが, 作業を広げることに難点が
ある。

　それでも, TLとGLは, 現場監督者として必要な技能をマスターしてい
た。TLは, 2010年の段階でもチーム内の全作業ができるようになっていた。
もう1つ, GLの技能に関わる情報を紹介しておく。1つはパイロットチーム
にGLを参加させた話である。トヨタは, 新車を導入する際, 組立ラインの部
品を順番に組み付ける工程設計の作業に, エンジニアばかりでなく, 現場監督
者も参加させる。それをパイロットチームと呼ぶ。現場をよく知る人の知識を
ライン編成に生かすためである。2度目の訪問のさい, 日本人経営者に, 現場
監督者の能力を聞くと, パイロットチームにGLを加えて成功したと述べてい
た。また3度目の訪問のさい, 工場見学中に, GLが行って実行した職場改善
の成果をいくつか知る機会があった。現場監督者層（TLとGL）は労働者の
約2割を占めるが, その層は全作業をマスターし改善活動も行うのである。

6．生産管理

　TSAMはトヨタ自動車の子会社らしく, JITによる部品供給と調達を行う。
JITは部品の在庫を最小にすることで, ムダを省く生産管理の方式である。工
場内の部品センターから各工程に部品・素材が供給される。部品センターは現
地の部品メーカーと輸入部品・素材の受け入れ場である。この部品センター
は受け入れた部品を各工程の作業順番にあわせて, 供給するのであるが, セ
ンター内の作業者の作業は標準化されていた。センターから部品を供給するの
に, 生産工程内で作業の停止があっても供給のタイミングを変更し, 工場側で
部品の過剰が発生しないようになっていた。

　ここで組立工程における車両の混流（組立ライン上に複数の車種を順番に

流すこと）について説明しておく。組立工程では，塗装された車両に部品を組みつけてゆく。TSAM の主要生産車種は IMV である。IMV には，5 つのボディ・タイプがあるが，TSAM では 4 タイプ（B キャブ，C キャブ，D キャブそして SUV（Sports Utility Vehicle））[2] を生産する。しかし同じタイプを作り続けることはせず，1 つのボディ・タイプを少ない数量で順番に生産するのである。販売店への納車を考慮すると，この方が完成車の在庫を少なくできるからである。それには，現場労働者はやや複雑な技能を必要とする。ライン上を流れてくる異なるタイプに合わせて，異なる部品を組み付けることになるからである。それは問題なくできていた。

　次に，部品メーカーからの部品調達を見ておく。まず現地部品メーカーとの取引が増加したことを確認する。2010 年と 2017 年の取引する部品メーカーの変化を見ると，現地企業が増加したのである。TSAM は，2010 年には，82 社中，日系企業 10 社，欧米企業 31 社，そして現地企業が 41 社であった。2017 年には，98 の取引業者のうち，日系企業は 14 社，欧米企業は 27 社，そして現地企業は 57 社となった。この 7 年間で現地企業は 16 社増加したのである。

　ところで，部品メーカーは南アフリカ共和国の全域に広がっている。そのため，クロス・ドックをもうけた。これは部品を一旦受け入れて組立工場の生産順番にあわせて TSAM に供給する集配場である。部品の倉庫ではなく，JIT を実施するためのドックである。その立地は，ユハネスブルク，ポート・エリザベス，ケープ・タウンそしてダーバンの 4 カ所である。クロス・ドックに，各地のメーカーから集めた部品を一旦納入し，そこから TSAM の工場に納品されるのである。クロス・ドックは，トヨタ自動車が，欧州において採用した方式を，南アフリカでも応用したのである。

　こうして，TSAM は，工場内および部品メーカーとの間で JIT による部品供給と調達を実施している。

7．結びにかえて

　以上，TSAM の事例を，かなり要約して説明した。トヨタ生産方式の南アフリカへの移転は可能かという問への筆者の答えは，それを現地の制度・慣行

とのミックスの形を取って移転している，それで移転は可能と評価できるというものである。それをハイブリッドと呼ぶ。生物学上の用語を，多国籍企業の子会社組織に応用したものである。

　TSAM のハイブリッド形を確認しておく。黒人の経済力強化政策と産業別労働組合および団体交渉では現地に適応し，企業内労使関係は日本のものを移転した。そして多能工を育成するべく教育訓練の組織を作り，積極的に訓練を実施する。その成果をみると，JIT は実施していた。しかし技能については，なお，課題を残していた。持ち場の作業はできるが，作業の拡大（ジョブ・ローテーションやラインストップ）に，難点があった。現地には本来なかった作業慣行の日本からの移転は不十分であった。それでも TL や GL は，必要な技能をそれなりにマスターしており，職場の改善を実施する成果も見せていた。こうして，JIT を技術と呼べば，技術は移転したが，人の技能の移転は，道半ばであった。それゆえ，漸進の移転である。

　TSAM への，トヨタ生産方式の移転は可能とするこの評価をサポートする事実を追加して説明しておく。それは，南アフリカのアメリカおよびドイツ系の自動車組立企業が，トヨタ生産方式を採用していることである。筆者は，このうち，フォード社（米）とメルセデス・ベンツ社（独）の工場を訪問し，工場見学と経営者へのインタビューを行った[4]。2 社の経営者は，意識的に，トヨタ生産方式を採用し実施していた。メルセデス・ベンツ社は，優れた成果をあげており，TSAM に劣ることはなかった。政府機関の南アフリカ生産性本部が，組織の方針として日本の生産システムの普及に努めており，現地企業を対象としてセミナーの開催や直接指導を行っている。そこで，メルセデス・ベンツ社のトヨタ生産方式導入の担当者に，生産性本部のセミナーに参加することがあるかと聞いたところ，我々の方が進んでいるので，参加することはないと答えた。自社におけるトヨタ生産方式の導入に自信を持っているのである。

APPENDIX 1-2-1
トヨタ生産方式について

https://www.bunshin-do.co.jp/contents/5234/appendix_0102.html

　　　　　　　　　　　　　　　　　　　　　　　（公文　溥）

【注】

1　TSAM の調査研究は日本多国籍企業研究グループの現地調査の一環として行ったものである。その研究成果については，公文・糸久（2019b）を見ていただきたい。TSAM については，公文（2019）を参照されたい。
2　IMV は，トヨタ自動車が発展途上国市場向けに開発した車である。その生産拠点は南アフリカなど発展途上国（タイ，インドネシア，アルゼンチンなど）に立地し，販売先も同市場に集中する。5つのボディ・タイプがあるが，南アフリカでは4つのタイプを生産する。ピックアップトラック（小型トラック）の B キャブ（シングルキャブ），C キャブ（エクストラキャブ），D キャブ（ダブルキャブ）の3つと SUV である。なおキャブは，キャビン（運転手の乗るところ）の省略形。
3　アパルトヘイトのもとで日本人が「名誉白人」とされたことについては，山本（2022）を参照されたい。BEE 政策のもとでも，日本人は黒人に分類されないので，日本からの派遣者を経営層に配置することに制約がある。
4　南アフリカのメルセデス・ベンツ社については，公文・糸久（2019a）を，BMW 社については，安保（2019）を参照されたい。

【参考文献】

安保哲夫［2019］「BMW・南アフリカ工場（BMW SA Plant）―ドイツ・プレミアム車メーカーによる「日本的生産方式」への取り組み―」法政大学イノベーションマネジメントセンター研究センター『ワーキングペーパー』No. 213，アフリカにおける日本企業の事例研究 I。
公文溥［2019］「南アフリカのトヨタ自動車―生産システムの漸進的移転」法政大学イノベーションマネジメント研究センター『ワーキングペーパー』No. 213，アフリカにおける日本企業の事例研究 I。
公文溥・糸久正人［2019a］「リーン生産を導入するメルセデス‐ベンツ・南アフリカのケース」法政大学イノベーションマネジメント研究センター『ワーキングペーパー』No. 213，アフリカにおける日本企業の事例研究 I。
公文溥・糸久正人編［2019b］『アフリカの日本企業―日本的経営生産システムの移転可能性』時潮社。
山本めゆ［2022］『「名誉白人」の百年―南アフリカのアジア系住民をめぐるエスノ‐人種ポリティクス』新曜社。

事例 1-3

本社優位性と現地優位性の融合：
東レのイタリア子会社（人工皮革の製造販売事業）

1．会社設立の経緯

　東レは，1974年イタリアのANIC社と合弁で東レが開発した人工皮革（ブランドはAlcantara）の製造販売を目的としてALCANTARA社をミラノに設立した。

1.1　東レの繊維産業の基本戦略と人工皮革の開発
　東レは1960年代前半，国内のナイロン，ポリエステル市場を寡占して当時日本で最大の収益を上げていた企業であったが，60年代後半になり後発メーカーが参入し，収益は低下した。この状態を打破するため，東レはこれまでの少品種大量生産の汎用（コモディティ）ファイバーだけでなく多品種少量生産の特殊（スペシャリティ）ファイバーの開発に乗り出した。その中から1970年に生まれたのがポリエステルの極細繊維（マイクロファイバー，人間の髪の毛の約100分の1の細さ）であり，それを素材として加工された人工皮革であった。アメリカでは「ナイロンの発明に匹敵する独創的な発明」と評価され，欧米で特許化された。興味あるのはこの技術は会社の開発テーマとして始められたのではなく，一個人の研究者の発想から始まり，やがて会社の研究テーマとして取り上げられ，タスクフォースが組まれ完成したことである。
　髪の毛の100分の1まで細いファイバーを作るという日本的発想で開発されたこのマイクロファイバー技術が当時の藤吉社長の決断によって以下に述べる「イタリア的感性マーケティング」と結びついて，新しい競争力が生み出され，欧州市場にアルカンターラブームを巻き起こした。日本のコンペティター

も物性面ではこれに近い製品を作り上げるところまではできたが，感性マーケティングまでは踏み込めず，欧州市場に本格的に入り込めていない。

1.2　人工皮革のマーケティング

まず国内市場へ売り出してみたが，良い反応は得られなかった。日本では天然皮革やスエードを装う衣文化が定着していなかったからである。

世界のファッションの中心地であるパリコレクションに持ち込み著名なデザイナー達が取り上げマスコミでは話題にはなったが，本格的なビジネスには結びつかなかった。

本格的に取り上げたのは，アメリカのインポーターで，天然のスエードにはないこの素材が持つ機能的特性，すなわち皴にならない，軽い，虫がつかない，洗濯機で洗えることなどを評価し，アメリカ市場に一時期ブームを巻き起こし，1972年輸出は18万メートルに達した。しかしながら，当時東レが国内に設立した工場の生産能力は年間80万メートルで需要はアメリカ向けとその他の市場向けを合わせても生産能力の4割程度で，赤字であった。なんとかしなければならない。

1.3　イタリアへの進出を決断する

この時藤吉社長が社内でだれも考えもしなかった提案をする。この技術を持ってイタリアに進出し，そこで生産し欧州市場へ向けて販売するというのだ。

イタリアのANIC社（国営石油公社ENIの化学部門）にはそれ以前に合成繊維技術を供与していたし，新しい人工皮革技術にもライセンスをしてほしいとの意向がよせられていた。

通常，現地での生産販売するのを決めるのは，製品をこれから進出しようという市場に輸出して，ある程度まとまった量が売れるのを確認してから行う。しかしこの場合，こうした確認がされてないどころか，販売は皆無に近い状態でイタリアへの進出を決めたのである。

役員会では反対意見がいくつかでた。いわく「イタリアのリラは極めて不安定」「労使関係が不安定でストが続発」など。しかし社長は「俺はもう決めた

んだよ」と押し切ってしまったのである。

　役員会の後，海外事業部長が呼ばれ，当時30代半ばで担当課長であった私もお供をした。

　社長は「俺はもともと技術屋だが若いころドイツの駐在員をしていたころ，ヨーロッパ中を見て回り，どこの国がどういう製品を作るのが得意で，それをどこに売っているのかをつぶさに見てきた。イタリアのルネサンスの文化の伝統技術の下で培った職人による手作りの高級品，例えば靴，バッグ，ガラス製品などはいまだにヨーロッパの上流階級の間で高く評価されている。あの世界に入り込めばこの人工皮革は必ず評価されると俺はにらんでいるんだ。事業のやり方は君たち海外事業屋に任せる。ただ1つだけ注文がある。マーケティングだけはすべてイタリア人にまかせるように」との指示であった。

　私は，ALCANTARA社を内地とイタリアで25年ほど担当し，折に触れ藤吉社長と接する機会があったが，驚いたのは，彼は技術系の人間でありながら，ヨーロッパ文化，その哲学や歴史についてかなりの知見があり，深い畏敬の念を持っていることがうかがえた。これは旧制高校時代一般教養として叩き込まれたのではないかと思う。

　いずれにせよ，1970年代の前半まだ日系企業がいまだヨーロッパ市場に本格的な生産拠点をもうけていなかった時代に，「需要のあるところに進出し，生産販売する」という今日主流となっているグローバリゼーションの考え方に沿った企業進出を始めた事実は注目に値する。

　日本の製造業の海外投資は，1960年代前半東レを始めとする合繊の紡織染産業が，主として東南アジアの発展途上国による輸入代替型工業化への対応を目的として始められた。アメリカへの進出は70年代後半に日米間の貿易摩擦解消策として始まったがヨーロッパへはまだ輸出が本格化しておらずそうした投資の必要性もなかった。

　この自社で開発した革新的技術をもって東レがイタリアに投資を始めたのは日本企業としては欧米先進国への本格的投資のパイオニアであったといえるであろう。

1.4　イタリア ANIC 社を合弁のパートナーとして選ぶ

　イタリアは 1950 年代から 60 年代にかけて「イタリア経済の奇跡」といわれる高度成長を遂げたが，その主体は民間と国営の大企業であった。ANIC は南部イタリア開発のため海外の技術を導入し，東レからもナイロンとポリエステルの技術を導入して両社のトップは良好な関係にあった。会社形態を合弁事業にしたのは，当時イタリアは高度成長の結果，労働力不足の状態に陥り，労働組合の力が強くなって，労使の対立が先鋭化していた。このような状況下では労務管理を含むデイリー・オペレーションは日本人が担当するよりはイタリア側に任せ，日本側は経営の基本戦略に関与するとともに，東レの技術および工場管理のノウハウをスムーズに移転し定着させることで会社の収益向上に寄与する方が現実的と考えた。東レは双方 50％の対等合弁方式を提案した。これに対し ANIC は国営企業というステイタスから 51％のマジョリティーを取らなければこの合弁は国の設立許可が得られないと主張，当方は，規定ならやむを得ないが，実質的には 50 対 50 の対等合弁になるよう，取締役会での発言権は even decisional right が保証されることを提案し合意を得た。

　社長をはじめとするラインの部長は全てイタリア人，東レから出向者として派遣されたのは，取締役として 2 名（1 名はミラノ本社でマネジメント担当，もう 1 人はテルニの工場で技術担当）もう 1 人エンジニアリング担当者合計 3 人であった。

2．第1期（1975〜83 年）：衣料分野で成功

2.1　操業が始まる

　ALCANTARA 社は，75 年 6 月生産を開始し，「ALCANTARA」というブランド名でヨーロッパ市場への製品の販売を開始した。

　このブランド名「ALCANTARA」決定の過程には，極めてイタリア人らしいエピソードがある。

　ANIC 社が商標として登録してあったブランドの中から，この合弁会社の社長として ANIC 社から派遣されてきた男が取り上げたのが「ALCANTARA」であった。

　取り上げた理由は「その心地よい響き」だという。いかにも感性に生きるタリア人らしい発想である。そしてどの国でも発音が同じになるからと。

　ちなみに，この言葉はもともとアラビア語で AL（定冠詞）＋CANTARA（橋）の合成語であるという。中世にアラブにより支配された地中海地域に地名として残っており，イタリアにもシシリー島にこの名をつけた場所がある。

　1970 年にパリのファッションショーでこの素材が有名デザイナーに取り上げられセンセーションを巻き起こしたことはすでに述べた。しかし，日本からヨーロッパへの輸出はなかなか伸びず，イタリアで月間 7 万メートルの生産能力を持つ工場の建設を決めた 1972 年時点では月間数千メートルであった。

　しかし，その後特に米国市場で衣料用途として需要が伸びた。また東レがイタリアに工場を建設し本格的に需要開拓するという決意は，欧州の業者にも伝わり，工場が操業を開始した 75 年には，月間生産能力 7 万メートルの過半数程度の需要量を確保することができた。かくして 1975 年 6 月操業開始後，生産・販売とも順調に伸び，数カ月にしてフル操業に入り，76 年には早くも月間 10 万メートルへの生産能力増強が実施された。

2.2　マーケティング戦略

　この時期，ALCANTARA 社のイタリア人マーケティングスタッフが取った販売戦略は，基本的には東レが米国で市場開拓した手法を踏襲したといえるだろう。

　東レは，1971 年 8 月商社を経由して現地の大手コンバーターであるスプリング・ミルズ社に婦人物を，紳士物についてはショーネマン社に販売するルートを開いた。特にスプリング・ミルズ社はこの商品を極めて高く評価し，「ウルトラスエード」のブランドをつけ，天然皮革を超える高い価格を設定した。このようにして，72 年に 20 万ヤード，73 年には 32 万ヤードが米国へ輸出された。

　需要開拓の過程においては，この素材がもつ「しわになりにくい」「虫がつかない」「洗濯機で洗える」など合成繊維の機能性が強調された。

　ALCANTARA 社のマーケティングスタッフが採用した販売戦略は米国市場と同じように，この機能性を全面に出して，当時の西独市場を中心とする欧

州中北部へ販売しようとするものであった。彼らによると，このような機能性をもつ素材を評価するのは，地中海世界の人々ではなく，アルプスを越えたゲルマンやアングロサクソン系民族の人々（当時の西ドイツ，オーストリア，スイス，スウェーデンなど）であり，特に当時西ドイツは高度経済成長を続け，人々の購買力が高まっているから，狙うべきであるとの考えだった。

　この戦略は大きな成功を収めた。人々はこの商品のもつ機能性を高く評価し，ALCANTARA ブランドの知名度は，すさまじい上昇をみせた。1980 年度初めの西ドイツの調査会社のサーベイによると，このブランドの西ドイツにおける知名度はコカ・コーラに次ぐ第2位と驚くべき地位を確立していたのである。多くの人が「ALCANTARA のコートやブルゾンを欲しい。しかし，値が高くてなかなか買えない」と思っていたようである。

3．第2期（1984〜88 年）：次の発展へのおどり場

3.1　衣料ブームの終焉

　欧州の衣料市場でブームを巻き起こした ALCANTARA も 1984 年には売上が減少しはじめ，この減少は 86 年まで続く。年々販売がふえるという傾向はさすがに 8 年めにピークを迎えたのだ。この商品の機能性を高く評価した人々も，タンスに ALCANTARA のコートやブルゾンがいっぱいになり，衣料市場が飽和状態に近づいていたという実態が，市場調査の結果判明した。ALCANTARA 社に初めての危機が訪れたわけだ。

3.2　家具・車のインテリア分野への進出：イタリア的マーケティング手法の採用

　このとき，戦略として，販売価格を下げて新しい需要を開拓し，操業率を上げるという考え方もあった。しかし，イタリア人幹部が提案してきたのは，従来の機能性ではなく，この素材の「色と風合い」を強調して拡売することであった。そして狙うマーケットは，アルプスの南側の国と地中海地域（すなわち，イタリア，南フランス，スペイン）であるというのである。このようなアイデアの背景には，次のようなイタリア人の欧州市場に対する深い洞察があっ

たように思う。それまで自動車や家具の高級品に使用されていた素材は，天然皮革であり，天然スエードであった。しかし，それらの素材の弱点は，動物の皮であることから染色できる色に限りがあることであった。例えば真っ白とか真っ赤は出せないし，また微妙な色の差が出せなかった。もう1つの弱点は，動物の皮であるからタッチが何となく油ぎっていることだった。しかし，アルカンターラは合成繊維であるから，油ぎっていないし，すずしい風合いである。

　このような色や風合いを感じとるのは，いずれも人間の感性である。

　彼らによると，欧州市場は大きく2つの地域に分かれる。アルプス山脈の北のゲルマン，アングロサクソン系の人々は機能性を重視してモノを選び，アルプスの南側地中海地域の人々は，色や風合い，つまり，見た目の美しさや，着心地のよさを重視するという。

　だからこの新しい用途開発は地中海地域からマーケティングを始めるべきであるとされ，会社としてこのイタリア側の提案を採用することに決めた。彼らがまず取り上げた市場は，イタリアで，自動車用として FIAT グループの最高級車種である THEMA にまとをしぼった。また家具用としては，おりから世界的な家具メーカーとしての地位を確立しつつあったカッシーナ社やビー・アンド・ビー社などイタリアの一流家具メーカーをターゲットとして攻略を開始した。

　これら産業資材といわれる分野では，製品の品質のスペックは衣料用途に比べ格段のきびしさを要求される。それを克服して，量は限られていたが商業生産に入りはじめたのが 1987 年であった。開発から商業生産まで約3年の月日を要したのである。当時日本でも，同じようなアイデアはあったが商業生産まではいっていなかった。

3.3　イタリア式ビジネス・モデルの成立

　このようなビジネス戦略を同社のイタリア人幹部が提案し，ビジネスとして成功させた背景には，当時イタリアでは，このようなビジネス・スタイルがファッション産業を中心として確立しつつあるという流れがあった。

　第二次大戦後，イタリアにも日本と同じように多くの企業が設立されたが，

それらは，家族を母体とした零細企業であり，衣料，鞄，家具などの伝統的製品を生産し，遅れた産業とみられていた。

　一方で，戦後の1950～60年代「イタリアの奇跡」といわれる高度経済成長を支えたのは，イタリアでもいわゆる重厚長大といわれる産業（鉄，造船，化学）であり民間および国営の大企業が主役を演じた。

　しかしながら，1970年代に入ると，第1節の終わりで述べたように，イタリア経済は対外収支の赤字，リラ安，高インフレの危機的状況に陥った。大企業の多くがこれらの状況にうまく対応できず，大幅な赤字に陥ったり倒産したりする企業が続出した。こうした大企業をしり目に「奇跡の高度成長」期に沈黙を守り，ひたすらルネサンス以来の職人芸を守り続けてきた北東および中部イタリアの家族零細企業が，繊維，家具，アクセサリーといった伝統産業分野において60年代から70年代にかけて頭角を現し，80年にイタリアの中小企業によるビジネス・モデルとして確立してゆく。彼らは，1960年代の高度経済成長のお陰で人々の所得がふえ，誰でも着ている服ではなくちょっと個性的な色や風合い，スタイルの服が，たとえ値段が少し高くても求められていることを見てとったのである。

　彼らは，こうした消費者の嗜好の変化をとらえてまったく新しいタイプの商品を生み出した。すなわち，絹や毛織物などの古くから作ってきた素材を使ってイタリア人独自の美的感覚でデザインするとともに，ルネサンス以来継承してきた職人の縫製技術と中規模工場生産を結びつけて，手頃な価格で中流階級の人々に売るイタリア式プレタポルテ（これに対しあくまで職人の縫製技術にこだわり，高い価格で上流階級の人に売っていたのがフランス式プレタポルテ）のシステムを作り上げたのである。

　こうしたシステムを1960年代に作り出し，70年代にかけてビジネス基盤として確立したのがベネトンやマックスマーラであり，70年代半ばにはベルサーチやアルマーニがビジネスを開始した。

　1980年代に入ると，このようなビジネス・モデルはアパレルから靴，鞄，アクセサリー，さらには，家具，食品，家庭用品，玩具，機械，自動車などにも及んでいった。

　80年代には，これらの商品は，欧州，米国および日本へ市場を広げ，総称

して"Made In Italy"といわれ販路を拡大した。

　こうした時代を背景として，ALCANTARA製品は，市場に登場したのである。

　第1期（1975～83年）の機能性をアピールして衣料分野に販売することが頭打ちになったとき，おりから勢いをつけつつあったイタリアの中小企業のビジネス・モデルに則って，機能性ではなく感性を前面に打ち出して物作りをし，売るという戦略をイタリア人幹部が取り上げてきたのは，当然といえば当然だったかもしれない。ALCANTARA社が，イタリアのビジネスの新たな興隆期に，生まれ，成長したというのは，まことに幸いであったといえるだろう。

4．第3期（1989～95年）：第2の発展期

4.1　家具，車のインテリア分野が軌道に乗る

　第2期の間に3年間をかけて製品開発した家具用および自動車のインテリア用途が軌道に乗り，これらの用途の仕向地も，当初は，ほとんどイタリアだけだった状況から，スペインや南フランスなどへ拡大していった。彼らがねらいをつけたとおり，地中海地域に受け入れられたのである。

　家具は，ヨーロッパの一流家具メーカー（イタリアのカッシーナ，ビーアンドビー，フランスのロジエなど）を顧客として獲得した。また車のインテリア用途では，まずフィアット社のTHEMAに採用され，ついでマゼラッティ社，ランボルギーニ社，スペインのセアット社への売り込みに成功し，90年代前半には，プジョー，シトロエンの両社を顧客とすることに成功した。

　このように，ALCANTARA製品は，販路を拡大していった。しかし，売込み先は，いわば地中海地域の国（イタリア，スペインそしてフランス南部）であった。だから，色や清涼感をアピールして売れるのは，イタリア人が当初言っていたように，この地域だけだろうと筆者は考えていた。実際，1990年代前半，彼らは，アルプスの向う側の国，例えばドイツの自動車メーカーに入りこもうと日参した。ドイツ人らしく，日光堅牢度（日光によって色が変わらないかということ）テストが極めて厳密に行われ，あるメーカーなどは，

ALCANTARA 製品を装備した車を1年間サハラ砂漠に放置して変色しない
かを見たりした。だが，そのテストに合格してもなおそのドイツ・メーカー
は，本格的採用をためらっていた。ところが，1996 年になると様相が変わり
はじめた。ドイツや北欧の一流自動車メーカーがこぞって ALCANTARA 製
品を採用しはじめたのである。アウディ，ビー・エム・ダブリュー，ボルボ，
そしてベンツまでもが。

　その背景について，ある自動車メーカーの購買責任者は以下のように説明し
ていた。「だいぶ前から地中海地域のディーラーから，ALCANTARA を使っ
てほしいという声が強かったのは，事実だ。しかし最近になってドイツ，北欧
のディーラーまでもが『ALCANTARA シリーズがカタログに載っていない
と戦えない』とまでいってくるようになった」と。

　ヨーロッパの消費財市場は 1980 年代からイタリアのファッション製品を受
け入れてきたが，90 年代になって自動車や家具分野にまでも感性を取り入れ
たイタリアン・テイストが人々の心をとらえた。これを筆者は「欧州消費財市
場のイタリア化現象」という言葉で呼んだが，この言葉はミラノのビジネス・
マンの間で話題になった。

4.2　アメリカ式会計管理の導入

　この時期にアメリカ式会計管理方式が ANIC 社より出向して来たイタリア
人社長により導入され，収益の改善に貢献した。

　このイタリア人は，若い頃から英米の多国籍企業で働いていた。1983 年に
なって，ANIC は，海外の化学会社で活躍しているイタリア人をスカウトし社
内の枢要なポストにつけた。彼はそのうちの1人であった。

　1970 年度末に，イギリスではサッチャーが，小さな政府と民間の力を最大
限に活用することをかかげて首相の座につき，矢つぎばやに革新的政策をかか
げて改革にいどんだ。その動きは，欧州の他の国に少なからぬ衝撃を与えた。

　イタリアにおいても，従来の大きな政府による非能率的な国家運営に対する
批判があいつぎ，国営企業としても，民間の有能な経営者を導入して，効率的
経営へ踏み出さざるをえない状況におかれていた。

　ALCANTARA 社の社長に 1987 年就任したのは上に述べた如く外部よりス

カウトされ，ANIC 社の内部で数年間勤務した後，出向してきた男であった。それまでの ALCANTARA 社への出向者による会計管理方式は，ANIC の国営企業の体質を一部かかえていて，必ずしも効率的といえるものではなかった

東レは会社設立時に，生産工程別月次原価管理制度をこの会社に導入したのだが，デイリー・オペレーションを任された ANIC 側出向者は手間がかかりすぎるとして，この制度を積極的に活用しようとせず，日本側出向者はかねてより不満をもっていた。

新しい社長は，日本側が取り入れた上記会計制度を積極的に活用しただけではなく，会社のビジネスを衣料，家具，自動車の 3 つの BUSINESS UNIT に分けて管理し，予算と実績を月次ベースできびしく管理するという当時米国の多国籍企業で主流であった管理手法を取り入れた。

この管理手法は日本側の考え方と基本的に同じものであったので，我々は導入を歓迎し，協力を惜しまなかった。この管理方式が軌道に乗るのは，1990年代に入ってからであり，会社の収益改善に少なからぬ寄与をした。

5. 第4期（1996年〜現在）：
日本資本100%の会社としてさらなる発展へ

5.1　日本資本100%の会社になる

1995年春，東レは，イタリア政府の国営企業持株の売却（民営化）政策に則り，ALCANTARA 社における ANIC 社の持株51％を買収する一方，三井物産の資本参加を得て，東レ70％，三井物産30％とし，同社は名実ともに東レの一員となった。日系100％の会社となったが，日本側は，会社の基本戦略は株主が与えるが，デイリー・オペレーションはイタリア人に任せるという方式を継承し，社長もすべてのラインの部長もイタリア人のままとした。

これはイタリア人従業員にも予想外だったようであった。彼らは，民営化は時代の流れでありやむをえないことであり，また技術開発力を持ち，将来の事業拡大の可能性を持つ東レ・グループに入るのは，むしろ望ましいと考えていたようだ。しかし，社長ほか何人かの日本人が乗り込んで来て会社の中枢のポジションを占めるのではないかと，予想していた人が多かったようである。

　しかし，イタリア人のポストには変更はなかった。それを知って，彼らのなかには手をたたいて喜んだ人もいたという。「これなら今までどおり，バリバリやるぞ」とお互いに語り合ったという話を後で聞いた。

　従来のイタリア人の地位を保全しただけではなく，東レは，会社の会長職（chairman of the board of directors）にもイタリア人を起用した。ENI（石油公社）の会長やイタリア政府の閣僚など要職を歴任した人物で，イタリアのビジネス界で最も高い尊敬を得ている人物の1人といわれている人を迎えることができたのは，幸せだった。彼は月1回会社に顔を出し，大所高所からのアドバイスをしてくれた。彼が会長職をしているというだけで，ALCANTARA社のステイタスは確実に高まった。また筆者がイタリア政財界のトップクラスの人とおつきあいできるようになったのも，彼によるところが多かった。

5.2　東レのグローバリゼーション戦略の導入

　東レは経営権を握ったことを契機として当該ビジネスにつき，日本をヘッドクォーターとする，日，欧，米の3極体制をしき，東レのグローバル戦略にもとづく以下のような戦略を実施した。

① 日本とイタリアの間の生産品種のすみ分け。
② ALCANTARA社は，東レが開発した新製品を輸入し欧州市場へ販売する。
③ 従来日本より一手に供給していた米国市場へ，イタリアからも供給する。
④ ALCANTARA社は，東レの新しい生産技術を導入し，生産ラインを新設する。設備投資額は1700億リラ（100億円）であった。これにより生産能力はほぼ倍増した。
⑤ 東レはALCANTARA社の生産管理システムの改善に全面的に協力する。

5.3　イタリア中堅企業のナンバーワンになる

　このように躍進をとげたALCANTARA社の評価は，イタリアの内外で高まったが，ミラノの有力経営誌『ロンバルド』（1999年1月号）は，1998年度

の業績に基づき，ALCANTARA 社を「イタリアにおける No.1 の中堅企業」
と評価したのである。

　同誌は，毎年イタリア企業のランキングを発表しており，中堅企業部門で
は，約 1500 社を選び，彼等の選考基準に従ってそのランキングを発表してい
る。ALCANTARA 社は，90 年代半ばから 10 位以内に入り，年を追って順位
をあげて来たが，98 年になって遂に No.1 の評価をかち得たのである。

　このような栄誉に浴することができたのも，イタリアの地域社会のお陰であ
るという感謝の気持を込めて，同社は邦貨にして約 1600 万円を伊日協会に寄
附し，これを基金として"アルカンターラ賞"を設立した。日本文化および文
学の優れた翻訳，研究に対する奨学金を 3 年間にわたって授与するものであ
る。

5.4　グローバルオペレーションの確立

　今世紀に入り，さらなるグローバリゼーションの方策がとられた。

①　東レは，ALCANTARA 社と共同出資してアメリカに販売会社（TORAY
　　ULTRASUEDE（AMERICA），INC）を設立した。従来米国内の販売を現
　　地の輸入商に任せていたものを直販体制に切りかえたのである。また同社
　　の長には ALCANTARA 社のイタリア人幹部社員を任命した。

②　660 億リラ（約 40 億円）のさらなる設備投資を決め，体質強化を図り
　　2002 年秋より稼働した。

5.5　新しい用途 IT 機器用カバー分野に進出する

　ALCANTARA 社は今世紀初頭に襲ったリーマンショックもしたたかに乗
り越えた。

　2010 年代に入ると，いまや世界中を席巻している IT 機器，例えば PC やス
マホの高級機種のカバー用途を開発し，この需要増に対処するため増産を企て
ていた。なぜこれらの機器に欧米のアッパークラスの人たちは，高価なアルカ
ンターラ使いの機器を好んで使うのか，それは機器のギラギラした金属の裸の
部分を ALCANTARA で覆って機器周辺のデスクや床などと調和した自分な
りの美しい色の世界を作り上げたいと考えているからだという。イタリア人は

このアルカンターラという素材に次はどのような用途を開発するのだろうか楽しみである。

6．おわりに

6.1　日本企業の海外進出における位置づけ

　ALCANTARA社の創立以来50年に近い歴史を振り返り，日本の製造業の海外投資の特徴という観点から見てみると，次のような位置づけができると思う。

① 会社が設立された1970年代半ばというのは，日本企業が欧米からの導入技術の咀嚼および改良を終え，独自の先進技術を確立し始めた時期であり，この人工皮革はその典型的な例である。ALCANTARA社は東レがそうした技術をもって先進国へ生産拠点を築いた先駆的なケースである。

② その進出形態は，日本側マイノリティー出資の合弁会社でそこへ技術供与するという1960年代に日系企業が開発途上国での輸入代替企業へ投資した形体を基本的に踏襲しているが，進出先イタリアのマーケティング力を全面的に取り入れるため社長は現地人とした。

③ このケースで最も特徴的な点は，1980年代にイタリアに確立しつつあった中小企業による新しいビジネス・モデル，すなわち，彼らが伝統的に持っている感性をもって消費者が本当に欲している商品を作り上げ，市場に提案してゆくというモデルを，この会社が全面的に採用し，そのオペレーションをイタリア人に任せ，大きな成功をおさめたことであろう。

④ 1990年代に入り，ALCANTARA社は100％日本資本の会社になるが，これは80年代後半日系企業がとった一般的な動きと軌を一にしたものである。この際にも，社長以下すべての部長はイタリア人とし，オペレーションは現地人に任すという体制を変えなかった。これほどまでの経営の現地化を行って成功している日系企業のケースはあまり例がないと思う。アルカンターラというブランドは，ヨーロッパ市場においてラグジュアリーブランドとして確固たる地位を確立しており，同社は日本企業の子会社でありながら，ヨーロッパ企業とよぶにふさわしいものとなっている。

6.2　成功の要因：異なる経営モデルのハイブリッド

　ここで，あえて「成功」と呼ぶが，その要因は，以下の3つの要素がハイブリッドしたからではないかと思う。ハイブリッドといっても単なる「雑種」ではなく，異なった経営モデルが相互に刺激しあい高めあってより高次元に達するいわば「優性遺伝」を生み出したケースではないかと筆者は考えている。

①　東レが生み出した極めて独創的な日本の製造技術。

②　イタリアの中小企業が生み出したイタリア的物づくりとマーケティングの手法。

③　②を会社に本格的に取り入れるためにマネジメントの現地化を徹底的に行ったこと。

　日系企業の「グローカリゼーション」（戦略はグローバルに日々の経営はローカルに）が叫ばれて久しい。しかし日系企業の海外での経営においてこれが実現されているケースは，極めて限られたものでしかないといっても過言ではあるまい。この ALCANTARA 社のケースはその限られたケースの1つであり，日本の企業が自ら開発した独創的な技術をもって，海外へ進出し，現地が競争優位をもっている要素とハイブリッドすればより強固な競争優位を生み出すことができるということを如実に実証していると筆者は考えている。

図表 1-3-1　ALCANTARA 社の歴史

1974 年	会社設立。
1975 年	操業開始，衣料分野に売り出す。
1983 年	衣料ブームの終焉。
1984 年	家具および車のインテリア用途開発に着手。
1989 年	上記新用途が本格的に立ち上がる。
1995 年	日本資本100%となる。東レ・グローバル戦略の導入。
1998 年	イタリア中堅企業のナンバー1に選ばれる。
2000 年	グローバルオペレーションの確立。
2010 年代	IT 機器のカバー用途を開発し，需要の拡大に成功した。

出所：筆者作成。

（小林　元）

事例 1-4

中国家電企業の日本進出による優位性の獲得

1．課題

　本事例は表題の通り，中国企業対日進出の事例への観察によって「優位性を獲得する手段としての海外子会社」の事例を紹介する。本来，多国籍企業は，本国の親会社で生成・蓄積された競争優位を海外子会社に移転することによって進出先のローカル企業に対して優位性を発揮できる（Dunning, 1979；Hymer, 1960)。これまでの多国籍企業論において前提とされてきたのは本国親会社の所有優位性であり，それを海外子会社に移転していくことが，多国籍企業の競争優位の源泉であるとされてきた。本事例はこれまでの「競争優位を親会社から海外子会社へ移転する」という研究視点をとらずに，「競争優位を獲得する手段としての海外子会社」の事例を紹介することが目的である。したがって，本事例の問題関心は「海外進出時に競争優位をもっていなかった新興国企業が，なぜ海外直接投資を行うことができたのか」という点にある。具体的に本事例は，上記のような優位性を獲得しようとする目的を持って日本に進出した中国企業2社の事例を考察する。

2．優位性を獲得するための海外進出：
中国家電企業2社の対日進出の事例を中心に

　本節では，中国家電企業2社，海爾（ハイアール），美的（マイディア）の対日進出の事例をピックアップして買収した日本企業から優位性を獲得したという「異例な多国籍的展開」を考察する（図表1-4-1を参照）。考察の焦点は，対日進出前後の競争優位の変化に置かれる。

図表 1-4-1　対日進出の中国家電企業2社の概要

	海爾（ハイアール）	美的（マイディア）
資本形態	集団企業	民営企業
本格的な対日進出時期	2011 年	2016 年
日本市場への進出方式	M&A（三洋電機買収）	M&A（東芝白物家電事業買収）
日本市場における生産品目	家電	家電
日本市場進出による戦略的資産（優位性）の獲得内容	(1)日本ブランド 　（AQUA, SANYO） (2)研究開発センター (3)特許権（譲渡特許 1,200 件） (4)メイドインジャパン 　（＝日本工場） (5)販売網・海外生産ネットワーク 　（5 カ国の販売ルート） (6)製品フルラインアップ (7)経験のある経営者，熟練技術者 (8)ハードルの高い日本市場へのアクセス	(1)日本ブランド 　（TOSHIBA の 40 年間使用権） (2)特許権（5000 以上の特許権） (3)メイドインジャパン 　（＝日本工場） (4)流通網 　（サプライチェーン） (5)海外生産ネットワーク 　（ASEAN にあった工場） (6)製品フルラインアップ 　（ハイエンド商品の獲得） (7)愛知，神奈川，新潟の開発センター

出所：各社の HP 情報および各種報道などに基づいて筆者整理作成。

2.1　海爾の事例

　海爾は 1984 年に中国山東省・青島市に設立され，冷蔵庫メーカーからスタートした。1991 年に海爾グループが設立され，総合電機メーカーとして展開している。これまで，海爾は概ね3つの段階——ブランド立ち上げ（1980 年代），製品多角化（1990 年代末まで），国際化経営（1990 年代末より）——を経て発展してきた。現在，海爾はすでに世界最大の総合電機メーカーとして中国国内市場に君臨している。一方，2012 年以降，白物家電市場では世界シェア第1位となった（石田，2016）。

　海爾の海外事業展開は，1996 年のインドネシアにおける冷蔵庫の生産が最初である。その後，OEM と合弁事業を中心にフィリピン（1997 年）やマレーシア（1997 年）にも工場を設立した。アフリカではチュニジア（1999 年），ナイジェリア（2001 年），エジプト（2011 年），アルジェリア（2011 年），南アフリカ（2012 年）の5カ国に工場を持っている。2004 年にはインドにも進出した。しかし，東南アジアでは日本と韓国企業に完全に敗北を喫するなど，順

調とはいかなかった。一方，2000年，海爾は世界最大の家電市場であるアメ
リカ市場開拓の足掛かりとして，サウスカロライナ州で現地生産をスタートし
た。しかし，アメリカでの売上も思ったほど伸びなかった。これらの市場への
攻略にあまり成功しなかった根本的な原因として，①国際市場に認められる
ブランド力の不在，②高品質・高単価のハイエンド商品の欠如，③メイン市場
へのアクセス困難とニッチ市場のみへの参入，④魅力的な商品開発力の不足，
⑤経験豊富な経営者の不足，などが挙げられる[1]。

　日本市場への進出は，2002年に当時の三洋電機と協力して販売会社を設立
し，三洋電機の販売ルートを通じて海爾製品の売り込みを図った。当時，日本
のメーカーには重視されていない単一機能の小型冷凍庫というニッチ市場から
切り込み，価格の安いホームセンターから徐々に日本市場を攻略し始めた。日
本の家電市場は日本メーカーのブランド力が強く新規参入が難しい，消費者の
要求も厳しい独特な市場である。また，製品差別化能力の面ではミドルエンド
とハイエンド商品ラインアップに弱い海爾は有力な製品を日本市場に投入する
優位性をも持たなかった。以上のように，2010年までの海爾の日本進出は順
調とは言えなかった。その最大の原因は，「Haier」というブランドが日本消費
者に認められなかったことにある。

　海爾は2010年代以降，それまでの日本進出方法を変え，既存の日本家電企
業の買収を展開し始めた。日本が家電不況にあたる2011年，海爾は100億円
を出資し，パナソニックが傘下に収めていた三洋電機の日本と東南アジアで
の白物家電事業を買収した。図表1-4-1が示すように，その買収によって，
旧三洋電機の研究開発センター1カ所と生産工場4カ所が手に入り，譲渡特許
が1,200件を超えた。2012年，海爾アジアの本部と研究開発センターが大阪
に設けられ，旧三洋電機傘下にあったブランド「AQUA」製品に改善を加え
「Haier」とのダブル・ブランド戦略を取ることになった。このように，海爾に
よる三洋電機の買収後の2012年に三洋電機の白物家電事業の再編・統合を実
施した。具体的には，旧三洋電機における冷蔵庫事業と洗濯機事業を統合し，
元々は会社の一部門であった研究・開発部門を切り離して1つの子会社として
管理する，という内容であった。さらに，旧三洋電機が日本，インドネシア，
マレーシア，フィリピン，ベトナムに持つ洗濯機，冷蔵庫の関連子会社9社，

従業員約 2,300 人を海爾グループに移籍した（苑，2020）。統合後の日本子会社は，「Haier」と「AQUA」の 2 ブランドを合わせて日本市場シェア 5 位に躍進した。うち，洗濯機のシェアは日立とパナソニックに次ぐ 3 位，冷蔵庫はパナソニック，シャープ，三菱電機に次ぐ 4 位であった。さらに，2018 年に純利益 4 億 6,400 万円，利益剰余金 3 億 700 万円で黒字化を達成している。黒字化の主な要因は 2 つある。1 つ目は現地対応型市場営業・開発・販売体制の形成である。日本市場において海爾は 3,000 の販売店で，日本人消費者向けにデザインした 33 種類の新製品のサンプル 9 万点を瞬時に入れ替え，日本の家電市場で前例のないことを成し遂げたのである。2 つ目は，企業経営管理手法の改革である。海爾はインターネット時代に即したといえる成果直結型（「人単合一」というモデル[2]）を日本子会社に導入した。この改革後は，与えられた業務の達成ではなく，おのおののスタッフが自ら市場に直面し，ユーザーにとっての価値を生み出すことが求められる。これによって最速で成果が上げられた[3]。現在，海爾は旧三洋電機から取得した販売ルートを経由して日本家電市場で低価格を売りに支持を拡大してきた「Haier」ブランドと中・高価格帯で展開する「AQUA」の 2 本立てで，ヤマダ電機，ビックカメラ，ヨドバシカメラなど家電量販店での販売を行っている。

　このように，海爾が三洋電機の買収によって三洋電機のブランド，技術，販売網などの戦略的資産をそのまま活用もしくは改善活用した一方，海爾の親会社から「Haier」ブランドおよび成果直結型の管理モデルを日本子会社に持ち込んだ。このミックスした形による日本子会社の改造は，日本市場における海爾のパフォーマンス向上に貢献したと考えられる。

　そして，日本以外の市場でのメリットもあった。海爾による三洋電機の買収によって三洋電機の持った東南アジアの洗濯機と冷蔵庫関連の子会社 9 社の買収は，三洋電機のブランド使用権を含むものである。買収後の一定期間に限りインドネシア，マレーシア，フィリピン，ベトナム，タイの 5 カ国で，海爾製の冷蔵庫，洗濯機，テレビ，エアコンなどに「SANYO」ブランドを使用することになった。つまり，海爾は，東南アジア市場において「SANYO」と「Haier」のブランド名を同時に使ったダブル・ブランド戦略を採用し，現地市場を攻略するようになった。このように，海爾が日本と東南アジア市場の開拓

を急ぎ，高性能な新商品の投入などで[4]，2018年に2014年比2倍の2000億円の売上高を実現した。けん引するのは，やはり2011年に買収した旧三洋電機の白物家電部門と，2014年に海爾の日本法人トップに就いた日本人経営者の努力である[5]。その1つの典型例は，海爾のタイ子会社である。海爾のタイ工場の生産関係のハード面では，工場の元持ち主の三洋電機の色が濃い。タイ工場では，生産関係に関わる管理が海爾本社から派遣された中国人スタッフでなく，旧三洋電機から出向してきた日本人スタッフによって行われる。工場の生産計画の制定に関わる中心メンバーは，少数で有能な日本人スタッフである。これだけでなく，工場の資材調達，品質管理，エンジニアリングなど重要な管理責任も日本人出向社員が負っている。そもそもタイにおける旧三洋電機工場を買収した海爾は当初，三洋電機が持つ海外生産のノウハウおよび人的資源をフルに活用したかったので，買収後，工場の日常的管理運営は三洋電機から出向してきた日本人スタッフに任せている。東南アジアにおいて旧三洋電機が成功していたかどうかについて，本事例が論評する立場ではないが，海爾による旧三洋のタイ工場買収後の状況を見た限りでは，下記の変化が確認できる。1つ目は，中国の親会社および日本人スタッフの人数を最小限にとどめることである。これは，経営の現地化への追求という意味だけではなく，経営コスト節約の効果もあると考えられる。2つ目は，上記の「人単合一」など成果直結型の管理経営手法の現地導入である。成果直結型の管理手法は，中国の社会的・文化的な共通点をもつ東南アジアに比較的に受け入れやすいものである。3つ目は，徹底した現地化への追求である。旧三洋電機の製品モデルは，技術的なレベルが高かったが，タイ人消費者の細かな要求への配慮は足りなかったという。冷蔵庫の色が一例である。タイの三洋電機を買収した海爾は，その後の市場調査を通じてタイ人消費者の色の好み（つまり，カラフルな筐体の冷蔵庫や洗濯機などが好まれる）を察知した。この現地人消費者の好みを冷蔵庫に反映した海爾の柔軟な経営姿勢はタイ市場に一定の成功を収めた。4つ目は，現地における社会的資源の活用である。華人・華僑の活用がその典型例である。東南アジア地域では華人・華僑の存在感が強い。彼らは現地の社会規範・言語・習慣を熟知し，中国人同士の思考経路も共通する。タイ海爾の工場では，中間管理職に多くの華人・華僑が活躍している。

　これまでの説明を整理すれば，下記のポイントがわかる。まず，海爾の東南アジア事業は，1996 年にインドネシアに設立した家電工場からスタートしたが，ブランド力の欠如や低い製品技術力によって現地事業のほとんどがうまくいかなかった。そして，東南アジア現地事業の大きな転機は，海爾による三洋電機の戦略的資産（ブランド使用権，特許，販売網，日本人経営者を含む人的資源など）の買収である。海爾は，三洋電機から取得した戦略的資産をフルに活用したと同時に，親会社から様々な強み（成果直結型の管理モデル，現地市場の需要に積極的に対応する柔軟性とスピード，低価格帯のブランド（Haier）など）も東南アジアに持ち込んだ。さらに，海爾は，中国系企業にしかない強み（東南アジア地域の華人・華僑という社会的資源）を最大限に活用した。この一連の経営資源の組み合わせは，海爾の東南アジア事業の本格的な展開に大きく寄与した。

2.2　美的の事例

　美的は，1968 年に広東省仏山市で，前会長の何享健氏をはじめとする 23 人によって 5,000 元で操業を開始した。1980 年に家電業界に参入すると売上高は 1990 年に 16 億円，2000 年に 1,600 億円，2010 年には 1 兆 6,000 億円と着実に業績を伸ばしていった。全世界に約 200 の子会社があり，2016 年の売上高は約 2 兆 6,000 億円，約 13 万人の従業員を有する。白物家電全体の世界シェアは 2015 年に 2 位まで躍進している。

　中国国内の家電市場では，美的の「Midea」はかなりの知名度を確立し，ローカルブランドの中では「Haier」や「TCL」などと並んで有数のブランドとして中国消費者に認識されるようになってきた。しかし，東芝家電事業買収前の美的の海外市場における存在感は非常に薄かったと言っても過言ではない。さらに，日本市場での美的の知名度はゼロに近いのが実情であった。実際，1986 年より，美的は日本家電市場へ参入し，扇風機を輸出販売したが，それ以外の家電製品を出せなかった。なぜなら，世界で最もハードルの高い日本家電市場に相応しい製品とブランドがなかったためである。そして，美的は 1993 年以降，東芝との間にエアコンに関する技術提携関係を持ち始めたが，東芝製品と同レベルの商品は開発できなかった。認知度の高いブランドと

高品質の製品がなければ，日本を含む世界市場を開拓できないことを美的は深く認識した。2010年代以降，美的は，海外企業の買収の手法を多用し，ブランドを含む多くの海外の戦略的資産を獲得した[6]。しかし，これらの家電ブランドは，日本市場に通用しなかった。王（2013）が行った美的へのアンケートによれば，美的の弱みとして，①技術力，研究開発力の低さ，②世界に通じるブランドの不足，③国際ビジネスの経験不足，④製品やサービスの品質の低さの4点が美的の関係者自身によって指摘された。日本市場を攻略するために，上記の問題を解決しなければならない。「美的の多くの製品はブランド力が低く，各ブランドが単独でグローバル化を図っても成功するのは難しい。日系ブランドが耐久消費電子製品の分野から撤退しているのを機にそのブランド資産や特許資産を買収すれば，他のブランドを一気に追い抜く機会にできる」[7]。その機会が2016年に訪れた。2016年6月30日，美的は東芝の創業以来の基幹事業である白物家電事業「東芝ライフスタイル」の買収を537億円で実現した。美的にとってのこの買収の魅力は，なんといっても知名度の高い「東芝ブランド」であり，今後40年間に渡り東芝ブランドを継続使用するなどの契約が締結されることになった点である。さらに，買収後，東芝ライフスタイルの国内7社と海外12社の拠点が美的の傘下に入った。東芝が売却した家電部門の生産拠点の多くが中国や東南アジア諸国に立地しているので，それらを美的が引き継ぎ，自社工場として生産を続けるようなった。この買収の全体的な内容は，図表1-4-1に示された通りである。これをみると，これまで競争力の欠如に悩んできた美的は，東芝家電事業の買収を通じて日本市場攻略に不可欠の多くの優位性を獲得した。言い換えれば，東芝の白物家電事業を買収した目的として，東芝の技術以外に，「TOSHIBA」というブランドの力を借りて自身に足りないものを補い，家電市場でもさらに進化したいという意図が明らかである。美的の経営陣の1人は，「我々は，TOSHIBAというブランドの獲得のために，東芝の白物家電事業を買収したわけである。また，東芝から獲得した5,000件以上の特許権，R&D開発センター，さらに優秀な管理者と技術者といった戦略的資産は，美的のグローバル市場戦略の実現にとって力強い駆動力になる」と東芝家電事業買収の意義を強調した[8]。とりわけ，ローエンド・ミドルエンドが主力だった美的にとって高級ブランド「TOSHIBA」のイメージ

や，ミドルエンドとハイエンドの市場獲得を図ることができたことに加えて，生産工場を獲得できるメリットは大きかった。具体的に言えば，①東芝の白物家電事業の生産設備，従業員等の人的資本，技術・ノウハウを全面的に取得するので，新たな投資を極力抑え短期間での事業展開ができる。②東芝の白物家電のブランドによる販売と販売網が活用できる。③自社の低・中級価格帯のブランドと東芝の高級価格帯のブランドの2つの市場を狙う戦略が可能になる。④日本子会社や各事業所を運営・管理する優秀な日本人管理者および日本国内にある3つの開発センターの技術者がそのまま継続雇用されたため，美的にとって，これらの優秀な即戦力は，日本市場および海外市場開拓の貴重な経営資源である。

　東芝の家電事業という戦略的資産の獲得が美的にどのような影響をもたらしたかについては，買収後，美的の海外事業は，競争力を大きく向上させた。東芝の家電事業買収後の状況をみると，美的は海外事業の売上高を2017年の1,039億5,600万元（約1兆7,600億円）から2019年の1,167億8,300万元（約1兆9,800億円）に伸ばしている。海外事業の売上高が全体に占める割合は，それぞれ43.19％と41.98％であった。2020年上半期には海外事業の売上高が44.46％に伸び，海外受注量も前年同期比10％増となった。無論，この業績の躍進がすべて東芝から獲得した優位性に由来したわけではないが，一定の因果関係が存在することは間違いない。これを裏付ける1つの例は，子会社の東芝ライフスタイルの開発力と親会社の生産ネットワークの良い結合である。美的の傘下に入った後，「開発は日本，製造は世界」という東芝ライフスタイルの経営方針が決められた。東芝ライフスタイルは19社のグループ会社があり，海外を含めて1万2,500人の従業員数を持つ。買収後，東芝ライフスタイルの製品は，日本国内の愛知，神奈川，新潟の開発センターで開発し，製造は，東芝ライフスタイルのアジア拠点と親会社美的の世界各地の生産拠点で行われるようになった。このように，日本子会社の強みである技術・開発力と親会社のグローバル生産ネットワークとの組み合わせは，美的の国際競争力に大きく貢献したに違いない。

　そして，2016年に，美的の傘下で再スタートを切った子会社の東芝ライフスタイルが，2018年度決算で，黒字化した。買収前の2016年度には60億円

以上の赤字であったが，わずか2年で黒字転換を果たした。黒字化の要因はいくつかある。1つ目は，親・子会社間の連携によるコスト圧縮効果である。東芝家電主力製品の冷蔵庫事業をみると，その効果は明白である。美的の傘下に入る前に，中国市場向けの冷蔵庫では従来は東芝ライフスタイルが持つ中国の工場で，年間100万台の生産能力があったが，中国市場での販売の伸び悩みによって稼働率は約半分に留まっており，生産性の悪化と生産コストの上昇につながっていた。美的の子会社になった後，東芝ブランドの冷蔵庫を親会社の美的の中国の販売ルートに乗せることで生産量を拡大した。さらに，中国工場で美的ブランドの冷蔵庫も生産することで，稼働率を大幅に向上させた。2016年に比べて，80％も生産性を向上させ，400リットルクラスの冷蔵庫では，生産コストを20％も削減できたという。2つ目は，世界第2位の家電メーカーならではの美的による調達力の強化である。美的の傘下に入る前に，東芝ライフスタイルの中国向けには最大でも年間100万台の冷蔵庫を生産しているにすぎなかったが，美的では年間2,500万台の冷蔵庫を中国向けに生産する。圧倒的な調達力が強みになり，これが冷蔵庫以外の様々な製品で生かされている。3つ目が製品ラインアップの強化である。買収前には東芝の家電製品は，利幅の高い高付加価値商品に偏ったが，美的の傘下に入ってから，従来は付加価値領域を中心にしていたラインアップを，普及製品にまで拡大させたことが貢献している[9]。

　以上，海爾と美的の日本進出によって獲得した優位性についての事例を説明したが，この2つの事例が示した日本市場への進出前後の競争要素の変化を，図表1-4-2に整理した。表には日本市場およびグローバル展開に不可欠の競争力10項目を取り上げた。筆者の独自の判断によれば，海爾と美的の日本進出前に，世界の家電市場におけるライバル企業に比べてこれら10項目は，「劣位」もしくは「中位」に立つものだけであったが，日本企業の買収による対日進出以降，すべての項目は「優位」に転じた。したがって，海爾と美的は，日本の子会社から獲得した優位性をグローバル的に活用しているため，グローバル市場における高いパフォーマンスを示した。

　これまでの説明をまとめると，次のロジック関係は明らかである。まず，東芝の家電事業を買収する前に美的は，海外市場を開拓する力不足に悩んでい

表 1-4-2　対日進出前後の中国家電企業 2 社の競争要素の変化

対象企業	海爾（ハイアール）		美的（マイディア）	
対日進出前後	進出前	進出後	進出前	進出後
ブランド力	×	○	×	○
フルラインアップ	△	○	△	○
特許権	△	○	△	○
国際経験豊富な経営者	△	○	×	○
日本市場の販売ルート	×	○	×	○
日本以外の市場販売ルート	△	○	△	○
日本市場シェア	×	○	×	○
日本での研究開発センター	×	○	×	○
メイドインジャパン基盤	×	○	×	○
優秀な人的資本	△	○	△	○

注：世界市場の同業ライバル企業に比べる場合，×＝劣位，△＝中位，
　　○＝優位。
出所：筆者作成。

た。とりわけ，ハイエンド製品開発力の不足とグローバル市場における美的ブランドへの認知度の低さは，大きな短所であった。これらの短所がその後の東芝ライフスタイルの買収によって都合よくカバーされた。とりわけ，世界に通用するブランド「TOSHIBA」および東芝のハイエンド製品は，美的の世界的展開を力強く支えた。一方，買収前の東芝ライフスタイルは，生産工場の低稼働率と生産性の悪化に悩んでいたが，美的の傘下に入った後，親会社美的の販売力と調達力は，東芝ライフスタイルの上記の悩みを一気に解決した。両者の強弱の都合よい融合は，美的の新しい競争優位の源泉になったといよう。

3．まとめ：
優位性を獲得する手段としての中国の海外子会社の示唆

　以上の 2 つの事例に見られたように，中国企業による対日進出は重要な共通点（経営難に陥った日本企業を戦略的資産として買収すること）がある。本事例研究の結果として，戦略的資産の買収においては，その背景に日本企業のブ

ランド力と技術力があることが明らかである。つまり，一部の中国多国籍企業は，日本企業の買収によってグローバル的優位性を獲得する。最後に，図表1-4-3に基づいて「優位性を獲得するための海外子会社」の企業行動が示唆するポイントを考えよう。

　この図には2種類の要素が導入されている。1つは企業成長に不可欠の要素「競争優位」の多寡である（縦軸）。もう1つは企業行動の市場立地的志向を示すもの（横軸）である。一般的に考えると，企業は特定の国の国内に誕生してから優勝劣敗の淘汰を経て徐々に成長し，次第に多くの競争優位をもつようになる。つまり，A-A' の過程が示すように企業は第3象限から第2象限へ進む。やがて企業は，海外へ進出する（A'-A"）。その海外への進出理由は，伝統的多国籍企業理論の主張通りである。このようなA-A'-A" というロードマップは明らかに「先進国型多国籍企業」が示す企業行動パターンである。中国に進出した多数の企業も依然としてこのロードマップに沿って進化していると考えられる。

　そして，図におけるB-B'-B" という企業パターンは，21世紀以降にしか見られないものであって「中国型多国籍企業」（苑，2021）のロードマップであ

図表 1-4-3　先進国企業と中国企業の多国籍企業化のロードマップ

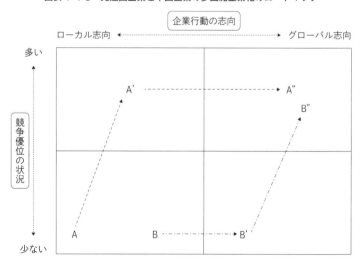

出所：苑（2020）。

る。つまり，中国国内に誕生した企業は，国内において多くの競争優位を獲得していないうちに，海外への進出を模索する。これらの企業の海外進出理由は，先進国型多国籍企業のそれと同様なもの（利益獲得，市場獲得，取引コストの低減，競争ライバルとの競争対策，天然資源獲得，など）もあれば，中国型多国籍企業の特有のものもある。中国型多国籍機企業に特有な特徴として，①海外の戦略的資産を獲得すること，②技術を獲得すること，などが挙げられる。したがって，海外の有力企業の事業を買収して子会社化することで，親会社へその子会社の優位性を逆移転した結果（例えば，親会社が子会社から技術・開発力を吸収したこと，子会社のブランドを利用したこと，など），該当中国企業は徐々にグローバル競争優位を持つようになる（B'-B”）。その競争優位を獲得する理由として，①海外で獲得した戦略的資産をうまく生かすこと，②海外で獲得した先進技術を駆使すること，③その得意な後進国向けの（製品，製造，生産，管理）技術を駆使すること，などが考えられる。実際，これまで海外に進出した中国の製造業企業には，このロードマップに沿って海外事業を成功したケースが少なくない。本事例における海爾と美的はその典型例であるが，今後，海外子会社を経由して競争優位を獲得するという現象は増える可能性がかなり増えるかもしれない。筆者はこの現象を「後発国多国籍企業の知恵」と呼ぶ。

APPENDIX 1-4-1
解説

https://www.bunshin-do.co.jp/contents/5234/appendix_0104.html

（苑　志佳）

【注】
1　ここの証言は，筆者が 2004 年にアメリカの海爾地域本部で行った訪問調査を通じて聞き取ったものである。
2　「人単合一」について，「人」は従業員を，「単」はユーザーのニーズを示し，「人単合一」は従業員とユーザーを結びつけるモデルである。このモデルはすべての従業員がユーザーの需要を直接見据え，ユーザーのための価値を創り出すことで，自己・企業・株主の価値を実現する。つまり，典型的な成果直結型の経営理念である。
3　サーチナ「日本市場シェア 5 位に，ハイアールが三洋買収で即座に成果を出した理由」（https://search.yahoo.co.jp/）による。
4　高性能な新商品の投入例は，タイ市場に投入された自動クリーン機能のエアコンがある。熱帯地

域のタイでは，家庭用エアコンが酷使されることが多いので，年間に4回以上クリーニングが必要である。海爾は，日本を含む各地の開発センターの力を動員し自動クリーン機能のエアコンを開発してタイ市場に投入した。これによって年間販売台数は，2018年の3万台から2019年の10万台に大きく増加した。

5　『日本経済新聞』2015年7月1日の記事「ハイアール，東南ア開拓　売上高2倍へ　旧三洋技術で新製品　手のひらサイズ洗濯機など」による。

6　2010年以降の美的による海外ブランド買収には，エジプトのMiraco（2010年），ドイツのComfee（2014年），イタリアのClivet（2015年）などがある。

7　美的の経営者の証言。詳しくは，「日本ブランドを手に入れ続ける中国企業　他に海外のどんな企業を買収？」『人民中国』2020年2月21日の記事を参照。

8　相継被収购：东芝等日本家电还是日本造吗」『番禺日報』2016年6月28日の記事。

9　ここの証言は，美的の傘下に入った後の東芝ライフスタイルの小林伸行社長へのインタビューによる。詳しくは，大河原（2019）を参照されたい。

【参考文献】

石田賢［2016］「ハイアールアジアの日本展開—サムスンをベンチマークする中国企業」中国経済経営学会誌『中国経済研究』第13巻第2号。

板木雅彦［1985］「多国籍企業と内部化理論—S. ハイマーから折衷理論にいたる理論的系譜とその検討」京都大学『経済論叢』No.136（2）。

苑志佳［2020］「中国企業による対日M&Aの投資効果に関する一考察—新たなPMI枠組みによる検証—」立正大学『経済学季報』第70巻第1号。

苑志佳［2021］「中国型多国籍企業に関する試論」立正大学『経済学季報』第70巻第4号。

王丹霞［2013］「中国における炊飯器市場をめぐるパナソニックと美的集団のマーケティング戦略の比較分析」大阪産業大学『経営論集』第15巻第1号。

大河原克行［2019］「東芝の白物家電が2年で黒字に　中国企業の強み生かし拡大」『業界人の「ことば」から』第332回（https://ascii.jp/elem/000/001/819/1819991/）。

Dunning, J. H. (1979). *Explaining Changing Patterns of International Production: In Defense of the Eclectic Theory*. Oxford Bulletin of Economics and Statistics (1979, November), 259-269.

Hood, N. and S. Young (1979). *The Economics of Multinational Enterprises*. Longman.

Hymer, S. H. (1960). *The International Operations of National Firms: A Study of Direct Foreign Investment*. Cambridge, Mass.: MIT Press. （宮崎義一訳『多国籍企業論』第Ⅰ部，岩波書店，1979年）

事例 1-5

インド製薬企業のグローバル化による成長

1．本事例のねらい

　本事例では，インド製薬企業の海外進出と国際経営戦略について取りあげる。インド製造業において，高い国際競争力を有し，最もグローバル化しているのが，製薬産業である。世界の医薬品市場におけるインドの存在感は非常に大きい。インド・ブランド・エクイティ基金（IBEF）[1] によれば，インドは，2021年時点で，生産量で世界第3位の医薬品製造国であり（生産額では第14位），世界最大のジェネリック医薬品供給国として世界のジェネリック医薬品の約20％を供給している（IBEF, 2022）。近年では，1剤で年商10億ドル（約1000億円）を超える大型医薬品の特許失効と先進国の医療費抑制政策を追い風に，インドはジェネリック医薬品輸出国として，その存在感を高めている。またIBEFによれば，2022年時点で，インドは世界最大のワクチン製造国であり，インドが世界のワクチン需要のおよそ60％を満たしている（IBEF, 2022）。

　主要なインド製薬企業の主戦場は，国内市場ではなく，海外市場である。インドの海外進出は，1970年代末に始まり，1980年代末には全世界に向けて医薬品を輸出するに至っている。特に，インドの最大の輸出先であるアメリカ（インドの医薬品総輸出の30％以上がアメリカ向け）においては，医薬品需要の40％以上をインド製医薬品が満たしている。

　図表1-5-1は主要インド製薬企業15社の海外売上高比率の推移を示したものである。新型コロナウイルス感染症が世界的に大流行していた2020年度の主要インド製薬企業の海外売上高比率の平均は68％に達する。2010年代半ば以降，急激に成長しているAurobindoの海外売上高比率は突出しており，

2014年に60％を超え，2019年以降90％以上に到達している[2]。主要インド企業の世界における事業ネットワークの範囲は全世界的に張り巡らされているが，最大の市場はアメリカである。アメリカに次ぐ市場としては，イギリス，ロシア，南アフリカなどである。インド製薬企業の持続的成長は，海外からの収益によってもたらされているが，競争優位の獲得も経営のグローバル化によってもたらされている点である。

図表 1-5-1　主要インド製薬企業の海外売上高比率（2011〜2020年）

企業名	インド／海外	2011	2012	2013	2014	2015	2016	2017	2018	2019	2020
Sun	インド	38%	28%	24%	25%	28%	27%	32%	27%	32%	33%
	海外	62%	72%	76%	75%	72%	73%	68%	73%	68%	67%
Aurobindo	インド	75%	64%	59%	40%	38%	13%	12%	12%	10%	8%
	海外	25%	36%	41%	60%	62%	87%	88%	88%	90%	92%
Cipla	インド	46%	44%	41%	44%	39%	41%	39%	39%	39%	40%
	海外	54%	56%	59%	56%	61%	59%	61%	61%	61%	60%
Dr. Reddy's	インド	20%	16%	14%	13%	15%	18%	18%	19%	18%	19%
	海外	80%	84%	86%	87%	85%	82%	82%	81%	82%	81%
Lupin	インド	30%	27%	25%	27%	28%	26%	30%	30%	38%	39%
	海外	70%	73%	75%	73%	72%	74%	70%	70%	62%	61%
Zydus Cadila	インド	62%	48%	45%	41%	42%	46%	38%	40%	45%	43%
	海外	38%	52%	55%	59%	58%	54%	62%	60%	55%	57%
Glenmark	インド	28%	35%	34%	36%	37%	36%	31%	32%	34%	36%
	海外	72%	65%	66%	64%	63%	64%	69%	68%	66%	64%
Alkem	インド			76%	74%	73%	73%	71%	67%	67%	66%
	海外			24%	26%	27%	27%	29%	33%	33%	34%
Torrent	インド	50%	42%	36%	41%	34%	40%	44%	46%	48%	50%
	海外	50%	58%	64%	59%	66%	60%	56%	54%	52%	50%
Biocon	インド	34%	27%	37%	35%	32%	30%	32%	30%	22%	19%
	海外	66%	73%	63%	65%	68%	70%	68%	70%	78%	81%
Divi's	インド	9%	12%	11%	9%	13%	12%	20%	14%	14%	15%
	海外	91%	88%	89%	91%	87%	88%	80%	86%	86%	85%
Alembic	インド						42%	44%	38%	35%	31%
	海外						58%	56%	62%	65%	69%
Laurus	インド						65%	51%	48%	35%	32%
	海外						35%	49%	52%	65%	68%
Granules	インド	17%	15%	12%	19%	21%	18%	24%	22%	16%	15%
	海外	83%	85%	88%	81%	79%	82%	76%	78%	84%	85%
Ajanta Pharma	インド						32%	30%	34%	30%	29%
	海外						68%	70%	66%	70%	71%

出所：CMIE，Prowess IQ より作成。

2．インドの製薬企業の発展と海外進出

　図表1-5-2は，インド製薬企業の発展経路を示した図である。

　1974年に外国為替規制法が制定されるまで，インドにおける外資規制は比較的緩やかで，また植民地期に制定された1911年特許・意匠法が医薬品の物質特許を認めていたこともあり，外資系製薬企業のインド進出が進んだ。そして1970年代半ばまで，外資系企業がインドの医薬品市場の75％を占めるという状況が生み出された（上池，2019a，p. 40）。そして，外資系企業によるインド医薬品市場支配はインドの医薬品価格の高騰を引き起こし，インドは世界でも医薬品価格が高い国の1つとなった。医薬品価格の高騰は，インド国民の医薬品アクセス（＝医薬品の入手可能性）を大きく後退させた。医薬品価格を引き下げるために，インディラ・ガンディー政権は，1970年代に2つの重要な政策，1970年特許法，1970年医薬品価格規制令を実施した。これらの2つの政策が医薬品アクセスの改善に貢献しただけではなく，インド製薬産業が輸入代替に成功し，輸出志向に転換するうえで重要な役割を果たした。

図表 1-5-2　インドの発展の概略

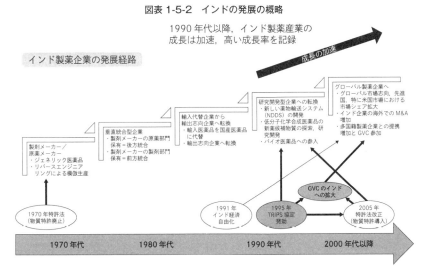

出所：上池（2018），p. 248。

　1970年特許法は，物質特許を廃止し，製法特許のみを認めた。1970年特許法は，インド企業のリバースエンジニアリングへの取り組みとそれによる他国で特許保護されている医薬品の代替的製法の開発を促進し，インド企業の医薬品製造技術の獲得に貢献した。インド製薬企業のリバースエンジニアリングの特徴は，他国の企業が開発した製品をそのまま模倣して製造すれば目的が達成されたとするのではなく，その医薬品の設計技術や製造技術の原理にまで踏み込んで理解し，先発医薬品とは異なる製法（例えば低コストで，なおかつ化合物の純度を高める製法など）を独自に開発することにつなげた。ジェネリック医薬品は，複数の企業が同時に市場に製品を導入することができるが，いち早く新しい製法技術を開発し製法特許を取得することで，他のインド企業による製法の模倣を防ぐと同時に，製品の市場導入を遅らせることで利益を独占する手段となり，製法技術の研究開発の進展につながった。

　1970年特許法によってリバーズエンジニアリングが進んだことで，インド製薬企業は医薬品製造に必要な技術を獲得し，インドで製造できる医薬品品目は広範囲に拡大し，1980年代後半には国内生産で原薬の需要の70％，製剤（完成品）の需要の100％満たせるようになり，1980年大末には輸入代替を完了し，輸出志向へと転換し，貿易収支の黒字化を達成した（上池，2019a，p. 73）。

　インド製薬産業の輸出志向の転換に大きな役割を果たしたのが，医薬品価格規制令である。1970年に公布された医薬品価格規制令は，必須医薬品の上限価格を設定し，インドの医薬品価格を大幅に引き下げることで，インド国民の医薬品の入手可能性を大きく改善することを目的とした。医薬品価格規制令の実施により，インドの医薬品価格は世界で最も低い水準に引き下げられた。

　医薬品価格規制により医薬品の価格が引き下げられることは，企業の収益性の圧迫につながり，製薬企業にとっては成長を阻害する要因となる。しかしながら，医薬品価格規制令はコスト削減および輸出インセンティブとして機能し，インド製薬企業の海外進出の推進要因となった。インドは，1991年の経済自由化開始まで，厳格な輸入統制と産業許認可政策を中核とする輸入代替工業化政策のもと，工業製品の国産化を推進する一方で，産業活動を統制した。輸入代替工業化政策は，インドに高費用構造を植え付け，インドに工業停

滞をもたらした。また，国内市場志向の産業政策のもと，輸出が促進されることはなかったため，インドの製造業部門は世界市場から切り離された状態に陥り，技術発展も大きく世界から後れを取ることになった。医薬品価格規制令のもと，医薬品価格の上限が設定されている状況で，製薬企業は利潤を最大化するためには製造コストを極限まで引き下げなければならなくなった。インド企業は低コストで医薬品を製造する技術の開発に注力し，コスト競争力の強化を図った。そのため，輸入代替工業化政策がインド製造業にもたらした高費用構造から製薬産業は脱することができた。また，医薬品価格規制の実施により，インド国内市場は，インド企業にとって魅力的でなくなり，1980 年代以降インド企業は海外志向を強め，輸出志向へと転換した。

　1970 年特許法はインド製薬企業のリバーズエンジニアリングの能力を高め，医薬品価格規制令はインド企業のコスト競争力を強化することにつながった。1980 年代以降，インド製薬企業は高いコスト競争力を背景とし，輸出を大きく伸ばし続け，インドは医薬品輸出大国としての地位を確立するに至った。

　1990 年代に入ると，インド製薬企業は研究開発投資を増大させ，新薬開発やバイオ医薬品への参入を果たすようになる。その背景には WTO の知的所有権の貿易関連の側面に関する協定（TRIPS 協定）がある。TRIPS 協定の義務履行のため，インドは 2005 年改正特許法を制定し，物質特許を導入し，インドの知的所有権保護は強化されることとなった。

　インド企業は知的所有権を梃子に成長する戦略に転換し，研究開発能力の強化に注力した。また，インド企業は CRAMS（医薬品研究開発受託および製造受託サービス）と呼ばれるアウトソーシング事業を拡大し，医薬品のグローバル・バリューチェーン（GVC）に本格的参入を果たした。GVC とは，多国籍企業が，複数国にまたがって生産工程を配置し，そのなかで財やサービスが完成されるまでに生み出される付加価値の連鎖である。2022 年現在，主要インド企業は製薬産業の GVC において，多国籍企業の有力な提携相手となっている。GVC への参入は，インド企業の海外売上高の増加をもたらしただけではなく，先端技術の獲得と技術力向上にも大きく貢献している。2022 年時点において，主要インド企業は新薬や新ワクチンの開発に成功するまでに成長している（IBEF, 2022）。

3．ケーススタディ

　図表1-5-1で示した通り，インド製薬企業の収益の多くが海外事業からもたらされており，インド製薬企業は，まずインド国内において，マーケットシェアを拡大し，その後，海外展開を果たしている。

　本節では，Zydus Lifesciences（以下 Zydus）[3]，Biocon，Divi's Laboratories（以下，Divi's）の3企業（3企業の概要は図表1-5-3を参照）をケーススタディとして取り上げる。

　一般的にインド主要企業は，コスト面でのインドの立地優位性を生かし，インドで製造し，海外に輸出することで利益を得ている。しかし，本節で取り上げる3社は，いずれの企業も創業当初から，グローバル企業として成長することを目標として掲げており，世界規模での競争優位を築くことを戦略目標にし，海外事業を競争優位獲得の手段として位置づけている点が，他のインド主要企業と異なっている。

図表1-5-3　Zydus Lifesciences，Biocon，Divi's Laboratories の概略

	Zydus Lifesciences	Biocon	Divi's Laboratories
設立年	1995	1978	1990
時価総額 （単位：1000万ルピー）	47,312	42,693	121,529
2020年度売上高 （単位：100万ドル）	15102.2	7105.8	957.4
海外展開の状況	事業所12カ国13拠点，製造拠点3カ国4拠点，R&D拠点2カ国2拠点	6カ国11拠点，マレーシアにインスリン製造拠点	2カ国2拠点，世界95カ国以上に製品供給
提携する主な 海外企業	武田薬品工業（日），Bayer（独），Medicure（加），Gilead（米）など	Viatris（米），Sandoz（スイス），Adagio Therapeutics（米），Voluntis（仏），Quark（米）など	世界トップクラスの多国籍製薬企業へ原薬（API）供給
海外売上高比率 （2020年度）	57%	81%	85%

出所：各社のホームページおよび年次報告書より筆者作成。

　Zydus と Biocon は，海外企業との研究開発提携やオープンイノベーション[4]を積極的に推進することで，先端技術を獲得し，それを新製品開発に応用することで成長を遂げている。Divi's は，アウトソーシングビジネス（受託製造事業）に特化し，GVC に参入することで技術力を向上させ，獲得した技術力を背景に GVC における影響力を強めることで，世界市場におけるマーケットシェアを拡大している。

3.1　Zydus Lifesciences

　Zydus は，インド第 6 位の製薬企業であり，海外進出と外国企業との戦略的提携による成長戦略を採用し，急成長を遂げた有力企業である。

　Zydus が発足した 1995 年当時のインドは，輸入代替工業化政策を転換させ，インドは経済のグローバル化を志向し，規制緩和と自由化が進んでいた。Zydus は，インドの経済自由化とグローバル化を成長の機会として捉え，グローバル企業と研究開発型企業をその経営ビジョンに掲げ，戦略的提携を積極的に活用する経営戦略を採用した。戦略的提携には，資本関係が伴う M&A やジョイントベンチャーを含む広義の戦略的提携と，資本関係はなく戦略的な観点での契約関係に基づく狭義の戦略的提携がある。本節での戦略的提携の定義は，広義の戦略的提携を M&A やジョイントベンチャーも含むものとする。

　図表 1-5-4 は，Zydus が締結した戦略提携および M&A の一覧である。Zydus の戦略的提携の件数は，インド製薬産業においても突出して多い。Zydus が戦略的提携を積極的に推進する背景には，グローバル化の潮流を成長に取り込むことという理由のほかに，経営分割による経営資源の縮小があったと考えられる。Zydus は，1995 年に Cadila Laboratories の分割によって誕生したが，Cadila Laboratories の製造施設を含む多くの経営資源が Cadila Pharmaceuticals に引き継がれたため，Zydus は医薬品製造を継続することも危ぶまれる状態にあった。そこで，Zydus は，戦略的提携によって，既存の経営資源を補完し，経営資源を増強するだけではなく，その相乗効果による競争優位の構築を目的とする戦略を選択した。外部から技術を獲得することで，Zydus は，技術力向上と中核となる事業を確立し，中長期的に Zydus の企業価値を向上させる戦略を採用した。

図表 1-5-4　Zydus Lifesciences 戦略的提携および M&A の一覧

年	提携内容
1995	Indo Pharma Pharmaceutical Works（インド）を買収
1996	Anda Biologicals（フランス）と診断キットの販売提携
1996	Centeon（アメリカおよびドイツ）と血漿分画製剤のインドおよびネパールでの排他的販売提携
1996	清水化学株式会社（日本）と販売提携
1997	BYK Gulden（ドイツの製薬企業）と 50：50 の合弁企業決定，パントプラゾールの製造 BYK Gulden と研究開発提携
	公的研究機関 RRL（ジャンムー）とパロキセチン塩酸塩とそのほか酵素製品の開発のための提携
1998	Apotex（イタリア）と提携（Apotex はアモキシシリン，アンピシリン，コトリモキサゾール，パラセタモールのメーカー）
	Korea Green Cross Corporation（韓国）と遺伝子組換え B 型肝炎ワクチンの製造・販売提携
1999	Cherry Valley Farms（イギリス）とワクチン用卵の供給提携
	Swiss Serum and Vaccine Institute（スイス）と技術および販売提携を締結インドにワクチン導入
	Haffkine institute（インド）とワクチンとウマ血清分野の研究のための合弁企業設立
	Zydus BYK Healthcare 社（BYK Gulden との 50：50 の合弁企業）設立原薬および製剤の製造そして研究開発を開始
	Sarabhai（インド）と動物医療分野で合弁企業創設
	Ethical Holdings Plc（イギリス）と経皮吸収型製剤の製造ノウハウのライセンス提携および販売提携を締結
2000	Swiss Serum and Vaccine Institute（スイス）と精製孵化鴨卵ワクチンの製造ノウハウと技術移転のライセンス協定
	Recon Healthcare（インド）買収，8 つの製剤ブランドと販売網を取得
2001	Pantheco（デンマーク）と 3 年間の抗菌剤分野の R&D 提携協定
	German Remedies 買収（当時，インドでは最大規模の買収）
	Aten 心疾患薬のブランド買収（心疾患薬）
2002	Banryan Chemicals 買収（FDA 認証工場保有）
2003	Berna Biotech（スイス）の狂犬病ワクチンの全世界での販売権取得
	Alpharma（フランス）を買収
	Schering（ドイツ）の特許医薬品の販売協定を締結，インドで販売
	Duphar Interfran（Fermenta Biotech の子会社）とリシノプリルとベナザプリルのキラルビルディングブロック法と製法技術の買収協定
	Boehringer Ingelheim と戦略的提携，Boehringer Ingelheim の新製品をインドで製造し販売
2004	Mayne Pharma（オーストラリア）と製造受託提携
	Zambon（イタリア）と製造受託提携
2005	Hopira（アメリカ）と 50：50 合弁事業設立，注射剤の製造
	Mayne Pharma（オーストラリア）と合弁企業設立（Mayne Pharma は Hospira に買収され，Hospira との合弁に吸収合併される）
	Bharat Serums and Vaccine（インド）と 50：50 の合弁企業設立
2006	Liva Healthcare（インド）を買収，皮膚病治療薬市場に参入
	日本ユニバーサル（日本）買収，日本市場へ参入（2013 年撤退）
2007	Nikkho（ブラジル）買収
	Prolong と共同研究提携（新規バイオ医薬品）
2008	Karo Bio（スウェーデン）と炎症性疾患の新薬の共同開発
	Combix（スペイン），Simayla Pharma（南アフリカ），Etna Biotech（イタリア）買収
2009	Eli Lilly（アメリカ）と循環器系疾患の新薬開発提携
2010	Abbott（アメリカ）と戦略的提携，新興市場におけるブランドジェネリックの商業化，Zydus 製品のライセンスアウト
2011	Bayer Healthcare（ドイツ）と 50：50 合弁事業設立，Bayer の製品のインドにおける販売
	Nesher Pharmaceuticals（アメリカ）を買収
	Bremer Pharma（ドイツ）を買収，動物医療分野で世界市場進出
	Microbix Biosystems（米国）と販売提携
2012	Somaxon（アメリカ）との特許係争解決，ライセンス提携開始
	WHO と共同研究開発提携（狂犬病モノクローナル抗体）
2013	米国の感染症研究所（Infectious Disease Research Institute: IDRI）と IDRI のリシューマニア症ワクチン候補の開発提携，Pieris（アメリカ）と新しいアンチカリン® 新薬候補物質の共同開発提携，Warner Chillcott 社とのメサラジンを巡る特許係争和解，Warner Chillcott とライセンス（オーソライズドジェネリック）提携
2014	Gilead と C 型肝炎治療薬ソホスブビルの製造ライセンス協定
2016	武田薬品工業（日本）とチクングニア熱ワクチン共同開発提携
	Medicines for Malaria Venture：MMV（スイス）とマラリア治療薬共同開発提携

出所：上池（2018），p. 256。

　M&A は Zydus の経営のグローバル化の原動力となった。2002 年，Zydus は，アメリカ食品医薬品局の認証を受けた製造施設を保有するインド企業を買収し，厳格な医薬品の販売承認制度を有するアメリカ市場への輸出の基盤を獲得し，同年，Zydus はアメリカに子会社を設立し，アメリカへの進出を本格化させた。現在，アメリカは Zydus にとって最大の市場となっており，売上高のおよそ 60％程度がアメリカ市場によるものである。Zydus は，2003 年にフランス企業を買収し，フランスを拠点として欧州市場への進出を果たし，2007 年にはブラジル企業を買収し，ラテンアメリカ地域に進出し，2008 年にはスペイン，南アフリカの両国での買収を成功させ，グローバルな事業ネットワークを拡大した（図表 1-5-4）。Zydus は，2006 年に日本に子会社ザイダス・ファーマを設立し，翌 2007 年に日本ユニバーサルの買収することで日本での事業基盤の強化を図り，日本では一定の成功を収めた。しかし，Zydus のグローバルビジネスの見直しと日本市場の成長可能性の低さを理由に，2013 年に日本から撤退した。

　Zydus は，企業規模拡大を M&A の目的としておらず，同社が成長する機会を与えてくれる市場を選ぶことを M&A 戦略の中心に置いている。実際に，Zydus の M&A は，小規模なものが多く，経営規模の拡大を目的としていない。M&A が，Zydus の技術面，製造面，そして販売面での能力を強化することにつながるかどうかを重視する。つまり，Zydus の M&A 戦略は，地域的拡大だけではなく，企業の能力を高めることを重要視している。

　Zydus は，主要インド企業のなかでも高い研究開発力を有する企業であるが，オープンイノベーションを積極的に推進し，研究開発能力の向上に努めると同時に，様々な新製品の開発につなげている。Zydus の研究開発提携の目的は，新薬候補物質や技術を外部から導入し，Zydus の専門技術と知識を活用して，新薬やワクチンの商業化を目指すことにある。例えば，ワクチン開発に関しては，1999 年にイタリアの Berna Biotech（後の Etna Biotech）から狂犬病ワクチンの全世界での販売権を取得したのち，2008 年に Etna Biotech を買収した。Etna Biotech は Zydus の海外ワクチン研究開発拠点として，2010 年にアフマダーバード近郊に設立した Zydus のワクチン技術センターと連係して，ワクチンの研究開発を進めている。2010 年，Zydus は，インド企業と

して初めて，H1N1 インフルエンザ（豚インフルエンザ）のワクチンの開発に
成功し，市場に導入した。Etna Biotech は主に研究開発の初期段階を担い，
Zydus は Etna との連係によって技術移転を促進し，その技術を応用して新し
いワクチン開発に成功することができた。2021 年には，新型コロナウイルス
感染症用の DNA ワクチンを世界で最初に開発に成功し，なおかつそのワクチ
ンは無針ワクチンで投与形態も画期的なものとなった。

3.2　Biocon

　Biocon[5] は，インド最大のバイオ医薬品[6] 企業である。Biocon は，アイル
ランドのバイオテクノロジー企業のインド子会社として 1978 年に創業し，
産業用酵素をインドで製造し海外市場に輸出していた。産業用酵素の製造で
培った発酵技術を応用して，スタチンなど低分子化学合成医薬品[7] の製造を
開始し，1998 年の独立後，製薬産業に本格的に参入した。Biocon は自社開
発の 2 つの特許発酵技術によってインドの他の製薬企業に対して強い競争力
を確立した。Biocon が保有する 2 つの特許発酵技術は，固体発酵製法技術[8]
（Koji technology）と固体マトリックス発酵技術に基づくバイオリアクター[9]
（PlaFractor）である。このバイオリアクターによって，医薬品の工場規模で
の大量生産が可能となり，発酵技術と細胞培養技術を組み合わせることで，哺
乳動物細胞の培養も可能となり，モノクローナル抗体[10] などのバイオ医薬品
の大規模製造も可能となった。Biocon は独自の発酵技術を確立することによっ
て，バイオ医薬品の開発に従事する他のインド製薬企業に対して，圧倒的な
競争優位を確立した。発酵技術という競争優位を武器に，スタチン（高コレス
テロール血症の治療薬），免疫抑制剤，そしてバイオシミラー[11] の分野におい
て，Biocon は，大手製薬企業のライバルとして，世界市場，特に世界最大の
医薬品市場であるアメリカ市場で存在感を大きくしている。

　Biocon はバイオ医薬品の研究開発を本格的に開始するにあたり，外国企業
との戦略的提携を通じて技術導入を図る方法を採用した。戦略的提携を通じた
イノベーションの創出が Biocon の経営戦略の中心にある。

　Biocon は，世界的インスリンメーカーの 1 つであるが，経口インスリンの
開発を 2004 年に開始し，2022 年時点で臨床試験を実施中である。2004 年，

Biocon は薬物送達システム（Drug Delivery System：DDS）[12] の研究開発を行っていたアメリカ企業 Nobex との提携を発表し，さらに 2006 年に破産した Nobex の知的財産をすべて獲得することで，経口インスリンの開発に必要な DDS 技術を獲得し，その DDS 技術を利用して，経口インスリンの開発を進めている。2012 年に，アメリカの Bristol Myers Squibb と経口インスリンの共同開発提携を開始し，2015 年にアメリカにおける国際共同治験の第 1 相を完了している。2017 年は，若年性糖尿病研究財団（JDRF）と提携して，反復投与試験を実施しており，商業化に向けた最終段階に入っている。

　Biocon はインド企業として初めて，抗体医薬の分野での新薬の開発に成功し，商業化を実現した企業である。Biocon の抗体医薬の技術は，キューバのがん研究機関である分子免疫学センター（Centro de Inmunología Molecular：CIM）との提携で獲得された。CIM は，がんの免疫療法に関する研究開発を行っており，モノクローナル抗体やワクチン開発で実績のある世界的に有名な研究機関である。2003 年，カルナータカ州バンガロール（現ベンガルール）に，Biocon は，CIM の商業部門である CIMAB と合弁企業 Biocon Biopharmaceuticals（BBPL）を設立し，モノクローナル抗体の研究開発を開始した。CIMAB は，がん治療やその他免疫関連疾患の治療のためのモノクローナル抗体と組換えタンパク質の開発に注力していた。Biocon は，CIMAB からモノクローナル抗体の開発や製造に関する専門知識を導入し，自身の研究開発能力と特許発酵技術を基盤とした高いバイオ医薬品製造能力および施設と組み合わせ，数々の抗体医薬製品の開発に成功している。2006 年 9 月，Biocon は，頭頸部がん治療用のモノクローナル抗体をベースにした一般名ニモツズマブ[13] をインド市場に導入した。ニモツズマブは，インド初のモノクローナル抗体をベースとした医薬品となり，非常に価格競争力のある画期的な医薬品となった。Biocon は，ニモツズマブの経験をベースに，慢性尋常性乾癬の治療薬のイトリズマブの商業化に成功した。イトリズマブは，2013 年にインドで販売承認取得し，インド市場に導入された。

　さらに，Biocon は，2013 年にインド製薬企業として初めて，低分子医薬品[14]，抗体医薬品（モノクローナル抗体）に続く次世代医薬品である核酸医薬[15] の開発を開始した。

　Biocon が核酸医薬の開発パートナーとして選んだのが，アメリカのバイオベンチャー企業 Quark Pharmaceuticals（以下，Quark）である。Quark は，siRNA（低分子二本鎖リボ核酸）医薬の研究開発において世界をリードする企業であり，臨床開発レベルのパイプライン[16] を数多く保有する。Biocon は，Quark が独自に開発した siRNA 医薬品候補のライセンスを取得し，Quark と共同で研究開発を行う。Biocon と Quark の共同研究開発は，非動脈炎性虚血性視神経症と急性閉塞隅角緑内障の治療薬として進められており，2017 年に臨床試験の第 3 相へ進んだ。さらに，Biocon は Quark との共同開発で獲得した技術を応用，活用し，新しい医薬品や治療法を開発することに意欲を見せている。

　以上のように，Biocon は，海外の提携先からバイオ医薬品や核酸医薬の研究開発に必要な技術と新薬候補物質をライセンス導入し，企業内研究開発および外国企業との共同研究開発を通じて商業化を目指している。

3.3　Divi's Laboratories

　最後に，インド最大の原薬専業メーカーで，世界最大の原薬製造受託企業である Divi's Laboratories の事例を紹介する。Divi's は，現在は世界 95 カ国に原薬を供給しており，その主要市場は，欧州（47.4%），次いで北米（23.7%），そしてアジア（12.4%）であり，特に欧州，北米においては高い競争力を発揮している[17]。

　Divi's の創業者であるムラリ・ディヴィ（Murali Divi）は，インド大手製薬企業 Dr. Reddy's Laboratories（図表 1-5-1 を参照）の共同経営者であったが，1990 年に Dr, Reddy's Laboratories から独立し，同社を設立した。Dr. Reddy's が原薬メーカーから製剤メーカーへと転身を図ったのとは対照的に，Divi's は，医薬品の GVC の拡大を好機と捉え，原薬専業メーカーとして，受託ビジネスで成長することを選択した。

　原薬は製剤の中心部材であり，その品質は製剤の品質の根幹となる（図表 1-5-5）。一般に医薬品と呼ばれているものは，製剤である。製剤は原薬に賦形剤や凝固剤などの添加剤を使用して錠剤，カプセル剤，あるいは顆粒剤に成形したものである。一方，原薬とは，API（Active Pharmaceutical

図表 1-5-5　医薬品の構造と製造工程

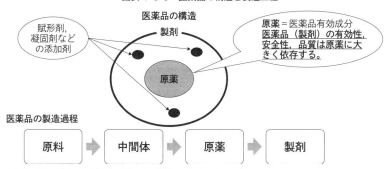

医薬品の製造工程は，大別すると「原薬」と「製剤」に分けることができる。
原薬の製造工程では，原料から中間体（原薬の一反応前の化学物質）を経て，医薬品有効成分＝原薬を化学合成する。
製剤の製造工程では，原薬と賦形剤や凝固剤など添加剤を混ぜ合わせて，錠剤やカプセル剤などの剤形にする＝製剤化。

出所：上池（2021），p. 359。

Ingredient）とも呼ばれ，医薬品有効成分を指す。原薬は製剤の中心部材であり，製剤の有効性，安全性，品質は，原薬に大きく依存する。

　医薬品の製造過程は，原薬の工程と製剤の工程の 2 つに大別することができる。原薬の工程は，医薬品原料を化学反応させ，中間体を経て，医薬品の有効成分を化学合成することである。一方，製剤の工程は上述の通り，原薬に添加剤を加えて，錠剤などに成形し，製剤化することである。一般にジェネリック医薬品の製剤メーカーは，原薬を原薬メーカーから調達し，製剤化する。原薬およびその製造技術は最終製品の価値を決定づける部品・部材および製造技術であるため，ジェネリック医薬品では，原薬メーカーのほうが製剤メーカーよりバリューチェーンにおける影響力は大きい。Divi's は高い化学合成技術力を背景に，GVC における影響力を強め，世界の原薬市場におけるマーケットシェアを拡大してきた。2022 年時点で，Divi's は 10 種類以上のジェネリック医薬品原薬で世界トップのマーケットシェアを有している。Divi's は，ジェネリック医薬品用原薬の受託製造からスタートし，現在では新薬の原薬の製造受託も手掛けている。

　Divi's は世界の大手製薬企業からのジェネリックの原薬製造を受託することを通じて，高品質の原薬を製造する技術，特に多様なスケール（数キログラムから数トン）で，委託企業が設定した製品仕様で原薬を合成するカスタム合成の技術水準を高めていった。さらに，Divi's は，欧米や日本などの厳格な

GMP（製造および品質管理基準）を満たす非常に高いレベル製造・品質管理システムの構築にも成功している。

　Divi's は，受託製造ビジネスを通じて，製造技術，生産ノウハウ，そして製造管理・品質管理システムを吸収・習得し，技術，知的財産を自社の経営に活用し，企業の成長につなげている。Divi's の製造受託は，OEM 生産から製造する製品の設計から製品開発までを請け負う ODM 生産へとアップグレードしている。

　Divi's のジェネリック医薬品用原薬の利用者が増えることで，Divi's は原薬のカスタム合成技術，高い製造管理・品質管理システムそして製品設計や製法開発技術というコア・コンピタンス（Prahalad & Hamel, 1990）を獲得し，それを強化していった。高いレベルのカスタム合成技術は，一般的にジェネリックよりも高度な合成技術を必要とする新薬の原薬を受託製造ビジネスへの拡大につながっていったと考えられる。

　Divi's は，製剤（＝最終製品）の競争に基づく経営ではなく，製剤の価値を決定づける原薬とその製造技術（＝部品・部材とその製造技術）に基づく経営，コア・コンピタンスに基づく経営を行っているといえる。そして，コア・コンピタンスを武器に，Divi's は，GVC における影響力を強めることで持続的な成長を実現している。インドは 1990 年代においては世界最大の原薬サプライヤーであったが，近年その地位を中国に奪われつつある。Divi's の事例は，インド原薬産業が世界的原薬サプライヤーとしての地位を回復するうえでも示唆を与える事例である。世界の原薬産業におけるインドの相対的地位の後退の原因は複数あるが，その1つに，インドの原薬専業メーカーの多くが製剤メーカーへと転身したことにある[18]。世界的な製剤サプライヤーとして台頭するインド主要企業も原薬事業を強化すれば，世界的原薬サプライヤーとしての地位回復につながるし，原薬事業にコア・コンピタンスを強化は，製剤サプライヤーとしての世界市場における地位の向上と安定化につなげることができるからである。

4．インド製薬企業の海外経営の特徴

　インド製薬企業の海外進出は，医薬品価格規制令の実施により，交易条件の悪化したインド市場よりも交易条件の良い海外市場を目指すことで始まった。Dunning（1993）の分類によれば，インド製薬企業の海外直接投資は，市場探求型としてスタートしたといえる。

　医薬品は GMP と呼ばれる製造および品質管理基準を満たさなければ，販売承認を得られず，販売することができない。そのため，インド企業は世界水準の製造技術のみならず製造管理・品質管理技術を獲得する必要があったが，海外進出の促進がそれらの技術水準の向上につながっていった。

　そして，現在のインドの海外直接投資は，研究開発能力の増強を目的とした戦略的資産探求型へと転換している。インド企業は海外での M&A を積極的に実施し，新規市場の獲得と先端技術の獲得を進めている。

　1990 年代以降は，インド製薬企業は，戦略的提携を通じて，GVC（多国籍企業が，複数国にまたがって生産工程を配置し，そのなかで財やサービスが完成されるまでに生み出される付加価値の連鎖）に参画し，リバースエンジニアリングを通じて培った高い学習能力を背景に，医薬品研究開発に関する先端技術や知識を吸収し，新しい製品を開発する技術水準を有するに至っている。インド製薬企業は，積極的に海外企業との戦略的提携を推進することで，技術導入と技術吸収を促進し，技術力の向上を図り，競争優位へとつなげている。

APPENDIX 1-5-1
理論・概念での説明
https://www.bunshin-do.co.jp/contents/5234/appendix_0105.html

---

（上池あつ子）

【注】
1　インド商工省が設立した組織で，インド製（インドブランド）の国際的認知度を高めるインド製品とサービスの普及を促進することを目的としている。
2　2014 年に，アメリカの製薬企業 Actavis の西ヨーロッパ 7 カ国におけるジェネリック事業を買収し（Aurobindo Pharma Limited, 2014），2014 年に海外売上高比率が初めて 60％に到達した。

3　Zydus は，グローバル事業社名を Zydus Cadila，インドでの事業社名を Cadila Healthcare とし，2 つの事業社名を使い分けていたが，2022 年，グローバル事業名とインド事業者名を統一し，Zydus Lifesciences と事業社名を変更した。

4　オープンイノベーションとは，Henry Chesbrough（2003）提唱した概念で，企業内部のアイデアと外部のアイデアとを有機的に結合させ，価値を創造することである。オープンイノベーションにおいては，企業は外部アイデアを企業内に導入して利用する，あるいは企業内のアイデアを外部において活用することが可能であり，イノベーションの可能性が向上するとされている。

5　Biocon の経営戦略とその発展については，上池（2019b）を参照されたい。また，Biocon のオープンイノベーション戦略については上池（2020）を参照されたい。

6　バイオ医薬品とは遺伝子組み換え技術や細胞培養技術などバイオテクノロジーを用いて製造される医薬品で，分子が大きく構造が複雑で製造・安定性の面でも難度が高い医薬品である。

7　低分子化学合成医薬品とは化学合成の工程を経て製造される医薬品で，比較的単純な構造をした小さな分子の有機化合物である。

8　固体発酵は，酵素の生産で使用される発酵の一種で，水分含有量の低い固体基質上での微生物を培養する技術を指す。

9　バイオリアクターとは，生物反応の主体である酵素を反応容器につめ，特定の化学反応を行わせて，生成物を大量に生み出すことができる技術を指す。

10　モノクローナル抗体とは，ウイルスや細菌，花粉などの「抗原」が体内に侵入した際，体内では「抗体」が生成される。抗原には多くの抗原決定基（エピトープ）があるが，そのなかの 1 種類の抗原決定基とだけ結合する抗体を人工的にクローン増殖させたもので，抗体医薬品とも呼ばれる。

11　先行バイオ医薬品の特許が切れた後に，先行バイオ医薬品と同等・同質の品質，安全性および有効性を有する医薬品として，異なる製薬企業により開発されたバイオ医薬品である。

12　薬物送達システム（DDS）とは，治療効果を高め，副作用を抑制することを目的として開発された製剤技術で，疾患部位に必要な薬効成分を，適切な時間のみ作用するように調整する技術である。主な DDS としては，主要な薬効成分が体内で溶出する速度を制御する工夫が施された徐放製剤，薬効の発揮後，すぐに代謝・分解されることで副作用を抑制するアンテドラッグ，そして疾患部位に到達するまでの間に薬効成分が分解されないように化学構造を変換するプロドラッグなどがある。

13　ニモツヅマブは，CIMAB とカナダの YM Biosciences の合弁企業である CIMYM Bioscience が開発し，BBPL にライセンス供与された。

14　主に化学合成によって製造される医薬品で，その分子量が数十から数百程度であることから低分子薬品と呼ばれる。

15　核酸医薬とは，デオキシリボ核酸（DNA）やリボ核酸（RNA）といった遺伝情報をつかさどる物質である核酸を医薬品として利用する医薬品のことである。従来の低分子医薬品やモノクローナル抗体（抗体医薬）では狙えない mRNA や miRNA 等の分子を創薬ターゲットとすることが可能であり，次世代の医薬品である。核酸医薬品の詳細については，特許庁（2016），井上（2016）を参照のこと。

16　医薬品候補物質（新薬候補物質）をパイプラインと呼ぶ。新薬候補物質には，基礎研究・非臨床試験・臨床試験・申請・承認のいずれかの段階にある物質を指し，豊富なパイプラインを持っているかどうかが，製薬企業の成長を決める重要な要素の 1 つであるといえる。

17　Divi's Laboratories の事業については，上池（2021）を参照されたい。

18　インド原薬産業の現状とその課題については，上池（2021）を参照されたい。

【参考文献】
井上貴雄［2016］「核酸医薬品開発の現状」『Drug Delivery System』31（1），10-23。

上池あつ子［2018］「TRIPS 協定後のインド製薬企業の経営戦略　Zydus Cadila の事例研究を中心に」
　　『経済志林』85（4），247-285。

上池あつ子［2019a］『模倣と革新のインド製薬産業史』ミネルヴァ書房

上池あつ子［2019b］「インドのバイオ医薬品企業の経営戦略－ Biocon の事例研究を中心に－」『経
　　済経営研究　年報』68，111-159。

上池あつ子［2020］「インド製薬企業のオープンイノベーション」『経済経営研究　年報』69，145-
　　178。

上池あつ子［2021］「インド原薬産業の競争優位の再構築」『福岡大学商学論叢』。

特許庁［2016］『平成 27 年度特許出願技術動向調査報告書（概要）抗体医薬』。

Aurobindo Pharma Limited（2014）. Aurobindo completes the acquisition of select Western
　　European Business of Actavis. *Press Release 1st April 2014*. Hyderabad. https://aurobindo.
　　com/docs/press-room/company-news/2013-2014/pr-actavis.pdf

Chesbrough, H.（2003）. *Open Innovation: The New Imperative for Creating and Profiting from
　　Technology*. Boston, MA: Harvard Business Press.

Dunning, J.（1993）. *Multinational Enterprises and the Global Economy*. Wokingham, England:
　　Addison-Wesley.

India Brand Equity Foundation: IBEF（2022）. *Pharmaceutical Industry Report March 2022*.
　　https://www.ibef.org/industry/indian-pharmaceuticals-industry-analysis-presentation

Prahalad, C. K. and Hammel, G.（1990）. The Core Competence of the Corporation. *Harvard
　　Business Review*. May-June, 79-91.

事例 1-6

日本の中小企業の海外直接投資

1．はじめに　中小企業とは

　企業は，大企業と中小企業に分けられる。日本においては，大企業と中小企業の区分は，法律によって明確に定義されており，1963年に制定された中小企業基本法（昭和38年法律第154号）が，以下の通り，「中小企業者の範囲」を定め，これら以外のものを大企業としている。

①　資本金3億円以下または従業員数300人以下で，製造業，建設業，運輸業その他の業種を営むもの。

②　資本金1億円以下または従業員数100人以下で，卸売業を営むもの。

③　資本金5,000万円以下または従業員数100人以下で，サービス業を営むもの。

④　資本金5,000万円以下または従業員数50人以下で，小売業を営むもの。

　中小企業は，例えば，雇用全体の69%[1]を支えている，企業全体の売上高の44%をあげている，新規開業を含む活発な事業活動を通してイノベーションを生み出している，市場の末端にまで行き渡る流通システムを担っている，など多くの重要な役割を果たしている。特に製造業に関しては，部品を供給するサプライチェーンの上で果たす役割が大きい。主に大企業がつくる完成品（例えば，自動車や電機製品）が組み上がるまでには，数百から数千の中小企業が重要な役割を果たしており，各社は，それぞれの自社技術を活かして部品を供給したり，得意な工程を請け負っている。中小企業の海外進出活動を理解するにあたっては，まず，こうした中小企業の位置づけを知っておかなければならない。

2．中小企業の海外投資の実績（実数と割合）

　上述した通り，産業の裾野を支える中小企業も，大企業と同様，盛んに海外進出を行っているのであろうか。中小企業の海外投資の実績を正確に知るには，総務省が実施している日本全国すべての事業所・企業を調査対象とする総務省「経済センサス基礎調査」の調査データを利用する必要がある。経済産業省中小企業庁は，この経済センサス基礎調査のデータを独自に再編加工[2] して算出した中小企業の海外直接投資企業[3] の数値を公表している[4]。これによると，中小企業のうち海外直接投資を行っているものは，全業種で 6,346 企業（2014 年[5]）。業種別に内訳をみると，製造業が 3,221 企業，卸売業が 1,406 企業，小売業が 129 企業，その他の業種が 1,590 企業となっている。一方，大企業で海外直接投資を行っているものは 2,418 企業であり，数だけでいえば，中小企業で海外直接投資を実行しているものの方が多い。

　一見すると，あたかも中小企業の方が盛んに海外投資を実行しているかのように見えるが，これは，中小企業の全体数が大企業の全体数より桁違いに多く，母集団が圧倒的に大きいからである。実は，日本には約 382 万[6] の中小企業が存在し（同調査当時），大企業を含めた全企業数の 99.7％を占める。したがって，上述の 6,346 企業を全体数の約 382 万で割ると，わずかに 0.17％であり，極めて小さい割合になる。中小企業全体の 1,000 分の 2 弱しか海外直接投資をしていないのである。これに対して，大企業の全体数は 11,110 企業であるから，そのうち上述の 2,418 企業は 21.8％に相当し，大企業では 5 社に 1 社が海外直接投資を実行していることがわかる。この数字と比べると，中小企業の海外直接投資企業割合の小ささが際立つ。

　もっとも，約 382 万の中小企業のなかには，例えば，店主 1 人で営む商店街の本屋さん，1 人で自営する左官職人さん，フリーで働くシステムエンジニアなど，およそ海外投資とは縁のない規模や職種の人々も一企業として母集団にカウントされているため，0.17％という低い率が中小企業の海外直接投資の実施状況を的確に表しているともいいにくい。そこで，こうした小規模企業を除外し，従業員数 20 人超[7]（いわば「中企業」）の製造業だけに絞って海外直接

投資企業の割合を計算すると，54,570 企業のうちの3,221 企業，すなわち5.9％になる。概ね 17 社に 1 社程度の割合であり，この数値ならば，おそらく中小企業が行う海外直接投資の実施状況を適切に表しているといえるだろう。

3．中小企業は，なぜ海外進出をするのか

　多大な経営資源の投入を必要とする海外直接投資。特に中小企業にとっての負担は大きい。それでも，中小企業は，なぜ海外進出をするのだろうか。

　中小企業の海外直接投資は，1980 年代頃に端緒がみられる。1985 年のプラザ合意以降，円高で対外競争力が弱まった大企業製造業が，製造原価の低減を図ってタイやマレーシアなどの東南アジアに進出した。しかし，当時の東南アジアは，労働力こそ安価で豊富だが，十分な部品を調達するための工業基盤が不足していた。そこで，大企業の要請を受けた部品サプライヤーである中小企業が，まず海外に歩み出たといわれている。

　経済産業省「海外事業活動基本調査」では，企業が海外投資を決定する際のポイントについて尋ねている。この質問は 2004 年度調査から 2017 年度調査まで置かれていたことから，その時間軸の変化を捉えつつ，大企業と中小企業の回答を比較できるように作図したのが図表 1-6-1 のグラフである。これによると，2004 年度時点の大企業で最も多かった回答は，「現地の製品需要が旺盛または今後の需要が見込まれる」（66.5％）であるのに対し，中小企業においては，「良質で安価な労働力が確保できる」（53.8％）が最も多く，「納入先を含む他の日系企業の進出実績」（48.5％）が次に多い。ここから，大企業が進出先国の市場開拓を重視していたのに比べて，中小企業は，現地市場よりも，既存の取引先大企業などからの受注を目指していたことがわかる。すなわち，既存の取引先が先行して海外に出て行ってしまったため，自らもそれに追随し，現地の低廉な賃金により原価低減を図って顧客満足度を上げ，従前の取引をつなぎとめようとしていた。第 1 節で言及した部品サプライチェーン内に位置する多くの中小企業が，この理由で海外進出を行ったといえる。

　ところが，こうした事情も，時を経て 2017 年度になると変化がみられる。かつて中小企業が重視していた「良質で安価な労働力が確保できる」と「納入

先を含む他の日系企業の進出実績」の回答率が，2017年度には大幅に低下し，大企業と同様，「現地の製品需要が旺盛または今後の需要が見込まれる」という回答が大きく増えた。これとともに，「進出先近隣第三国で製品需要が旺盛または今後の拡大が見込まれる」も増加した。

中小企業の回答は，なぜこのように大きく変化したのだろうか。これには，中国をはじめとする進出先国の人件費相場の高騰により，かつてほどのコスト低減が難しくなってきたこと，また，大企業が部品調達先の現地化を進め，日系部品サプライヤーを優遇しなくなってきたこと，などが背景にある。中小企業にとって厳しくなった経営環境の反映と捉えることもできるが，半面，これまでの取引先に依存する傾向が薄まって，海外の新たな市場を開拓しようという前向きな姿勢が，大企業並みに強まったとも考えられる。そこには，日本国内での業績が堅調で体力に余裕があるうちに，自発的に，新市場と新顧客の開拓に挑戦しようという能動的な経営判断がうかがえる。

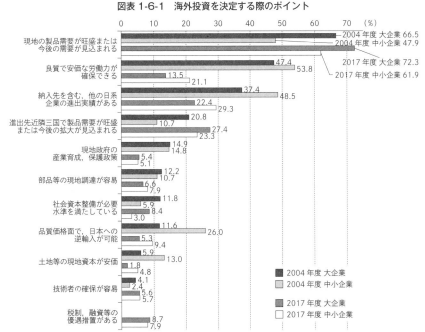

図表 1-6-1　海外投資を決定する際のポイント

出所：経済産業省「海外事業活動基本調査」。

4．中小企業の海外直接投資の実際

　これらのことを踏まえ，実際に海外直接投資をした各社の事例（経営者インタビュー8)）をみてみよう。

4.1　N社
⑴　事業内容と海外直接投資の概要

　当社は，岩手県に本社を構え，精密プラスチック製品の製造，金型の設計・加工を事業内容とする。

　海外展開については，1994年に香港に事務・物流管理部門を設立し，ほぼ同時期に中国広東省に工場を設立した。1996年にはフィリピンに，2004年には中国江蘇省に，2011年にはタイに，生産拠点を設立した。その後，香港・中国の法人は株式を譲渡（技術支援は継続）し，2022年現在では，フィリピンとタイの工場が稼働している。

⑵　歯車で培った精密成形とインサート成形技術などが強み

　当社は，工業用プラスチック製品の生産を金型の設計・製作から一貫して行っている。対象分野としては，①自動車部品，②精密小物部品（プリンタ，複写機などの歯車中心），③医療関連部品，などである。手のひらに載るような小型製品を中心に，あまり大型の成形機を使わない小物に特化している。

　歯車類は，創業当時からこだわりを持って製造している部品である。動力を効率よく伝達させる歯車のなかでも，高精度なもの，あるいはウォームギア（斜めに歯を切ったもの）など特殊な歯車に特化している。当社の強みとして，金属端子を樹脂の中に埋め込むインサート成形技術があり，特に自動車部品にこの技術を活用している。また，近年，強化してきたのが自動化技術で，自動車用ユニット製品の自動組立装置，自動検査装置は当社技術による自社製である。医療関連部品用には，クリーンな環境での生産・検査・梱包を行う体制が整っている。

(3)　取引先に追随する形で海外へ進出

　まず，プリンタ用部品を納入していた顧客企業が海外へ出たため，当社も中国に出た。進出した先は，プリンタと複写機の生産拠点のメッカと呼ばれる地域で，日系完成品メーカーの工場が軒を連ねていた。その後すぐに，HDD 用部品の顧客企業も海外へ出たため，こちらはフィリピンに進出した。このように，当社は，顧客企業に追随する形で海外へ出た。やはり海外へ進出する際には，最初は確実に納品できる取引先が必要だ。海外子会社を軌道に載せるため，最低限の仕事を確保しなければならない。フィリピンでは，もともと顧客企業の近くで生産させてもらう前提で進出したため，その企業向け部品が 9 割程度を占めている。同様に，OA 機器メーカーの集積地に近い工場は，OA 部品を多くつくる。現地に自動車メーカーが多ければ，自動車用部品を多くつくる。各国の生産拠点は，部材調達や製造設備など生産上の都合で意図的に棲み分けをしているわけではなく，その地域の市場ニーズに応える品目を生産している。その一方で，各海外拠点間で技術の共有も行っている。各拠点で培ってきた得意技術を提供し合うのである。例えば，ある拠点が OA 機器向けに向上させた歯車技術を，自動車部品メーカーを主要顧客とする他の拠点に移植し，自動車向けの歯車ユニットを供給する後押しをしている。

(4)　日本本社と各生産拠点間の関係

　各海外拠点がどんな事業分野を狙うかという基本路線や経営の根本は，日本の本社がコントロールしている。ただし，現地にも総経理や支配人等として経営を任せられる者がいるので，お互いの責任と権限を明確にしている。全てを本社でコントロールしようとすると，現地のやりがいが無くなるので，ある程度の権限は与えている。例えば，年度予算などは本社で承認を与えるが，お金の使い方はある程度現地に任せている。

　日本本社の工場は，国内市場のニーズを満たすための生産拠点であると同時に，研究開発部門や生産技術部門を備えている。海外子会社もかなり技術力を付けてきたとは言え，日本工場は常に子会社工場より一歩先を行く技術を持っておくべきと考えており，日本工場からは，新しい製品の投入や技術的支援をしている。

4.2　M社

⑴　事業内容と海外直接投資の概要

　当社は，長野県に本社を構え，微細なバネを中心に精密小物バネの開発・製造・販売を事業内容とする。

　海外展開については，1990 年にマレーシアで初の海外生産拠点を設立し，その後，1996 年には中国の上海へ進出，2001 年には中国の大連にも進出し，その後も中国の生産拠点には増資・増設を行ってきた。

⑵　精密小物バネの特定分野では世界的メーカー

　当社は，微細なバネに特化した事業展開を行っている。代表的な製品の1つに，ボールペンの先端の金属球を内側から支える外径約1ミリの精密バネがある。このバネでは国内はもとより，世界でも高いシェアを占めてきた。現在は，電子部品，携帯電話，自動車部品，医療機器などに使われる微細バネを中心に，グローバルに生産できる体制を備えて安定供給を行っている。

⑶　低賃金狙いではなく新たな市場を狙った海外進出

　労働集約型産業は，確かに海外で安くつくれる。しかし，当社のような装置型産業では効果が薄い。そのため，当社は，安くつくることよりも，当初から現地市場の顧客をターゲットとする目的で，海外に進出した。日本の完成品メーカーの多くが海外に出て行ってしまい，日本国内から消えてしまった部品のマーケットを，まずは当社が海外に行って受け止めよう，そして，いずれは日系企業以外とも取引を広げようという考え方である。

　かつて日本の発注元各社は，品質が良い日本の材料を使い，日本の企業や日系サプライヤーに発注していた。しかし，2008 年のリーマンショック後に様相が変わった。日本から一気に仕事を引き上げ，現地調達に切り替えるような動きが急速に進んだ。当社でも日本国内から海外に納入していた仕事が，海外拠点からの納入に切り替わった。

⑷　取引先は日系現地企業と外国系企業が半々のウエイト

　中国における取引先は，日系現地企業と外国系企業が半々のウエイトであ

る。外国系の中には，中国・台湾系企業も含むが，中国に進出している欧米系
企業が中心である。当社の技術でつくる製品が欲しくてアプローチしてくる新
規顧客も多いので，当社にとって良い条件を提示できる。こういうチャンスは
無駄にしてはいけない。

　海外でも日系現地企業とだけ取引する方が確かにリスクは少なく安全だ。し
かし，欧米系や中国・台湾系と取引をすることで，彼らがどんなサプライヤー
とどれほどの価格で取引をしていて，さらに他のサプライヤーがどんな原材料
を使っているのか，などの重要な情報を得ることができる。外国系企業と取引
をすることで，外国系サプライヤーのコスト，品質，スピード，対応力などを
知ることができる。一番重要なことは，世界における自社のポジションや競争
力を知ることだ。

(5)　顧客企業の近くに立地し，短納期できめ細かいサービスを提供

　マレーシア拠点は ASEAN 諸国，中国の大連拠点は河北地域，上海拠点は
華東地域を主なマーケットとしている。顧客企業の近くに拠点を構える理由
は，物流コストの問題というよりも，短納期での試作開発やきめ細かいサー
ビスを提供するためである。こうした生産拠点の分散配置に対しては，ある程
度の量産になれば，生産品目を一極集中させた方が効率的だとの異論もあろ
うが，一極集中はリスクも伴う。また，バネ屋とかネジ屋といった「屋」のつ
くような業種は，顧客企業からみて便利な所にいて対応力を持つべきだと考え
ている。バネやネジに限らず，物流コストを下げるため，顧客企業側には半
径 200 キロ圏内からしかモノを買わないという方針のところもある。このよう
に，海外展開は，コストや物流面などから，あくまでも海外で調達することを
求める顧客企業への対応として行っている。海外で安くつくらないと製品の競
争力を出せないからではない。当社製品は，海外工場製も含めて，独自開発し
た製造装置によって生産されており，微細なバネを高精度で大量生産するノウ
ハウは完全にブラックボックス化している。仮に円高下の日本から輸出したと
しても通用する製品力を持っているからこそ，海外市場でも顧客を獲得できる
と考えている。

⑹　市場別にみたコア技術の活かし方

　海外展開の考え方は2通りある。誰とも競合しない分野であれば，最初からコア技術を持ち出さなくとも需要を獲得できるので，競合のいない早い時期に市場に進出することが大事である。しかし，既に競合先がいる市場では，競合先と同じ製品は必要とされない。その時にこそ，競合先にはない当社のコア技術が強みになる。市場を勝ち取るには，顧客企業に必要とされるコア技術や独自の製造装置の引き出しがどれだけ多くあるかが決め手となる。

5．中小企業が海外直接投資をする理由

　大企業ほど経営資源が豊かでない中小企業が，なぜ海外進出をするのか。例えば，輸出に係るコストの回避，低廉な人件費や広大な工場用地など豊かな経営資源の獲得，未開拓の海外市場，現地市場の特性に合わせた商品展開，現地政府の誘致・優遇措置などがある。こうしたアドバンテージを求めて海外に踏み出すのは，中小企業も大企業も同じである。

　中小企業ならではの理由を挙げるとするならば，やはり，第1節で言及した中小企業の位置づけを背景にしたもの，すなわち，顧客である大企業との関係性にある。N社の事例では，「顧客企業が海外へ出たため，当社も中国に出た。（略）やはり海外へ進出する際には，最初は確実に納品できる取引先が必要だ。」とし，納入先大企業への追随が理由だと明言している。自発的に追随する場合もあるし，先行する大企業から誘致を受ける場合もある。同社は，「もともと顧客企業の近くで生産させてもらう前提で進出したため，その企業向け部品が9割程度を占めている」ともいう。主力の顧客と一体になって海外進出を行う中小企業の姿が表れている。

　一方，M社は「安くつくることよりも，当初から現地市場の顧客をターゲットとする目的で，海外に進出した。日本国内から消えてしまった部品のマーケットを，当社が海外に行って受け止めようという考え方である」とし，特定の既存顧客との関係というよりも，日本国内の市場全般が海外にシフトしてしまったことへの対策として海外市場を目指した。また，「顧客企業の近くに拠点を構える理由は，物流コストの問題というよりも，短納期での試作開発やき

め細かいサービスを提供するためである」「顧客企業側には半径 200 キロ圏内からしかモノを買わないという方針のところもある」とし，自らのコストよりも顧客企業の利便性を優先して海外に進出し，顧客企業からの近接地を狙って立地する意思決定をしたこともわかる。

　さて，ここまで聞くと，顧客である大企業に中小企業がまるで従属しているかのような印象をもつかもしれないが，それは必ずしも正しくない。海外進出を好機に，系列外顧客との新規取引や，現地ローカル企業を含めた外国系企業との新規取引を獲得する例も，実際かなり多いからである。M 社も「中国における取引先は，日系現地企業と外国系企業が半々のウエイトである。（略）中国に進出している欧米系企業が中心である」と言っている。海外進出後，格段に成長した中小企業のほとんどが，そうした新規取引を獲得しているのが現実だ。

　以上のように，中小企業が海外直接投資をする理由において，顧客企業の動向が重要な変数になっていることは間違いない。これは，部品サプライヤーに限った話ではなく，完成製品（例えば，工作機械，建設機械，計測器など）のメーカーの場合であっても，ユーザー企業の動向が大きく影響している点は同様である。そして興味深いことに，当初は，こうした受け身の理由だったとしても，逆の結果を生むこともある。現地で外国系企業との接点を得たことで新規顧客を獲得し，その結果，既存顧客への依存度が返って小さくなるのだ。こうした動きがあることも留意しておきたい。

APPENDIX 1-6-1
補論：海外直接投資をめぐる理論的枠組みとの関係
　　　https://www.bunshin-do.co.jp/contents/5234/appendix_0106.html

---

（海上泰生）

3　ここでいう直接投資企業とは，海外に子会社（当該企業が50％超の議決権を所有する会社。ただし，子会社または当該企業と子会社の合計で50％超の議決権を有する場合と，50％以下でも連結財務諸表の対象となる場合も含む）を保有する企業（個人事業所は含まない）をいう。

4　中小企業庁［2016］『中小企業白書』。

5　経済センサス基礎調査には2019年調査もあるが，中小企業庁が再編加工した海外直接投資データは，2014年の数値が最新。

6　正確には，3,809,228企業（2014年時点）。中小企業庁［2023］『中小企業白書』。

7　中小企業基本法は，製造業の場合，従業員20人以下の企業を「小規模企業」と定義している。

8　海上泰生［2014］「海外展開に成功した中小ものづくり企業にみられる国際的生産体制の構築—海外進出先顧客の調達姿勢の変化に対応した現地生産拠点運営事例の考察—」『日本政策金融公庫論集』日本政策金融公庫，第25号，1-28。

事例 1-7

発展途上国における事業撤退と子会社の整理：
東レの事例

　筆者は，1962年，開発途上国に日本のトップランナーとして海外投資を始めていた東洋レーヨン（現在東レ）に入社，海外事業部に配属された。その後6年間，日本をベースとして海外進出先への出張，短期間の現地マネジメント研修などを経て海外事業経営の基本を自分の中にたたきこんだ。

　1976年，5年間の中米（E国の）I社への出向を終えて帰国した。帰任先は古巣の海外事業部で，欧・阿・米州事業担当主任部員（課長）を命じられた。当時，私は34歳。具体的には中南米に4社，アフリカに2社，イギリスに1社，オーストラリアに1社の合計8つの既存の会社の管理と新しく立ち上がりつつあったイタリアでの合成皮革の製造販売会社を担当せよということであった。

　5年間の留守の間に，東レの海外事業に対する基本戦略は大きく変わっていた。それまでは，輸出市場の権益を防衛するという考え方に基づき，発展途上国の要請に応じて，その国の市場だけを対象とする小規模で「輸出代替的な事業」を次々に展開してきたが，そうして設立された会社は三十数社に及び，世界に点在していた。

　1970年代の前半になると，東レはタイ，マレーシア，インドネシアなど，アセアン諸国に大規模工場を設立し，そこで作られるコスト競争力のある製品を巨大な欧米市場へ輸出するというビジネス・ネットワークを作り上げる戦略に切り換えていた。

　したがって，その他の地域に設立した事業は，戦略的事業ではないと見做された。いわゆる「選択と集中」である。その一方で，それまで手を付けたことのない，欧米市場にも投資を拡大する戦略を採り始めていた。東レ独自の技術

開発が進み，欧米に企業進出する基盤は整いつつあったのである。

　私が担当することになった事業は，イタリアへの新規事業を除いては，どちらかと言うと，非戦略的事業であって，損失を出さない限り，当面は継続しても構わないが，長期的にはフェードアウトすべきものであった。

　8つの既存事業を担当するというのは，I社の経営に5年間携わってきた経験があるとはいえ，かなりの重い任務であった。非戦略的事業ではあるが，現存している事業であり，それぞれに問題を抱えていた。それらの問題を片付けながら，撤退の道を探らねばならない。身が引き締まる思いであった。

　ご存じの方も多いと思うが，事業撤退というのはビジネスの中でも，非常に難しい仕事である。新規事業を立ち上げるよりもよほど難しい。ましてや，発展途上国で行うのであるから大変である。何百人，何千人の解雇を行えば何が起こるか。私はI社での経験から容易に想像がついた。

1．中米C国の会社の従業員を全員解雇したうえで株式を売却

　担当の8社の中でどれが緊急に手を打たねばならないか，私なりに精査してみた。すると，中米C国のT社が回復の目処が立たないことが分かった。部長から「この会社の抜本的対策を考えてくれ」との指示をもらった。

　この会社については，私が着任する前から，このままではいけないということで，改善の手は打たれてきていたが，事態は一向に改善されなかった。私はこの会社の設立時からのファイルを片っ端から読んで，実態把握に努めた。また，これまでの関係者の意見を聴取し，ニット販売部門の専門家からも今後の需要見通しについて意見を聞いた。

　彼らの意見を総合すると，この会社が特化しているダブルニットのブームは，今や去り，今後の回復も見込めないという。T社の事業計画は繊維に強い大手商社から当社に持ち込まれたもので，現地のインポーターが50％，残りを東レとその商社が持つという資本構成であった。

　C国については，I社と同じ中米共同市場の中にあり，何度か足を運んだことがあって，多少の知見はあった。今回は主任部員として，2度現地入りし，現地パートナーや日本人出向者と意見交換をした。

　こうした作業を経て，私なりの考えに到達したのは，着任して9カ月ほど経った頃であった。この会社は潰すしかない――それが私の結論であった。こう考えたのはどうも私が初めてではなかったらしい。前任者も同じことを口にしたが，未だ海外で会社を潰したことはなかったから，いつの間にかこの考えは立ち消えになってしまっていた。

　会社を潰すということは大変なリスクがあるのだが，それをやって，たとえ成功しても，会社では評価されない。このことを皆は知っていたから，どうしても躊躇してしまう。特に，頭のいい者は手を出さない。

　私はそうした人間ではないし，どちらかと言うと愚直な人間の部類であったから，会社のためには，この会社をこのまま放置しておいてはいけない。私はそう考えて，その旨部長に報告すると，「やはりそうか。それなら腹を決めよう。会社の整理の詳細計画を作ってくれ」との指示を受けた。

1.1　会社整理の計画を立てる

　私が現地の日本人出向者および現地弁護士と練り上げた会社整理計画は以下のようなものであった。

　①現地側パートナーの持ち株を日本側株主が合意する対価で引き取り，この会社を日本側100%出資のものとする。現地側株主もこの事業の将来性に自信を持てなくなっていたから，譲渡には応じるであろう。会社整理についての意思決定を迅速に行うためには，日本側株主100%にしておく必要がある。

　②整理の方法としては，次の2つの方法が考えられる。1つは会社をありのままで売却する。この場合は会社の累積損失を減資で消した上で，株式を売却。従業員との雇用契約は継続する。もう1つの方法は従業員を全員解雇し操業を停止する。操業を止めて休眠会社にしておけば，月次に発生する損失はミニマイズされる。このような状態にした上で売却先を探す。

　事業の将来性が明るくないから，売却先を探すことは相当困難であると考えられ，時間がかかることも予想された。したがって，今後の損失の発生を最小限にしておく必要性から後者の方が望ましい。

　また現在，操業短縮をしているが，大幅な解雇はしておらず，従業員の余剰が明らかで，これが前者の案の大きなネックになると予想された。それ故，後

者の方が売却の可能性が高いと考えられた。だが，問題は従業員の全員解雇が果たして大きな問題を起こさないでできるのかという点であった。

　③現地弁護士の見解では，解雇される従業員の過半数が解雇に同意すれば，法的に問題はないし，社会的問題にはならないだろう。この会社にも労働組合があるが，そこへ話を持っていくと，事態は紛糾する。組合の上部団体にまでいくのは確実で，そうなると，極左の過激分子が介入してきて，収拾がつかなくなる。

　弁護士は自分がアドバイスして，従業員の過半数から解雇の同意書を取り付けて会社を整理した例は幾つかあると言い，その前提は退職金を払うこと。まず全員の退職金を計算し，各人宛の封筒に退職金の額とその計算書，それに解雇同意書を入れる。

　さらに，勤務体制が3交代制なら，朝6時に，夜勤と日勤が入れ替わるタイミングを捉えて従業員に用意した封筒を渡し，解雇同意書を読ませて，素早く過半数の同意を取り付ける。遅くとも朝7時までには完了のこと。それ以上遅れると，組合の上部団体が駆けつけて来る恐れがあるというものであった。

　当地の労働法では，会社が従業員を解雇する場合には，給与水準と勤務年数に応じて退職金を支払う規定があった。従業員は当時約600人いたので，円に概算すると退職金を2億4千万円払うことになる。この金額は現地通貨ベースでは相当な金額で，小さい中古の家が1軒買えるほどのものである。

　この案について，部長の了解を得てから，2人で担当常務のところに了解を求めに行った。常務は2年ほど前に，輸出の担当役員から海外事業の担当常務になった人であった。根っからの商売人で，決断は早く，仕事には厳しいが，人情家の一面もあり，社内でも評価が高い人であった。私の勤務していたI社にも一度，来てもらったことがあるので，私という人間に多少の理解は持っていたと思う。

　常務は，私の説明をしばらくじっと聞いていたが，膝を乗り出すと，「分かった。この会社は整理するのが一番いい，と言うのだな。君たち海外事業に詳しい者がじっくり検討したのだから，間違いあるまい。それでいこう。俺は，この会社については誰かが腹をくくって，こういう提案をして来るのを待っていた」「会社整理の予算として多少の予備費も見込んで，3億円用意し

よう。この件は，俺の方から社長には話をしておく。だがこれは簡単な仕事ではないぞ。大きな社会問題にはするなよ。それとお前達，自分の身には十分気を付けろよ。何か大事が起こりそうになったらすぐ俺に電話を入れろ。俺がすぐ飛んでいくから」。

　私は，この発言を聞いて強い感動を覚えた。「大事が起こりそうになったら，飛んで行くから」と常務は言ってくれている。我がこととして考えてくれている。この一言に，私は奮い立った。何としても成功してやろう。その後，この計画についてパートナーである商社の合意も取り付けた。

1.2　整理計画実行の責任者として単身現地に乗り込む

　私はロサンゼルス経由で，パンアメリカン機に乗り込んだ。窓の外に目をやると，陽は既に沈みかけていた。周りのほとんどの人は眠りについている。私も一眠りしようと目をつむるのだが眠れない。

　これから現地で起こるであろうことが，次々と目に浮かんでくる。自分が中心になってこの計画を作った。そして今，現地に入ってそれを実行しようとしている。そこには越えるべき高いハードルが幾つか横たわっている。自分は果たして，それを乗り越えられるであろうか。

　そんな思いが頭の中を堂々巡りする。持参した安定剤を飲んで，機内オーディオの心地良いリチャード・クレイダーマンの奏でるピアノ曲に聴き入っている内に，しばらくウトウトした。2時間ぐらい経ったであろうか。「あと30分で当機は目的地に到着します」という機内放送が流れてきた。窓の外に目をやると，彼方に到着地の街並みが僅かな明かりの中に見えてきた。

　その瞬間，私の脳裏を過ったのは，「このまま飛行機が陸地へ突っ込んでくれれば，自分はどんなにか安らかになれるだろう」という思いであった。しかし，そう考えると妻と2人の娘の顔が浮かんできた。いやいや，家族のため，こうして自分を派遣してくれた会社のためにも，ここで弱音を吐いてはいけない。既定方針を貫くしかないのだと思った，私の腹は決まった。

　翌朝早く，日本人出向者全員と現地人工場長並びに事務部長にホテルに集まってもらい，日本側株主の方針を伝え，この計画実行のための具体的な段取りを話し合った。

①事務部長が，全員の退職金を計算するには，事務員4人を3日間夜の勤務終了後，このホテルに缶詰めにして行う必要があると言う。信頼できる4人を選び，当方の意向を説明。彼らには，退職金を積み増すことで協力してもらう。

②実行は5日後とし，従業員への解雇通告と退職金の手渡しは早朝6時，夜勤と日勤が交代する時に行う。これを行うのは，事務部長に，退職金計算に携わった4人を加えた5人。

顧問弁護士のアドバイスでは，解雇に対する従業員の合意取り付けは，素早く過半数を超える必要があり，ここが勝負。30分以内を目標に，遅くても60分以内に終了する。これ以上かかると労働組合の上部団体の過激分子に駆けつけられて，掻き回される恐れがある。日本人出向者と私，それに工場長は工場事務所の2階で待機する。

③日本人出向者およびその家族は，万一の事態に備えて，実行の前日に，郊外にある警備の厳しい米系ホテルに移る。

④工場長は当地治安当局の責任者に当方計画を内々に伝え，治安上の問題が発生した場合には，然るべき対応をしてくれるよう依頼する。

1.3　解雇の前夜に工場に泊まり込む

実行の前夜，8時頃，我々は会社の2階にある事務所に入った。万が一のことを考えて，1週間籠城しても生活できるように乾パン，缶詰，水，それに寝袋，毛布などを持ち込んだ。

工場長は小銃を2丁持ち込んだ。彼は当地では，いわゆる上流階級に属する人間であった。私は中米E国に5年住んで，中米の上流階級の人々の生き様を見聞きしていたから驚きはしなかったが，このような時に，彼らの本音が出るのだと思った。

一晩，工場事務所の2階で寝袋にくるまって寝た。寒さに目が覚めることがあったが，何とか体を休めることができた。朝5時に起床。いよいよ決戦の時だ。工場の従業員出入り口にテーブルと椅子を並べる。予めシフト別工程別に仕分けしてあった，数百枚にわたる封筒をそれぞれダンボール箱に入れて，テーブルの下に置いた。

1.4　解雇された従業員が退職金支払いに感謝して握手を求めてくる

　朝6時，夜勤明けのサイレンが鳴る。従業員が工場から出てくる。彼らに封筒を渡しながら説明している事務部長の姿が見える。書類にサインしている従業員も見える。私はこれらの一連の動きを見届けた後，事務所のソファに腰を落として，目を閉じて祈った。「どうか上手くいきますように」と。

　20分くらい過ぎた頃であったろうか，工場長の大きな声が響いた。「彼らが大勢でこちらにやって来るぞ！」

　窓に駆け寄って見ると，確かに30人ほどの従業員が大挙してこちらに向かって来るではないか。今回，経営陣と株主が執った解雇という手段に抗議に来たのではないか。一瞬，緊張が走った。工場長は銃のところに走り寄っている。しかし，一団は事務所の前で止まった。彼らの先頭にいた事務部長が，我々のいる2階の事務所に急ぎ駆け上がってきて言った。

　「退職金を受け取った従業員が，経営者の方々に一言お礼を申し上げたいと言っています。当地では，経営者が会社を潰す時，ほとんどの場合，退職金など払わずに夜逃げをしてしまいます。ところが皆さん方は，規定どおり払ってくださった。感謝したいと言っています」。

　工場長と日本人出向者たちは階段を駆け下りて，やってきた従業員たちと握手を交わし，出向者のある者は頬ずりをされて感謝を受けていた。私は1人2階に残って窓の下に繰り広げられている，国境を越えた人間同士の共感にしばし感動を覚えながら，眺めていた。不覚にも涙がこぼれた。

　我々は規定通り退職金を払っただけなのに，なぜこれほどまでに感謝されるのか。このことは，当地ではいかに法以前のことがまかり通っているかということを示しているのだと思った。

　40分後に従業員の過半数から解雇に対する合意のサインを取り付けることができた。そして，顧問弁護士が予告したように，90分ほどして，労働組合の上部団体の一部の過激分子が赤旗を立てて，トラックで乗り込んできた。

　拡声器で「全員解雇は怪しからん。不当解雇だ。撤回せよ！」と怒鳴り立てている。しかし，その時までに我々は，約70％の合意を取り付けていた。それを示すと彼らはしばらくして引き上げていった。

　本件は翌日の現地新聞の経済面に大きく取り上げられ，一部の左翼誌には，

批判的な記事も出たが，それ以上尾を引くことはなかった。

1.5　会社の買い手が思いもよらない近いところにいた

　これでこの会社は，身軽になった。人件費の重圧から解放される。しかし，依然として会社自体は残っている。私の次の任務は，この会社を売却することである。そのためには買い取る人を探さねばならない。

　数日の間，心当たりにコンタクトしてみたが，色良い返事は得られなかった。ところが，全く思ってもいなかった筋から，会社買収に興味があるという情報が入った。この会社の工場長が興味を示したのである。

　彼は当地の上流階級出身であることはすでに述べた。資金は一族から集められるという。彼なら会社の内容を知り尽くしているから，話は早い。彼と我々との間で行われた会社の資産評価の交渉は，僅か2日間で終わった。株式の売買価格についても，数回のやり取りの後，株主の承認を条件に合意をみた。

　日本側株主からは3日ほどで「承認する」との返事がきたが，1つだけ条件が付いていた。受け取る対価の通貨は現地通貨建てではなく，「USドル建てにせよ」というものであった。

　日本側が，発展途上国の為替変動のリスクを避けたいと言うのは，当然のことだから，相手側に申し入れたが，彼も同様の変動リスクは取りたくないと言う。交渉は最後の段階で暗礁に乗り上げてしまった。

　ここで，諦める訳にはいかない。私は当地の米銀の支店長，邦銀のパナマ支店長，中米統合銀行の当地駐在員など，自分として考えられるあらゆるルートにコンタクトしてみた。その中で耳寄りな情報を得た。

　それは，米州開発を担当する国際的な銀行が，あるプロジェクトの融資のために，近くかなりまとまったドルを当国に持ち込むというものであった。C国のような小国では海外からまとまったドルが持ち込まれると，ドル売り・当地通貨買いとなり，当地通貨が強くなる。私が工場長に資金の調達力を確認した際，彼は自分の親族に当国の経済企画庁の長官をしている者がいて，いざとなれば政府系銀行の融資を受けられる可能性があると言っていたのを思い出した。

　私は彼に，「私が関係筋に当たったところでは，当地通貨は強くなるという

見方をしている人が結構いる。あなたが言っていた親類筋の政府高官に当たってみたらどうですか」と誘ってみた。

数日経って彼から電話があり，「契約は US ドル建てにすることに合意する。資金の目処も付いたので支払いは契約締結後 60 日とすることで OK」という返事をもらった。

これで 1 件落着。私は日本側株主の委任状をもらっていたから，60 日以内に日本側株主の合意を条件に発効するという「株式売買契約書」にサインした。

翌日の便で急ぎ帰国し，上司への報告と T 社売却に関する社内起案書を作成，それに社内関係部署への説明を済ませ，1 カ月半ほどで社内と商社の承認を取り付けた。2 カ月後には，株式売却代金を無事受領した。私の会社整理の初回は，これで完結したのである。

2．アフリカの合弁会社の持ち株をパートナーに売却する

2.1　現地の事業環境に大きな変化が起きる

本事例の冒頭，私の担当の中にはアフリカの 2 社があると述べた。その内の 1 社につき，いかにフェードアウトしたかをこれからお話しする。

私が勤務していた東レは，日本企業として初めて本格的にアフリカに合弁事業を設立した会社である。それは，1960 年代後半のことであった。

ほとんどの日本企業が当地への投資に二の足を踏んでいたこの時代，なぜ投資に踏み切ったかといえば，当時，東レの田代茂樹名誉会長が，「アフリカ協会」の会長をしており，自らの会社がアフリカに進出して，突破口を作るという事情があったと聞いている。

東レが注目した場所は，気候風土も比較的穏やかで，日本から織物の輸出の実績がある東アフリカのある国であった。彼の地の人々は，日本から輸入したナイロン織物を好んで着ていた。

第 1 段階として織物の白地（生機）を持ち込んで，現地でプリント加工をする工場を作り，第 2 段階としてナイロン糸（原糸）を持ち込んで，織布を作る工場を作り上げた。

　設立したK社は，現地政府出資の公社と日本側の折半出資の合弁会社で，日本側株主は東レと商社という構成であった。東レが製造技術の供与と原料の供給，それにマネジメントを担当した。

　従業員を数百人規模で雇用し織物を製造する大規模工場は，現地では初めてで，雇用した従業員も，工場で働いた経験が全くない農民であったから，現地に出向した日本人技術者は並々ならぬ苦労をしたと聞いている。

　3年ほど経つと，彼らの努力が実って操業自体は軌道に乗ってきた。しかし現地でのナイロン織物の需要は十分でなく，工場の操業度を高く維持することはできず，利益を出すまでには至っていなかった。市場には次世代のポリエステル織物の輸入品が出回っていて，需要はそちらに食われつつあった。私が（中米の）E国勤務から帰国して，この会社の担当になって突き付けられた課題は，この会社を黒字の軌道に乗せるために，ポリエステル織物も製造できるように設備投資をするかどうかということであった。

　現地出向の社長からは，この計画は是非進めたいとの強い要請があった。現地側パートナーも，基本的にはこの計画に前向きだという。新規投資には，数億円の資金が要る。この織物に対する需要はどのくらい見込めるのか。収益改善の見通しはあるのか。私はこれらの課題の確認のため，2度現地入りし，現地出向者並びに現地側パートナーと話し合った。

　体質改善投資とそれに伴う増資の計画案がまとまり，私は起案書を作成し，社内の承認を取り付けた。その後，この計画は実施され，K社の収益は着実に向上し，黒字が定着してきた。そして生産量の過半数がポリエステル織物になった。

2.2　この会社の基本構造を揺るがしかねないニュースが入ってきた

　私はこの増設計画の実施状況のフォローアップに現地に出張したが，降って湧いたようなニュースが飛び込んできた。それは，現地の実業家グループがインドのある財閥と組んでポリエステル糸（原糸）製造の工場をアメリカのエンジニアリング会社から技術導入して設立するというものであった。

　対象になる現地のポリエステル糸の需要といえば，我々K社のものしかない。K社用のポリエステル糸は，東レが国際価格で供給していたが，その代

替として，彼らが国産化を狙っているのは明らかであった。私が問題視したのは，次の２点であった。

①Ｋ社が当時使用していた原糸量は，糸製造プラントの最小経済単位に達していない。従って，この状態で糸が国産化されれば，糸のコストは相当割高になる。それを知ってか，現地政府は国内企業保護のため，国産開始後は，ポリエステル糸の輸入関税を大幅に引き上げるという。ということは，Ｋ社の原糸の購入価格が大幅に上がるということだ。何とか辛うじて黒字を維持している状態なのに，大幅な原料代の値上げには，Ｋ社は耐えられない。

②この計画で起用しようとしているエンジニアリング会社の技術は，世界の幾つかの国で既に使用実績はあるが，出て来る糸の品質は悪く，問題を起こしているシロモノである。そのような品質の劣る糸を現在Ｋ社が製造している高品質のポリエステル織物に適用することはできない。

この計画は，現地政府の開発融資を受けることになっており，計画している実業家たちは政府要人の一部と密接に繋がっているという情報が，新聞紙上で取り沙汰されている。

2.3　この会社の株式は売却すべきと考え，本社に働き掛け了解を得る

私はこのような状況では，この際，日本側はこの会社を売却して，この事業から撤退すべきと考え，すぐさま，現地の社長をやっている出向者にこの考えをぶつけてみた。

彼には，やっと会社を利益が出るまでにしたのにという自負と会社への愛着があったのだろう。「ウーン」と言ったまましばらく考え込んでいたが，「大局から見たら，そういう考えもあるだろう。本社の方針がそうなら，従うよ」と言ってくれた。

撤退するといっても株式を誰に売却するのかを考えねばならない。すぐ頭に浮かんだのは，数日前に面会した現地側パートナーである開発公社の社長の顔であった。彼はイギリスの大学を卒業した当地のエリートで，見事なクイーンズ・イングリッシュを喋り，Ｋ社の最近の業績好転には大変満足していた。

現地側株主に株式を引き取ってもらうのが，一番いいのではないか。Ｋ社の業績の良い内に。チャンスは，今をおいてない。すぐ彼に売却の打診をすべき

と私は考えた。そう腹を決めた私は，同じ日本側の株主である大手商社の現地支店の電話を借りて，本社に国際電話をかけることにした。

　部長はあいにく海外出張中であったが，運よく常務は在席していた。私は，常務に繋いでもらって，状況を簡潔に説明し，この会社から日本側は撤退すべきであること，そのためには，現地側株主に株式を売却するのが一番よいこと，相手側にこれを受け入れる可能性があること，今が相手に打診するベストなタイミングであること，さらに，すぐにアクションを起こす必要があることを説明して，「許可して欲しい」と伝えた。私が驚いたことに常務は，「分かった。そういうことなら俺も同じ意見だ。しばらくこのままで待っていてくれ。社長のところへ行って訊いてくるから」と言って，受話器を置いた。5分ほどして受話器に常務の声が再び響いた。「社長のOKを取った。お前の言う方針で，現地側株主に打診してみてくれ。朗報を待っているぞ」と言ってくれたのである。

　このやり取りの一部始終を傍らで聞いていた商社の現地支店長は，「あなたの会社って凄いですね。失礼ですが，あなたはまだ課長クラスでしょ。課長が海外から直接，本社の統括責任者である常務に電話ができるなんて，自分の会社ではとても想像ができないことですよ。さらに，驚いたのは，これを受けた常務が，即座に判断を下し，社長のところにいって会社の方針を即答したことです」

　これに対して私は，「このような判断を本社で1カ月も2カ月もかけて決めていたのでは，海外で事業なんてできませんから」と答えたが，このような体制の下で仕事ができる自分は幸せなのだと思わずにはいられなかった。

2.4　株式買収につき現地側総裁の快諾を得る

　翌日に早速，現地公団の総裁に会いに行った。私は前任地の（中米）E国で，発展途上国の高級官僚たちと5年間も付き合っていたから，こういう時の話の持っていき方も多少心得ていた。私はこう切り出した。

　「今回の増設に伴う収益改善については，K社の従業員のみならず，管理職の方々の成長が大きな力になったことをまず御報告したい。彼らは目を見張るほど成長している。この会社は，もう我々日本人なしで十分やっていけるので

はないか」。

　総裁は満面に笑みを浮かべて，「そうだろう，そうだろう。我が国民は非常に優れた能力を元々持っているのだが，それを発揮できる場が今まではなかっただけだ。K社のような会社ができて，力を発揮できる場が与えられれば，必ずそうなると考えていたが，私の考えは正しかった」と上機嫌。

　そこで，私が日本側の持ち株50％売却の話を持ち出すと総裁は，「よろしい，早速，買い取り価格の交渉に入ろうではないか」と即答した。

　私は翌日の便で帰国し，社内の関係部署である経理部，法務部などと協議の上，株式売買契約書のドラフトを作成し，現地の当社顧問弁護士に送付した。その後，現地法に照らして幾つかの問題点が指摘されてそれを修正した案を持って，再度，法務部のスタッフと現地入りした。

2.5　株式は額面にプレミアムを付けた価格で売却できた

　売却するK社は収益を上げていたから，我々の提示した売却価格は，当然，額面をかなり上回ったものであった。

　ところが，相手側もさる者。総裁は交渉の初日，「国営の公団として，額面を上回った価格では買えない」と主張し平行線。そんなやり取りが続いて，1日目は終わった。2日目も同じ調子で始まったので，「我々は別に売れなくても構わない」と高姿勢を見せると，相手側は少し慌てた様子で，「少しならプレミアムを払ってもいい」と譲歩してきた。

　1日おいて，本社から交渉した売却価格について承認を得て翌日，契約書にサインした。昼は先方の招待で，ホテルで美味しいビジネス・ランチを御馳走になった。だが，その晩ホテルで帰国の準備をしていると，電話がかかってきた。総裁からの電話であった。「大きな問題が発生した。大蔵省がプレミアム分の送金は許可しないと言っている。やはり自分たちが言ったように，これは無理なのだ。価格は額面にして欲しい」と言う。

　私は，「プレミアムを付けることにあなたは合意し，契約書にサインしているではないか。合意したものは合意どおりに遂行するのが，あなたの義務である。我々は契約の変更を受ける訳にはいかない」と突っぱねた。

　彼は「大蔵省というところは，我々よりも上位にある役所で，彼らの指示を

覆すことはできない」と言い，電話を切った。彼はそれなりに何らかの努力を
するであろうが，上司の指示を覆せるほどの力はなさそうだ。彼の様子を待っ
ている訳にはいかない。何か自分にできることはないか。

　そんな折，ふいに思い付いたのは，当地の日本大使館駐在のS氏のことで
あった。彼は役所派遣の経済担当参事官であった。私の高校時代の同級生のT
君が彼と同じ省庁にいて，同窓会で彼と会った時に，「東アフリカの仕事をし
ているのなら，S氏を訪ねてみたらよい」と言われていたのを思い出したので
ある。

　S参事官は快く会ってくれた。私がT君の友人ということもあったが，彼
は当地で唯一と言ってよい日系の製造企業K社には，かねがね興味を持って
見守っていて，日本側株主が努力を重ねて，収益を上げるまでになったことに
敬意を払っていると言ってくれた。私はこれまでの経緯を説明し，今起こって
いる問題を説明した。彼は，「これだけ努力をして収益を上げるようになった
会社の株式売却価格がプレミアム付きになるのは，世界のビジネス界の常識
だ。当事者間で合意したプレミアム分の送金許可を下ろさないというのは，お
かしい」と言ってくれた。

　そして，私が驚いたことに彼は，「実は今，当国政府に対する円借款の話が
大詰めの段階に入っているところだ。一度私から政府の上の方に，『K社の件
で問題が起こっているようだが，よろしく』と言っておくよ」と言ってくれた
のである。

　その効果はてきめんであった。翌日，総裁から喜びに溢れた声で電話があ
り，プレミアム分にも送金許可が下りたと言う。彼は「どうだ，俺の力は！」
と言わんばかりの口ぶりであった。彼の知らぬところで別の力が働いたことを
知らなかったに違いない。

　帰国して常務のところに報告に行くと，「プレミアムの送金許可までよく取
れたなあ。よくやってくれた。会社を整理するのは，これで2件目だな。これ
からお前を『会社の葬儀屋』と呼ぶこととする」と言って笑った。

　それ以来，部門の会議などで私が発案の説明をしようものなら，常務は，
　「おい，そこの葬儀屋！　また会社潰しの話か」などと声を掛けられ，閉口
したものだ。

　またパートナーの商社からも，「発展途上国の海外事業から撤退して，投資金にプレミアムが付いて返ってきたのは，あまり聞いたことがない」と言われた。

3．まとめ

　会社整理というのは会社を立ち上げることよりはるかに難しいということはビジネス世界ではよく知られている。ましてや海外，特に発展途上国で行うことは，大変なリスクを伴うのである。しかし我々の経験では日本と事情が異なる海外に投資を行えば，そのうち期待した収益が上がらない会社が2割や3割出てくる。本社の立場から考えると，収益の改善が見込めない会社は，たとえどんなに難しくとも整理しなければならない。皆頭では解っていてもやりたがらない。たとえうまくやっても会社では評価されないことを知っているからだ。しかし私は会社のためには誰かがやらねばならぬ，よし俺がやってやろうと整理することを提案した。

　今振り返って2社の整理が比較的うまくいった理由は，

　①上記のリスクをよく理解している上司に恵まれたこと。本文に書いたように「何か現地で重大な問題が起こったら，すぐ俺にしらせろ。俺がすぐ飛んでいくから」といってくれた。彼はこの案件を部下の仕事としてではなく，最後は俺が全責任を取るという姿勢を常に示していた。

　②決断の早さ。アフリカのK社のケースに書いたように私が現地の状況の変化から判断して，この会社の株式は即刻売却した方がよいと考え，常務に国際電話をして，その旨伝えたところ，常務はすぐさま私の意見に賛成し，驚いたことにすぐ社長のところに行って同意をとりつけてくれたことである。このように即断即決でないと海外事業というものはうまくいかないのだ。この20年30年の日本企業のやり方を見ていると，やれ事業部制だ，分社化だといって決済の権限を分散させており，事業の存否にかかわる決済を取るには1〜2カ月かかるのが珍しくないというありさまだという。これでは即断を旨とする海外のトップと人々との話などできるはずがない。私が本件を担当していた当時は，まだ会社のトップには即断即決の気風があった。私見だが，彼らがこの

ような気風を身に着けていたのは，敗戦の惨憺たる状況を生き抜いてきた人た
ちであり，決めるときは素早く決めないと事態はどうなるか身にしみて解って
いたからだとおもう。

（小林　元）

第1章 補論

日本企業にみる優位性

　多国籍企業にとって重要なことの1つは，本国で培ってきた競争優位をいかに海外拠点に移転するかである。そこで，本補論では多国籍企業の優位性を日本企業に即して考えてみたい。つまり，日本企業の優位性とは何か，その優位性を支える日本企業の経営の特徴は何かを論じながら，多国籍企業の優位性を考える1つの視点を提供する。

　日本的経営と呼ばれる日本企業の特徴に対する評価は，時代時代で賞賛と批判とが大きな振幅を伴って繰り返されてきた。日本の景気が良いとき（経済成長率が高いとき）には，好景気をもたらした主役は日本企業であるとして，日本企業への評価が高まり「日本的経営は素晴らしい」となる。逆に，景気が悪くなる（経済成長率が鈍化する）と日本企業に対する評価も下がり「日本的経営は駄目だ」となる。例えば，1980年代において日本の製造業は世界最強ともてはやされ，その経営・生産システムは世界の製造業の模範とされた。しかし1990年代初頭にいわゆるバブル景気がはじけ「失われた10年」と呼ばれる状況になった途端に，日本の製造業は総崩れであり，日本的経営を抜本的に改革する必要がある，と叫ばれるようになった。果たして，こうした評価は的を射たものだろうか。景気が良い時でも，強い国際競争力を発揮する産業分野や企業もあれば，競争力に欠ける産業分野と企業も同時に存在してきた。その，逆もまた然りである。その時々の日本の景気動向に目を奪われることなく，日本企業の経営の基本的な特徴とは何か，それが国際競争力の強さと弱さにどう関連しているかを，きちんと考える必要がある。

1．日本企業の強い分野とその特徴

1.1　日本企業が強い分野・弱い分野

　まず，日本企業の競争優位の特徴を知る手がかりとして，20世紀の後半以降に高い国際競争力を発揮してきた産業分野をみていこう。日本の高度経済成長期に，最初に国際競争力を高めたのは繊維・鉄鋼といった素材産業であった。1970年代に入ると半導体技術を積極的に製品に取り入れることで，高機能・優れた耐久性・省エネ化を実現した日本製のカラーテレビが世界市場を席巻した。次いで，品質が格段に向上し，低燃費かつ排気ガス規制をクリアした乗用車が，アメリカを中心とする先進国においてもそのコストパフォーマンスの良さから消費者の支持を得て，市場シェアを急速に高めていった。さらに，1980年代になると，DRAMを中心とするメモリー分野の半導体で，日本のメーカーが世界市場シェアの上位を独占するなど高い競争力を発揮した[1]。その結果，1970年代から80年代にかけて米欧諸国との間で激しい貿易摩擦が生じ，これが日本企業による対先進国向けの本格的な直接投資を促す最大の要因となった。

　2020年代前半において，強い国際競争力を発揮している製造業の分野としては，乗用車およびその部品・素材，コピー・プリンター・スキャナーなどが一体化したカラー複合機，スマートフォン・携帯電話用の部品・素材，航空機の機体に用いられる炭素繊維，半導体用の部品・素材，半導体の製造装置，産業用ロボットなどが挙げられる。旧型の産業とみられがちな繊維や鉄鋼でもなお競争力を維持している分野がある。繊維では，炭素繊維の他，衣料・家具・高級乗用車などに用いられるスエード調の人工皮革やユニクロと繊維メーカーが共同で開発した衣料用の新素材があり，鉄鋼では乗用車メーカーとの協力によって開発された表面張力鋼板（乗用車の外板に用いられる軽量で錆びにくく耐久性に優れた高級鋼板）などがその代表例である。

　非製造業分野の代表格はコンビニエンスストアである。アジアの大都市を訪れると，セブンイレブン，ファミリーマート，ローソンといった日本でおなじみのコンビニエンスストアを至る所で目にすることができる。

　意外なところでは様々な警備をパッケージで提供する綜合型の警備ビジネスがある。1962 年創業と最も歴史の古い SECOM の海外進出は，1978 年の台湾に始まる。2022 年 8 月時点では，韓国，中国，タイ，イギリス，オーストラリア，トルコなど 13 カ国で綜合型のセキュリティ事業を展開している（同社ホームページより。https://www.secom.co.jp/corporate/vision/system/world.html）。日本のような綜合型の警備会社は海外にはなく，海外の企業や富裕層から高い評価を得ている。

　逆に，かつて世界市場を席巻した半導体とカラーテレビはそれぞれ 1990 年代と 2000 年代に入ると競争力を失っていった。また，スマートフォン・携帯電話，デスクトップパソコンは，国内でこそ日本のブランドが一定の市場シェアを維持しているが，海外ではその存在感は皆無に等しい。国際競争力に劣る非製造業としては，パソコンやスマートフォン向けのソフトウェアが代表例である。

　以上みたように，強い産業，弱い産業を固定的に考えてはならない。かつて，世界最強を謳われたカラーテレビや半導体が，なぜ競争力を失ったかについては APPENDIX 1-補-2 で述べる。

1.2　強い分野の特徴

　乗用車，部品・素材，コンビニエンスストアを，それぞれ最終製品，B2B 製品，非製造業の代表として取り上げて，強さを発揮している分野の特徴を具体的にみておきたい。

(1)　日本の乗用車メーカーの競争力 [2]

①　製品開発：摺り合わせ型製品の開発

　日本の乗用車メーカーが競争力を発揮する要因として，まずは，優れた製品開発力が挙げられる。乗用車には，走る，止まる，曲がるの基本的な性能の良さが不可欠であるが，それに負けず劣らず，高い安全性，優れた耐久性，燃費の良さ，良い乗り心地なども重要である。しかも，それを車というごく限られたスペースの中で達成する必要がある。そのためには，個々の部品と車両全体および部品相互間の調整とバランスが必要になる。また，現代の乗用車は，機

械系，電子系，組み込みソフト[3]という異なる技術系統の統合体なので，異なる技術系統間の調整とバランスも欠かせない。つまり，狭い車体空間という厳しい制約の下で，多様で複雑な要素間の全体最適が求められる製品なのである。藤本（2003）は，こうした特徴をもつ乗用車のような製品を「摺り合わせ型」と呼んでいる。

高い完成度をもつ摺り合わせ型製品を開発するには，異なる部品と異なる技術系統を統合する開発部門内部における部署間の知識の共有と連係が不可欠である。また，日本の乗用車部品の7〜8割は部品メーカーが供給しているので，完成車メーカーと部品メーカーは長期的な取引関係を結び，その長期的な取引関係を土台にした開発部門相互間の知識の共有と連係を重視してきた（浅沼，1997）。さらに，良い車造りには，開発の段階から生産現場の意見を反映させて，生産段階で造りやすく欠陥などが生じにくい設計であることも重要である。つまり企業内・企業間の様々な部署・部門が十分な知識の共有と意思疎通を図ることによって，優れた摺り合わせ型の製品が生まれるのである。さらに，企業内・企業間の連係は，開発プロセスの各段階を同時並行的に進めることを可能とし，開発期間の短縮効果も生み出した。開発期間の短縮は，開発費用を削減し，将来の消費者ニーズの予測とのズレを小さくすることにも繋がる。

先に挙げたカラー複合機，半導体製造装置，産業用ロボットも程度の差はあれ摺り合わせ型製品の特徴を有している。

② 生産現場：多品種生産・高品質・高効率を同時に達成する高いオペレーション能力

日本の乗用車メーカーが強みを発揮するにあたっては，製品開発力だけでなく生産現場における高いオペレーション効率もまた大きな役割を果たしている。オペレーション効率の高さを具体的に述べるなら，多品種生産・高品質・高効率の3つを高度な水準で同時達成できることである。

多品種生産において，日本の乗用車メーカーが重視してきたのは，同一の生産ラインで様々な機種やモデルを小分けして生産する多品種小ロット生産[4]であり，これは，混流生産，1個流しなどとも呼ばれる。多品種小ロット生産の最大の長所は，売れ筋の製品モデルと需要が減少しているモデルの生産比率を

柔軟に変えることによって，売れ筋製品の需要を取り逃がさず，企業全体の生産量を維持できることにある。そのために，これまでA工場のみで造っていた製品の一部をB工場のラインでも生産する場合もある。

　製品モデルの生産比率を柔軟に変えたり，生産ラインに新しいモデルを加えるときには，作業の柔軟な組み替えが必要になる。そうした作業の柔軟な組み替えを円滑に行うためには，様々な作業をこなすことができる「多能工」の存在が不可欠である。さらに，多品種生産では，なおさら生産ラインの横や工場内に置く部品の量（部品在庫）を最小限に減らす必要がある。モデルごとに異なる部品を大量に生産ラインの横に置けば作業の妨げになるし，倉庫に膨大な部品在庫を抱えれば，在庫管理の費用が膨らむからである。部品在庫を減らすための仕組みとして有名なのがジャスト・イン・タイムである。ジャスト・イン・タイムとは，自動車であれば完成車メーカーと部品・素材メーカーが協力しながら部品と完成車の在庫を最小限に留め，「必要なものを，必要なときに，必要なだけ」生産し供給する仕組みである。

　日本の自動車工場では，単に出荷段階での品質を確保すれば良いと考えるのではなく，そもそも生産工程において不良品をできるだけ出さないという意味での高品質生産が重視されている。まず，部品や完成品の在庫を最小限にしているので，生産工程の中で不良品を出せばすぐに生産ライン全体がストップしかねない。したがって，生産工程自体で不良を生まないことが非常に大事になる。また，生産工程において不良を出さないようにすることが，結局は出荷後の品質にも好影響を与える。人間は細心の注意を払っていてもミスを犯すものである。そこで，作業者自身がミスを犯したり，前の工程で生じたミスを発見した場合には（しばしば前の工程で生じたミスを見つけることも作業内容の一部になっている），直ちに生産ラインを止めて，作業現場の上司（作業長）やベテランの作業者と一緒に対処する。工具や設備の誤作動は不良の原因となるので，誤作動を感知すれば工具や設備が自動的に止まる仕組みが導入されている（「ポカヨケ」と呼ばれる）。生産工程で不良を出さない生産の仕組みは「品質の造り込み」と呼ばれる。

　部品在庫を最小限にしているので，どこかの工程で生産設備に不具合が生じれば，生産ライン全体に甚大な悪影響を及ぼす。そこで，生産設備の故障を未

然に防ぐこと，故障が発生したときには速やかに復旧すること，故障の原因を探り同じ故障を起こさないようにすること，が重要になる。優れた日本企業の生産職場では，設備を操作する作業者が設備の故障を未然に防いだり，不調をいち早く感知するなどして，設備の保全（メンテナンス）にも一定の役割を果たしている。また，生産設備の技術者も積極的に生産現場に入り込んで，作業者，設備の保全を専門とする技能工（保全工）と協力しながら設備メンテナンスに関わっている。先ほどの「多能工」がほぼ同じレベルの技能の幅の広がりを指す（ヨコの技能の幅）のに対して，品質問題や設備のトラブルといったレベルの異なる技能をこなす（タテの技能の幅）従業員を育成することも大事である。これを「多能工」に対して，ここでは「多面的な技能の形成」と呼ぼう[5]。

　先ほど述べたジャスト・イン・タイムは，在庫管理だけでなく，品質の造り込みと設備保全の問題とも深く繋がっている。部品の在庫を最小限にすることは，品質や設備の問題を顕在化させ，改善につなげる仕組みだからである。

　工場の規模や生産能力に大きな差がないなら，造り慣れた製品を，使いこなした設備を用いて，一定の速度で生産している限り，企業間，工場間でそれほど大きな効率上の差はつかない。効率において大きな差を生み出すのは，新しい製品や設備を導入した際にいかに短期間で生産を軌道に乗せうるか，生産設備や品質のトラブルに見舞われたときに，どれだけ迅速に復旧させることができ，適切な再発防止策を講じることができるかの対処能力の違いである。これを，小池（2005）は「変化と異常」への対処能力と名づけた。新しい製品や生産設備が導入された際には，製造部門の各部署，製造部門と生産設備の技術部門，完成車メーカーと部品メーカーがお互いに協力し合いながら，生産の流れが最適となるように生産の仕組みを整備する必要がある。設備や品質のトラブルの原因を探り出して迅速に対処し，適切な再発防止策を採るためにも，現場の作業者，技能工，技術者が一体となって取り組む協力関係が必要である。

　多品種生産・高品質・高効率の3つを高度な水準での同時達成は，自動車生産のみならず，日本の優れた組立型工場の多くに共通してみられる特徴である。

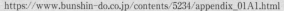

APPENDIX 1-補-1
「自動車王国」時代のアメリカメーカーの特徴：日本メーカーとの比較
https://www.bunshin-do.co.jp/contents/5234/appendix_01A1.html

(2) 日本の部品・素材メーカーの競争力：要素技術の深掘り

先に挙げた乗用車用，スマートフォン・携帯電話用，航空機用，半導体用の部品・素材だけでなく，実に多種多様な部品・素材分野で強い国際競争力を発揮している日本メーカーが，大企業，中小企業を問わず多数存在する。時には，世界で1つの企業しか造っていないオンリーワン製品や，世界の中で少数の日本メーカーしか生産していないものも存在する。こうした部品・素材には製品分野を超えた共通の特徴がみられるので，その共通した強みの源泉を考えてみる。

① 要素技術の深掘り

日本の部品・素材メーカーが強い国際競争力をもつ製品分野の特徴の第1は，要素技術の深掘りである。要素技術とは製品および生産において中核となる技術である。製品要素技術とは製品の根幹をなす技術のことであり，例えばカメラのレンズ・画像センサー，魚群探知機に用いられる超音波，釣り竿用の炭素繊維などがある。生産要素技術とは，生産現場におけるコアとなる技術のことであり，具体的には素材・部品を加工する切削・研磨技術などをいう。深掘りとは，長年にわたる地道な努力によって要素技術を追求し，それを究めることによって他社が容易に追随できないような技術やノウハウを獲得することである。この日本企業の「深掘り」は，一挙に深みに達することではない。少しずつ少しずつ掘り下げて，長い期間をかけて深みを極める点に特徴がある。

東レは最先端の炭素繊維分野における世界の第一人者である。製品要素技術としての炭素繊維そのものは，世界中の様々な企業が様々な製品で使っており，しかもこの分野の先駆者はアメリカ企業であった。東レは，まずはアメリカ企業から炭素繊維の技術を導入し，長年にわたる研究開発を通じて他社が追随できないような強度・耐熱性・耐久性をもち，なおかつ軽量という炭素繊維を開発した（中岡，2002）。アメリカのボーイング社はその優れた特性に着目し，飛行機の機体に東レの炭素繊維を使うために，2005年以来東レと長期供

給契約を結んでいる。さらに，東レはボーイング社のニーズに応えるために，2015 年，アメリカに航空機用炭素繊維工場を設立した。

　生産要素技術の深掘りとは，長年にわたって蓄積してきた複雑で高度な条件設定のノウハウを駆使して，性能・機能・形状などの極めて要求水準の高い製品を要求される水準通りに製造する能力を獲得することである。ミニチュアベアリングのように基本的な構造はよく知られており世界中に多くの供給者が存在するが，ある一定の閾値を超えて微細化すると日本の企業しか造っていない（あるいは造れない）製品が，この生産要素深掘り型の技術の代表例である。

　こうした製品要素と生産要素の深掘りが，日本の部品・素材産業が高い国際競争力を発揮する源泉となっている。

　②　企業内・企業間の緊密な連係

　製品要素技術の深掘り型製品は，開発部門だけで生み出されるものではない。長期間の試行錯誤を伴う開発部門と生産現場との間の緊密な知識の共有と連係によって，初めて他社が容易に追随できない製品要素技術を獲得するのが一般的である。また，製品要素技術，生産要素技術を問わず，深掘りのためには，設備メーカーや部品・素材メーカーとそうした設備や部品・素材を生産現場で用いるメーカーとの長期にわたる協力関係と情報交換が重要な役割を果たす。つまり，企業内と企業間の様々な部門や部署における長年の緊密な連係があってこそ，要素技術の深掘りが可能となるのである。

(3)　日本のコンビニエンスストアの競争力：限られた店舗空間における豊富な品揃え

コンビニエンスストアは，もともとはアメリカ生まれの小売り業態である。その業態が日本に導入され根付く過程で，長足の進歩を遂げ，本家本元のアメリカ企業を凌駕するに至った。日本では，POS システムを使って店舗での売上動向を把握する仕組みが次第に精緻化され，ついには「単品管理」と呼ばれる手法にまでたどり着いた（邊見，2008）。単品管理とは，例えば「350cc のビールが売れた」では済まさずに，「どのメーカーのどのタイプの 350cc のビールが売れたか」まで単品ごとに把握し，その商品の品揃えを充実させる手法である。逆に，ある期間（例えば1週間）売れなかった商品は陳列棚から取

り除かれる。

　単品管理の手法を最初に編み出したのは，スーパーマーケットのイトーヨーカドーである。その後，多くの日本のスーパーマーケットがほぼ同じ手法を取り入れている。アメリカやヨーロッパのスーパーマーケットと比べて，一目でわかる日本のスーパーマーケットの特色は，同じ分野（例えば清涼飲料水）におけるメーカーという意味でも商品という意味でもブランドの豊富さである。単品管理の手法は，セブン‐イレブンなど狭い店舗のコンビニエンスストアでさらに大きな威力を発揮する。この仕組みは海外でも有名になり，日本語をそのままアルファベットにして TANPINKANRI と呼ばれるようになった。

　この，単品管理は，先にみた製造業のジャスト・イン・タイムと同じく「小分けにする」能力が根底をなすという意味で共通している。単品管理を円滑に実践するためには，小売り店舗と本部の購買部，運送会社，卸売業者，メーカーなど部門および企業を超えた情報の共有と連係が必要になる。この点でも，ジャスト・イン・タイムと共通している。

　ちなみに，世界に類をみない日本の綜合型の警備保障サービスは，種類の異なる様々なサービスをパッケージで提供する，いわば摺り合わせ型のサービス商品だといえる。

⑷　日本企業の競争力の特徴

　競争力の差を生み出す要因は何であろう。APPENDIX 1-補-1 で述べた「自動車王国」時代のアメリカ企業にみられたように，生産量や投資額で他を圧倒する力をもつことも 1 つの要因である。しかし，生産量や投資額にそれほど大きな差がない場合は，「変化と異常」への対処能力に代表されるような問題解決能力が重要である。

　問題解決能力にもいくつかの異なったタイプがある。強い権限をもつ経営のトップ層が，大胆に経営資源を組み替えて，大きな経営環境の変化に対処するのも 1 つのあり方である。また，特定の個人（いわばスーパースター）が画期的な技術や手法を編み出して，競争力を飛躍的に向上させるというスタイルもある。

　これに対して，摺り合わせ型製品の開発，多品種生産・高品質・高効率を同

時に達成するオペレーション能力の高さ，要素技術の深掘りなどを実践する日本企業の問題解決能力の特徴は何か。上の①〜③の事例から浮かび上がるキーワードは，「企業内および企業の垣根を越えた部門間・部署間の知識共有と連係」，「多能工と多面的な技能形成による変化と異常への対処能力」，「長期間にわたる地道な努力の積み重ね」である。

　それでは，なぜ，日本企業はこうしたタイプの問題解決能力に長けているのかを，節をあらためて検討しよう。

APPENDIX 1-補-2
何故，日本のカラーテレビと半導体メーカーは競争力を失ったのか
　　https://www.bunshin-do.co.jp/contents/5234/appendix_01A2.html

---

2．日本企業の基本的特徴と競争力との関係

　日本的経営といえば，「終身雇用」，「年功序列」，「企業別組合」というステレオタイプ的な理解が長らく続いてきた。本節では，そうしたステレオタイプ的理解ではなく，「企業内および企業の垣根を越えた部門間・部署間の知識共有と連係」，「多能工と多面的な技能形成による変化と異常への対処能力」，および「長期間にわたる地道な努力の積み重ね」を柱とする問題解決能力——日本企業のもつ競争優位を生み出す源泉となった能力——と繋がりの深い日本企業の特徴を捉え，それを通じて日本企業の経営システムの国際移転にとって，何が焦点となるかをみていきたい[6]。

2.1　日本企業の基本的な特徴

　上で述べた問題解決能力と深い繋がりをもつ日本企業の特性として，「長期継続志向」と「仕事の垣根の低さ」が挙げられる。

⑴　長期継続志向

　長期継続志向には３つの軸がある。

　第１は，事業の継続性の重視である。すなわち，いったん着手した事業から簡単には撤退しないという日本企業の姿勢を指す。その時点での利益率を最優

先せずに，自社独自の経営資源の優位性を長年かけて構築し，それを長期に維持しようとする経営のあり方である。長年赤字を出し続けながらも開発を続けた，シャープの液晶テレビやトヨタのハイブリッド車がまさにその典型例である。

　第 2 は，長期雇用の慣行である[7]。長期雇用の慣行は，不況や事業の不振によって雇用調整[8]の必要が生じた場合でも簡単には正規従業員を解雇しないという企業側の姿勢（すなわち遅い雇用調整の速度）と，国際比較の上では転職率が低い従業員側の態度を 2 本の柱として成り立っている。

　第 3 は，長期継続取引である（浅沼，1997）。長期継続取引は，信用のおける特定の相手との取引を重視する取引慣行である。日本の企業間取引の特徴としていわゆる系列取引が議論の的となってきたが，長期継続取引は系列間にのみに限定されるものではない。むしろ，重要な部品や材料の取引では，系列関係にない企業間の取引においても広く観察される慣行である点が重要である。

　こうした日本企業のあり方を，ポーター・竹内（2000）は，日本企業には戦略がないと批判した。経営環境の変化に応じて機敏に経営資源の組み替えを行い，競争相手とは正面からぶつからない立ち位置を確保するのが経営戦略の要諦だとする彼らの立場からの批判である。しかし，ポーター達が見落としているのは，長期継続志向があるからこそ発揮される日本企業の競争優位である。

　最後に，こうした長期継続志向には，競争力に繋がる正の側面だけではなく，ともすれば惰性や慣性に陥るという負の側面もあることを忘れてはいけない。つまり，長期継続志向をとってさえいれば，自ずと競争優位が生まれるのではなく，長期的な関係性からいかに正の側面を取り出すかが，企業にとって腕の見せ所になる。

APPENDIX 1-補-3
1990 年代以降に，日本企業の長期継続志向には大きな変化が生じたのか
https://www.bunshin-do.co.jp/contents/5234/appendix_01A3.html

---

(2)　仕事（職務）間の垣根の低さ

　日本企業の競争力と深い関係のあるもう 1 つの特徴として，仕事（職務）と仕事の間の垣根が低いことが挙げられる。仕事（職務）間の垣根の高低とは，

仕事の守備範囲の境界線の強弱のことである。仕事の垣根にはヨコとタテの2つがある。ヨコの垣根の低さとは，ほぼ同程度の難易度の職務間の垣根が低いことをいう。タテの垣根の低さとは，まず第1に，企業ヒエラルキーの上下の間での権限の格差が大きくないことを指す。つまり，経営階層の下の方まで権限が委譲されていることをいう。経営階層の下部にまで権限が移譲されている経営のあり方は，幅広い従業員層がいわば当事者意識をもって業務に携わる参加型の経営と言い換えることができる。第2に，生産現場において熟練工と半熟練工の職務に大きな断絶がないことをいう。タテとヨコの職務間の垣根が低いとは，アメリカの伝統型産業の企業に多く見られるように，標準化され公式化・文書化された職務や権限に人を割り振るのではなく，人に仕事を柔軟に割り当てる仕組みであるといってよい。

　その点を，ホワイトカラーとブルーカラーに即しもう少し具体的に述べておこう。

　ホワイトカラーでは，例えば1つの課の中で個々人の仕事の範囲を大まかに決めておいて，皆で仕事を分担する。多くのアメリカ企業で使われている仕事の内容や権限を詳細に記述した職務記述書は，日本企業の場合は（たとえあったとしても）通常は使われない。課長など経営のミドル層が実質的にはかなり大きな役割を果たしている。数年おきに配置転換が行われ，様々な職場を経験することで知識の幅と企業内外の人脈が広がる。技術者は，電子系，機械系，ソフトウエア系と専門が別れているが，専門分野以外の技術についてもある程度の理解をもっている人材が多い。

　生産現場のブルーカラーにおいては，同じようなレベルの作業の幅をジョブローテーション（半年か1年で関連する別の作業に移る）によって広げていくのが一般的である。このようにヨコの垣根が低いことによって多能工が育成される。タテの垣根では，まず，生産現場の作業者が通常の作業だけでなく，品質や設備の異常に対する対処能力をある程度もっていることが重要である。多能工に対して先ほど述べた多面的な技能の形成である。もっとも，設備の高度化によって作業者には設備に触らせない生産現場が増えているが，その場合でも音や振動などで設備の異常を察知するいわばセンサーになるようにとの指導が行われる。また，設備保全を担当する技能工だけでなく，技術者も積極的に

生産現場に入り込んで，作業者，技能工と協力しながら変化と異常に対処する
のも，タテの垣根の低さがあってこそである。現場の作業者から内部昇進した
生産現場の責任者である作業長が，豊富な経験と知識を活かしながら，経営階
層の上下と生産職場間の連係において重要な役割を果たしているのも，ヨコと
タテの垣根が低い日本企業の特徴である。現場の作業者も品質管理や設備保全
に関わること，現場の責任者である作業長が大きな役割を果たしていること，
これが生産現場における参加型の経営の核心である。

　以上で述べた，ホワイトカラーの配置転換，ブルーカラーのジョブローテー
ション，参加型の経営，作業者・技能工・技術者の多面的な技能形成は，幅広
い企業文脈的知識の共有と人脈の形成を可能として，部署間・部門間の知識
の共有と連係の土台となる。また，配置転換やジョブローテーションの正の効
果は，長期雇用があって初めて有効に発揮される。配置転換やジョブローテー
ションによって不慣れな職務に就けば，短期的には仕事の効率が下がるからで
ある。

(3)　賃金・給与と昇進の仕組み

　日本の賃金・給与と昇進の仕組みは，長らく「年功序列型」と称せられてき
た。しかし，この表現は正確ではない。高度成長期以降に形作られてきた賃
金・給与と昇進の仕組みは，勤続年数（中途採用の場合は入社以前の経験と年
齢が考慮される）すなわち年功的要素と能力評価を2本の柱として，個々人の
賃金・給与と昇進が決まるという特徴をもつ。21世紀に入る頃から少なくと
もホワイトカラーについては年功的要素をなくしたとする企業が多くあるが，
それはあくまで制度としての問題であって，運用実態の上では年功的要素は無
視できない。これは，勤続年数に伴って知識の幅が広がり深くなることを考え
れば合理的である。アメリカやヨーロッパの企業でも，平均値でみればホワイ
トカラーの給与は年功的（この場合は年齢）カーブを描くのである。

　能力評価は，一般には上司による査定（人事考課）によってなされる。ホワ
イトカラーについては，目標管理（MBO）[9]を取り入れている企業が多いが，
その場合でも，単に目標をどの程度達成したかの実績だけでなく，難しい課題
に挑戦する意欲や仕事の遂行能力といった定量化しにくい要素の評価もなさ

れる。アメリカの自動車など伝統型の産業では，ブルーカラーについては査定
がない企業が支配的であるが，日本企業ではブルーカラーについても査定があ
り，その結果が賃金や昇進に反映される。つまり，日本企業の賃金・給与と昇
進の制度は，ホワイトカラー・ブルーカラーを問わず能力主義的であること
を忘れてはならない。ただし，能力主義とはいいながら，査定には後輩への指
導，同僚や他部門との協力の姿勢も評価項目に入っているのが一般的である。
年功的要素と相まって，むき出しの競争を避け，競争と協調を促す要素が，日
本の賃金・給与および昇進の制度には組み込まれているのである。

　日本企業の賃金・給与のあり方で重要なのは，賃金と給与が直接的に職務
や仕事に対応していないという点である。これは，伝統型のアメリカ企業の
賃金・給与とは対照的である。アメリカの場合は，ブルーカラーでは職種がラ
ンクづけられ，どのランクの職種に就くかによって賃金が決まる。ホワイトカ
ラーでも基本給は各人が担当している仕事によって決まるが，ホワイトカラー
には査定があり，同じ仕事をしていても査定によって支払われる給与には差
が付く。つまり，アメリカ企業が仕事別の賃金・給与システムであるのに対し
て，日本企業は仕事別の賃金・給与ではないのである（小池，2005）。仕事別
ではない賃金・給与にはタテとヨコの職域を広げるのを妨げないという利点が
ある。

　以上から見てとれるように，日本の賃金・給与と昇進の制度は①の長期雇用
と②のタテとヨコの仕事の垣根の低さに適合し，それらを促進する働きをもっ
ているのである。

(4)　小括：日本企業の基本的特徴と競争力との関係

　日本の企業が競争力を発揮する分野の特徴（摺り合わせ型製品，高いオペ
レーション効率，要素技術の深掘り，狭い店舗空間における豊富な品揃え），
競争力を発揮する上で必要となる問題解決能力，問題解決能力を引き出す経営
の特徴をまとめたのが図表1-補-1である。

　具体的内容については繰り返さないが，①日本の企業が競争力を発揮する分
野の特徴，②競争力を発揮する上で必要となる問題解決能力，③問題解決能力
を引き出す経営の特徴，の3者が相互に密接に関係していることが，この表か

図表 1-補-1　日本企業の競争力と経営の特徴

日本企業が強みを 発揮する分野	必要とされる 問題解決能力	問題解決の力の土台となる 経営の特徴
摺り合わせ型製品の開発	開発部門内部における部署間の知識の共有と連係による異なる部品と異なる技術系統の統合	
	完成品メーカーと重要部品メーカーとの知識の共有と連係による全体最適の達成	
	開発部門と生産現場の連係による造りやすく欠陥などが生じにくい設計	長期継続志向：事業の継続性重視，長期雇用の慣行，長期継続取引の慣行
多品種小ロット生産・高品質・高効率を同時に達成する生産現場の高いオペレーション効率	多能工を土台とした柔軟な作業組織の編成	
	完成品メーカーと部品・素材メーカーの連係による在庫管理（ジャスト・イン・タイム）	タテとヨコの仕事の垣根の低さとそれをベースにした参加型経営と部門間・部署間の知識共有
	多面的な技能形成に基づく品質の造り込みと設備保全	
製品および生産要素技術の深掘り	長年にわたる試行錯誤を伴う要素技術の追求	勤続年数を加味した能力主義的な賃金・給与と昇進の制度＝仕事別ではない賃金・給与
	開発部門と生産現場との間の緊密な知識の共有と連係	
	設備メーカーや部品・素材メーカーとの協力関係と情報交換	
限られた店舗空間における豊富な品揃え	コンビニエンスストアなどにおける店舗，本部の購買部，運送会社，卸売業者，メーカー間の情報の共有と連係による単品管理	

出所：本文より筆者作成。

ら見てとれよう。

（板垣　博）

【注】
1　DRAM をはじめとするメモリーは，パソコンなどで一時的にデータを保存する（記憶と呼ばれる）半導体である。また，CPU と呼ばれるパソコンやスマートフォンなどで様々な情報を加工・処理する（演算と呼ばれる）半導体がある。さらに，テレビやカメラなどで音や画像などのアナログ情報をデジタル信号に変換する半導体もある。
2　ここで述べる乗用車は，エンジンを中核とした（ハイブリッド，プラグインハイブリッドを含む）

ものである。電気自動車になると事情が大きく異なってくる可能性はあるが，2020 年代前半の時点では世界の乗用車販売に占める比率はまだまだ低い。また，電気自動車が本当に将来の自動車の主流になるかどうかも定かでない。したがって，本論ではエンジンを使った乗用車に即して記述する。

3　組み込みソフトとは，機種を超えて用いられるパソコン・スマートフォンなどの汎用ソフトと異なり，機能や部品の制御を行うその製品特有のソフトウエアである。

4　ロットとは固まりのことであり，同じ機種をまとめてではなく小分けにしてつくるのが小ロット生産である。乗用車の場合は，複数の異なるモデルを 1 台ずつ 1 つの生産ラインで生産するのを混流生産と呼ぶ。

5　生産職場に関わる従業員層について簡単に整理しておこう。第 1 は，製品の組立，部品の加工などを行う作業者ないしはオペレーターである。生産対象に直接働きかけるので，直接工（工は工具の意味）と呼ばれる。第 2 は，作業者のチームを指揮・監督・指導する作業長である。日本企業では，作業長は作業者からの内部昇進者であり，生産現場を熟知している点に強みがある。第 3 は生産現場で設備の修理などを専門に担っている技能工（保全工）である。作業長と技能工は，直接工に対して間接工と称される。第 4 は，機械工学などの学問的知識を有している大学ないしは大学院卒を中心とした技術者である。

6　ここで論じる日本企業の特徴は，1960 年代の高度成長期から徐々に形成され，1980 年代に確立されたものである。

7　終身雇用という言葉がしばしば用いられてきたが，誤解を招く表現なので，長期雇用の慣行と表現する。

8　雇用調整とは，仕事量の変化に応じて雇用量を調整することである。例えば，好不況の波に伴って仕事の量は変化するが，仕事の量が減ってもすぐには人減らしをしない，逆に仕事の量が増えてもすぐには採用を増やさないことを，雇用調整の速度が遅いという。仕事量の増大に合わせてすぐに採用を増やせば，仕事量が減ったときに人減らしをしなくてはならなくなるので，両者はコインの裏表の関係にある。

9　目標管理とは，上司と面談しながら半期や 1 年の目標を設定し，それがどの程度達成されたかによって評価がなされる仕組みである。

【参考文献】

浅沼萬里［1997］『日本の企業組織 革新的適応のメカニズム―長期取引関係の構造と機能』東洋経済新報社。

安保哲夫編著［1994］『日本的経営・生産システムとアメリカ』ミネルヴァ書房。

厚生労働省［2022］『労働経済白書』令和 3 年版。

小池和男［2005］『仕事の経済学（第 3 版）』東洋経済新報社。

鈴木直次［2016］『モータリゼーションの世紀―T 型フォードから電気自動車へ』岩波書店。

中岡哲郎［2002］『戦後日本の技術形成―模倣か創造か』日本経済評論社。

藤本隆宏［2003］『能力構築競争』中央公論新社。

邊見敏江［2008］『イトーヨーカ堂　顧客満足の設計図―仮説・検証にもとづく売り場づくり』ダイヤモンド社。

ポーター，M. E. ＝竹内弘［2000］『日本の競争戦略』ダイヤモンド社。

労働政策研究・研修機構［2018］『データブック国際労働比較 2018』。

第2章

多国籍企業のグローバル調整

【事例を読む前に】

本国本社の戦略と海外子会社の役割

1．多国籍企業の組織デザイン

　多国籍企業のような大企業が，意図した戦略を実行して成果を出すために
は，本国本社と多数の海外子会社の活動が整合的なものになるように調整する
仕組みが必要になる。例えば，多国籍企業が，ある種類の製品を生産コストが
低い国で生産して他の地域に輸出することを考えたとする。その時には，生産
拠点の立地先にどの国を選ぶのか，複数の生産拠点があった場合にどの生産拠
点がどこの国の市場に輸出するのかを，事前に決めた上でその通りに実行する
必要がある。この場合，各々の生産拠点が生産したい製品の種類と輸出先市場
を自らの判断で決めて実行するのでは，いろいろと不具合が発生する可能性が
ある。販売市場として有望な特定の国の市場向けに輸出したい生産拠点が多く
なりすぎると，そこで過当競争が発生して，十分な利益が出せないかもしれな
い。また，生産拠点側が利益を出すために高い製品価格を望むものに対し，販売
拠点側は売上の成長のために製品価格を低く抑えることを望む，などの不一致
が起こるかもしれない。

　このように多国籍企業内部で非整合的な行動が起きるのを防ぐために，工夫
されるのが組織デザインである。組織デザインの決定とは，企業内の組織をど
のように分割するのか，分割した組織をどのように結び付けるのか，というこ
とに関わる決定である。分業により企業内の各組織の専門化を行うことで，熟
練による効率的な業務遂行が可能となる。ただし，どのように専門化を行うの
かは，企業が意図する戦略によって違いが出る。営業，製造，経理，購買など
の仕事の種類ごとに専門化を図る企業もあれば，仕事の種類よりも先に事業分
野ごと（例えば家電メーカーなら，テレビ，オーディオ，冷蔵庫，エアコン，

など）に担当する組織を分ける企業もある。前者は職能別組織，後者は事業部制組織と呼ばれる。

　しかし，分業を行うだけでは，それぞれの専門担当組織が勝手な行動を始めて，企業レベルで見た行動が整合的でなくなることも起きる。それを防ぐために用いられるのが，組織の階層である。これは，上司が複数の部下に命令・指示を出して，整合的でない行動が取られるのを防ぐ，という方法である。そのために，企業内の各組織（部署）がどこから命令・指示を受けるのかを，明確にしておく必要がある。思いついた人（部署）が，その都度命令・指示を出していたのでは，企業はひどく混乱するだろう。

　多国籍企業の組織デザインでは，海外事業を担当する部署をどのような基準で専門化・組織化するのか，海外事業に命令・指示を出すのは企業内のどこからか，が問題となる。

2．多国籍企業の戦略と組織デザイン

　企業が国際化して多国籍企業になっていくと，どのような組織デザインが用いられるようになるのだろうか。アメリカ企業を対象にこの問題を検討した，Stopford & Wells（1972）が，有力な手掛かりを与えてくれる。以下では，そのアウトラインを紹介する。

　この研究結果によると，海外進出したばかりの企業では，海外事業に命令・指示を出す本国本社側の組織は明確に定められておらず，各々の海外子会社が現地で自律的に事業を展開することが多い。しかし，企業が海外事業拠点を幾つか抱えるようになると，海外事業活動を調整して成果を向上させるために，国際事業部（海外事業部とも呼ばれる）を設ける企業が増えてくる。冒頭で述べた海外市場で販売される製品価格の調整などの問題を担当する組織である。この国際事業部は，従来から存在する本国事業を担当する組織とは切り離された組織である。海外事業を取り巻く環境は，本国の事業環境とは異質な部分が多いので，海外事業に精通した人材を集めて，国際事業部が設けられるということである。

　しかし，海外事業拠点がさらに増え，海外事業が大きくなってくると，本国

と海外の事業を切り離すのではなく，両者を一体化させて考えた方が望ましいという考え方が生まれてくる。多国籍企業の全社レベルの業績に占める海外事業の重みが，増えてくるからである。

　この時点で問題とされるのが，多国籍企業の戦略の内容である。戦略が異なれば，用いられる組織デザインも異なってくることが導き出されている。多国籍企業の戦略として重要なのは，本書の冒頭で指摘した，グローバル統合とローカル適応のどちらに重きを置くのかという点である。

　グローバル統合を重視する企業が採用するのは，世界的規模の製品別事業部制である。これは，経営トップの下に製品分野ごとに事業部が置かれ（例えば家電メーカーなら，テレビ，オーディオ，冷蔵庫，エアコン，など），それぞれの事業部が本国と海外の事業を一元的に管轄するというものである。この組織デザインの下では，本国の研究所で開発された最先端技術を世界各地で同時に活用することなどが行いやすくなる。反面で，海外現地のニーズにきめ細かく対応することは，苦手になると考えられる。

　他方で，ローカル適応を重視する企業が採用するのは，地域別事業部制である。これは，本国を担当する組織が1つの事業部（本国事業部）となり，それと対等な事業部として，北米，欧州，東・東南アジアなど海外の地域を担当する事業部が，それぞれに置かれるというものである。この組織デザインの下では，現地固有のニーズに機動的に対応しやすくなると考えられる。しかし，どこか1つの地域で開発された先端技術を他地域でも活用して競争力を高めるなどの行動は，起こしにくくなるであろう。

3．グローバル・マトリックス組織とその限界

　本書の冒頭でも触れたように，20世紀末以降，多国籍企業はグローバル統合とローカル適応の一方を追求しているのでは多国籍企業間の競争には勝てず，両方を同時に追求することが必要ではないのか，という主張が台頭してきた，Stopford & Wells（1972）でも，世界的規模の製品別事業部制と地域別事業部制という2つの組織デザインには，さらに先の段階があると考えられている。それが，グリッド組織，あるいはグローバル・マトリックス組織と呼ばれ

る組織デザインである。

　この組織デザインの下では，対等な権限を持った命令・指示系統，すなわち階層構造が2つ以上つくられる。そのうち，代表的なのが，製品別と地域別の2つの命令・指示系統を持った組織デザインである。製品別事業部がグローバル統合の課題に対して，そして地域別事業部がローカル適応の課題について，検討して的確な命令・指示を出すことにより，2つの課題について，柔軟で素早い対応が可能になると，理論的には考えられた。

　しかし，グローバル・マトリックス組織を実際に採用した企業では，失敗例が数多く報告されている。2つの命令・指示系統から来る内容が食い違った際に起きる混乱や，両者の意見を調整して一致点を見いだすのにかかる時間の長さなどのため，円滑・迅速な問題解決ができず，動きの鈍い企業組織になってしまったためである。これに，内部の権力争い（2つの命令・指示系統間での権限拡大を巡る争い）や経営管理コストの増大（経営管理者のポストが増えてしまい，人件費が大きくなる）などの問題も重なり，全社レベルで全面的にグローバル・マトリックス組織を採用するのが，理想とは言い切れないのが現状である。

4．グローバル・マトリックス組織に代わる工夫

　20世紀末には，組織デザイン以外の側面を工夫することで，多国籍企業が直面する経営課題への対応を円滑・迅速に行い，企業内部の行動の整合化を実現しようとする主張が出てきた。それに関連して提唱されたのが，Hedlund (1986) のヘテラーキーや，Bartlett & Ghoshal (1986) のトランスナショナル経営などの概念である。これらの主張の中で，本書の事例を理解するに当たり重要と思われるものを，3つ指摘しておきたい。

　第1は，多国籍企業内部の行動を互いに整合的なものにしていくのに必要なコントロールの仕方は，伝統的に考えられてきた，ルール，手続き，規則，意思決定担当者の明確化などの方法（公式化＝文書化や集権化）に限られない。社会化（socialization）と呼ばれる，価値や文化の共有を通じたコントロールも，重要な役割を果たす，という主張である。

　第2は，企業組織の境界線は，柔軟に考えた方が良いという主張である。従来は，重要な活動は完全所有に近い海外子会社に担わせ，他社との合弁事業は周辺的な活動分野に限られるべきだと考えられてきた。先端技術を活用した製品の生産は完全所有の子会社が担い，売上高の小さい市場での販売は現地企業との合弁で行う，などである。しかし，他社との合弁や提携には，もっと戦略的に重要な役割を担わせる可能性も考えることができる。

　第3は，すべての海外子会社の役割は同じではなく，それぞれ異なる役割を与えることを考えるべきだという主張である。海外子会社の中には，本国本社から指示された業務活動を忠実にこなしたり，現地市場向けの判断を行ったりするだけでなく，世界中の他の事業拠点（本国本社も含む）向けに，自らの持つ能力を活かした活動を行うところがあってもよいという考え方である。

　以下では，それぞれの点について立ち入って考えてみる。

5．社会化を通じたコントロールの可能性

　社会化とは，組織メンバーが，組織が持つ基本的価値や規範，組織への一体感などを共有することで，行動をコントロールするものである。これは，日本語で言う「あうんの呼吸」で他の組織メンバーと仕事ができるという感覚に近い。社会化が進んでいると，企業が掲げる究極的な目標や価値，あるいはそれに関連した重要な言葉の意味が共通に理解されているため，いちいち説明しなくても組織メンバーが自律的に整合的な行動を取れるようになると考えられる。多国籍企業の場合，文化的背景や価値観の異なる海外の人が組織メンバーとなるため，本国本社や他の海外事業拠点のメンバーと，基本的な組織の価値や規範を教諭するのは，難しいと考えられる。しかし，この難しい課題を乗り越えると，その分の効果もあると考えられる。

　本書の事例2-2で取り上げたコマツの事例は，日本本社と中国事業拠点の間で，経営理念の共有という形で，社会化を試みた事例である。そこでは，多国籍企業が国境を越えて社会化を試みる難しさと，社会化を通じて得られる効果とが示されている。

　ただし，多国籍企業のコントロールにおいて社会化という方法も重視すべき

だという見解は，従来から行われてきた公式化や集権化によるコントロールは不要であるということは意味していない。多国籍企業は，絶えず文化的背景の異なる様々な人材を採用していることを考えると，規則やルール，階層をきちんと決めずにコントロールを実施するのは，無理がある。本書の事例2-1では，そうした伝統的なコントロールの方法として，財務によるコントロールを取り上げた。こうしたコントロールの方法も必要であることを併せて理解していただきたい。

6．外部との提携や合弁の持つ意味

　多国籍企業を取り巻く世界の事業環境の変化が激しさを増す今日では，すべての競争上の強みを自社内部で単独でつくり出そうとするのは，無理だと考えられる。必要に応じて，外部の企業の力を利用するという姿勢も必要であろう。前述の通り，従来は，外部企業との提携や合弁が行われるのは，戦略的な重要性の低い領域だと考えられてきた。しかし，今日では戦略的に重要な領域でも，外部の企業との合弁や提携という選択肢は，考慮されるべきであろう。

　外部の力を利用することの重要性は，大企業よりも中小企業と呼ばれる企業で，より切実であろう。中小企業は，資金や人材などの経営資源に限りがあるので，すべての活動を自社単独で行うのは，無理だからである。本書の事例2-5で取り上げた味千ラーメンも，中国進出に当たっては，香港の提携相手の貢献に多くを負っている。それぞれが，自社の持つ強みを持ち寄ることで初めて成立した事例だということを理解していただきたい。

　また，海外事業を成功させるために外部の力を利用することが重要であるという点は，前章で取り上げた新興国企業の海外進出の事例からも読み取れる。こちらも併せて参照していただきたい。

7．海外子会社の役割の多様化と変化

　伝統的な多国籍企業論では，企業内の海外子会社の役割は，すべて同じだと考えられてきた。Bartlett & Ghoshal（1986）は，このような多国籍企業モデ

ルを，すべての加盟国が平等に1票を持つ国連総会になぞらえている。しか
し，彼らは多国籍企業が持つ海外子会社の役割は，多様であってよいとも主張
している。

　伝統的に考えられてきた海外子会社は，本国本社の製品や技術をそのまま
海外現地で活用する役割を担い，子会社独自の能力は持たないと想定されて
いた。しかし，海外子会社が現地の事業環境に対応するために独自の対応を試
み続けていくと，次第に子会社独自の能力も開発されてくる。そうした能力
は，一義的には現地での事業活動の成長に用いられると考えられるが，中に
は現地の範囲を超えて他の事業拠点での活用できる場合もあり得る。その結
果，そうした子会社は，世界中の事業拠点で生産・販売される一部の製品開発
を行う役割を担うことにもなる。このような海外子会社は，COE（center of
excellence）と呼ばれることもある。本書の事例2-3で取り上げるボッシュ社
は，そうしたCOEを世界中で活用している企業として知られている（事例で
は，CoCという名称で紹介されている）。その実態について理解してほしい。

　上記の海外子会社の役割は，子会社設立時に与えられた役割がそのまま保持
されるとは限らない。多国籍企業を取り巻く事業環境の変化により，そして海
外子会社側の経営努力により，時代とともに変化すべきものである。しかし，
海外子会社の役割の変化は，本国本社と海外子会社双方の認識が一致して成立
するものである。しかし，両者の認識が食い違ってコンフリクトが発生する場
合もある。本書の事例2-4で取り上げたJ社も，こうしたコンフリクトを経験
した事例である。海外子会社の役割の変化がどのようなプロセスで行われるの
か，理解に役立てていただきたい。

（周佐喜和）

【参考文献】

Bartlett, C. & Ghoshal, S. (1989). *Managing Across Borders: The Transnational Solution*. Harvard
　　Business School Press.（吉原英樹監訳［1990］『地球市場時代の企業戦略』日本経済新聞社。）
Hedlund, G. (1986). The hypermodern NNC: A heterarchy? *Human Resource Management*. 25 (1),
　　9-35.
Stopford, J. & Wells, L. (1972). *Managing the Multinational Enterprise*. Basic Books.（山崎清訳
　　［1976］『多国籍企業の組織と所有政策』ダイヤモンド社。）

事例 2-1

外資系企業の財務による
海外子会社のコントロール

1．本事例の焦点

　組織として一貫性をもって行動するためには，「何をすればよいのか（ある
いは何をするべきか）」を示す目標が必要である。目標がなければ，個人がそ
れぞれ思うままに行動し，組織として成り立たなくなるだろう。しかしなが
ら，目標のみでは不十分である。目標達成可否について，客観的に状況を把握
し，目標達成が困難である場合には，その原因を調べてしかるべき対策を考案
するための指標が必要である。そのための強力な手段の1つとして，財務（あ
るいは非財務）数値情報を業績評価指標として設定することがあげられる。

　国際管理会計，グローバル管理会計領域においては，業績評価指標を通じ
て，子会社の活動の方針を示し，また子会社の活動を把握するための業績管理
の仕組み[1]が検討されてきた。数値情報は人の行動に大きな影響を及ぼす。数
値情報に基づいて自身が評価されるとなればなおさらである。そのため，業績
管理の仕組みが適切に設計され，運用されれば，それは企業グループ全体が一
丸となって同じ方向に向かうことを強力に後押しするだろう。しかしながら業
績管理の仕組みを適切に設計し運用することは容易ではない。それでは，実際
の多国籍企業では，どのような業績管理の仕組みをどのように運用しているの
だろうか。そしてそれは子会社に対してどのような影響を及ぼしているのだろ
うか。

2. 事　例[2,3]

2.1　スミス・グループ子会社：スミスメディカル・ジャパン株式会社

(1)　企業概要

　スミスメディカル・ジャパン株式会社は，イギリスのスミス・グループのメディカル部門であり，現在はその本社をアメリカに置く専門医療機器メーカーである。アメリカ，イギリス，メキシコ，イタリア，ドイツ，チェコ共和国，中国を中心に，30 カ国を超える国々で業務を展開しており，アメリカが売上高の約 45%を占める最大の市場であるものの，発展途上国および新興国市場にも積極的に事業展開している。主な事業内容は，輸液ポンプ治療（疼痛管理や急性および慢性疾病の治療に使用する輸液および投薬装置），バイタルケア（術前，術中，術後に患者の気道と体温を維持する装置），バスキュラーアクセス（医療従事者が輸液，除水，投薬目的で患者の血管系にアクセスする機器，ならびに針刺し防止を通じて医療従事者を保護する機器）などの専門医療領域で活躍する臨床医療従事者や企業向けの製品医療機器の製造とそれに伴うサービスの提供である。

　今回紹介する日本子会社は，1969 年に日本メディコ株式会社として創立し，1997 年に現在のスミス・グループの傘下となり，2002 年 12 月にスミスメディカル・ジャパン株式会社へと社名を変更している。

(2)　業績評価指標と目標値

　スミス・グループでは，子会社に対する業績評価指標として，売上，利益，キャッシュフロー等の財務指標からオペレーション関連指標や従業員の意識，顧客満足度などの多様な非財務指標を設定している。財務指標については，企業グループ全体として掲げている目標と連動して各子会社の目標値が設定されている。また非財務指標は，それぞれ目標値の設定方法が異なり，企業グループ全体の目標値を反映しているものもあれば，各子会社の前年比などによって設定される場合もある。スミス・グループでは，本社の設定した企業グループ全体の目標とリンクした子会社の財務指標とその目標値に注目しながらも，そ

の一方で財務目標の達成プロセスにも多様な視点から指標を設け，その評価に対する比率を変えている。

　子会社はこうした各種指標について，今月はどうだったかを計算し，社内イントラネットに載せる。本社はイントラネットを通じて，子会社の活動が事前のプラン通りに進んでいるのか，進んでいないのであれば改善点はどこか，などについてモニタリングしている。当時のスミスメディカル・ジャパン株式会社社長が「彼ら（本社トップマネジメント）はいわゆるコクピットみたいなものです」というように，各種指標を設定することで本社（特にCEO）は「こういう視点でうまくいってるかどうかみますよ」と子会社に伝えている。

(3)　報告とフィードバック

　スミス・グループでは，子会社による活動レポートに記載されている（数値）情報に基づき子会社の活動の把握，コントロールを試みている。また，社内イントラネットを活用した毎月の活動レポートだけではなく，各国の法人責任者が出席し，各子会社の業績，活動に関して報告，議論する全社会議が週1回のペースで行われている。各子会社の法人責任者は，基本的には営業部門の責任者であるため，会議では主に各子会社の財務目標の達成可能性やグローバル戦略の実施状況，全社目標の達成可能性について議論される。しかしながらこの会議には，営業責任者である法人責任者のほかに，各子会社における営業部門以外の機能部門の責任者も出席することで，財務目標のみならず，その達成プロセス（非財務指標とその目標達成）の側面からの議論が可能となる。各子会社の目標達成ならびに，企業グループ全体の業績向上のためのアクションについて，偏りのない多方面からの意見交換が可能となる。「これ問題解決するのにすごく早いんですよ」（スミスメディカル・ジャパン株式会社社長（当時）談）というように，各子会社の抱える様々な課題に対して，適切なアクションを迅速かつ効率的に行うことが可能となる。毎週1回というペースで行われる大規模な会議において，財務のみならず非財務指標を通じて目標達成に向けたあらゆる情報を共有することで，アクションのスピードと有効性を高めている。

⑷　意思決定行動

　財務指標に対する目標値が本社から子会社へとトップ・ダウンで設定されて
いたり，責任権限が詳細かつ厳格に規定されていたりとかなり本社主導の側面
がみえる。しかしながらスミス・グループでは，意思決定の際の細かいプロセ
ス（本社に提案し，実際に実行するまでの一連の手続き）に関して厳格な制限
を設ける一方，子会社の活動計画に関しては，そのほとんどを各国の方針に
任せている。具体的には，子会社に対して3～5年の事業戦略，短期的なアク
ション・プランの策定を一任するなど，自律的な活動を求めている。その一方
で，週一回という高頻度で大規模な全社会議が行われ，各子会社の目標達成，
全社業績向上のための多様な情報が共有される。会議では，課題に対するアク
ションについて，多方面から意見や情報を獲得することも可能である。

　　「各国の業績というのは思うようにいかないってことが多いんです。だか
　らいろんな情報を得て，各国で何が起こっているのかわかってないというと
　ころがある。…（中略）…情報の風通しをよくして各国でちゃんと自分たち
　でやんなさいという意味合いもある」（スミスメディカル・ジャパン株式会
　社長（当時）談）。

　このようにスミス・グループでは，子会社の活動に関する情報を本社−子会
社間だけでなく，子会社同士での情報共有を可能にしている。グローバル戦略
の実施状況や企業グループ全体の目標の達成可能性に加え，他の子会社の情報
が頻繁に共有されることが各子会社にとって全体最適を考慮した意思決定行動
の基礎となっている。

2.2　食品製造・販売会社 A 社

⑴　企業概要

　A 社は，アメリカにその本社を置き，1960 年代から日本に進出している。
主要業務は，食品の製造，販売である。A 社では本社が直接的に各国子会社
を管理するのではなく，アジアやヨーロッパなど地域別に子会社の管理を区分
しており，それぞれの地域に統括本部を置いている。今回紹介する日本子会社

は，シンガポールにあるアジア統括本部の管理下にあり，業績レポート等の提出先は基本的にこのアジア統括本部である。

(2)　業績評価指標と目標値

　A社では，企業グループ全体としてのヴィジョンを頂点に置き，それを達成するための具体的な財務指標（売上，利益，キャッシュフロー）に対して目標値が設定されている。そして，売上，利益，キャッシュフローそれぞれの目標を達成するために「何をしなくてはならないのか」ということについて，具体的なアクションが提示される。例えば，広告・宣伝活動や，工場の生産性の向上から社員の意識改革など社内の雰囲気に関することまで網羅的に設定される。

　　「本社の示す大きな柱を基に，アジアではこれをして，日本ではこうするというような形で，各国で何を目標にしてビジネスをやるかというのを決めていく…（中略）…全社的なヴィジョンと，売上とシェアを増やす，利益も十分確保する，それをするために主要ビジネスで勝つ。そのために，カルチャーや社員の文化とか方向性を合わせるとか。…（中略）…ビジネスをやろうと思ったら投資をしなくてはいけないので無駄なお金は減らしてお金を捻出したら投資をしましょうみたいな話とか，工場の生産性をあげるとか，ベースの活動が色々あってですね，それを基にこういう柱で事業をやって，売上と利益を増やして，ヴィジョンを達成する。具体的にこの目標に合わせて，あなたの国ではこれをするためになにをするというそれぞれ5年分の目標を決める」（A社子会社執行役員（当時）談）。

　このようにA社では，企業グループ全体のヴィジョンや目標を基本として，各地域の仕組みが作成され，最終的には各子会社それぞれが本社の示すヴィジョンや目標を達成するためのアクションをどのように進めていくのかについての具体的な内容を決定する。さらに各子会社に対する業績評価指標をもとに，各子会社の従業員個人にまで業績評価指標および目標値を落とし込んでおり，個人目標から企業グループ全体の目標までのすべてが連動するように設計

している。これを実現するためにも，A 社では業績管理の仕組みに関する説明会，勉強会が定期的に行われている。

　「基本的には，全体に連動した形で，個人の目標を設定する。全員がどこかでここに関わっている。みんながやっていることが集結するとこのヴィジョンの達成につながると意識させるようにしつこくやっています。…（中略）…何回もやって，個人目標を年初に立てて，中間で 1 回見て，年が終わる頃には振り返って評価をつける。一応その度にこれが基本だよね，この中のこれをあなたがやってるよと」（A 社子会社執行役員（当時）談）。

　すなわち A 社では，企業グループ全体の業績管理システムと各子会社，および個々の従業員の目標とを結び付け，企業グループ全体のヴィジョン，目標について従業員の理解を促すことで，それぞれの活動の方向を企業グループ全体のヴィジョン，目標へと方向付けている。

⑶　報告とフィードバック

　A 社では，目標の達成状況について月 1 回のペースで子会社から地域統括部門，本社へと報告を行っている。

　「前月の状況の説明をしています。何があって，うまくいってること，いってないこと，うまくいってることについてはさらにその部分を伸ばすためにはどうしたらいいのか，いってないことはどうするのかというのをレポートとして出すんです。それは世界中の国が出す」（A 社子会社執行役員（当時）談）。

　このように，目標に対しての進捗に問題がある場合や事前の想定通りに進んでいない場合はもちろん，目標達成可能性が高い場合であっても，さらに業績を伸ばすためにはどうするのかというような，目標やアクションに関する挑戦的でポジティブな変更の提案も含まれる。

　また，毎月の報告会議の後にはオンラインでのコミュニケーションをする機

会も設けられているほか，メールや社内チャットなどを使って業績に関する情報交換が頻繁に行われている。特に日本子会社では，アジア統括部門との縦のコミュニケーションばかりではなく，同じアジア地域の他国子会社ともメールや社内チャットで日常的にコミュニケーションをとっている。A社では，地域統括部門や他の子会社などとの頻繁な情報交換から各地域の目標達成のためにある程度柔軟な対応ができるような仕組み作りがなされており，各子会社同士の情報交換から子会社発進で行われていることも少なくない。

⑷　意思決定行動

「まず自分のことは自分でやってというのが基本ですよね」（A社子会社執行役員（当時）談）というように，A社では子会社に対して経営管理や日常業務に関する多くの意思決定権限を委譲しており，基本的に②に記載している業績評価指標およびその目標値の決定プロセスと連動している。本社の定める大枠（向こう5年を見据えたビジョンや主要領域）をはみ出さない程度（例えば，今までA社で作ったことのない全く別の製品の開発・製造など）というかなり大きな意思決定の権限が委譲されており，「7割8割は日本（子会社）独自（のやり方）になる」（A社子会社執行役員（当時）談）。また，子会社から本社に向け，活動に関する情報やアクション・プラン案が自発的にボトム・アップされるなど，自律性は非常に高い。

自律的活動に対して，業績評価指標とその目標値に関する意味内容および重要性について徹底的な浸透が図られることで，「（全社や地域）トータルで目標達成しなくてはいけない」という意識が高くなり，全社のヴィジョンや目標から大きく逸脱することはないという。また，業績について，本社や地域統括部門，他の子会社と社内チャットなどを使った非公式的コミュニケーションが頻繁に行われ，他の子会社の状況やパフォーマンスに関する情報が得られることで，全体最適を志向するようになるという。

　「グローバルカンパニーの一員だという意識も当然ある。…（中略）…どこかの国が調子悪くて今月目標にいかないとか，このクオーターは利益が（目標に）届かないとかなると代わりにプラスでやってくれる人（国）を探

す…（中略）…去年ちょっときつかったんで，今年は人の分もやってあげようとか，誰かをカバーしてあげる。情報は入るんですよ，今年 X 国調子悪いねとか。こんな感じで情報共有できて，判断は各国でやっていいことになってます」（A 社子会社執行役員（当時）談）。

2.3　CITIC 証券子会社：CLSA 証券株式会社

(1)　企業概要

CLSA 証券株式会社は，外国人投資家を主な顧客として日本株の売買取引の仲介業を主とし，関連するリサーチ・サービスの提供およびグループ会社のコーポレートファイナンス，キャピタル・マーケット業務のサポートを行っている。

今回紹介する日本子会社 CLSA 証券株式会社は，もともとフランスの大手金融会社であるクレディ・アグリコル・グループの日本事業所という形で 1986 年から日本で活動していたが，2013 年より香港に本社を置く CITIC 証券の 100％子会社となった。

(2)　業績評価指標と目標値

本社が子会社に対して設定する業績評価指標は当該年度の予算と前年度の成績をベースにした目標収益のみである。本社は，各子会社が直面している状況を考慮しながら，子会社と直接話し合い，最終的な子会社の目標値を決定する。すなわち CITIC 証券の業績管理システムは非常にシンプルである。しかしながら，業績評価指標を補完するための多様なデータを収集しており，本社はそれを用いて各子会社の活動を多面的に測定，評価，分析している。

補完的データを収集するためのシステムが CIS（Client Information System）である。「色んな角度からのレポートというのを作ってくるというのが CIS なんです」（CLSA 証券株式会社長（当時）談）。この CIS には，顧客の名前や担当者の名前，連絡先，電話での対応内容と時間など，顧客に関するデータや主要業務の実際の内容を中心に数多くのデータが集約されており，先の財務目標値の決定に際しても CIS で分析された結果が大きくかかわっている。また，この CIS には従業員 1 人 1 人の活動状況を色分けで示す機能もあ

る。本社はこの機能を使うことで従業員の行動，ひいては子会社のパフォーマンスについて日常的に観察，分析を行っている。

(3) 報告とフィードバック

CITIC では，子会社から本社への報告や相談が頻繁に行われており，本社－子会社間で行われる報告，フィードバックの際には，CIS から得られる多面的なデータをもとにした様々な視点から分析した結果が本社から子会社に伝達される。

> 「大体毎週1回自分の直のボスと電話ないしはテレビ電話で話をして，全くビジネス・アズ・ユージュアルだったらあまりレポートすることはないけれども，なんかしらあったというようなケースであれば，レギュラーミーティング，プラス当然電話してすぐ相談する」（CLSA 証券株式会社社長（当時）談）。

このようにたとえ業績に関わるような大きな問題がなくとも週1回という高頻度で行われ，何かしらの問題がある場合にはその対応策が随時検討される。
　加えて，活動成績が芳しくない場合には，本社からメール，あるいは電話によって注意が促される。また子会社の業績に関しても同様に，本社側で気にかかったことがあればその状況や理由についての説明を求める。本社は日常的に在外子会社の活動をチェックしながら半ば不定期的に活動に対しての説明を在外子会社に求めているが，それは必ずしも本社から子会社への一方的なものではない。

> 「業績自体が目標通りいっていないと，例えば今年，半分以下しかいっていないクライアントをリストアップさせて，それをみんなにまわして，これは注力しなきゃいけないんだよというようにしてやっていく。それは必ずしも定期的にやっているわけではない。…（中略）…まずは事実確認をするというために非公式ベースで情報交換をする」（CLSA 証券株式会社社長（当時）談）。

(4)　意思決定行動

CITIC では，日本子会社に対して日常的な行動計画に関するほとんどすべての意思決定権限を委譲している。戦略的意思決定についても，子会社側から立案させるようにしており，子会社に対して自律的な活動を求めている。CIS には，顧客に関する情報や顧客への過去の対応記録などの詳細な情報が記録されているため，顧客に対してどのようなアプローチをとるかについて，子会社側が意思決定する際に大きく役立っているという。

　「（本社は）意思決定のためのベースになるデータを提供してくれる。そういうデータをもとに（CLSA としては）こういうストラテジーでいきますよと，そうすると本社からは，じゃあその方針でいきましょうという形で追認されていく」（CLSA 証券株式会社長（当時）談）。

CIS は全社共通のシステムであり，CIS 得られた情報をもとに子会社がある程度の方針を定め，本社に確認をとるという形をとっている。子会社は，CIS から得られるデータを分析することで収益向上に対して関連性の高い行動をその方針に組み込むことができるし，本社との密なコミュニケーションによって CIS から得られるデータの特にどの部分がどのような状況で重要となるのかが理解できている。すなわち，CITIC 証券の業績評価指標は財務指標のみであるが，CIS を補完的に活用することで，子会社の活動を全体へと方向付けている。

3.　まとめ

本事例では，グローバル戦略，企業グループ全体の目標へと海外子会社の活動を統合するための業績管理の仕組みが子会社の意思決定行動にどのような影響を及ぼしているのかを中心に事例を紹介した。今回紹介した3社のうち，スミス・グループおよび食品製造・販売 A 社では財務指標のみならず，非財務指標を含む多様な指標を設定していた。特に A 社の事例では，企業の最終的な目標を示す財務指標・目標を達成するためにはどのような行動をとるべきか

といったように，財務指標と非財務指標との因果関係が明示されており，また
それを従業員に浸透させるための工夫もなされていた。スミス・グループの事
例では，財務指標と非財務指標との因果関係について必ずしも明示されていな
かったが，それぞれの財務目標達成のために何をすべきかについて，非財務目
標に主として責任をもつマネジャーを含めた全社会議によって各活動の一貫性
が確保されていた。一方で，CITIC 証券では業績評価指標は収益に関するも
ののみであった。しかしながら，CITIC 証券では業績評価指標を補完するデー
タを活用することで指摘されていた限界を克服している。

図表 2-1-1　事例3社の比較表

事例企業 業績管理, 意思決定に 関する項目	スミス・グループ	A 社	CITIC 証券
本社所在地	アメリカ	アメリカ (シンガポールにアジア統括部門)	香港
業種	製造	製造	サービス
業績管理システム の設計上の特徴 (業績評価指標の多様性)	財務指標 ＋ 非財務指標	財務指標 ＋ 非財務指標 (指標間の因果関係を明示)	財務指標のみ
本社－子会社間の 公式的コミュニ ケーション頻度	高	低 (他2社に比べて)	高
他子会社との 公式的コミュニ ケーション頻度	高	低	ほとんどなし
非公式的コミュニ ケーション頻度	ほとんどなし	高	高 (対本社)
コミュニケーショ ンの内容	・企業グループ全体の目 標達成可否について ・他子会社の状況につい て	・業績評価指標，目標に 関する理解促進 ・他子会社と互いの状況 を共有	・目標達成可否やそのた めの活動に関する報 告，相談 ・非財務情報を加えた フィードバック
意思決定権限委譲 の程度 (子会社に求められる自律性)	高	高	高
子会社の 意思決定行動	企業グループ全体の 目標達成を志向 ＋ 他子会社の状況も考慮	企業グループ全体の 目標達成を志向 ＋ 他子会社の状況も考慮	企業グループ全体の 目標達成を志向

　3社の事例に共通することは，企業グループ全体の目標を達成するためには何をすればよいのかについて，本社から子会社へと業績評価指標に基づいて明確に伝達されていたことである。したがって，多国籍企業において業績管理の仕組みは，単に子会社の活動やその結果を測定，評価するのみでなく，子会社にグローバル戦略上の役割を明確に理解させる仕組みとして機能するといえよう。

APPENDIX 2-1-1
当該事例が，既存の理論や概念によってどう説明できるか
https://www.bunshin-do.co.jp/contents/5234/appendix_0201.html

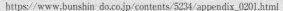

（鬼塚雄大）

【注】
1　業績管理の仕組み（業績管理システム）とは，トップマネジメント（本社）が企業グループ全体の目標を達成するために，下部組織（子会社）に対して，財務あるいは非財務の業績評価指標とその目標値を設定し，それらを用いて下部組織（子会社）の活動やその結果を測定，評価，分析する仕組みであり，それに基づき組織下部（子会社）はトップマネジメント（本社）へと必要事項を報告し，トップマネジメント（本社）は組織下部（子会社）へと分析，評価結果をフィードバックする。
2　ここで紹介する事例については，主に本事例執筆者が2016年に行った聞き取り調査に基づき記述しているため，内容は主に2016年当時の状況を示している。
3　ここで紹介する3社は聞き取り調査以前に行った郵送質問票調査の内容を加味して選定した。選定基準について具体的には，意思決定権限の委譲という側面から当該子会社の自律性が高く，かつ当該子会社の意思決定が企業グループ全体の目標や他子会社の状況を考慮している程度が高いという2点を主な基準としている。

事例 2-2

技術移転における企業文化・理念の役割：
コマツの中国子会社

1．はじめに

　本事例では，日本最大手建設機械メーカーであるコマツの中国の生産拠点で
ある小松山推建機有限公司（以下，小松山推）の事例から，国際経営について
議論する。その際１つの軸として，国際間技術移転を進めるための企業文化・
理念の導入の重要性および導入過程に伴う現地組織，制度の変化などについ
て，日本型経営システムの基盤を成す部分まで掘り下げて議論する。

　小松山推の事例を論じる前に，本事例の論述の特徴を以下の２点を説明す
る。

① 　国際的な技術移転の類型は，大きく製品技術移転と製造技術移転に分け
　　られる。本事例で紹介する小松山推の事例は生産現場における製造技術の
　　国際移転である。

② 　論述手法は，小松山推の経営トップと現場の技術者を対象としたインタ
　　ビューと客観的なデータベース（ホームページで掲載された情報など）を
　　併用する。筆者は対象企業の技術移転を分析するために，2014 年と 2015
　　年，2016 年の計３回の現地調査（を通じて 11 名の関連技術者に対するイ
　　ンタビュー調査を行った（図表 2-2-6 参照）。これらの調査資料をベース
　　に，小松山推の技術移転ケーススタディーにフォーカスを当てる。

２．事例分析

2.1　コマツの中国展開と技術移転における問題点

(1)　コマツ中国拠点の位置づけと展開の概要

　コマツグループと中国市場との関係は 1950 年代まで遡る。1956 年，コマツは上海の日本製品見本市に出展し，中国政府との間でショベルカー 20 台の輸出契約を締結することに成功した。その後，コマツは中国の現地企業への技術支援活動を行い始めたが，正式な現地工場を作ったのは 1995 年と遅かった。この年に，コマツが 60％，住友商事株式会社が 10％，中国の山東推土機有限会社が 30％の出資率で設立したのが，小松山推である。中国の事業拡大とともに，2004 年には独資で小松山東工程機械有限公司を新設した。訪問当時は大型・中型工程機械の小松山推と小型の小松山東とに事業を分割していた[1]。両社の共通している経営構造特徴は，経営トップのスピーディーな現地化である。両社の経営トップは，設立当初は日本人であったが，調査当時の 2014 年にはいずれも中国人になっていた。小松山推はコマツ海外生産拠点の中において最も速く経営トップの現地化を実現し，新興国市場の拠点において唯一経営トップの現地化ができた拠点でもある。経営トップの現地化の速さも，ケースとして取り挙げた理由の１つである。

　具体的に事例を論述する前に，コマツグループにおける小松山推の戦略的な位置づけを簡単にみてみよう[2]。中国拠点の戦略的に地位は 2 点挙げられる。

①　量の重み

　世界建機の市場規模から分かるように，世界最大建機市場[3]における中国拠点はグループにとって極めて重要なポジションを占める。2021 年中国拠点の販売台数は減るものの，グループ全体における比重は依然として１位を占めた。2010 年から 2021 年までの期間，コマツは中国のハイエンド建機の市場で売上首位を維持してきた。新興国市場においては，ライバルのキャタピラー社にも優勢を持つのは中国市場での貢献が大きかった[4]。

②　質の重み

　中国拠点のもう１つの意義は製品品質の高さである。それは小松山推が誇る

高い現場生産能力によって生み出されている。小松山推は，2010年から本格的にTQM（Total Quality Management）を導入し，2011年には塗装分野で全世界のコマツにおいて1位を獲得，2013年にはコマツの海外法人として初めてのデミング賞（日本企業の海外工場の中でも2番目という快挙）を受賞し，QC活動でも1位を獲得するなどの実績を残した。

コマツの中国拠点の成果は，本社からの日本人駐在員と現地拠点の中国人従業員の共同作業と弛まぬ努力によって成し遂げられたといえよう。それは今では本社からの技術移転成功の集大成ともされる。しかし特に小松山推は設立からの10年，生産技術現場での移転は困難の連続であったという。

(2) 技術移転の問題所在

周知のように国際間技術移転の際，暗黙知から形式知への転換問題が生じる。要するに，技術というものは属人という性質を持つ故に，暗黙知的な技術要素が存在している。したがって，技術移転の際には，技術をスムーズにかつ正確に移転するため，暗黙知の技術要素を形式知に転換する必要がある[5]。

例えば，村瀬（2007, p. 49）によれば，日本企業の技術移転では，メーカーの技術を凝集した暗黙知を自らに理解できる形式知に転換・把握できないと，企業は技術を吸収できないとされる。さらに，野中・竹内（1996, p. 91）によれば，暗黙知とは特定の個人的であり，形式化や他人に伝えることが難しい知識であるとされ，暗黙知を如何に解読し，自社の技術者や現場の作業員が理解しやすい形式知に転化するかが企業技術吸収の際には重要となる。

小松山推の問題はまさにこの典型的な事例である。ただ，小松山推の技術移転問題は暗黙知的要素に当たるとはいえ，一般的に認識された暗黙知問題とは多少違いがある。具体的に見てみると，筆者の2014年の現地調査において，現地の日本人の副董事長A氏（2014年当時）は，コマツは最初の10年間の技術移転時の技術的な暗黙知（例えば，工差の解読と設備の使用方法の理解など）の移転はあまり苦労しなかったと述べていた。

A氏が指摘した最大の問題点は，日本人にとって常識的である現場の作業習慣（現場の5Sと安全管理作業など）の移転であった。しかも，この問題点を発見した現地中国人のTQM推進室副部長のZ氏（2016年当時）は以下の

ように語った。

　　「日本人の出向者と中国人の社員は，知識の移転に関してともに努力した
　が結果が伴っていなかった。何らかの原因があると思い，双方は 1 回顔合わ
　せし，『酒後吐真言——お酒の後は真実をいえる』と信じて食事会を実施し
　た。そこで初めて常識的な暗黙知という問題点を発見した」。

　日本の社員にとっては常識であるが，中国の社員にとってそうでない。例
えば，5S の理解について，日本人の社員は日本の会社から教えられたという
より，5S の要素とその効果（大事さ）を小さい頃から経験しているために常
識[6]として脳裏に刻まれている。したがって，工場における初心者研修におい
て，5S にまつわる一連の作業が教えられれば，作業の習得のみならず作業と
品質向上の関連性もすぐ理解できるようになる。
　具体的にいえば，整頓する時は必要なものはすぐ取り出せるように置き場所
を決めておく。一見簡単そうなことであるが，これによって時間のムダは減
り，製品品質向上に繋がる。しかし，中国人社員は一般的に品質についてまで
考えておらず，中には日本人がきれい好きだからという理解も存在した。もう
1 つの事例は，安全管理のことである。機械のメンテナンス作業におけるス
イッチオフしてから作業するなどの常識においても当初守らなかった人が多
かった。機械の損傷や人身事故など重大事件に繋がるため，生産停止や作業効
率低下を引き起こしかねない。現地中国人社員の慣行意識や文化——「新官上
任三把火」[7]から見ると，中国企業の場合，入社から最初の 1 年間，自分を守
るより命を賭けて仕事するふりをするのがよい評価に繋がりやすいと思いがち
であったからである。ただ，日本人の社員から見れば迷惑行為にしか思えな
い。さらに問題になったのは，日本人社員が潜在意識として当たり前であると
思っていたことが，なぜか中国人社員に分からないことであった。また反対に
中国人社員からすれば自分たちのどこが間違っているのかがわからなかった。
かような一方通行な状態が現場で続いていた。インタビューのなかで一番印象
に残ったことは，中国人総経理（2014 当時）B 氏がこのような些細な問題は
多く，1 日ずっと喋っても終わらないと苦笑いしたことである。

図表 2-2-1　国際間技術移転における暗黙知の類型

タイプ	所在	内容	特徴
技術的な暗黙知	本国側	製品技術，生産技術，製品開発のプロセス	形式知化しにくい
市場的な暗黙知	現地側	市場，顧客の嗜好，競争相手の社風，組織特徴	形式知化しにくい
常識的な暗黙知	双方	日本や現地の文化，価値観，個人の生活習慣，行為準則，本社の社風	意識されにくい

出所：王（2017），p. 202 と金（2015），p. 99 を参照し，筆者作成。

　この一連の問題点を図表2-2-1の暗黙知類型から解読すると，以下のように説明できる。

　図表2-2-1で分かるように，暗黙知を大別すると技術的な暗黙知，市場的な暗黙知，常識的な暗黙知の３つに分けられる。コマツの問題は主に常識的な暗黙知に集中している。

　常識的な暗黙知とは，特定の社会，地域，あるいは特定の集団（会社）に存在する常識性に基づいた暗黙的な知識である。

　特徴としては以下の３点が挙げられる。

①　特定の社会や地域，あるいは特定集団（会社）の文化背景から生まれた特有の価値観や生活習慣，行為準則などに関わる知識要素が挙げられる。これはコマツ本社の場合，5S を学ぶ背景には安全第一という日本固有のかつ日本人にとっては常識的な暗黙知の作業認識である。さらに 5S と品質を結びつける考え方（思考回路，知識）も常識的な暗黙知といえる。

②　常識的な暗黙知は，当該社会の人にとっては当然のことであるため意識されにくいという特徴を持つ。技術的な暗黙知と市場的な暗黙知のように形式知化しにくいのとは別の問題である。これは日本人社員の OJT 指導が技術的な暗黙知に集中し，作業習慣や習慣の背景となる企業文化と社会価値観の相違の説明が欠けたことを表している。

③　常識的な暗黙知は，技術吸収側と技術提供側のどちらか一方ではなく，双方に存在する。移転側に常識的な暗黙知が存在することは無論のことであり，受け入れ側にも当然常識的な暗黙知的な要素が存在する。例えば，前述した小松現地社員の頑張る姿勢を見せる慣行文化は現地の常識的な暗黙知である。問題解決の際に中国現地価値観との衝突部分で詳しく議論し

よう。

2.2　生産技術移転問題の解決策

(1)　問題点の整理と可視化

　これらの常識的な暗黙知問題を確認できた後，小松山推は作業中の問題点を整理し，小冊子にした。さらに，日本人社員の問題理解・処理方法と中国社員の問題理解・処理方法もそれぞれ比較してみた。特に強調すべきことは，この小冊子の意義は日本社員のやり方を押し付けるのではなく，中国社員の思考過程を入れ，自らから判断することにあった。ただ，この小冊子は部外秘であるため，全文を掲載することはできず，内容の一部を図表2-2-2として整理した。図表2-2-2によって，その小冊子の内容はある程度把握できる。

　小松山推の経営トップは，これらの問題を整理することによって問題を深層から解決するため，コマツ本社の経営精神と価値観（コマツウェイ）をいち早く現場に伝授すべきであるという認識を固めた。

　この点は，筆者のインタビュー内容からも確認できる。コマツ製品の中国現地における品質を如何に維持するかについて質問した際，小松山推の日本人副総経理兼製造本部長C氏（2014年当時）はコマツウェイとの関連性について以下のように強調していた。

　　「現場の生産技術を小松山推に移転する前，まず，コマツウェイの品質第一の理念を社員たちに伝授し共有させ，受け身の態度ではなく常に自発的に品質第一という精神の大事さを考えさせる」（2014年のインタビューより）。

　したがって，2009年，小松山推はそれまで日本本土でしか行わないナショナルトップを育てる研修（コマツウェイの学習）会を現地で開催するように本社へ提案した。結果的に，2009年から新興国を中心とした戦略市場の現地法人におけるナショナル幹部を対象にした研修「KOMATSU Way Leadership Development Program（KLDP）」を海外現地にて開催している。この活動は中国からスタートし，その後，2017年3月末までに海外各地で計15回開催された[8]。

図表 2-2-2　作業小冊子のイメージ整理

作業項目	誤動作事例	危険性	悪影響	改善方法
ネジ締め作業	一般道具や部品のポケット入れ	異物混入	故障，事故，品検に負担かける	動線が長い時，ラインレイアウトの変更や改善
内装パネル付け作業	作業手袋（付けないまま作業）	指紋，怪我	品質，作業効率低下	通気性の良い手袋の変更，作業環境の改善
運搬作業（受け入れ）	安全靴の不着用	怪我	ライン停止，作業効率低下	安全知識の重要性（製品を守る前にまず自分を守る）
清掃作業	水切りワイパー干す時の向き（上に）	菌やカビの増殖	機械腐食による品質問題	現場乾燥を維持する重要性への理解
機械洗浄	①機械不完全分解②道具の整理・整頓③スイッチオフせずに作業	怪我，機械損傷	機械作動不良による品質問題	整頓・整理による無駄時間の減少，作業効率向上
塗装工程（調整作業）	マニュアルの不履行	金属カスの発生，パッキンのずれ	製品の安全性，品質故障	複雑作業の現場改善

出所：2014 年，2016 年インタビューより，筆者作成。

(2)　社風＝コマツウェイの移転における現地へのアレンジ

　社風は一種の暗黙知であり，移転する際にはより理解しやすくするため形式知にする必要がある。コマツウェイはまさにコマツの社風・企業文化を形式知化したのである。前述したように，小松山推の上層部は，コマツウェイの現地移転を順調に行えば，日本側が強調する「品質第一」の背景にある常識的な暗黙知，すなわち日本社会が重視する①行動規範・価値観，②清潔・秩序・安全生産現場の維持，③組織への帰属意識，などを現地社員が理解できると期待した。

　小松山推のコマツウェイの移転を時間軸で整理すると，2つの段階に分けられる。2009 年までは，本社が主導した標準化された方法をそのままで実施された。しかし，後述した暗黙知の相互性の問題点で挫折を味わった。

　それでは，まず本社が主導した標準化された方法を確認してみよう。

①　コマツウェイの内容と本社主導の移転方法

　2016年，筆者はコマツウェイ総合研修センターおよび栗津工場におけるインタビュー調査を通じて，本社が主導した標準化された方法についてある程度把握できた。コマツ流の経営精神の核心は，コマツウェイそのものである。コマツウェイというのは，コマツの創業者である竹内明太郎の「工業富国基」という考え方の下で，①品質第一，②技術革新，③海外への雄飛，④人材育成──の4つの精神を先達たちが伝承し続け，社員で共有することである。

　ア）世界他の拠点と共通する部分：本社研修によるグローバル社員の育成

　コマツでは，現地のナショナル幹部を対象としたコマツの経営方針，コマツウェイ，事業戦略等の説明と討論が主体となる研修が定式化されている。具体的な取り組みは2006年から始まった。2006年に現地法人のナショナルトップを対象とした研修をコマツ本社（東京）にて開催し，以降は現地法人の経営幹部候補向けの研修もコマツ本社で開催した[9]。

　イ）コマツウェイの伝授方法

　研修では，まず，経営指針の「品質と信頼性を追求し，顧客に喜んでもらえる製品・サービスを提供し，企業価値を最大化する」ための考え方を説明する。また，信頼度を高めるためにコーポレートガバナンス体制の構築と整備，モノ作り競争力の強化が必要であるということを，全世界のグループ社員に説明する。

　説明する際には，「コマツウェイ」の冊子を活用する。この冊子は「トップマネジメント編」，「もの作り編」，「ブランドマネジメント編」に分かれている。「トップマネジメント編」では，経営者，経営幹部が事業を展開していく中で実践してほしい価値観が示されている。「もの作り編」では，モノ作りに関する社員の心構えを示し，「ブランドマネジメント編」では，顧客との関係性をさらに向上させるための心構えを紹介する。具体的な内容について一例をあげると，「ものづくりに興味を持ち，仕事を楽しくやろう，好奇心を必ず持ちなさい」，「トップはステークホルダー，特に社員とのコミュニケーションを率先垂範しなさい」，「管理職は人材育成を大切な仕事と思い，活動していきなさい」ということが書かれている。このような「コマツウェイ」を海外現地法人の経営層，幹部に説明することは，中国や東南アジア，南北アメリカ，欧州

において現在まで実施されている。

　要するに，海外現地法人の経営トップや管理層に優先的にコマツウェイの精神を理解させ，次はこれらの幹部たちを経由して一般の現地社員に教えるというトップダウン式なやり方である。

　小松山推のコマツウェイ移転の具体的なやり方も同じ方法で，コマツの歴史も含め，上述した4つの内容を中国の経営トップと管理職に伝え，彼らがナショナル社員に伝えていくという方法であった。また定期的に彼らを日本に招聘し，経営層とのコミュニケーションを通して経営方針や経営者としての考え方を少しずつ理解してもらい，育成していた。

　コマツウェイのグローバル展開と中国展開の手法に関する比較を通じて把握できるように，両者には大きな区別はそれほどない。このように他の地域と同じ伝授方法を採用していたが，中国でのコマツウェイの移転には大きな問題点があった。

　この問題点とは，コマツウェイの海外移転初期，本社主導の移転方法は日本への研修がメインとなっており，伝授する本社側の人が各グローバル拠点の文化と常識的な暗黙知に熟知していなかった点である。結果として，本社社員がいくら教えてもコマツウェイの理解が深層に届かない故に，生産現場で実践すべきこと＝高品質・高効率・安全作業などは実践しにくいままであった。いわば，常識的な暗黙知の相互性の問題はコマツウェイ現地移転におけるボトルネックになっている。

　続いて，常識的な暗黙知の相互性問題の詳細と小松山推の打開策をみてみよう。

② 現地へのアレンジ：SLQDC準則の移植

　第1節で説明したように，問題点は常識的な暗黙知の理解である。経営精神の伝授は勿論大事であるが，最初の1年に，耳にタコができるぐらい説明しても同じミスを犯すことや習慣になれないなどの問題に悩まされた。それはやはりグローバルスタンダードの伝授方法に問題点があった。それはまさに常識的暗黙知の第3点に当たる。要するに，常識的な暗黙知は技術吸収側と技術提供側のどちらか一方ではなく，双方に存在する。中国人の総経理B氏（2014当

時）は，現地社員とのコミュニケーションを通じてそれまでの移転方法は日本主導，一方通行的なやり方であったことに気づいたという。このやり方の欠点は，社員が受動的に情報を受け取り，自発的にコマツウェイの精神，理念を考えられなかったことにある。時間が経つと，現地社員には心理的抵抗感が生まれた。表面的には日本人管理者の指示に従うものの，コマツウェイを理解していないため，結果的に同じミスを繰り返した。日本人の副董事長 A 氏（2014年当時）によれば，この問題を解決するためにはまず現地社員の心理的抵抗感を解消しなければならなかったという。続いて，現地社員の地域的習慣に基づく固定観念を取り除かねばならなかった。しかし，この一連の解決方法の前提は，コマツウェイの理念と現地文化との間にどのような衝突があるのかを把握することであった。Y 氏を始めとした日本人経営者は現地社員との交流を通じ，山東省は儒教思想の発祥地として，現地には「家国天下」という伝統的な地域文化が定着していることを理解した。すなわち，現地社員にとっては自分の家庭が最も大事であり，会社については帰属意識が薄いのである。しかし，コマツウェイの精神のコアは会社への帰属意識の重要さである。小松山推の日本人管理者は会社への帰属意識は日本人社員にとっては常識的（当たり前）なことであるため，敢えて口にする必要がない暗黙的な了解であると考えていた。要するに，山東省の地域文化とコマツウェイの精神には大きな異文化の壁が存在した。

　この状況に対して，日本人の副董事長 A 氏（2014 年当時）とコマツのトップ管理層が考え出した策は 2 つあった。1 つは指導場所の変更であった。コマツウェイの研修会を日本本社主導での開催ではなく，本社が現地文化を理解するために，各グローバル拠点で開くことを提案した。もう 1 つはコマツの行動準則──SLQDC 準則（図表 2-2-4）を現地文化に適応するためにアレンジしたことであった。特に S に関する解釈について，単なる社員側の準則ではなく，会社も社員の家庭への思いを理解し，かつ社員の経済利益を守る必要があるとした。この後，小松山推は 2009 年から現地社員との社内コミュニケーション活動（餃子大会，運動会，交流会議など）を増やす一方，年末，中秋節の福祉待遇も強化した。特に伝統地域文化の中においての「家」意識に合わせて，工場は年 2 回（端午節と中秋節）全社員の家族に開放し，交流活動を行

図表 2-2-3　小松山推の家族開放日の様子

出所：小松山推のホームページ（http://www.komatsu.com.cn/
news/125850.htm）より。
※筆者にとって非常に印象に残った写真である。開放日最後の歓迎
会で，司会者の将来コマツの一員として共に良い未来を作りたい
子どもがいるかとの質問に対し，ほぼ会場すべての子どもが手を
挙げた。

図表 2-2-4　SLQDC 準則の整理

出所：2014 年インタビューより，筆者作成。

い，家族から小松山推への理解と支持を得るための努力も図った。

　文化（常識的な暗黙知）の相互性を理解することによって，コマツウェイ精
神の中国移転はスムーズ，かつ的確に行われた。中国人総経理 B 氏（2014 年
当時）によると，現場に明確な変化が起きたという。社員はなぜ現場の生産
規範を強調するのかを心から受け入れ始め，自ら考えるようになった。結果的
に，コマツウェイの品質第一という精神の移転効果は QC サークルの成果の側
面にも反映された。2007 年の時点における提案は 1 人当たりわずか 1 件であっ
たことに対して，2014 年には 1 人当たり 2.5 件になった[10]。

3．おわりに

　今日における技術革新により，以前数百年にかけてなり遂げたものが数年単位に変わりつつある。したがって，日本型経営は類比できない困難な状態に直面している。なぜならば，日系企業の海外技術移転には暗黙知の要素が多く含まれており，移転には多くの時間が必要となる。その反面，技術革新の速度に追いつくために，企業の迅速な意思決定が要求される。

　しかし，小松山推の事例から分かるように日本企業の技術移転も実現できるはずである。まず，移転可否の糸口は移転の際に，暗黙知の類型を弁別して把握することである。図表 2-2-5 で分かるように常識的な暗黙知は今まで軽視されたため，技術的な暗黙知の解読や移転の成功に影響を及ぼし，現場発信の日本型思考径路の推進にも障害を与える。したがって，技術的な暗黙知移転と同様に重要なのは企業文化や経営精神の移転である。

　また，移転可否の鍵は常識的な暗黙知の相互性重視（図表 2-2-5 ①）である。初期段階に小松山推は本社の本来の方法で形式知された経営理念――コマ

図表 2-2-5　小松山推の事例のまとめ

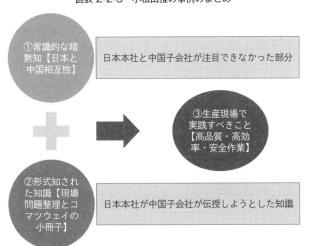

出所：小松山推の事例から筆者が整理，作成。

ツウェイ（図表2-2-5 ②）を伝授しようとしても，生産現場で実践すべきこと（図表2-2-5 ③）は達成できなかった。その後，コマツウェイをスムーズに現地の社員の頭の中に刻むため，日本側からの一方通行ではなく，中国社員の意見も尊重しながら現場の技術移転を行った。特に，コマツウェイの中国移転の際に説明したように，日本人の習慣的，常識的な暗黙知要素を強制的に相手に受け入れさせるのではなく，現地社員と緊密な日常なコミュニケーションを取り，現地社員にも同様に存在する常識的な暗黙知要素を理解した上で，正しい移転の方法を考え出した。すなわち，結果重視の伝授方法より形（コマツウェイという形式知）だけを伝授するという方法ではなく，異文化を理解する上で伝授のプロセスを重視することになる。この暗黙知の相互性の重要さを理解したからこそコマツ山推への技術移転が実現できた。結果的に2009年のコマツウェイの中国拠点への本格的な現地移転が開始されてから僅か4年でデミング賞とコマツ世界技術大会（塗装部門）の金賞など数々のタイトルを獲得したことで示すように現場の生産技術は躍進を遂げた。

図表2-2-6　付録：調査一覧

NO	面会日	企業名	所在地	部署	役職	人数
1	2014. 08.19	小松山推 小松山東	中国 山東省 済寧市	経営管理陣営，生産管理部，人事部	総経理（中国人），小松山推副董事長（日本人），小松山推副総経理兼製造本部長（日本人），小松山東副董事長（日本人），小松山東副総経理（日本人），人事総務部部長（中国人）	6名
2	2016. 03.30	コマツ	日本 石川県 小松市	コマツウェイ総合研修センター・栗津工場	センター長（日本人），総合企画部長（日本人），栗津工場総務部部長（日本人）	3名
3	2016. 04.04	小松山推	中国 山東省 済寧市	TQM推進室，製造本部	副総経理兼製造本部長（日本人），TQM推進室副部長（中国人）	2名

（王　中奇）

【注】

1　ホームページによれば，小松山東の事業は部品とアフターサービスのみとなっている（http://www.komatsu.com.cn/aboutus/17927.htm）。

2　コマツのホームページ（https://www.komatsu.jp/ja/aboutus/locations）によると，2022 年 5 月 26 日の時点でコマツグループは全世界に 81 拠点（日本を含む）を持っており，そのうち海外拠点は 69 カ所である。
3　日本経済新聞 2021 年 4 月 23 日付によると，2020 年の世界建機の市場規模は 1,296 億ドルとなり，中国は世界最大の市場規模を有し，約 35％を占めた。
4　他の地域の販売台数でキャタピラー社より優勢があるのは 2016 年のブラジルのみである。
5　村瀬（2007），pp. 47-71。
6　日本の一般の学校生活と部活ではよく整理・整頓・清潔・清掃・躾の 5S につながる基本的な考え方を教えている。例えば，今エンゼルス所属の大谷翔平選手が球場で散らかしているゴミなどを拾う習慣があることは印象深い。
7　新任の役人は最初に幾つかの仕事をして自分の能力・威風を示すが結局長続きしない。
8　2016 年インタビューより。
9　2008 年度まで計 6 回開催した。
10　2014 年のインタビューより。

【参考文献】

板垣博編［2018］『東アジアにおける製造業の企業内・企業間の知識連携—日系企業を中心として—』文眞堂。
王中奇［2017］「中国における日系企業のビジネス展開の成功要因—コマツを事例として—」『武蔵大学論集—板垣博教授記念号』101-115。
金煕珍［2015］『製品開発の現地化：デンソーに見る本社知識の変化と知識連携』有斐閣。
野中郁次郎・竹内弘高［1996］〔梅本勝博訳〕『知識創造企業』東洋経済新報社。
村瀬真澄［2007］「トヨタ生産方式における知識創造と生産技術—プレス金型の展開を事例として—（研究ノート）」『大阪産業大学経営論集』第 9 巻，No. 1，47-71。

事例 2-3

海外子会社のグローバル事業への貢献：
ボッシュの事例

　本事例[1] では，世界最大手の自動車部品メーカーであるドイツのロバート・ボッシュ社（Robert Bosch GmbH，以下，ボッシュ）のアジア 3 国（日本，韓国，インド）拠点に対するインタビュー調査に基づいて，ボッシュの海外事業展開の実態と特徴を明らかにする。各拠点に対するインタビュー調査は，2009 年 9 月（Bosch Limited（以下，ボッシュ・インディア），インド・バンガロール），2011 年 8 月（韓国ロバート・ボッシュ（以下，ボッシュ・コリア），韓国・龍仁），2011 年 11 月（ボッシュ（株）（以下，ボッシュ・ジャパン），日本・東松山）にそれぞれ行われた。

　ボッシュでは本国本社の圧倒的な製品力をベースにした本社主導のグローバルな社内標準化による国際経営を行っている。しかし，そのような中で，本国本社に集中していたグローバル R&D 機能やマザー工場機能の一部が海外子会社に移譲されていた。当初は，本国本社の優位性に頼っていた海外子会社が自ら優位性を創出し，グローバル事業に貢献できる海外子会社へと転換しているのである。

1．ボッシュの国際経営とその特徴

　1886 年に設立されたボッシュは，その 12 年後の 1898 年には英国ロンドンに最初の海外販売拠点を設けるなど非常に早い段階から海外進出を行っている。1905 年にはフランス・パリにドイツ国外の初の生産拠点，1910 年にはアメリカに最初の欧州外の海外生産拠点を設けている。1913 年にはすでに全社売り上げの 88% をドイツ国外で上げていた。2014 年現在は，世界 285 カ所に

生産拠点を，86 カ所に研究開発拠点を有する多国籍企業となっている。

　ボッシュの国際経営の最も顕著な特徴は世界規模での標準化である。まず
は，製品技術の標準化である。ボッシュは全世界で同一製品を扱うことを基本
としている。このような世界標準品（グローバル・プラットフォーム）の開
発のために，製品ごとにグローバル R&D センター（ボッシュでは Center of
Competence（CoC）と呼んでいる）が指定される。ほとんどの製品における
CoC はドイツ国内に所在する本社の研究開発拠点であるが，製品によっては
一部ドイツ国外の研究開発拠点が CoC になる場合もある。この点については
次節で詳しく説明することにする。

　製品別の CoC で開発された製品は，各現地市場の現地顧客に合わせられる。
このようなマッチング作業をやるのが世界 86 カ所に設置されている研究開発
拠点である。海外拠点の技術研究所の主な役割は，現地顧客向けのマッチング
（ハードとソフトの両面における）と試験である。このような役割を遂行する
ために海外研究開発拠点のエンジニアたちは CoC がある国（ほとんどの場合
はドイツ）へ行って教育訓練を受ける。例えば，ボッシュ・コリアでは入社 3
－5 年の時にドイツに 1 年くらい研修に行って新技術を習得して来るという。
2011 年調査当時，ボッシュ・コリア内の研究開発人員のうち半数以上はドイ
ツ研修の経験を持っていた。研修の後，試験に合格すると社内資格が与えられ
る。なお，ドイツ経験者は韓国拠点内での社内訓練を通して後任者に技術を伝
授する。韓国拠点での教育訓練の後にも試験に合格すると同じく社内資格が与
えられる。これらの社内資格はボッシュの全世界のグループ会社の中で共通で
あるという。

　さらに，ボッシュ・インディアによると，このようなドイツ研修は一過性の
ものではないという。ドイツで新技術のトレーニングを受けた後には，ボッ
シュ・インディア内で独立的にデザインとマッチング作業ができるようになる
が，また新たな技術が出てくるとまたドイツに行ってトレーニングを受けて独
立的にデザインとマッチングができるようになる，また新技術が出るとドイツ
へ行く，の繰り返しであるという。

　このような仕組みがうまく機能するようにするために，ボッシュでは新製品
開発を行う CoC と各海外研究開発拠点の間で，頻繁な社内コミュニケーショ

ンが行われており，技術情報がリアルタイムで共有されているという。また，もう1つは，ボッシュ内における研究開発業務の世界的な標準化である。ボッシュでは，開発初期から量産に到るまでのグローバル業務標準が定められているという。さらに，ボッシュでは全世界の研究所において試験方法，試験検査規格，試験評価基準，計測器，設備，などが標準化されている。設備の場合，その規格が同一であるだけでなく，椅子やモニターの配置など研究所の雰囲気まで統一している。世界中のどの研究室に行っても，自分の研究室で作業しているような感覚で作業が可能であるという。このような標準化によって，海外拠点同士の技術交流も活発で，共同の発表会も行ったりしているという。ボッシュ基準では，全拠点が技術的には同一レベルであるということになる[2]。

　生産工程におけるライン設計も世界的に標準化されている。このような全世界共通の生産工程の設計を担っているのが製品別のリード・プラント（lead plant）である。リード・プラントは，新製品が開発されるとそれに合った新工程を開発し，量産のための立ち上げを担当する工場である。リード・プラントを中心に当該製品を生産する全ての海外拠点はネットワーク（IPN：International Product Network）で結ばれていて，リード・プラントで開発された生産装備，作業標準などは，同じ製品を生産する全拠点へ移転される。つまり，リード・プラントは量産技術の世界標準をつくるだけではなく，同じ製品を生産する世界の全拠点に対してマザー工場として面倒を見ているのである。各生産拠点は生産立ち上げ時に，リード・プラントへ人を送り込みトレーニングを受けさせている。ボッシュ・インディアの場合，エンジニアを欧州の各リード・プラントに送って1年半ほど一緒に働きながらOJTを行っているという。コア・プロセス以外の部分については現地の裁量権で一部変更が可能であるが，その際にもリード・プラントに相談するという。ボッシュ・インディアのバンガロール工場の場合，設備の現地調達は20％に過ぎなく，80％は欧州から調達されている。部品調達においても，ドイツの中央グローバル調達部門が主体となって，各リード・プラントと相談して全世界の生産拠点における部品調達を決定しているという。各生産拠点における材料や部品の変更は，CoCやリード・プラントではなく，ドイツのグローバル調達部門のチェックを受ける。CoC同様，ほとんどの製品に対するリード・プラントはドイツ

国内の工場であるが，一部の製品においてはドイツ国外の工場がリード・プラントの役割を果たしている場合もある。これについても次節で詳しく説明する。

　ボッシュでは，組織構造も世界共通であり，人事制度もドイツ本社からガイドラインが下りてくるという。ボッシュの全世界拠点の従業員の名刺には各人が担当している地域別，顧客別，職務別，役職別に世界共通の略称が表記されている。例えば，GM（General Motors）関連の韓国の責任者はGM/SOE-KR，中国の責任者はGM/SOE-CN，また現代自動車の営業を担当する人はHY/MKR，中国市場の営業を担当する人はCN/MKR，といった具合である。

　このような様々な分野での標準化は各拠点間の人的交流をしやすくすると共に，活発な人的交流はさらに標準化を強化する側面がある。実際，ボッシュでは海外拠点間で人員交換プログラム（expatriate/inpatriate）が施行されている。例えば，ボッシュ・コリアでは海外拠点から派遣された10人余りの外国人が6カ月または1−2年の単位で常駐しながら研究開発業務を遂行していた。交換プログラムでドイツに行って，現地採用として契約を替えて（転籍）ドイツに留まる韓国人もかなりいるという。また，ボッシュ・コリアのディーゼル・エンジン研究所はドイツ人副社長が所長を勤め，6つの部門のうち5部門は韓国人，1部門はフランス人が責任者となっている。フランス人責任者の韓国での勤務年数は4年半になるということであった。

　ボッシュ・ジャパンにも海外の他の拠点から100名を超えるエンジニアと営業担当の人が来ている。ドイツからが一番多く全体の約8割を占めるという。このような他拠点からきた人は普通に日本拠点の人と一緒に研究開発や営業活動などの仕事をしていた。ボッシュ・ジャパンからも海外の他の拠点に100名ほどを出している。このような海外拠点における勤務はキャリア・パスの一環として行われ，海外経験は昇進の必須条件であるという。また，ボッシュ・ジャパンが日本で雇用する外国人も年に数十名はいるという。ボッシュ・ジャパンの総従業員数が約7千人であることを考えると僅かな数かも知れないが，多様な国籍の人が混在した職場となっている。共用語として英語が使われているのも重要な前提であろう。

2．研究開発機能の世界的な集中と分散

　前節でも述べたように，ボッシュのほとんどの製品のグローバル R&D セン
ター（CoC）はドイツ国内の研究開発拠点が担っていて，各製品のリード・プ
ラントも同じくドイツに集中している。このようにボッシュでは，ドイツ本社
が世界標準となる新製品開発とそれに伴う量産技術の開発，およびそれらの全
世界拠点に対する教育訓練を行っている。また，本社のグローバル調達部門は
前述したように全世界の部品調達のグローバルな中央コントロールタワーの役
割を果たしている。

　一方，海外研究開発拠点の役割は，現地顧客の要求の収集を通じたドイツ本
社における新製品開発のサポート，ドイツ本社で開発された新製品の基本設計
を現地の顧客（完成車メーカー）にマッチングさせる応用設計，ソフトウエア
面でのアプリケーション設計，そしてそれらのテスト（試験）である。テスト
はすべて現地で行うのが基本であるという[3]。

　例えば，ボッシュ・コリアのディーゼル・エンジン研究所は自らの主な仕事
を，車両測定，問題解決，モニタリングと診断，ソフトウエア機能の先行開
発，量産準備，品質問題のサポート，プロジェクト・マネジメント，試験と測
定，排気測定，などとしており，高水準の測定ノウハウがボッシュ・コリアの
能力の中核であるとしている。そのために，ボッシュ・コリアでは，各種試験
装置，エミッション・ローラー，エンジン・ダイナモメーター，ホット・ロー
ラー，コールド・ローラー，コールド・ボックス，コモンレール・システムの
試験装置，などを完備している。これらの設備が世界共通のものであること
は前で指摘したとおりである。なお，ボッシュ・コリアの研究所は，標準化さ
れたハードウエアとソフトウエア，特定のトレーニングに基盤をおく標準化さ
れた業務パッケージと手順，ドイツ本社の開発部門との定期的なコミュニケー
ション・チャネルを通じた最新の情報の共有，などによって確立された，信
頼できる品質とアプリケーション・測定・試験のノウハウをもって韓国顧客へ
の独立的なエンジニアリング・サービスを行う。問題が発生したときには，現
地で分解して独自で調整することも可能であるという。ボッシュ・コリアのも

う1つの位置づけは，ボッシュ全体の技術的なイッシュと品質上の問題（ポンプ，インジェクタ）をサポートすることである。ボッシュの IDN（International Development Network：国際開発ネットワーク）のメンバーとしての韓国専門家的な機能を果たしているとしている。

　しかし，海外現地拠点における応用設計はかなり限定的なものであるように見える。「ドイツ本社からのレディー・メード・パーツ（ready-made parts）があって，これの組み合わせで現地顧客の要求に合わせているが，インドではそれほど特別な要求はなく，ドイツの本社設計通りに行く場合が多い」（ボッシュ・インディア），「これをそのまま使ってくれ，というのが全てではないが，もちろんある」（ボッシュ・ジャパン），「ここに製品開発機能はない。本社から製品カタログ，テスト・カタログなどの共通のソリューションを持ってくる。ソフトウエアに関しても，ドイツで開発して下りてくる。シーケンス（sequence）を現地で変えることはできない」（ボッシュ・コリア），などのインタビュー調査の結果がそのような事情を物語っている。

　ただし，完成車メーカーの成長によって変化の兆しはあるようである。最近，急速に成長している韓国の現代自動車の場合，2000 年以前は，ボッシュの世界基準について来る場合が多かったが，2008 年以降はしばしばボッシュ基準と現代自動車基準が衝突したりするという[4]。現代自動車の世界自動車産業での比重が高まるにつれて，現代自動車ビジネスに責任を持つボッシュ・コリアが主導して本社の各事業部を回りながら色々と調整を行うケースが増えているということであった。

　ここで，もう1つ指摘しておくべきことは，海外研究開発拠点が責任を持つ現地顧客の範囲が世界的な広がりを見せていることである。従来は，海外研究開発拠点が立地する国内の現地顧客に限定されていたが，最近は現地顧客のグローバル展開に伴い現地顧客の海外拠点に対する営業や応用開発に対しても責任を持つようになってきたのである。例えば，ボッシュ・ジャパンの主な役割は日本顧客（日本の完成車メーカー）に対する営業と応用開発であるが，インド・トヨタやアメリカ・ホンダへの対応もボッシュ・ジャパンの仕事であるという。ボッシュ・ジャパンの営業とエンジニアが一緒にドイツのプラットフォームを持って行って全世界の日本顧客に対して営業を行うという。必要な

場合はドイツ人が一緒に行くときもある。もちろん，現地のボッシュ拠点も協力する。

　このとき，顧客の開発業務がどこで行われるか，顧客の車両がグローバル・プラットフォームなのか，ローカル・プラットフォームなのかによって各地域拠点の役割分担が変わるという。インド・トヨタの仕事の場合，基本的には日本拠点が責任をもち，ボッシュ・ジャパンの営業が日本のトヨタ本社に接触してインド拠点に連絡する。応用開発もボッシュ・ジャパンによって行われるが，現地環境への適応（field validation）に関してはボッシュ・インディアに助けを求める。拠点間でお互い要求するし，お互い要求を聞いてあげるという。トヨタのインド・プラットフォーム車の場合には，インドのR&Dが責任をもつが，インド・トヨタはあまり決定権を持たないため，ボッシュ・インディアが日本トヨタと直接接触をするという。アメリカ・ホンダの場合は，営業は日本が責任をもつが，応用開発はボッシュのアメリカ拠点によって行われる。実行はアメリカ拠点であり，利益もアメリカ拠点に計上される。このようなドイツ本社をも巻き込んだ各海外拠点間の共同作業がスムーズに遂行できるのは，前節で説明した開発業務や試験装置の標準化によるところが大きいことは言うまでもない。

　以上のように，ボッシュの研究開発は新製品開発の一極集中（CoCとリード・プラント）と応用開発の各海外拠点への分散にその特徴があるといえそうである。なお，ドイツ本社で開発された標準化されたハードウエアとソフトウエア，標準化された業務パッケージと手順，ドイツ本社でのトレーニングを基に，各海外研究開発拠点はかなり独立的に業務を遂行しているという点も特徴である。ただ，ここで特筆すべきことは，その一極集中の拠点がドイツ本社に限らないということである。もちろんほとんどの製品における集中先がドイツであることには間違いないが，一部製品については海外拠点がCoCやリード・プラントの役割を果たしているのである。

　例えば，コモンレール・システムのリード・プラントに関していえば，ポンプはイタリア拠点，インジェクタはドイツ・バンベルグ工場，レールはオーストリア拠点がリード・プラントとなっている。CPI/CPM Pumpにおけるリード・プラントであるイタリア拠点は同製品を生産する他の拠点（フランス，ド

イツ，チェコ，韓国，インド）に対してマザー工場としての役割をしており，工程の基本的な設計をしてそれらの拠点に移転する。新しい設備を現地で入れる場合は，イタリア工場に問い合わせる。作業者もイタリア工場に送って訓練させる。この場合，ドイツ工場もインド工場や韓国工場と同じ立場になるという。

　なお，グローバル研究開発センターとして機能するCoCにおいては，ボッシュ・インディアが1991年にシングル・シリンダのディーゼル用ポンプのCoCに，1995年にマルチ・シリンダのディーゼル用ポンプのCoCになり，いまは分配式ポンプ（distributor pump）についてもCoCになっている。インド拠点が，これらの製品についてはグローバル・プラットフォームを開発する責任を持っているのである。欧州外の拠点でCoCになったのは，インド拠点が初めてであるという。なお，ABSに関しては日本のボッシュ・ジャパンがCoCになっていて，全世界向けの開発の面倒をみている。つまり，日本の設計がグローバル・プラットフォームになるのである。二輪のABSはボッシュ・ジャパンが初めて受注して開発を行ったが，その流れで，ABS全体のCoCになったという。日本顧客の品質要求が厳しいということもボッシュ・ジャパンがABSのCoCになった1つの理由であるという。日本拠点がABSのCoCになったのは2007年頃である。

　CoCの選定はほぼ全世界の拠点の合意によるものであるが，最終決定はドイツ本社が行うという。ABSのCoCを日本拠点が担当する前は，ドイツでやっていたという。以前は，高圧燃料噴射ポンプに対して日本がCoCであったが，いまはドイツに戻したという。つまり，CoCは固定的なものではなく，ボッシュの世界全拠点を睨みながら，状況に応じて決めていくようである。各拠点の能力の高低というよりは，役割分担の次元であるそうだ。ただし，各拠点がCoCになるための努力をしている節もある。例えば，ボッシュ・インディアのナガナサプラ工場ではジェネレーターのEOU（Export Oriented Unit）を始めているが，その目的がジェネレーターのCoCになることであると明記している。ちなみに，ボッシュ・インディアのナシック工場でのコモンレール・インジェクタのEOUは同製品のリード・プラントになるためだそうである。いずれにせよ，ボッシュのグローバル事業の規模が拡大するにつれ，一極

集中型の製品開発であることには変わりないが，その集中先がドイツから世界
の各拠点へと分散していく傾向にあるといえそうである。

3. まとめ

　通常，本社主導の世界規模の標準化は，各海外子会社の現場における技能の
役割や創意工夫を阻害し，創造的な役割を果たす海外拠点が育たなくなるとい
われる。しかし，ボッシュの事例をみると，本社主導の標準化，つまり本社主
導の大きなフレームワークの中でむしろ海外子会社の能力が育成・蓄積され，
ボッシュの多極集中型への進化が可能になったのではないかと思われるのであ
る。海外子会社に創造的な役割を期待して，海外子会社を放任したり，海外子
会社に過度な自律を与えたりするだけでは，海外子会社は成長しない。むし
ろ，本社主導でがっちりしたフレームワークを作り，その中で与えられた仕事
を与えられた手順でやってもらう，またそのためのトレーニングは本社が責任
をもってしっかり実施する，そうすることで海外子会社はむしろ独立的な仕事
ができ，そのような経験が積まれることで成長し，やがては本国本社のグロー
バル事業に貢献できる海外子会社へと進化していけることを，ボッシュの事例
は示しているのである。

（銭　佑錫）

【注】
1　本事例は，銭佑錫［2014］「ボッシュの国際経営—グローバルな社内標準化と「創造型」海外子
　　会社—」『赤門マネジメント・レビュー』第13巻第6号，209-233の一部に加筆修正を行ったもの
　　である。
2　基本は標準化であり，基準は全拠点で同一であるが，実際の能力は少しずつ違いがあるし，必要
　　とされる機能にも差があるため，海外拠点別に必要機能と能力に応じて研究開発業務をセッティン
　　グしているという。これについては次節で説明する。
3　海外拠点における試験装置はかなり充実したものであり，ボッシュ・インディアの場合2000年
　　からはEngineering, Engine & Vehicle Testing Lab（EVL）を現地顧客にもオープンしている。
4　例えば，燃料品質を韓国顧客の基準にあわせた場合，その部分はボッシュに責任はないとする覚
　　え書きを書かせたりもしているそうである。

事例 2-4

国際合弁事業における経営資源の移転と還流

　本事例では，日韓合弁企業である韓国の複写機コピー機メーカー J 社に対する事例分析を行う。合弁当初，J 社の韓国側親会社である B グループには電子複写機に関する知識や技術が全く存在していなかった。J 社は電子複写機に関する限りゼロから出発したといっても過言ではない。しかし，1999 年現在 J 社は独自の改良モデルを開発し，それを日本側親会社である A 社のグローバル展開に提供できる水準までに成長していた。以下では，そのプロセスの詳細を紹介する。本事例分析は，1999 年 4 月から 11 月にかけて筆者が行ったインタビュー調査と A 社および J 社の内部資料に基づいている。インタビュー調査の経過と内訳は図表 2-4-1 の通りである。かなり古い事例になるが，国際経営におけるパートナーシップの一形態としての国際合弁事業の本質的な部分——パートナーの貢献を期待できる反面，パートナーも経営に関与するのでい

図表 2-4-1　インタビュー調査の経過

日時	場所	会社側出席者
1999.4.14	東京大学	対 J 社窓口業務担当者（部長）
1999.4.26	A 社本社	対 J 社窓口業務担当者（部長）
1999.5.18	A 社本社	対 J 社窓口業務担当者（部長） J 社の生産支援業務担当者
1999.6.2	A 社本社	対 J 社窓口業務担当者（部長）
1999.6.9	A 社 a 事業所	元 J 社駐在経験者（販売担当）
1999.6.21	J 社本社（韓国）	企画室長
1999.7.16	J 社工場（韓国）	工場長（副生産本部長）
1999.10.28	A 社 b 工場	b 工場総務部（専任主席） 元 J 社駐在経験者（製品技術担当） 元 J 社駐在経験者（生産管理担当）
1999.11.10	A 社 b 工場	元 J 社駐在経験者（製品技術担当） 元 J 社駐在経験者（製品技術担当） 元 J 社駐在経験者（生産管理担当）
1999.11.13	J 社工場（韓国）	工場長（副生産本部長）

い意味でも悪い意味でも思い通りの経営ができない——を現している事例であると思われるので，ここで紹介する[1]。

1．J社の概要：共同経営の実態

　J社は，日本の大手複写機メーカーであるA社と韓国のBグループとの間で設立された国際合弁企業である。当初は，Bグループの系列会社X社がA社製品を委託生産するという関係にあったが，X社の重なる赤字と韓国の複写機産業で本格的に事業展開をしたいという両社最高経営者の思惑の一致によって，1985年にX社の工場部門を分離しA社と合弁会社化することになる。当時の，出資比率はBグループが55%，A社が45%であった。当初は，従業員75名，資本金54億ウォンの規模であった。

　1989年には営業部門だけが残っていたX社を吸収合併することによって，製造と販売を共に行う形となった。このような経緯で，J社は韓国における同業日系他社に比べると約10年ほど遅れて韓国の複写機市場に参入することになるが，調査当時の1999年には30%ほどのマーケット・シェアを占めていた。1998年現在の規模は，資本金89.25億ウォン（1987年に増資），従業員790名である。

　当初の合弁契約は10年を期限とするもので，その間は相手側の了解なしに持ち分を売ることは禁止されていた。その後，1995年に契約はさらに10年を期限として更新されている。合弁契約にはJ社における生産機種，輸出量，デリバリーなどが明記されていて，1999年までに時代の変化に合わせて6回の修正が行われている。BグループとA社間の合弁契約のほかに，J社とA社の間には技術導入契約が結ばれている。

　J社設立時の取締役会の構成は双方5名ずつで，Bグループから社長（韓国人）が，A社からは副社長（日本人）が出されていた。ただし，日本側からの常勤取締役は副社長1人だけであった。当初，A社はJ社を韓国の市場だけを対象にした生産工場としての合弁事業として認識していた。現地駐在の日本人駐在員は副社長1人しかいなく，必要に応じて短期滞在の形で生産をサポートするための応援者が派遣されていた。生産のための装備や道具などの導入に

も消極的であった。それに加え韓国政府の国産化率規定などの法的環境により，Ｊ社における生産はなかなか軌道に乗らず最初の１年間はほぼ生産が行われていなかったという。しかし，1986 年に入って円高が急激に進行したことによって，合弁事業に対する Ａ 社の再認識が行われる。韓国市場だけではなく，当時ダンピング問題，人件費問題で輸出が思わしくなかったヨーロッパ市場向けの生産を Ｊ 社に任せることが検討されるようになったのである。

　そこで，1987 年に入って Ａ 社はより本格的に Ｊ 社にコミットすることになる。まずは，出資比率を対等な 50：50 にしたことから始まり，日本人副社長に加え日本人社長をさらに派遣し韓国人社長と共同代表の２人社長体制を整えることになる。この２人の社長は並列関係で業務を分担していた。つまり，日本人社長は生産工場の責任者として，韓国人社長は人事・総務などの運営と販売に対する責任者として，それぞれ専門分野を異にしていた。このような共同代表というのは国際合弁といってもかなり珍しいケースであるが，その後，Ｊ社の生産が軌道に乗ったと判断された 1989 年に日本人社長が日本へ引き揚げるまで約２年間続いた。その後は「韓国人社長－日本人副社長」の体制が長く続いた。

　なお，1987 年からは資材，検査，品質保証，購買，生産管理，生産技術を担当する６人の日本人技術者が駐在員として送り込まれた。経理担当の日本人１名も駐在員として派遣されている。これらの日本人駐在員は Ａ 社流の経営・生産システムが韓国側に定着したと判断された時点で次々と日本へ引き揚げ，1998 年７月日本人副社長の引き揚げを最後に Ｊ 社は日本人駐在員ゼロの状態となった。このように設立してから 10 年ちょっとですべての経営陣を現地人化できたのも実は珍しいケースである。

　日本人がいなくなった後は，四半期ごとに Ｊ 社と Ａ 社の間で「ステアリング・ミーティング」と呼ばれる大規模な戦略会議が行われている。Ｊ 社と Ａ 社の各事業本部における担当の課長クラス以上が参加しているステアリング・ミーティングでは，年度生産計画，年度予算，経営計画，利益計画，新製品導入，輸出，目標マーケット・シェア，などを一緒に検討し決定している。

　Ｊ 社の日常業務は一貫して Ｊ 社に任されていた。一方の親会社である韓国の Ｂ グループは事務機器関連の専門家を保有していなかったためであり，もう一

方の親会社である日本のA社はJ社の日常業務には関与しないという合意があったからである。もちろん，J社の売上，売上利益，マーケット・シェア，生産高は，月ごとにA社の各関連事業本部へ報告される仕組みになっている。

　人事権に関しては，役員は相互の了解の下に選任されているが，役員以外の人事はJ社が決める。ただし，義務ではないが，上級管理者はA社の了解を得ることになっている。韓国人社長は，日常的な解雇や人員代替に対してはA社に報告しない。Bグループの職級制度，職務規定が採用されていて，人員の採用もBグループでの採用とJ社としての採用を併用している。報酬に関しては，役員の報酬はその総額限度額を年度計画として，株主総会で決定する。J社で計画を立て，A社側が了解する形を取っている。日本人駐在員に対してはA社の内規によって定められている報酬をJ社側に通知している。韓国人従業員の報酬に対してはJ社が決めてA社に持ってくる。ただし，両方とも事前に協議をする。組織変更は，基本的にはJ社が立案し，A社が了解する形を取るが，A社からステアリング・ミーティングを通じて提案する場合もある。設備投資は，一定額以上は取締役会（Bグループ/A社各5名にて構成）で決定する。

　J社の過去の複写機生産実績をみると，累積生産規模で1990年に10万台を突破し，1994年に20万台，1996年に30万台，1999年に40万台を突破している。生産機種としては，主に分当たり10枚代から30枚代の白黒アナログ複写機が生産されているが，10枚代機が主力で全累積生産量の約半分をこの機種が占めている。デジタル機の生産は1997年から始まっている。生産している機種の他に，高速白黒アナログ機（50，60，85枚機）とカラー複写機4種をA社から輸入販売している。なお，複写機のほかにもファクシミリやプリンターを生産している。

2.　経営資源の移転・定着プロセス

　前節で説明した通り，A社の保有する経営資源の本格的なJ社への移転は1987年から始まっている。それ以前にも何人かの日本人が応援者として短期間滞在しながらJ社の生産を支援していたが，1987年からは資材，検査，品

質保証，購買，生産管理，生産技術を担当する 6 人の日本人技術者が駐在員として駐在することになるのである。彼らの目的は J 社の工場の運営（複写機製造管理手法）を日本の A 社の工場と同じにすることにあったという。そこで，①外注部品の受入検査の標準化と検査設備の充実，②ラインの能率管理，③品質保証方法，④技術管理（図面管理・工程表管理・その他工場内の帳票類の整備），⑤生産管理システムへのコンピュータの導入，⑥外注先の評価方法導入，などを重点的に実施したとしている。

　1989 年になると，図面の解釈・指導を行っていた生産技術担当者を除いた 5 人は，A 社流の生産方式の移転が完了したと判断して，日本へ引き揚げていく。生産技術担当者だけが残ったのは新製品が導入される度に図面も新しくなるためであった。しかし，やがて韓国人技術者が新しい図面をも解釈・消化できるようになり，1998 年には生産技術担当者と生産の総責任を担っていた日本人副社長も日本へ引き揚げることになり，以降は日本人駐在員なしで韓国人だけで工場における生産活動が行われている。

　一方，経理担当として駐在していた日本人駐在員の役割は J 社における A 社バージョンの会計システムを導入・管理することであった。A 社の各事業本部でも J 社の経理内容を把握する必要があったが，初期の双方の経理・会計システムには相違があり，A 社のシステムと整合性を保てる会計システムの導入が必要であったからである。

　A 社流の生産方式が J 社に移転される過程では，J 社が国際合弁企業であったことに起因する様々なトラブルもあったという。最も問題になったのは品質管理に対する認識の違いであった。特に，協力会社からの部品の納入における検査の基準をめぐっては現地側管理者とかなり深刻な対立までをも生んでいる。当時，J 社に派遣されていた日本人駐在員は，韓国側は不良の部品が納入されたときそれを返品することによって外注側により良いものを作らせようとするのではなく，その部品を削ったりして使うことを考えていたと洩らしていた。このように協力会社から不良品が多かったのには，J 社の生産量が少量であり優秀な外注先になかなか巡り合えなかったという事情も関係していた。また，協力会社の全売上における J 社の割合が小さかったせいもあって，J 社の改善要求や改善のための教育がなかなかうまくいかなかった事情もあったとい

う。

　一方，当時の韓国側の技術者は若干違う意見を述べていた。彼はできるだけ
Ａ社の優秀なシステムをそのまま導入しようと努力したとしている。また，
部品の納入検査基準に関しては，日本人駐在員はＡ社からの図面にこだわり
すぎて機能的に問題のないものであっても，図面と違うというだけで不合格の
処理をしていたと苦情をもらしていた。また，日本人派遣技術者はかなり細分
化された専門家であるが，Ａ社に比べて小規模であるＪ社においては彼がほぼ
全部門の図面管理を行わねばならなく，専門以外の部門においては特に「図面
通り」を固執したとしている。つまり，図面の変更に責任を持てるような人材
がＪ社にはいなかったせいで，日本のＡ社本社においても頻繁に適用されて
いる協力会社に対する「救済特採協定」がほとんど適用されなかったことを指
摘している。なお，いずれは本社へ復帰しなければならない駐在員であったた
めリスクを伴う仕事にはあまり積極的でなかったかもしれないという可能性も
指摘していた。

　ここでどちらが正しく，どちらは間違っていると判断することはできない。
協力会社からの部品の納入検査と関連して，両方が主張するような2つの状況
が混在していたと考えるべきであろう。結果的にも，厳しく納入検査をしたこ
とでＪ社の製品品質は高まったし，ある程度救済していったことで後に説明す
る現地調達率のアップや現地市場に適合した改良モデルの開発が可能になった
のも事実である。両者ともそれぞれ別の側面でＪ社の発展に寄与したと考えら
れる。

3．部品の国産化と独自改良モデルの誕生

　Ｊ社は設立されて約10年後には，日本本社やＡ社の他の海外子会社へ部品
や金型を提供したり，独自に改良したモデルをＡ社のグローバル展開に提供
したりすることができる水準にまでなっている。Ｊ社ではどのようにしてこの
ようなことが可能になったのであろうか。当時，独自改良モデルの開発を精力
的に進めた当事者である1999年の調査当時の韓国人工場長はＪ社で独自改良
モデルの開発が行われるようになった背景として次の4点を挙げている。

　J社が，改良モデルが必要であると考えた最初の理由は，韓国ユーザーの要求が日本とは違っていたからである。J社が改良モデルの必要性を感じていた1990年代初頭の韓国の1人当たりGDPは日本のわずか4分の1に過ぎず，このような所得水準の相違によって，同じ価格帯で日本では低速機として受け入れられている機種でも韓国では高級機として認識されていた。つまり，同じ値段でより高機能の複写機が求められていたのである。しかし，そのような改良をA社の開発組織を利用して行うことは不可能であった。1つは，韓国の市場規模が小さかったためであり，もう1つは，韓国で改良を必要とするモデルが日本においては3〜4年前のモデルであったため，そのモデルを開発した人員は既に他のモデルの開発に携わっていたからである。

　J社内における改良モデルの開発が進められたもう1つの動因は，J社の韓国側親会社であるBグループの思惑である。BグループはA社との合弁事業を通じて技術を蓄積し，独自技術の確立を目指していた。日本と同じく韓国でも技術立国というのは国家をあげての1つの大きなテーマであった。

　韓国人技術者に対する動機付けの必要性がもう1つの理由であった。エンジニアであるからには独自に設計できることを夢見るのが普通であるが，彼らに与えられていた仕事は図面の翻訳や作業標準書の伝達といった単純作業であった。そこで，韓国人技術者の頻繁な離職が問題になった。高級技術人員の平均的な勤続年数は3〜5年であったという。しかし，独自改良モデルの開発に着手した後は高級技術者の離職がほとんど見られないと調査当時の工場長は説明していた。

　最後に，国際合弁企業としての存在価値を維持するということが理由として挙げられる。結局，国際合弁企業とは両親会社に貢献しない限りその存在価値を失ってしまう。親会社から一方的に経営資源を提供してもらうだけの構図のもとで，現工場長は会社自体の長期的な存立に危機感を覚えたとしている。

　以上の背景をみると，J社が国際合弁企業であり韓国側のパートナーが存在していたことがJ社における独自改良モデルの開発に重要な役割を果たしていたことが見て取れよう。もしもJ社が日本のA社の完全所有子会社であったならば，独自改良モデルの開発は行われなかったかもしれない。実際，A社はJ社内での独自改良モデルの開発に反対していたのである。日本のA社は

海外子会社における独自の開発活動に消極的であったし，改良モデルを開発するために必要な図面の変更にJ社内の日本人派遣技術者が反対の立場をとっていたのである。反対の理由としては，改良モデル開発のための投資が回収できるのか，当時の協力会社のレベルからしてそのようなことが可能なのか，などが挙げられたという。結局は，A社のブランドをはずし，J社独自のブランドで製品化することで妥協が行われ改良モデルの開発は開始されることになる。

　まずはA社から導入して生産していた15枚機を18枚機に改良する設計の検討が始まった。このモデルの改良作業は技術的には革新的なものではないにしろ，J社が単純な組立から一段階飛躍して独自の考え方を製品に取り入れるようになった初めての試みであったという面で象徴的な意味を持つ事件であった。もちろん，このような独自改良モデルの開発がやりたいと決心するだけで，自動的にできるわけではない。開発のプロセスでは様々な困難を乗り越えるための地道な取り組みがあったという。その中で，製品開発のための能力構築もある程度行われたではないかと思われる。

　コピー・スピードを高めるためには，まずモーターの回転速度を速める必要がある。また，モーターの回転速度を調整するプロセス・コントローラ基盤の設計を変更しなくてはならない。そこで，まずモーターの国産化が行われた。モーターが変わるとモーターを取り付ける側版の変更も必要となる。そこで，前後側版の国産化も試みられるが，高度の精度が要求されるプレス加工部品であったため，それが可能な協力会社を見つけるのに大変苦労したという。プロセス・コントローラ基盤の設計を変更するためのノウハウはA社本社の開発センターを訪問しソフトの設計と関連した資料を提供してもらっている。

　なお，コピー・スピードが速くなると当然紙の移動速度も速くなるためトナーを紙に定着させる時間が短くなる。そのためにはヒーターの熱を高め，なおそれらを制御するシステムを変更しなくてはならない。数々の試作品を作り実験を行う約1年間の施行錯誤の期間をへて，安定的な画像を維持できるシステムを完成したとしている。

　このような経緯をへて，機能・ソフト設計にまで立ち入った本格的な改良モデル第1号が，1994年2月に完成される。J社が設立されて10年が経っての出来事であった。A社の技術が移転され，定着・消化され，改良にまで至る

のに 10 年の年月が所要されたのである。このときに培われたノウハウを背景に，その後次々と韓国の市場ニーズに合わせた J 社独自の改良モデルが登場する。1995 年 5 月には A 社の 30 枚機を改良した 35 枚機が，1997 年 3 月にはマルチ・フィーダ機能が付着されたモデルが，1999 年 4 月には節電機能が付加されたモデルが開発されている。

　J 社で開発された 18 枚機の売れ行きは順調であった。単一機種で 1 万台を超えるヒット商品となる。そのことから，A 社からも関心が寄せられ，A 社本社でのテストを経た後，1996 年には東南アジア向けの輸出の依頼を受けることになる。当時，A 社は自社ブランドの製品を東南アジア市場に展開しようとしていたが，現地から東南アジア市場向けにはあまり高級品すぎるといった苦情が寄せられたからであった。実際，輸出に向けられたのは J 社での改良モデルがさらに操作部とケース部分においてマイナー・チェンジされ A 社ブランドとして編入されたモデルであった。当初は A 社ブランドを付けることさえ許されなかった J 社で開発された改良モデルが A 社のモデルとして採択され，A 社グループ全体における途上国向けの製品戦略において一翼を担う製品となったのである。この機種は A 社の中国工場においても生産が行われた。

　このような J 社における技術力の蓄積を背景に，A 社から共同開発のタスクフォース・チームを構成しようという話が持ちこまれたり，デジタル機やカラー複写機における金型や部品までを A 社や A 社の海外子会社へ輸出したりするなど，J 社は A 社にとって必要不可欠な存在になっていくのである。

4．むすび

　J 社の事例は，A 社流の生産方式の移転に現地側管理者の抵抗が見られるなど，国際合弁企業では完全所有子会社に比べて投資国本社の持つ競争優位の移転に制約がありうることを示唆している。しかしその一方で，J 社の事例は，国際合弁企業であったからこそ，完全所有子会社であったら起きなかったかもしれない，独自改良モデルの開発が可能になったことも示している。そして，当初日本の A 社が反対していた J 社における独自改良モデル開発の試みは，

最終的には A 社のグローバル展開において大きく貢献する結果となったのである。

　国際合弁企業といった事業形態では，共同経営の協力者として，またあるときは投資国本社の対抗勢力として，現地パートナーが存在するという点，またどちらの親会社からも独立した企業家精神の旺盛な現地人経営者が育つ可能性が高いという点が，その背景にあるのではないかと考えられる。

（銭　佑錫）

【注】

1　本事例は，銭佑錫［2002］「途上国における国際合弁企業の新たな効用：経営資源の移転・蓄積・創出・還流」『中京経営研究』第 11 巻第 2 号，221-246 の内容の一部に加筆修正したものである。

事例 2-5

外食企業の海外進出におけるパートナーの役割：
味千ラーメンの中国展開

　本事例[1]では，中国において目覚ましい成長を遂げている味千ラーメンの事例を取り上げて，外食企業が海外に進出した際に何を現地に適応すべきで，何を標準化すべきなのか，そしてその過程で現地パートナーはどのような役割を果たすのかについて紹介する。本事例は，味千ラーメンを展開している熊本の重光産業本社で重光克昭社長に対して行ったインタビュー調査（2013年7月31日）と上海の現地法人にて行った重光産業からの派遣スタッフ2名へのインタビュー調査（2013年9月11日），その他新聞や雑誌，企業のニュース・リリース等の2次データに基づいて記述されている。

1．味千ラーメンの概要と中国における大成功

　「味千ラーメン」は，熊本県に本社をおく重光産業が展開する中堅ラーメンチェーンである。「味千ラーメン」は，1968年熊本県庁前のわずか7坪（約23平方メートル）の敷地に開店した小さなラーメン屋から始まった。白濁するまで豚骨を煮込んだスープに細麺を組み合わせ，煮卵やキクラゲをトッピングするのが特徴の「熊本ラーメン」の代表の1つである。創業者で前社長の重光孝治氏は，出身地である台湾の調味料にヒントを得た独特のタレを考案し，豚骨スープに加えた。コクのある味が評判を呼び，地元最大のラーメンチェーンに成長した。しかしながら，全国的にはほとんど知名度のない一地方チェーンに過ぎなかった。全国的に101店を出店していたが，チェーン店の約65%（64店）は熊本県内に集中していた（2012年6月現在）。日本のラーメン市場では，関東風の醤油ラーメンや北海道風の味噌ラーメンの人気が高く，九州以外

では豚骨ラーメンはあまり人気がない。醬油味や味噌味を好む人には，濃厚な「味千ラーメン」のスープは「脂っこい」，「塩辛い」と感じられるかもしれない。

　しかしながら，中国においては目覚ましい成長を遂げている。1996年に初めて中国進出を果たして以来，2012年6月現在の中国における店舗数は646店に及ぶ。日本の外食企業の中では中国で最大の店舗数を誇っており，中国においては知らない人がいないほどの外食ブランドとして成功を収めている。2010年に中国料理協会が発表した「中国飲食企業トップ50」において，「味千ラーメン」は，第1位の「ヤム・ブランズ」（「ケンタッキーフライドチキン」，「ピザハット」などを運営する米国企業），第2位の「マクドナルド」（米国），第3位の「Dicos」（台湾のフライドチキンチェーン）に続いて，第4位を記録している[2]。

　2012年の日本国内の社員がわずか96名に過ぎなかったことに対して，中国では1万人以上もの社員を抱えていた。また，味千ラーメンの中国における2012年の売上高は約30億元（2012年12月のレート1元＝13円で換算すると約360億円）および，重光産業の国内売り上げのほぼ12倍に達している。店舗数が日本の約6倍であることを考えると，1店舗当たりの売り上げにおい

図表2-5-1　味千ラーメンの世界店舗分布（2012年6月現在）

日本	熊本県内	64
	県外	37
中国		646
台湾		3
シンガポール		22
アメリカ		12
オーストラリア		9
タイ		8
マレーシア		5
インドネシア		6
カナダ		4
フィリピン		2
韓国		1
ベトナム		1
合計		820

出所：味千（中国）控股有限公司の内部資料による。

ても，日本の約 2 倍であったという計算になる。

　世界の「味千ラーメン」ブランドを統括する重光産業の 2012 年の連結の売上高は 19 億 9000 万円であった。このうち，海外事業の売上高は 3〜4 億円程度である。国内の売上高 16 億円の中小企業において，3〜4 億円は決して小さい額ではない。この海外事業の売上とは，フランチャイズ契約に基づくライセンス料と技術指導料によるものである。

2．台湾進出の失敗と香港への進出

　重光産業としての最初の海外進出先は創業者の出身地である台湾であった。1994 年に，台湾の製麺会社と合弁会社を設立し，その合弁会社とフランチャイズ契約を結ぶことで台湾に進出したのである。しかし，この最初の海外進出は失敗に終わった。失敗の原因は，合弁会社に 60％を出資し経営権を握っていた現地パートナーに重光産業側の考え方を理解してもらえなかったことにあった。現地パートナーは日本と全く同じものは台湾では売れないので，現地のニーズに合わせるべきであると重光産業側に強く要求したのである。その結果，台湾の現地法人が販売していたラーメンは，日本の「味千ラーメン」とは全く異なるものとなっていた。麺は柔らかく，スープの味も薄かったのである。

　また，各店舗のスタッフが，客に「脂っこい」と指摘されたら，自身の判断でスープの脂分を減らしたり，「塩辛い」と言われればスープの塩分を減らしたり，といった感じで，消費者 1 人 1 人の要望に各店舗が振り回されたことによって，「味千ラーメン」の本来の味を失っただけでなく，店舗によっても味が変わり，現地化どころか，チェーンとして営業が成り立たなくなってしまったのである（重光，2010，p. 68）。麺とスープのバランスがよくないラーメンを「味千ラーメン」の看板で出すわけにはいかなかったので，何度も台湾の現地パートナーに改善を要求したが聞いてもらえず，1996 年には 12 店舗すべてが閉店に追い込まれた。

　1995 年には中国の北京にも現地企業と合弁会社を設立し，北京にラーメン店を開業させた。こちらは「味千ラーメン」の看板を出さずに，店舗運営のノ

ウハウなどを提供するだけの契約であったが，台湾進出と同じく経営権を握っていた現地パートナーが重光産業側の要望を聞かずに，わずか数年で合弁は解消された。

　重光克昭社長は『経営者通信』とのインタビューで「味千ラーメンの味を守ってくれるパートナーと組まなければいけない」としながら，「基本は変えないということは，台湾と北京の失敗から得た海外進出の教訓である。1995年に心から信頼できる2人のパートナーに出会うことができた」と語っている[3]。その2人はリッキー・チェーン氏とデイシー・プーン氏で，ともに香港の実業家である。

　1995年，リッキー氏は東京で開催されたラーメンのフランチャイズ展への参加をきっかけに，重光産業にアプローチをし，当時の重光孝治社長がリッキー氏の申し入れを受け入れた。香港出店の具体的な計画は，味や品質の管理，接客サービス，店舗運営などのノウハウは重光産業側が徹底的に指導し，現地で調達できない具材や「味千ラーメン」の独特のスープ（千味湯），調味油（千味油），調味料などについては，日本から供給するというものであった。リッキー氏は現地において店舗の物件探しに奔走した。しかし，生麺の問題で壁にぶつかった。保存加工済みのスープや調味料などは，日数のかかる船便で日本から運んでも問題なかったが，生麺はそうはいかない。生麺を航空便で運ぶと多額のコストがかかる。香港では店舗賃貸料が極めて高額であったため，その他のコストを抑えないと利益を確保することは困難であった。そのようなことから，香港への出店計画は延期された。

　生面の問題を解決したのはデイシー氏である。デイシー氏は熊本県が企画した相互経済ミッション団の一員として来日し，重光産業の本社工場を見学したが，その際に重光産業の製麺ラインに興味を抱くようになる。デイシー氏は重光産業と共同で，中国において製麺業をしたいと申し出た（重光，2010，p. 78）。重光産業はデイシー氏と製麺業を始めることを決め，香港出店計画が動き出すことになった。当時，デイシー氏は食品貿易会社を経営し，香港に隣接する深圳市に倉庫を持っていたため，その倉庫に製麺ラインを設置することにした。深圳の工場から香港の中心部までは，途中のボーダーで通関の手続きに要する時間を含めても貨物トラックで1-2時間程度である。しかも，1995年

の深圳の人件費や賃料は日本の10分の1であり，非常に安く麺を提供することが可能であった。一方，製麺技術については，重光産業の製麺ラインにある設備をそのまま導入し，また，重光産業側から技術者を派遣し，味や品質，安全性を確保した。

　このようにして，製麺と食材の現地調達はデイシー氏，香港における店舗運営はリッキー氏，麺以外の中国で供給できない食材については重光産業側という三者の役割分担が決まった。三者で「味千ラーメン」の香港進出の計画を練り上げ，1996年10月に香港1号店を出店した。また，同じ年に「味千ラーメン」の中国現地法人，味千（中国）控股有限公司（味千（中国）ホールディングズ株式会社，以下，味千中国HD）を設立し，リッキー氏とデイシー氏が共同経営者に就任した。重光産業は会社名義と重光社長の個人名義で合わせて4.41%を味千中国HDに出資している。同社は重光産業とフランチャイズ契約を結び，中国大陸において「味千ラーメン」を独占的に出店する権利が与えられている。

　重光社長の話によると，香港では「台湾での失敗経験も活かし，その中で，特にパートナーとの価値観，企業文化の共有と意思統一に努めた」という。リッキー氏は日本留学経験があり，日本の歴史や文化にも理解のある人物で，デイシー氏もビジネス経験が豊富で，日本文化への理解ももっていたので，意思統一において特に障害はなかったという。デイシー氏とリッキー氏の強い要求で日本のそのままの味で香港でも売ることが決まり，香港の店舗には日本の店舗と同様のオペレーションが導入された。

　香港1号店は，香港の一等地である銅鑼湾にオープンした。厨房のほかに，日本の基準で40−50席ほどのスペースが確保できる広さで，賃料は月18万香港ドル，当時の換算レートで280万円であった。銅鑼湾は，場所柄，買い物客が多く，周囲にはオフィスビルも林立しているなどといった人通りの多さで，オープンの初日は，店に入りきらないほど客が押し寄せる状況となったという。「当時，香港において，日本式のラーメンの店はあまり一般的ではなかった。現地在住の日本人が経営する小さなラーメン店が数軒ある程度で，客も日本人駐在員やその家族がほとんどであった」（重光，2010，p. 74）というような状況であったため，差別化を図ることができた。「味千ラーメン」の人気は

香港であっという間に高まった。1996年に香港に進出して以降，2012年6月現在香港では36店舗まで急増している。

3．中国本土への進出[4]

　香港進出から2年後の1998年に，すでに香港で多店舗化を実現し，経験とノウハウを蓄積した「味千ラーメン」は中国本土事業の第一歩として，深圳市に出店した。深圳市は中国の広東省の南部に位置する大都市である。香港に隣接しているため，週末になるとボーダーを越えて数万人から数十万人もの香港人が押し寄せる。香港よりも物価の安い深圳市で食事やショッピングを楽しむためである。人の流れとともに香港の消費トレンドも深圳市に流れ込み，その影響で深圳市の人々は，中国本土のなかでも非常に洗練された消費スタイルを持つといわれていた。「味千ラーメン」の中国本土事業の第一歩としてこの深圳を選んだのは，香港で成功したビジネスモデルが容易に受け入れられると考えたためであろう。

　香港での店舗展開を取り仕切ってきたのはリッキー氏であったが，中国本土への進出で活躍したのはデイシー氏であった。デイシー氏は深圳の製麺工場から香港の各営業店が使用する業務用生麺と食材の調達という役割に専念し，店舗の運営にはほとんど関与していなかったが，リッキー氏が香港でのビジネスに十分に満足しており，中国本土への進出を全く考えていなかったことから，デイシー氏が中国本土の市場開拓に乗り出すことになったのである。当時，リッキー氏からの協力や重光産業側から派遣されたスタッフの力を借りて，デイシー氏は本土1号店のオープンに向けて準備を始めた。1998年に，デイシー氏は自ら店舗物件探しや人材集めを行い，深圳の中心部である羅湖区に「味千ラーメン」の中国本土1号店をオープンさせた。

　デイシー氏が運営する製麺工場が深圳にあったため，物流の利便性を考えても，同じ深圳に1号店をオープンするのが最も合理的な選択であった。1号店の成功で自信を深めたデイシー氏は，次々に2号店，3号店と深圳市内に多くの店舗を展開していった。中国本土への進出から2年後の2000年に，デイシー氏は中国最大の商業都市である上海への進出を決めた。2000年当時は，

外国資本による中国への外食ビジネス進出にまだまだ制限が多い時代であった。現在は，外資の全額出資（独資）による進出が認められているが，当時は国有企業など中国側企業との合弁で進出することが必須条件であった。デイシー氏とリッキー氏が設立した中国味千 HD は香港法人であったため，中国では外資と同格に扱われた。そのため，デイシー氏は上海に住んでいる遠い親戚と合弁企業を設立し，上海に進出することを決めた。このようにして，上海を拠点に「味千ラーメン」の中国本土事業を統括する上海領先餐飲管理有限公司が誕生した。デイシー氏は会長として，中国本土事業を本格的にスタートさせることになった。2013 年の調査当時は，中国味千 HD の下にエリアごとに子会社が設立されていた[5]。

　上海の 1 号店も一等地に立地し，人通りの多いエリアにあった。デイシー氏は一等地にある 4 階建てのビルをすべて借りた。1 階と 2 階は店舗，3 階は倉庫，4 階はデイシー氏やスタッフの寮である。上海の 1 号店をオープンさせるため，デイシー氏は深圳で働いたことのある優秀なスタッフを数十人まとめて上海に送り込み，上海で現地スタッフを指導させた。この方法で，オープン当初からマニュアル通りの味とサービスを提供することができた。上海 1 号店はオープン当初から大盛況であったため，倉庫に使用していた 3 階まで店舗に改装することになった。上海 1 号店の成功を受け，中国本土においては大型店舗の開発がその後の基本戦略となった。中国本土には 200－300 席の超大型店舗もあるが，昼食時や夕食時は常に満員状態になっているという。

　中国本土の店舗における店作りやメニュー開発については，全てデイシー氏が主導した。また，看板や店舗のコンセプトカラーについても，デイシー氏の要望を大胆に取り入れた。黒地に赤い文字で「味千ラーメン」と書いた看板がトレードマークである。内装は黒を基調とするインテリアで，壁面には相撲の浮世絵や昔のラーメンどんぶりなど，日本をイメージさせる調度品を飾っている。

　2007 年に中国味千 HD が香港株式市場に上場されてからは，店舗数がさらに急速に増加していった。上場によって信用度が向上したことで，物件の取得がしやすくなり，また他の大手外食チェーンの幹部が入社してくるなど，社員のレベルが向上したことも多店舗化を早める要因となった。その後，中国本土

の内陸部においても出店が加速化し，2012年6月現在で香港を含む中国での店舗数は646点までに増加した。

4．現地パートナーの貢献

「味千ラーメン」が香港および中国本土で成功できたのは，2人のパートナーの貢献に負うところが大きいという。まずは，先述したように，両氏の協力によって日本の「味千ラーメン」の味をそのまま維持する形で中国展開ができたことは「味千ラーメン」の中国での成功の大前提である。両パートナーがより直接的に「味千ラーメン」の成功に寄与したのは，中国現地への適応においてである。香港では，リッキー氏のアイデアにより，香港の環境に合わせた店舗作りを行った。香港では店舗の賃料が高いため，できるだけ多くの客が座れるように，席を小さめに作った。その結果，40−50席しか入らないスペースに60席を確保することができた。これによって，売上が2割から5割増しになり，高い賃料をカバーすることができた。

　さらに，メニュー作りにおいてもリッキー氏の貢献が大きかった。彼は，自らの経験から香港の飲食ビジネスにおいては，専門店では成功できないと考えていたため，積極的に重光産業側に寿司や刺身，天ぷらなどの日本料理の作り方を教えてほしいという姿勢を見せたという。看板メニューはラーメンでも，それ以外に香港人が好む日本食メニューを数多く取り揃える必要があると考えたのである。このようなリッキー氏の考えはデイシー氏による中国本土展開においても引き継がれ，「味千ラーメン」が中国で成功する大きな要因となった。次節でより詳しく説明することにする。

　次に，デイシー氏は日本の製麺法を忠実に守って，しっかりした麺を店に提供していたおかげで，麺とスープのバランスは日本のままで，現地で受け入れられる大きな要因になった。重光産業は，最初は味の基本となるスープや調味料などの材料を日本から輸出し，製造のノウハウを供与していた。2013年調査当時，中国本土と香港で使っているスープは重光産業が上海に100％の出資で設立したスープ工場から供給されていたが，麺については依然として，デイシー氏の製麺工場から供給されていた。また，肉や野菜なども現地で調達して

いるが，デイシー氏の前職が食品の貿易会社であったこともあって，現地で安
くて品質が良い食材の調達ルートを数多く持ち，現地での食材調達に貢献して
いるという。なお，中国本土において中国味千 HD が本格的に店舗数を増やし
ていく過程で，デイシー氏が中心的な役割を果たしたことは前で述べた通りで
ある。

　なお，重光産業は中国味千 HD の経営や中国現地の店舗運営において，パー
トナー側に自由な裁量を与えているという。重光産業側は，「味千ラーメン」
の看板を守るために，味やサービスの質を徹底的に管理する役割を果たす。具
体的に言えば，麺やスープのバランスはきちんと保たれているか，具材は新鮮
で安全なものを仕入れているか，清潔な店舗や真心のこもったサービスを提供
しているか，などのことを管理する。これらの基本さえ守られておれば，他は
すべて現地パートナーに任せているという。

5．味千ラーメンの現地適応化と標準化

　味千ラーメンは，中国での店舗展開において，メニューの主軸である「ラー
メン」においては本来の味をしっかりと守っており，日本側が味や製造工程を
徹底して管理している。その結果，店舗ごとにラーメンの味が異なることはな
く，さらには「味千ラーメン」独自の味を，中国でも守ることができた。麺は
中国現地のデイシー氏の製麺工場から調達しているが，「最初に進出した際，
麺の原料である小麦粉は現地で良質なものが見つからなかったため，すべてを
日本から輸出した。現在では，日本の大手製粉メーカーが中国に生産工場を設
立したおかげで，良質の小麦粉を現地調達できるようになった」というほど，
日本と同じ味の再現に徹底していた。重光社長によれば，2013 年調査当時，
コア食材である麺とスープは現地で生産しているが，スープの味の決め手とな
る「千味油」は日本から輸出しているといっていた。日本側が 1 つの核となる
ノウハウを保持しておかないと，すべて現地のパートナーに真似されてしまう
恐れがあるという側面もあるという[6]。

　しかし，健康志向の強い中国人向けに塩分の量を少なくする調整を加えて
ラーメンを提供しているという。塩分の調整といっても，各店舗で勝手に味を

調整させるのではなく，本部でしっかりと調整を加えた味を管理している。ま
た，健康志向の強い中国人の嗜好に合わせた中国限定のメニューを開発するこ
とで日本と同じままというのを全面に押し出すだけではなく，中国人へのサー
ビスを意識した商品提供を行っている。自社の料理の味を保ちながら，中国人
に受け入れられるようにすることが重要であるという。

　例えば，基本の麺とスープが同じでも，トッピングを変えることによって日
本では提供していない様々な種類のラーメンを提供している。例えば，「トマ
ト鶏ラーメン」である。これは，スープにトマト味を加え，細かく裂いたチ
キンをトッピングしたラーメンである。あたかもイタリアンであるかのようで
あるが，トマトの風味が「味千ラーメン」本来のスープと思いのほかマッチし
て，重光産業の日本人スタッフの間でも非常に好評であったという。中国人が
大好きな鶏肉をラーメンのトッピングに使用するというのはリッキー氏のアイ
デアであった。その「トマト鶏ラーメン」は現在でも香港の定番メニューの1
つであるという。また，スープにカボチャを溶かしてカボチャの天ぷらを載せ
た「カボチャラーメン」というユニークなものも提供していたことがあるとい
う。

　次に，料理の種類も現地化する必要がある。メインメニューであるラーメン
以外のサイドメニューを数多く開発し提供している点に大きな特徴がある。例
えば，寿司や刺身，天ぷら，うなぎの蒲焼きなどといった伝統的な日本料理
が「味千ラーメン」で食べることができる。図表2-5-2をみれば分かるよう
に，まさに36種類のおつまみ類が用意されていて，ご飯類も8種類に及んで
おり，まさに日本の居酒屋並みである。中国においては，日本料理店といえば
高級ホテルの中に入っている店や，有名な日本人シェフが経営する高級レスト
ランがほとんどであり，価格帯も非常に高いという特徴があった。先述したよ
うに中国における「味千ラーメン」はラーメン専門店というよりは，ラーメン
を主軸にした「ラーメン居酒屋」といった形で非常にリーズナブルな価格で日
本料理を楽しむことができるレストランという位置づけで大成功を収めている
のである（図表2-5-2と図表2-5-3を参照）。

　ちなみに，メニュー開発に関しては，味千中国HD内に商品開発部があり，
すべての商品はこの部署で発案される。重光産業は味千中国HDに意見を求め

図表 2-5-2 中国の「味千ラーメン」のメニュー一覧

ラーメン類 (合計 18 種類)
味千ラーメン (15 元), 高菜わかめラーメン (16 元), 味付け豚肉ラーメン (19 元), 味千ピリ辛ラーメン (19 元), コーンラーメン (19 元), 超激辛牛肉ラーメン (35 元), エビラーメン (38 元), 味千焼きそば (20 元), から揚げラーメン (20 元), 豚の軟骨ラーメン (22 元), トマ牛ラーメン (29 元), 五目カレーラーメン (18 元), から揚げカレーラーメン (23 元), 牛肉カレーラーメン (26 元), ねぎチャーシューラーメン (18 元), 竹の子チャーシューラーメン (18 元), 五目野菜ラーメン (18 元), 味千ジャージャー麺 (18 元)

うどん類 (合計 3 種類)
五目カレーうどん (18 元), 焼きうどん (25 元), 牛肉カレーうどん (25 元)

ご飯類 (合計 8 種類)
うな丼 (36 元), うなぎチャーハン (28 元), 鉄板牛肉ライス (25 元), トンカツカレー (23 元), トンカツ丼 (23 元), 激辛鉄板牛肉ライス (26 元), チャーハン (18 元), 豚の軟骨定食 (25 元), お茶漬け (15 元)

ドリンク・スープ類 (合計 6 種類)
キリンビール (10 元), コーラ (6 元), ファンタ (6 元), 日本酒 (15 元), 味千豚骨スープ (6 元), 味噌汁 (6 元)

おつまみ類 (合計 36 種類)
ジャガイモのチーズボール揚げ (8 元), 手作り餃子 (8 元), ジャガイモのサラダ (12 元), きゅうりの漬物 (6 元), ゲソのから揚げ (12 元), 冷奴 (5 元), ピリ辛カクテキ (5 元), 日本風キムチ (5 元), 若鶏のから揚げ (12 元), 海藻サラダ (12 元), 寿司 (12 元), 揚げ出し豆腐 (12 元), 肉じゃが (12 元) アジフライ (13 元), 手羽先のから揚げ (13 元), つくね串 (13 元), 牛肉えのき巻き (13 元), キムチ豆腐 (15 元), 野菜妙め (15 元), 味千サラダ (15 元), タニシのピリ辛妙め (15 元), タコのゴマ和え (15 元), イカの一夜干し (15 元), 串焼きの盛り合わせ (20 元), 蟹の卵とコーンサラダ (15 元), 手羽先の七味焼き (15 元角), エビの海苔包みフライ (15 元), 天ぷらの盛り合わせ (15 元), 軟骨のから揚げ (15 元), サーモンの刺身 (30 元), エビフライ (18 元), ししゃも (18 元), 秋刀魚の塩焼 (18 元), うなぎ串 (28 元), ほっけ (28 元), うなぎの蒲焼き (35 元)

おすすめ類 (合計 11 種類)
ミックスかき氷 (26 元), フルーツかき氷 (26 元), 宇治金時 (20 元), コーンアイスクリーム (15 元), 和風タピオカ入りアイスクリーム (15 元), 和風ストロベリーアイスクリーム (22 元), ストロベリーゼリー (12 元), 抹茶オレ (19 元), ミックスアイスクリーム (19 元), チョコバナナパフェ (22 元), ストロベリーパフェ (22 元)

出所：2013 年 9 月 13 日現在の味千ラーメン歩歩高店（中国湖南省衡陽市）のメニューに基づき筆者作成。

図表 2-5-3 日本の「味千ラーメン」メニュー一覧

ラーメン類 (合計 15 種類)
味千ラーメン (550 円), 全のせラーメン (1100 円), バイクー麺 (850 円), チャーシュー麺 (850 円), コーンラーメン (650 円), 阿蘇高菜ラーメン (650 円), ピリ辛ねぎラーメン (750 円), 野菜ラーメン (700 円), 味噌ラーメン (600 円), 阿蘇火山辛味噌ラーメン (750 円), 太平燕 (750 円), バリソバ (680 円), しょう油ラーメン (600 円), 焼きそば (600 円), ちゃんぽん麺 (680 円)

サイドメニュー (合計 5 種類)
チャーハン (550 円), 高菜チャーハン (600 円), バイクー丼 (250 円), 餃子 6 個 (400 円), ライス (160 円), おにぎり (100 円)

出所：2013 年 9 月 28 日現在の日本味千ラーメンのホームページのメニューに基づき筆者作成。

られた場合は商品や原材料の提供を行うが，最終決定は味千中国 HD が行う。重光産業は商品販売に関する決定権を持っていないからだという[7]。

　味千ラーメンの中国における現地適応化と標準化は，味とメニューだけにとどまらず，店内のデザイン，店舗作りなどにも及んでいる。日本ではラーメン店といえばカウンター席が中心であるが，中国においてはこの方式は全く受け入れられないという。4 人以上が座れるテーブル席が基本である。中国には「食事は家族や友人と皆で楽しく味わうもの」という文化が定着しているからである。

　反面，日本と同じようにしている部分に店の清潔さと丁寧な接客がある。日本のクリーンネスとサービスは中国での評判が非常に良いという。客が席に着くと，清潔なおしぼりと安心して飲める水がすぐに提供される。日本においては当然とも言えるサービスであるが，中国の消費者には驚きに近いものがある。温かく丁寧な接客や料理を提供するスピードも「味千ラーメン」が中国市場で成功できた大きな要因であるといえる。

　以上のように，「味千ラーメン」が中国において大成功を収めることができたのは，日本での常識にとらわれずに，新たなスタイルのラーメン居酒屋という業態を創造して，リーズナブルな価格で「日本食」を楽しむという体験を中国の消費者に提供できたからであるといえる。そのような中で，定番ラーメンについては麺とスープにこだわり，トッピングでバリエーションを出しながらも，日本と全く同じ麺とスープの味のバランスを守り抜いている。自分が作ったラーメンの味を世界中の人々に楽しんでもらいたいという創業者の信念が「味千ラーメン」の国際化の根底にあったからこそであろう。中国市場に合わせて，変えるべきところは変え，守るべきところは守る。どこで線を引くのか，なにを守って，なにを変えるのか，簡単な話ではないが，企業の国際経営における 1 つの勝ちパターンであることには間違いなさそうだ。

（伍　安・銭　佑錫）

【注】

1　本事例は，伍安の中京大学大学院経営学研究科での修士学位論文（2014 年）「中国の日系外食企業における現地適応化と標準化―「味千ラーメン」を中心に―」の内容の一部に両著者が修正加筆

　を行ったものである。
2　「熊本発「味千ラーメン」が中国に広まった理由」。
3　「熊本発「味千ラーメン」が中国に広まった理由」。
4　本節の内容は特に言及がない限り，上海で行ったインタビュー調査による。
5　エリアごとの子会社は以下のとおりである。上海領先餐飲管理有限公司，福州味千餐飲有限公司，重慶味千餐飲文化有限公司，山東味千餐飲管理有限公司，大連味千餐飲有限公司，杭州味千餐飲管理有限公司，南京味千餐飲管理有限公司，瀋陽領先餐飲管理有限公司，天津領先餐飲有限公司，北京味千餐飲管理有限公司，味千拉麺飲食服務（深圳）有限公司，味千（香港）有限公司。
6　熊本でのインタビュー調査による。
7　上海でのインタビュー調査による。

【参考文献】
重光克昭［2010］『中国で一番成功している日本の外食チェーンは熊本の小さなラーメン屋だって知ってますか？』ダイヤモンド社。
「熊本発「味千ラーメン」が中国に広まった理由」『経営者通信 Online』（https://k-tsushin.jp/interview/aji1000/）。
味千ラーメンウェブサイト（http://www.aji1000.co.jp/）。
味千（中国）控股有限公司ウェブサイト（http://www.ajisen.com.cn/）。

第3章

経営活動の海外展開

【事例を読む前に】

日本企業の経営システムの海外移転：
その難しさと「解決」

　本書で繰り返し述べてきたように，多国籍企業にとって重要なことの1つは，本国で培ってきた競争優位をいかに海外拠点に移転するかである。本国で培われた優位性の土台となるのは，経営システムや様々な技術と様々な知識である。しかし，本国とは産業化の歴史，経営・雇用慣行，経済・法制度といった経営を取り巻く環境の異なる進出先に，競争優位の源泉である経営のあり方を移転するのは，たやすいことではない。

　その点を，日本企業に即して具体的にみておこう。本論では，製造業の海外拠点の中心をなす大企業の生産工場を念頭において議論する。

　日本企業が，経営システムを海外に移転する際に，とりわけ難しいのが，図表1-補-1に掲げた「問題解決能力の土台となる経営の特徴」の移転である。具体的には，事業の継続性重視，長期雇用の慣行，長期継続取引の慣行からなる長期継続志向，タテとヨコの仕事の垣根の低さとそれをベースにした参加型経営と部門間・部署間の知識共有，勤続年数を加味した能力主義的な賃金・給与と昇進の制度＝仕事別ではない賃金・給与である。ただし，最後の論点である賃金・給与と昇進を要とする人事制度については，元来が各国ごとに大きく異なっているので，本論では立ち入らない。

　長期継続志向のうち，海外の日系企業を最も悩ませるのが雇用の継続性である。雇用調整の速度については企業側がコントロールできる。しかし，従業員の離職率は現地の環境に大きく左右されるため，海外の方が日本より離職率が高いのが一般的である。

　信頼できる力のあるサプライヤーとの間の長期継続取引もまた難しい課題である。大陸欧州を除くと，長期継続取引の慣行がみられないのが一般的で

ある。工業先進国のアメリカにおいてさえ，日本の乗用車メーカーが1980年代に進出した当初は，長期継続取引の相手として望ましい実力のある現地部品サプライヤーを見つけ出すのは困難であった。産業化の歴史が浅く部品産業が育っていない東アジアにおいては，1980年代に至っても重要部品を供給するサプライヤーの存在そのものが希薄であった。大陸欧州では長期継続取引の慣行がみられるものの，そこでは巨大部品メーカーが強い価格交渉力をもっており，他の地域とはまた異なった難しさがある。

　海外では，日本企業に比べて事業の継続性よりもその時々の利益率を重視する企業が支配的である。したがって，日本企業と海外企業の合弁会社では事業の継続性とその時点での利益率の折り合いをどうつけるかが課題となる。

　仕事の垣根では，生産現場に焦点を絞って論じていきたい。

　自動車に代表されるアメリカの伝統型産業では，熟練度の異なる職種を細かく分類して多段階のグレードに配置するという賃金・昇進制度が確立されていた。したがって，タテとヨコ双方の仕事の垣根が高かった。東アジアでは，明確なヨコの垣根はないもののタテの垣根が厳然として存在する国が多い。これは，社会的な格差の大きさが企業内部の階層間の断絶となって現れていると考えてよい。ドイツに代表される大陸ヨーロッパでも強固なタテとヨコの垣根が存在する。タテの垣根の高さは社会的な階層間の大きな格差の反映である。ヨコの垣根では，深さを求める熟練形成のあり方が，幅を重視する日本流の熟練形成にとって制約となっている[1,2]。

　こうした様々な障碍が存在しながらも，日本企業の多くの海外工場では，必要とされる経営システムの移転が一定程度進み，生産活動を維持あるいは拡大している（具体的な姿については，第1章「事例1-2　日本型生産システムの漸進的移転：南アフリカのトヨタ自動車」および第3章「事例3-1　海外子会社への知識移転と自律的能力構築」を参照のこと）。その要因として，以下のものが挙げられる。

　第1に，企業内での「経営革新」が実践された。その代表例がアメリカにおける日本の自動車組立工場である。激しい労使の対立が続いてきたアメリカにおいて，労使対立の要因であるレイオフ[3]を可能な限り避けると従業員に明言して労使協調を取り付けた。また，全従業員対象の食堂を設け（アメリカの製

造業では階層ごとに別々の食堂があるのが一般的であった），日本人社長もその食堂で生産現場のブルーカラーと一緒に食事を摂るなどして，ブルーカラーとホワイトカラー・経営管理層間の断絶の解消に務めた。そうした信頼関係の構築を前提として，生産現場における多段階のグレードを一挙に半熟練工と熟練工の2段階に簡略化して多能工育成の枠組を作った（安保他，1991）。

　第2に，上の1とも関連するが，日本人経営者や技術者が率先して工場現場に入ることで，多くの国でみられた現場に入るのを嫌う大卒技術者の特権意識の払拭に務めた。また，QCサークルに代表される小集団活動を積極的に推進して，ブルーカラーにも当事者意識をもってもらおうとする工場も少なくない。この両者によって，タテの垣根の解消を進めていった。

　第3に，製品の機能や品質に直結する重要部品では，そうした部品を日本から輸入したり，日本の部品メーカーが組立メーカーに随伴して現地生産を行うことによって，長期継続取引の難しさを「回避」しているのもしばしば見られる現象である。

　第4に，日本人出向者達が熱心に日本からの知識と技術移転を進め，また，移転した知識と技術が生産現場に定着し向上するように務めている。欧米の多国籍企業に比べて日本の海外工場において全従業員に占める比率が高い理由の1つは，生産現場を重視する日本企業の特徴に求められる。

　第5に，日本企業の戦略と組織を熟知し，それを現地の従業員の腑に落ちるように「翻訳」し，部下や同僚を巻き込みながら現地経営を推進する，キーパーソンとでも言うべき現地人経営者の存在が挙げられる。こうしたキーパーソンはすべての日系工場に見られるわけではないが，キーパーソンが存在する工場は高い成果を上げている。

　この第4と第5の要因は，雇用の継続性という日本企業にとっての制約を和らげるものであった（以上の2～5の論点については板垣（2018）を参照）。

　以上をまとめると，経営環境の異なる進出先では，日本企業の問題解決能力の土台となる経営の移転には制約があるものの，それを回避あるいは緩和する様々な要因によって，多くの海外工場は生産活動を継続し，拡大しているのである。

（板垣　博）

【注】

1　日本でも深さが重要な熟練はもちろんあるが，既に述べたように大企業の大量生産職場では，多能工の存在が欠かせない。

2　日本企業にとっての恵まれた立地の代表は，サッチャー以降のイギリス，中東欧のチェコ，東アジアの台湾である。

3　レイオフは，売れ行き不振などで余剰人員が生じたときにブルーカラーの人員削減を行うアメリカ流の方法である。日本語では「一時解雇」と訳されているが，これは必ずしも正確ではない。生産が回復すれば，レイオフした従業員を呼び戻すとされるが，企業にとって呼び戻すことは義務ではない。従ってレイオフされた人が別の企業に転職するケースもしばしば見られる。この点が，従業員を在籍のまま休業させ，休業中も賃金の6割以上を支払うことが労働基準法で定められている日本の「一時帰休」とは異なっている。

【参考文献】

安保哲夫・板垣博・上山邦雄・河村哲二・公文溥［1991］『アメリカに生きる日本的生産システム―現地工場の「適用」と「適応」―』東洋経済新報社。

板垣博編著［2018］『東アジアにおける製造業の企業内・企業間の知識連携―日系企業を中心として―』文眞堂。

事例 3-1

海外子会社への知識移転と自律的能力構築

1．本事例の狙い

　本事例では，海外子会社がどのようにその能力を構築していくのかを理解するために，1つの海外工場のケースを紹介する。ここで取り上げるのは，日系HDD（ハードディスクドライブ）メーカーのα社のタイ A 工場（海外生産子会社）の事例である。しかし，ここから得られる知見は必ずしも生産子会社だけにとどまらない。海外子会社がどのように立ち上がり，どのように能力を構築していくのかについて，この事例から学んでほしい[1]。

2．事例の背景：HDD 産業の特徴

　HDD はパーソナルコンピューター（PC），サーバー，カーナビゲーションシステムなどに使われる記録装置である。製品の主な部品としては，磁気ヘッドという磁気情報を書き込んだり読み込んだりする部品，メディアと呼ばれる磁気情報を書き込まれ，保持される役割をする部品（DVD のディスクのようなもの），そのメディアを回すモーターなどがある。HDD は，磁気ヘッドがメディアに磁気情報を書き込んだり，そこに書かれた磁気情報を読み込んだりすることで，データの記録と読み取りをしている装置である。その物理的構造は複雑で，モーターがメディアを回す風圧で，磁気ヘッドがわずかに浮き上がることで，磁気ヘッドがメディアと接することなく磁気情報の読み書きができるという構造を取っている。その際の磁気ヘッドの浮上量は「ジャンボジェットが髪の毛 1 本の高さで飛行するようなもの」と呼ばれ，高度な制御技術が必要とされる。さらに，こうした浮上量が本当にわずかなため，小さなゴミが

HDD 内に混入すると製品が壊れる可能性がある，「クリーン性」の高い製品である。そのため，生産現場でもクリーンルームを使用するなど，取り扱いが難しい製品となっている。特に HDD という製品の特性上，故障が顧客のデータの消失につながるため，高い信頼性が求められている製品である。

　HDD は 1956 年に IBM が開発して以降，いかに記録容量を上昇させるかが主な競争の焦点となってきた。各社は，磁気ヘッドやメディアの技術開発を行うことで，HDD の記録容量を拡大させてきたのである。実際に，当初，IBM が開発した HDD は，24 インチのメディアが 60 枚で 4.8MB（メガバイト）の記録容量しかなかったが，2020 年には 3.5 インチのメディア数枚で数 TB（テラバイト）の記録ができるようになっている。特定の期間を区切れば，メディア 1 枚に記録できる容量は，1990 年から 2000 年の間に何十倍にも上昇している。しかし機能面が年々高度化する一方で，HDD 本体の価格は下落し続けてきた。激しい競争を繰り広げていた HDD メーカーとしては，当時の主要な顧客である PC メーカーが PC 本体の価格を低下させているのであれば，競合との競争に勝ち抜くために，価格を下げて対応せざるをえなかったのである。そのため HDD メーカーは，「技術的に難しいものを開発しながら，より安いものを大量に作る」ことが求められ続けてきた。こうした競争の激しい産業のため，企業の栄枯盛衰も激しく，1980 年代には 80 社強存在していた HDD メーカーは，2000 年には 10 数社におちこみ，2010 年時点では 10 社を切り，2020 年代には片手で数えるほどの企業しかなくなっている。

　こうした激しい競争環境の中，一部の HDD メーカーは 1980 年代から東南アジアを中心に量産工場を立ち上げた。さらに海外工場での量産に合わせて，本国（アメリカや日本）の量産拠点の規模を縮小，場合によっては閉鎖する企業も現れていた。量産活動は労働賃金の安い東南アジア，開発活動は技術力のある本国，という国際分業体制を作ることで，一部の HDD メーカーは競争力を高めてきたのである（天野，2005；McKendrick, Doner & Haggard, 2000）。逆に，こうした分業体制を作れなかった企業は，競争に敗れていった。

　こうした分業体制では，量産機能が海外に集約されるため，海外子会社が生産に関する能力を高めていく必要がある。本事例で取り上げる a 社でも，東南アジアや中国に生産機能を集約する中で，タイ工場の能力を向上させようと努

力してきた。その紆余曲折を以下では描いていく。

3．日系 HDD 企業 α 社のタイ工場

3.1　黎明期：順調な立ち上がり

　1980 年代から α 社は日本工場で HDD の生産を行っていたが，1990 年代には安価な労働コストで生産できる海外工場の設立を検討していた。そこで，1997 年に海外 HDD 量産工場である A 工場をタイに設置した。α 社は，1991 年にタイ現地資本の協力を得て，既にタイ B 工場で HDD 委託量産を始めていたが，A 工場は α 社にとって最初の 100％自社保有の海外 HDD 量産工場であった。

　当初，A 工場ではノート PC に使われる 2.5 インチ HDD を中心に，3.5 インチ HDD も併せて製造することになった。その際，日本工場からの知識移転が行われた。HDD をどのように作るのか，どのような組織体制で管理をするのかといった，量産活動を行うにあたって必要な知識が，A 工場に移転された。また，既に立ち上がっている B 工場で研修を行ったり，B 工場の人員の一部が A 工場のマネジメント層に入ったりすることで，B 工場からも HDD を量産するために必要な知識の移転が行われた。さらに 2000 年代になると，日本の工場に特徴的な提案制度（現場の従業員が工場の改善提案をする制度）も導入されるようになり，日々のオペレーションだけでなく，初歩的な改善に関するノウハウも移転された。

　こうした知識移転の結果，A 工場の立ち上げは B 工場よりもスムーズにいった。A 工場の生産能力は，立ち上げからわずか 3 年の 2000 年には B 工場を上回った。また，工場の立ち上がり時には低くなりがちな歩留まり率（不良率の逆。良品率）も，B 工場の立ち上がり時と比較して高かったという。この順調な立ち上げの一因は，α 社に B 工場の立ち上げおよび操業経験があったことにあった。実際に A 工場と B 工場の両方の立ち上げに携わった日本人もおり，過去の経験を活用することで，量産に関する知識を，日本および B 工場からスムーズに移転することができたのである。

3.2　危機期：環境の変化と能力構築のミスマッチ

　こうしたA工場の順調な立ち上がりを見て，α社ではA工場はある程度独り立ちできる工場であると認識されるようになった。実際A工場には，IE（インダストリアル・エンジニアリング）という，工場の生産性をあげるための科学的分析を行う分野を担当するマネジャーも一定数おり，現場からの改善活動などを推進するプロジェクトも始まっていた。そのため，α社は2003年に現地にいた日本人駐在員を大幅に減らし，さらに日本国内の量産工場の規模も縮小した。タイA工場（およびB工場）に量産活動を集約し，分業の利益を得ようとしたのである。

　しかし，2003年になると状況が一変する。A工場は2003年から労働生産性（労働者1人当たりの生産量）を落とし，2005年までは生産性が2001年の生産性以下にまで停滞してしまった。具体的な数値でいえば2002年から2004年までに生産性が15％以上低下してしまった。さらに，この時期は歩留まり率も低かった。

　このようなA工場のパフォーマンス低下の原因は，この時期に発生した外部環境の変化に，A工場が対応できず，オペレーションが混乱してしまったことにあった。2003年から，主力である2.5インチHDDの需要が急拡大し，A工場では毎年今まで以上の増産が求められることになった。さらにこの時期，2.5インチHDDを生産する企業が複数参入し，競争が激化した。この当時のHDD産業の競争軸は，1枚当たりのメディアの記憶容量を増やすことにあり，新しいヘッドやメディアの技術を搭載したHDDを，ライバルよりもいち早く市場に投入することが求められた。しかし，前述の通りHDDは技術的に難しい製品のため，量産初期は不良が多く，累積生産量を増やしながら歩留まりをあげていく製品である。そのため，新しい技術を登載したHDDの初期の歩留まりは総じて低い。しかし，競合との競争を踏まえて，歩留まり率がまだ高くなっていない製品でも，とりあえず工場に投入し，市場に投入することが求められるようになった。

　このような状態の中で，A工場のオペレーションは最適なものからかけ離れていった。第1に，完成品，仕掛品（製造途中・加工途中にある製品），部品などの「モノ」が現場にあふれ，現場で十分な管理ができなくなってしまっ

た。また，歩留まり率が高くない製品を投入するため，不良品も現場にあふれることになった。現地の日本人製造マネジャーによると「特定の工程を経たはずの製品が次の工程に向かっておらず，現場の中で放置されるようなことも発生していた」という。第 2 に，増産に合わせて次々と新たな生産工程を投入していった結果，工場内のレイアウトが複雑化してしまった。複雑なレイアウトはオペレーター（現場作業員）によるモノの輸送を妨げる等，円滑なオペレーションを困難にした。第 3 に，2003 年以降オペレーターが増大し，工場内の組織が肥大化し組織運営が難しくなった。A 工場ではオペレーターの人数が大きく拡大してしまったため，オペレーターを現場で束ねる現場リーダーや，各リーダーをまとめる係長や課長が，オペレーターを十分に管理できなかった。例えば，新しく入ってくるオペレーターの導入教育に時間を取られてしまったために，現場リーダーへの教育が疎かにされ，現場リーダーが十分に育たなかった。その結果，現場のオペレーターへの管理が不十分になり，問題が発生しやすくなったり，問題が発生してもそれが放置されたりするような事態が発生してしまった。

3.3　テコ入れ期：本国からの緊急的な支援

このような状態の A 工場に対して，本国側の支援は遅れてしまった。それは，本国側の量産活動の縮小に伴い，量産工場である A 工場の状況を把握することに資源が割かれにくくなってしまったこと，また自らが量産をしていないために量産工場である A 工場の状況を推測することが難しくなってしまったことに起因している。

しかし 2006 年になると，α 社の日本拠点は A 工場への支援を開始する。まずは，2006 年から，日本からの出張者が，A 工場のラインの無駄などを減らす活動をし始めた。さらに，2007 年に，フィリピンの C 工場の日本人社長 X 氏がスライドする形で A 工場の法人長となった。

X 氏は，着任すると，自らの改革方針を明確にした。彼は，『ボトムアップとトップダウンの融合』と自身が語る組織改革の方針を立てた。彼は日本やフィリピンでの経験から，1 万人近い従業員を抱える工場の変革には，マネジメント層からの「トップダウン」の改革だけでなく，現場の作業者を中心とし

た「ボトムアップ」の改革も必要であると考えたのである。そのために彼は，ボトムアップの活動として，「小集団活動」を重視することにした。同工場の小集団活動は，オペレーターを10人強のグループに組織化し，オペレーションの問題点の発見や解決策の提案を行わせる活動である。X氏はこの小集団活動に，すべての従業員が参加するよう，従業員に要請した。そのために，すべての従業員を対象とした対話イベントを行い，自らの変革方針を説明し，集団活動の意義や重要性を丁寧に説明した。この対話イベントは1回数百人が限度で，彼はこれを1万人の従業員すべてをカバーするまで続けた。

　その一方で，トップダウンとボトムアップの改革をサポートするために，X氏は新たな組織を立ち上げた。『1万人近い工場で，自分1人で改革を行うことは難しい。現地従業員の力を引き出す必要があり，彼らに楽しくやってもらうことが重要だ』と考えており，現地従業員が中心の新組織を構築することで，彼らが自主性を持って改革に取り組むことを期待したのである。そこでまず，トップダウンを担当する部署として，IEに基づく現場改革を担当する「IE専任チーム」を設立した。また，経験豊かな60代の日本人2名を社長直属のマネジャーとし，IE活動のサポートをさせた。一方ボトムアップの小集団活動を担当する組織として，「小集団活動推進チーム」を作った。この組織は，小集団活動や改善活動を推進するための10人程度の組織で，品質も含めた改善活動の推進を担当した。例えば，従業員教育，小集団活動を啓蒙するイベントの企画，小集団活動を啓蒙する掲示物の展示などを行っていた。特に掲示物はカラフルに，楽しげに描かれており，それらが週1回のペースで貼り替えられていた。

　また，X氏は日本からの支援も合わせて要求していた。2006年と同様，日本からベテラン（60代）のIEマネジャーや現場のリーダー教育をサポートするマネジャー等を呼び寄せて，工場の改革をサポートしてもらうことで，現場の改善を推し進めた。

　こうした活動の結果，A工場のパフォーマンスは向上した。特にボトムアップの改善活動は盛り上がり，2006年を大幅に超える，5,000件もの改善提案が出るに至った。四半期ごとに行われる顧客からのA工場への品質評価は，2005年は業界第3位であった評価が，2007年上半期には1位となった。ま

た，2007 年には，労働生産性も最盛期の 2002 年と同様水準にまで回復した。すなわち A 工場は，本国からの緊急的な支援によって，元の水準程度にパフォーマンスを回復させることができたのである。

3.4　自律期：自律的な能力構築への道

　X 氏ならび経験のある日本人マネジャーの力を借りて，オペレーションを立て直した A 工場であったが，そうした支援をその後も受け続けることは難しかった。本国拠点は既に量産活動を行っておらず，本国拠点で新たな量産のノウハウを生み出して海外に移転する，という知識移転は期待できない。また，海外工場を支援できる人材も，量産活動をなくした結果，減少の一途をたどっていた。

　そのため，A 工場では本国拠点に頼らないで自分たちだけで工場を改善していくことが求められた。お手本となる本国拠点も存在しない中，A 工場は自ら目指すべき姿を描いて，量産能力を向上させなければならなかった。このように，本社側の指示に従うのではなく，海外子会社側が目指すべき姿を決めて能力を向上させることを，ここでは自律的な能力構築と呼ぶ。自律的な能力構築を実現するために X 氏は，現地の従業員が自らの力で能力を構築できるように，段階的なレベルアップを促した。以下では，2008 年，2009 年の A 工場の能力構築を説明する。

(1)　2008 年

　現地 2 年目となった X 氏は，2007 年の改革をさらにレベルアップした。まず，ボトムアップの改善活動については，よりパフォーマンスに結び付く改善活動を求めた。これまでは，何でもよいから改善の提案をしてくれることを期待していたが，改善が根付いてきたところで，コストダウンや品質改善といった成果につながる改善を期待するようにした。そのために彼は，新たに改善アドバイザーという役職を現地に作り，98 名を任命した。彼らは現場に顔を出し，問題が起きるとその場で改善のアドバイスをする人間である。これまで，この仕事は課長級がやっていたが，課長等の仕事が増えてきたため，現場のトレーナーやリーダーをこの役職に任命し，現場の問題が円滑に解決されること

を目指したのである。その他にも,「ポシブルミステイク(以下 PM)活動」
を 2008 年から本格的に導入した。PM 活動とは,オペレーションの中で大き
な問題にならなかったが問題になりそうだった事案(ヒヤリ・ハット事例)を
報告させる活動である。この活動によって,問題が大きくなる前に問題を解
決できる。PM 活動の優秀者には,一目で優秀者と認識できる商品(ポロシャ
ツ)をあげる等の動機づけを行っていた。

　また,トップダウンの改善活動の強化として,2008 年から生産技術部のエ
ンジニアに,本国親会社の仕事である製造機械の開発に関する一部の権限を
与えた。これは「ローコストオートメーション(LCA)」と呼ばれる取組みで
あった。X 氏は『1 年で減価償却できる機械,シンプルな構造ですぐに製造で
きる機械,可能な限り自分たちだけでスペックから作れる機械の 3 つの条件を
満たした機械による LCA を実現せよ』という指令を A 工場の生産技術部に出
した。これは彼が,『現場からのコスト削減や品質向上には限界があり,やは
り製造機械の開発も行わなければいけない』と考えた上での指令だった。そこ
で彼は,生産技術部に「LCA チーム」を新設し,製造機械の開発を行うよう
に仕向けた。結果,搬送系の自動化が進むといった,現場改善が行われた。

　こうした活動を,X 氏は日本人駐在員である強みを活用して,推進した。製
造機械の現地開発を行う際,X 氏は本国親会社と交渉を行った。A 工場に製
造機械の開発を行わせることは,開発機能を持つ本国親会社の仕事を奪う側面
があるため,本国親会社が容認しない可能性があった。しかし,X 氏は元々本
国親会社の製造技術エンジニアで,本国従業員とつながりを持っていたため,
上手く許可を得ることができた。また X 氏は,本国親会社のコアとなる仕事
についても本国従業員との交流から理解できていた。そのため,初期の製造機
械の開発程度ならば本国親会社から容認されうることも理解できていた。

　こうした活動の結果,A 工場のパフォーマンスはさらに向上した。小集団
活動によるコスト削減効果は 2007 年の 2 倍以上だった。トップダウンの改善
も合わせた結果,2008 年の労働生産性は 2007 年の水準よりもさらに 15%近く
上昇した。

⑵　2009 年

　続く 2009 年になっても基本方針は変わっていなかった。しかし X 氏は，ボトムアップの小集団活動も，トップダウンの製造機械開発も，より高度なものへと変化させた。

　まず，ボトムアップの小集団活動として，2009 年からは「報告・連絡・相談（ホウレンソウ）」を強調した。「ホウレンソウ」は日本企業で頻繁に使われる言葉であり，コミュニケーションを取ることで問題を個人にとどめず，顕在化させることを目指すものである。現地従業員には失敗を隠す傾向があるため，ホウレンソウを意識させることで問題を顕在化し，問題が素早く解決される体制を目指した。

　さらに，オペレーターに自工程だけでなく，前後の工程を意識させるようにした。具体的には，前工程から来た製品をチェックし，それが不良ならば指摘するというフィードバックを求めた。この活動を奨励するために，後工程に不良を流した人を責めるのではなく，前工程の不良を発見した人を表彰する制度を作った。これは，早い段階で不良品を発見し，後工程で問題が大きくなることを防ぐための取組みである。

　以上のホウレンソウや前工程へのフィードバックといった日本的な取組みが導入されることで，現場の問題がより顕在化し，改善活動はより活発化した。2009 年 1〜7 月時点の累積提案数は，前年同期の 1.5 倍以上であった。またPM 活動も，2009 年 6 月の時点で既に 8,274 件報告されており，年間で前年を大きく上回ることが予想されていた。

　さらに，トップダウンのエンジニア活動でも著しい成果が見られた。搬送系だけでなく，付加価値を生む製造工程で現地開発の製造機械が稼働し出したのである。例えば，プリント基板を HDD の本体に取り付ける工程を自動化したネジ締め装置を，タイ人エンジニアだけで自作していた。その他にも部品の加工工程や，製品の組み立て工程にも独自の自動機を導入した。結果，1 ライン20−30％の人員削減効果がもたらされたという。

　また，この年になると，小集団活動をサプライヤーや α 社の他拠点といったA 工場外に広める動きが出てきた。サプライヤーには，A 工場が教育を行って小集団活動を導入させ，導入後も各社をフォローし，アドバイスを行ってい

る。これによって，いくつかの企業間のムダが改善された。例えばサプライ
ヤーからの部品の輸送に関する改善である。これまで，サプライヤーからの部
品が乗っていたトレイを返す時に，A工場がトレイを洗浄し，パックして送っ
ていた。しかし，小集団活動のプロジェクトを通して，サプライヤーもA工
場からのトレイをパックから出してまた洗っていることが判明した。そのた
め，A工場では，洗浄とパックの工程を省くことにした。サプライヤーに小
集団活動を指導する中，ムダが露呈し，A工場にもメリットが得られたので
ある。また，小集団活動をα社の他国の工場に移転する取り組みも行われた。
他国拠点に移転するにあたって，ガイドブックを作ったり，A工場が教育を
行ったりしている。2009年時点では製造拠点への移転が中心だったが，非製
造拠点への導入も狙っている。

　なお，これらの活動を推進するにあたっても，X氏は日本人駐在員であるこ
との強みを活かしていた。まず，ホウレンソウや前工程へのフィードバックは
日本的な取組みであり，G氏は本国工場等でそれらの実情を観察してきた。X
氏は，これらの取組みの効果を深く理解していたからこそ，A工場にこうし
た活動を導入することを決定し，強く推進したのである。

　以上，2009年になると，オペレーターレベルではホウレンソウや前工程へ
のフィードバックが導入され，小集団活動がさらに発展した。また，小集団活
動はA工場以外へも移転されるまでになった。さらにエンジニアレベルでは
加工をする製造機械も開発できるようになった。これらを受けて，不良品の事
前発見や人のムダの削減が行われ，よりムダの少ないオペレーションが実現さ
れた。

4．事例のまとめ

　以上，本事例では1つの海外製造子会社の能力構築の事例を見てきた。この
事例は，海外子会社の能力構築が，本国（本社）側からの支援と海外子会社
側の努力の双方がそろって成し遂げられるものであることを示唆している。A
工場の能力構築は，本国からの知識移転から始まり，それを受けた現地側でも
工場の改善を担当するマネジャーが置かれ，ある程度自分たちでオペレーショ

ンを改善できるようになった。しかし，環境変化に伴う急な増産によって工場のパフォーマンスが低下すると，A工場に日本人駐在員が社長として送り込まれ，現地の改革の指揮を執ることになった。既に頼るべき本国工場がない中，日本人社長が方向性を示すことで，現地従業員主体で様々な改善活動が活発化し，業界内でも評価の高い工場へと変化していったのである。本国からの適切なタイミングの支援と，その支援をしっかりとものにする現地従業員の努力があったからこそ，海外子会社の能力構築が成し遂げられたのである。

　そのため，海外子会社の能力構築には，本国からの支援をタイミングよく引き出すことと，現地従業員の努力を引き出すことが重要となる。本事例ではそうした役割を，経験豊かな日本人駐在員が行っていた。X氏は海外子会社の発展段階に合わせて本国側に支援を要求する一方，常に現地の従業員とコミュニケーションを取っていた。この役割は常に駐在員が担うとは限らないが，ヒトなどの資源を適切なタイミングで国境を越えさせて，現地の資源と融合させることが，強い海外子会社を作る一助となることも，本事例は示唆している。

APPENDIX 3-1-1
事例の解釈

https://www.bunshin-do.co.jp/contents/5234/appendix_0301.html

---

（大木清弘）

【注】
1　以下は大木（2014）の事例を大幅に加筆修正したものである。

【参考文献】
McKendrick, D., Doner, R. & Haggard, S. (2000). *From Silicon Valley to Singapore: Location and Competitive Advantage in the Hard Disk Drive Industry.* Stanford, CA: Stanford University Press.
天野倫文［2005］『東アジアの国際分業と日本企業：新たな企業成長への展望』有斐閣。
大木清弘［2014］『多国籍企業の量産知識：海外子会社の能力構築と本国量産活動のダイナミクス』有斐閣。

事例 3-2

生産技術の海外移転：
トヨタ自動車と現代自動車の比較

1．はじめに

　国際経営が進んでいくと，多くの企業は本国だけではなく，海外でも生産を行うようになる。そして，本国と海外の生産現場をつなぎ，本国の知識を海外に移転していくことが企業の競争力を左右する重要な要素になる。本事例では，自動車産業の多国籍企業である日本のトヨタ自動車（以下，トヨタ）と韓国の現代自動車（以下，現代）の比較を通じて，グローバルな生産技術移転の実例をみていく。具体的には，トヨタ自動車のグローバル生産センター（Global Production Center，以下 GPC）と現代自動車のパイロットセンターという 2 つの技術移転組織を中心に多国籍企業の技術移転が実際にどのようなプロセスを経て行われているのかについて説明する。急速に広がった海外生産を支援し，効率的に技術を移転していくために設立された両組織だが，その設立背景と運用については，異なる点も多い。そして，その違いは，両社の生産システムの差から生まれる。

　本事例での比較は，多国籍企業の多くの技術の中でも特に量産技術に焦点を当てる。つまりトヨタの GPC と現代のパイロットセンターがどのように量産設計を行い，その技術を海外の生産現場に移転しているのかを説明する。

1.1　量産設計とはなにか

　多国籍企業が海外に進出し，海外生産が増えるにつれて発生する問題の中の 1 つが新モデル立上げとそれにともなう量産設計である。企業が新たな製品を開発し，それを大量生産していくためには，量産設計というプロセスが必須で

ある。

　量産設計とは，開発段階の製品を大量生産につなげる工程エンジニアリング
の部分である。製品開発では，製品を企画し，それに合った良質な製品を設計
するものである。市場における顧客のニーズを把握し，それを基に製品コンセ
プトを決め，それを基に顧客を満足させることのできるよい製品設計情報を生
み出すことが目的である。次に大量生産では，設計された製品をできるだけよ
い品質で，できるだけ安く，できるだけ速くつくっていく。品質，コスト，デ
リバリーなどの面で効率的にアウトプットを生み出すことが目的である。

　この両段階を結ぶのが量産設計である。量産設計では，設計された製品を大
量生産するために，必要な機械設備・ソフトウエアを設計・改良し，必要な労
働者の作業方法などを準備する。今まで生産していた製品とは異なる外見や
特徴を持った製品を新たに生産するための準備である。新製品に合った最適な
生産手法を工夫し，過去の生産手法で新製品でも使えるものはそのまま活用す
る。準備をする過程で試験的に製品をつくってみることをパイロット生産とい
う。この過程で，機械設備やソフトウエアの動きを確認して，労働者の作業効
率性も検証する。そのパフォーマンスが一定レベルに達すれば，大量生産が開
始される。そして，パイロット生産を主に行う生産ラインをパイロットライン
という。

　多くの企業において，新モデルの生産は，本国でその生産技法が確立してか
ら海外で立ち上げるという順序になっていた。しかしこれでは，海外市場に対
する新モデルの投入時期が遅れるという問題点があった。グローバル競争が激
化する中，一刻でも早く海外市場に新モデルを投入するには，新モデルを国内
だけではなく，海外市場も合わせて同時に生産，販売していく必要があった。
例えば，日本で新製品を生産して，その生産手法が確立したのち，海外で生産
を始めるという従来のやり方では，日本で発売して数カ月，長い場合は数年も
経っている製品が海外市場に発売されることになる。また海外市場の特有の
ニーズに合わせて開発した現地専用モデルの場合，本国工場では，今後量産す
る予定のないモデルを量産設計しなければならなく，効率性が低かった。この
ように量産前の新モデルの立ち上げを本国工場ですべて行うことは非効率であ
り，自動車産業においても同様のことが言われていた。

　日本と韓国は，欧米に比べると自動車産業の後発国である。しかし現在は両国とも世界多くの国々に輸出をするまで自動車工業を発展させた点に共通点を持つ。本事例では，その両国の代表的な自動車メーカーである2社を事例として紹介する。トヨタと現代はかなり異質な生産システムを持っていることが指摘されてきた。両社は，異なる生産システムを持っていながらも，2003年のほぼ同時期に類似の機能を持った新しい組織——トヨタ自動車は GPC，現代自動車はパイロットセンター——を本国に立ち上げて，そこにパイロットラインを新設することで，世界同時新モデル立上げの問題を解決できたと評価されている。

　両組織は，量産ラインと離れたところでパイロットラインを新設し，試作と工程開発の機能を持たせたという共通点がある。しかし一見類似して見えるこれらの組織が設立された背景は異なっている。トヨタの GPC は，本国工場の補完的役割を担っているのに対し，モデル工場制の現代は，パイロットセンターを本国工場から独立して機能させようとしたという違いがある。それを詳細に比較分析することで，多国籍企業の海外生産とそのための技術移転のプロセスを学ぶことができる。

2.　トヨタと GPC

2.1　トヨタ自動車の海外進出

　1933年に設立されたトヨタ自動車が輸出を通じて海外進出を始めたのは，1950年代からだった。最初の輸出は米国の軍事援助費による買い付けが大部分を占めていた。そのため正常な輸出だとは言えない部分も多かった。しかしトヨタはそのような状況のなかで，欧米系メーカーが比較的に手薄な地域として東南アジアと中南米諸国を対象として，担当者の現地への派遣，各方面からの調査，ディストリビューターの設置など輸出市場の開拓に乗り出した。

　海外生産は50年代後半から東南アジアや中南米を中心に整備された。ここで，自動車の海外生産を2つのタイプに分けて説明する。1つ目はノックダウン（以下，KD）生産である。これは，自動車の部品を輸出し，組立は現地で行う方式である。2つ目は，一貫生産であり，一般的に自動車の主な生産工程

だと言われるプレス，溶接，塗装，組立をすべて現地で行うことを意味する。トヨタはまず，1950 年代のブラジルを皮切りに途上国を中心とする KD 生産を拡大していった。

　トヨタが海外市場における一貫生産に踏み出したのは，1980 年代からである。1984 年，アメリカの GM との合弁事業である NUMMI（New United Motor Manufacturing Inc.）で北米生産を開始したトヨタは，1987 年アメリカのケンタッキーに独自の工場を建設し，海外生産を行った。この 2 つの工場こそがトヨタの本格的な海外生産の始まりだと言える。

　アメリカでの一貫生産から始まったトヨタの海外生産は 2000 年代に入ってから飛躍的に増えた。図表 3-2-1 はトヨタの国内生産と海外生産台数の推移を表したものである。これをみると，トヨタの海外生産台数が伸び続けてきたことが分かる。1984 年には 15 万台ほどだった海外生産量は，2002 年には 215 万台を超えている。同じ時期に国内生産は波こそあるものの 1992 年の約 420 万台をピークにそれ以上は増えていない。2000 年代以後，国内では工場の改修もしくは委託生産を行うものの工場の数は増やさなかったのに対して，海外では多くの工場が建設された。その結果として，海外生産量が増大したのである。

　急激に海外生産が増えたため，現場作業員に対する人材育成の問題，また海外派遣要員をどう確保するかの問題などが顕在化した。これに関して，2000 年代初頭，トヨタの奥田碩会長は「兵站線が伸び切っている」[1]という表現でトヨタの課題を指摘した。このような問題に対応するために設立されたのが GPC である。GPC は海外事業の急展開に対処し，新工場の効率的な立上げと既存の海外生産拠点の自立化を実現することを支援することを目的としている。GPC の設立により，海外工場に対する支援体制は大きく変化し，国内工場が海外工場を支援するために負っていた負担が軽減されたと評価されている。

　実際に GPC 設立以後，トヨタ自動車の海外生産は急速に拡大する。メキシコ（2004 年），チェコ（2005 年），中国広州（2006 年），アメリカ・テキサス（2007 年），ロシア（2008 年）と毎年のように新しい工場から生産が開始された。これは，トヨタが本格的にグローバル生産・販売体制を拡大する戦略を

図表 3-2-1　トヨタの国内生産と海外生産

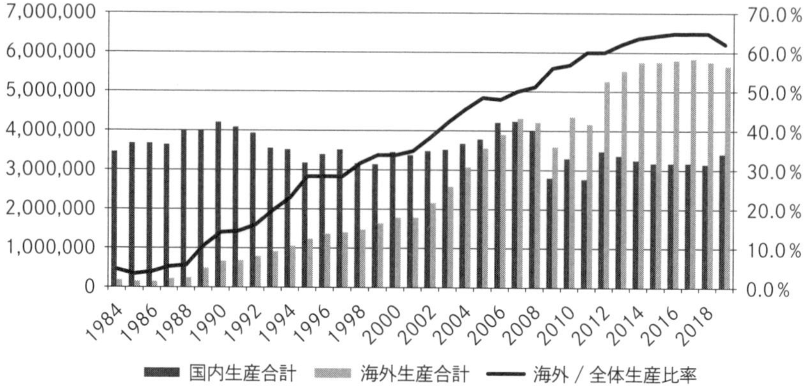

出所：トヨタ自動車ホームページから筆者作成。KD 生産分は国内生産として集計。

取ったからである。先程の図表 3-2-1 から海外生産台数の全体生産台数に占める比率を見ると，徐々に上昇し，2007 年には 50％を超えて国内の生産台数よりも多くなっていることが分かる。

2.2　GPC

　GPC（Global Production Center，グローバル生産センター）は 2003 年 7 月に設立された部署であり，トヨタの車両量産工場である元町工場内に位置している。その設立の背景としては，海外生産の急激な増大が挙げられる。2003 年トヨタは，グローバル生産台数を当時の年産約 600 万台から 2010 年までに年産 1,000 万台に増やすという計画を打ち出した。つまり，8 年で 400 万台を増産するという計画だった。そして，増産分のほとんどは海外で行うことを計画していた。トヨタ自動車のいままでの海外生産の推移を考えるとこれはかなり急ピッチでの拡大である。このように急激に海外生産を拡大した時には，様々な問題点が出てくる。その問題を解決するために設立されたのが GPC である。GPC は 2 つの機能を持っていた。1 つは，国内と海外の人材を育成することとそのためのツール開発，もう 1 つは新モデル切替えの時間を短縮するための機能である。

　GPC はまず，基本技能という車づくりにおいて最も基本的な技能を設定し，

それを現場の作業者にわかりやすく教えるためのツールを開発している。基本技能とは，車をつくる際の標準作業を構成している要素作業を行うために必要な技能である。言い換えると，標準作業は自動車をつくる仕事の正しいやり方，要素作業は正しい仕事をするための1つ1つの作業単位，基本技能は要素作業の正しいやり方と言えるだろう。例えば，自動車の組立工程を考えてみよう。1人の作業者は，1分の作業時間を持ち，その間流れてくる自動車を組立てていると想定する。1分という時間の間どのような作業を行うのか，例えば，「部品を取り上げて，車両の適切な位置に嵌めて，4つのネジを4つの穴に入れて締め付ける」などを定めたのが標準作業である。そして，「部品を取り上げる」，「部品を嵌める」，「ネジを締める」など標準作業を構成する各々の作業を要素作業という。最後に基本技能とは，「ネジを締める」という要素作業を上手に行うために必要な技能であり，この事例の場合は締め付けの技能を指すものである。

　基本技能に関しても各工場間で些細な差が存在する。GPC は国内工場の熟練工を集め，各作業の効率性を測定した。トヨタは国内工場において，改善を続けることで，生産性を上げるためのノウハウが現場に蓄積されている。各工場のノウハウを比較して，生産現場において最も効率的なベストプラクティスを設定した。さらに GPC では，これらの基本技能のベストプラクティスを教えるためのビジュアルマニュアル（VM）を作成している。VM は基本技能をビデオ，動画，アニメなどのビジュアル的な側面と文字で説明するものである。GPC がつくった人材育成ツールや制度によって，トヨタの人材育成効率は大幅に上がったと言われている。特に海外工場では，1人のトレーナーがより多くの新人作業者を教えられるようになり，人材育成の速度が大幅に早くなったという。

　GPC のもう1つの役割は，全世界市場におけるモデルチェンジのスピードを上げることである。従来のモデルチェンジのやり方では，先に日本のマザー工場から始まりその後海外工場に続くというパターンになっていた。マザー工場の生産ラインで新モデルの試験的生産が行われ，最も効率的な生産方法を確定し，それが量産化されてから，そのモデルの生産を海外でも開始するという形になっていた。しかし，このようなモデルチェンジのやり方だと，海外工場

におけるモデルチェンジは，必ず国内マザー工場の後になり，モデルチェンジ
のタイミングが遅くなってしまう問題点があった。海外市場での新モデル投入
が遅れるとグローバル競争では不利である。また，マザー工場が海外工場に新
モデルの量産方法を教えるために多くの人を送る必要があった。

　この問題を解決するために，GPC はモデル切替え時の量産化過程を支援す
るための施設を設置した。GPC には溶接，塗装，組立のパイロットラインが
ある。グローバルに生産するモデルを新しく量産するときには，新モデルの
マザー工場，新モデル生産する予定の海外工場，そして GPC の人員がすべて
GPC のパイロットラインで集まり，量産の準備をする。例えば，次年度発売
予定のモデルを生産するのが日本，アメリカ，中国，トルコだったら，その各
工場から人を GPC に集めて量産設計を行う。そうすることによって，海外工
場の人も量産準備過程に参加し，車の量産に関する知識を直接獲得することが
できるマザー工場からの支援を少なくすることができ，さらに海外での新モデ
ル発売の時期を早めることができる。このプロセスで主導的な役割を果たすの
はマザー工場である。GPC は，量産設計をする場所，設備を提供することと
量産設計における調整役を務める。

3. 現代自動車とパイロットセンター

3.1　現代自動車の海外進出

　現代自動車は，韓国の財閥系企業である現代グループの系列企業である。
1967 年アメリカのフォード社 KD 方式での自動車を生産することから創業し，
1975 年には，三菱自動車との技術提携を通じて，独自モデルを発売する。そ
の後 70 年代は途上国と中東を中心に輸出を始め，80 年代には北米への輸出も
開始した。

　1986 年から現代はカナダに一貫生産の工場を建てる計画を立案した。カナ
ダ工場は以前から輸出を続けてきた北米市場での現地生産拠点として建てられ
た。1989 年からは，カナダのブロモンに建てた工場を稼働させ，北米市場に
対して，完成車輸出と現地生産を並行するようになった。そして，1990 年か
らはカナダ輸出分が韓国工場から完全にブロモン工場に移管され，アメリカ

輸出分の大部分も移管された。しかし，現代自動車が北米現地生産を始めた
1980 年代後半は，北米市場が全般的に縮小していくなかで，日系メーカーの
現地生産が急増した時期でもあった[2]。その結果，北米市場は深刻な供給過剰
の状態に陥っていた。これは，品質，マーケティングの面で弱みを持っていた
現代には大きな打撃となった。北米市場の状況悪化からブロモン工場の稼働率
は低下していった。その後ブロモン工場は，業績悪化により，1995 年 10 月に
は最終的に閉鎖を強いられた。

　1990 年代，現代は，海外生産を大規模市場に大きな投資をしてリスクを負
うより，小規模市場での KD 生産に重点をおいて推進していくようになる。こ
の時期，現代は途上国を中心に小規模の KD 工場を建設することに集中した。
この時期に建設された KD 工場の特徴は，現代自動車の独自資本ではなく，現
地資本との合資を通じて建設されたということである。

　2000 年代前後から現代は再び一貫生産による海外進出を試みる。1998 年に
インドにおいて，閉鎖したカナダ工場の設備を活用して新たな工場を建設し
たことを皮切りに，2002 年には，中国で北京汽車と合弁し，北京汽車の既存
工場を改修して一貫生産を始める。2003 年には，HMMA（Hyundai Motor
Manufacturing Alabama）を設立し，アメリカのアラバマに年産 30 万台規模
の工場を建設した。その後も現代は，需要の成長が見込まれる地域を中心に各

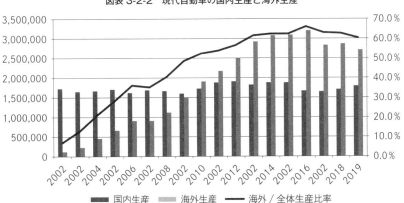

図表 3-2-2　現代自動車の国内生産と海外生産

出所：現代自動車ホームページを基に筆者作成。KD 生産分は国内生産として集計。

国に30万台という大規模の生産能力を持つ工場を建設し，海外生産を拡大していく。

　図表3-2-2は，現代自動車の2000年代以後の国内生産と海外生産台数の推移を表したものである。これをみると，2000年代に入ってから急激に海外生産が増加し，2010年には海外生産が国内生産よりも多くなっていることが分かる。トヨタと同様，現代も2000年代においては，国内工場を増やすことなく，海外を中心に新工場を建設してきた。しかし海外生産は，2016年をピークに減少傾向であり，海外生産比率も下がっている。これは，現代の最も大きなマーケットである中国市場での不振が原因となり，中国工場の生産量が減少したからである。

3.2　パイロットセンター

　現代自動車は韓国国内に南陽研究所（ナムヤン）という中央研究所を持っている。ここは自動車の基礎技術研究，実際の製品開発そして量産設計までをすべて行っているところである。その南陽研究所には開発を完了した車両を実際に工場で生産する前に，工場と同様の生産環境で試作を行い，量産設計を行うことのできるパイロットセンターがある

　パイロットセンターは2003年に南陽研究所に設置された。現代自動車は国内の蔚山（ウルサン）と牙山（アサン），2カ所の乗用車量産工場を持っているが，パイロットセンターは量産工場から離れた南陽に位置している。蔚山工場から南陽研究所までは約340km，牙山工場からは約48kmである。これは，GPCを国内工場の敷地内に設定しているトヨタとは異なっている点である。パイロットセンターを国内工場と空間的に離れた南陽に設置したのは，敵対的な労使関係の問題もあったからである。現代自動車の労働組合は，会社に対して非協力的であり，量産設計における生産性向上に影響力を及ぼす可能性があった。現代自動車の労働組合は，産業別組合に加盟しており，地域的な連携も強いという。特に蔚山地域は，重工業の集積団地があり，労働運動が盛んに行われている地域である。よって，物理的に距離を置くことでその影響力を弱化させる狙いがあった。また，量産工場内の敷地にパイロットセンターを設置するのではなく，研究所の敷地内に設置させたことも労働組合との関係があったと言われている。

　パイロットセンターは大きく2つの機能を持っている。まずは試作車の制作である。試作車を制作するための試作金型・試作部品開発，デジタル図面検証活動などを行い，試作車を制作し各試験チームに引き渡す。具体的には，製品開発のプロセスで自動車モデルや部品などの図面が出てくると，試しに制作してみて実際の形や外観性能をテストしたり，図面をパソコンでモデル化してシミュレーションしたりすることで，製品の信頼性，機能性などを検討することである。もう1つは量産設計である。新車種の開発段階で品質改善活動を行い，大量生産を行った際に必要なものに対する検証活動を実施する。また国内外生産工場の作業者に組立教育を実施する。

　パイロットセンターに所属している生産職勤務者は300人ほどである。初期には本国工場からきた30−40人で始まっているが，現在はパイロットセンターに新規入社した生産職勤務者がほとんどである。非協力的な労使関係のために，現代の作業者は，現場における生産性改善にあまり参加せず，エンジニアが改善を主導してきた。パイロットセンターでも作業者は，パイロットカーを生産する単純業務に従事しており，問題解決や提案活動などはしていない。問題解決とそれを通じた設計変更はエンジニアが担当している。トヨタでは国内工場の作業現場で働いてきた熟練工の役割が多かったのに比べて，現代では現場作業者を重視していないことがわかる。このような労働者への役割付与に対する差が両者の生産システムの最も大きな違いだと言える。

　南陽研究所にはパイロットラインが3本あり，同時に3つのモデルの試作が可能である。あるいは3つの工場のための試作が同時に可能となると言い換えても良い。能力的には，開発車1モデルを3カ月で50台程度試作できるという。

　パイロットラインの役割の1つは，開発中の車をパイロットラインで試作することであり，品質確認試作や量産試作を行うことであった。パイロットセンターが設立される前は，韓国国内の工場量産ラインで試作車を生産していた。しかし既存工場で試作を行うとその生産ラインを止めることになる。そもそも試作のために既存生産ラインを自由に使うこともままならなかった。パイロットラインはこの点で自由に活用できるので，開発車試作プロセスを効率化することを通じて開発期間を短縮することが可能である。また海外工場における新

モデル立ち上げの時間を短縮するために，品質問題や組付作業性を確認することもできる。

　品質確認試作や量産試作に際しては，国内の製造，生産管理，生産技術，品質，購買などの部門だけではなく，海外工場で働く作業者のなかで生産現場のリーダークラス[3]も連れてきて，組付作業の確認をし，あらゆる面からの問題点の検討を行う。この時にリーダーとは，生産作業において，作業者，生産作業などの管理を行う役職をいう。パイロットセンターの設立とその量産設計は，現代自動車のグローバル競争力を高めたと評価されている。

　また，トヨタのGPCの事例でみたのと同様の問題があったこともパイロットセンター設立の重要な目的である。つまり，海外市場における新モデル投入のタイミングが遅れるという問題だった。もう1つ問題だったのは，本国では生産せずに海外工場だけで量産を始める海外専用モデルである。海外専用モデルにおいては，将来的に量産をするわけでもない本国工場がその量産設計を担当すると効率が悪くなってしまう。海外専用モデルの量産設計を担当するためにもパイロットセンターは必要だった。

4．GPCとパイロットセンターの比較

　それでは，最後にトヨタ自動車のGPCと現代自動車のパイロットセンターの共通点と相違点について説明する。

　まず，1つ目の共通点は，新モデルを国内だけではなく，海外市場も合わせて同時に生産，販売していかなければならないという問題に対応するために本国に作られた組織であるという点だ。両組織は，本国工場とは独立したパイロットラインをつくり，そこで全世界の工場の人員を集めて量産設計をすることで生まれた新モデル生産方法（知識）が本国だけではなく，海外生産拠点においても迅速に広げることを可能にしている。

　次に2つ目は，両社がどのように量産設計機能を変更したかである。Clark and Fujimoto（1991）は，新モデル立上げのためのパイロット生産を3つのパターンで分類している。(a)パイロット工場を別に作って行う方法，(b)工場内にパイロット生産のためのラインを設置する方法，(c)工場の生産ラインにおい

てパイロット生産を行い，新旧モデルを並行生産する方法。本事例のトヨタと現代の事例は，どちらも(c)から(a)に移行した事例である。

　相違点の１つ目は，両組織が誕生した目的と背景である。トヨタのGPCは，量産設計の問題と同時に本国工場が海外工場を支援する負担を減らすために設立された。本国工場の影響力は維持しつつその負担を減らす目的を持っているのである。また，生産現場における作業者のノウハウを基本技能として定めた。反面，現代のパイロットセンターは，量産設計問題を解決すると共に本国工場からその機能を切り離すことを目的にしている。前述のように非協力的な労働組合の影響から離れることがその目的にあった。現代は労働組合の影響で，作業現場における生産性改善がうまく進まず，作業者の持つノウハウをそのまま新モデルの標準作業として組み込むことをしてこなかった。それらの差を表しているのが組織の設置位置である。GPCは本国工場（元町工場）の敷地内に設置されているのに対して，パイロットセンターは韓国の国内工場とは離れた本社研究所の敷地内に設置されている。また，これは両者の本国工場の位置づけの違いにも起因する問題である。トヨタは本国工場を生産拠点だけではなく，トヨタ生産システムという知識を生み出す拠点として位置づけているが，現代は単に生産業務を遂行する拠点として位置づけている。このような違いも両組織の設立目的と深く関わっている。

　２つ目として，GPCとパイロットセンターは，その構成人員にも差がある。トヨタのGPCは，国内工場の人材を集め，さらに量産設計のプロセスでも国内マザー工場の人員がそれをリードする。反面，現代のパイロットセンターは，最初は国内工場からの人員を集めたが，その後，パイロットセンター専属の新規人員を配置している。この差は，本国工場の知識に対する考え方を表している。トヨタは本国工場の知識を重視し，それを量産設計につなげているのに対し，現代は研究所の知識を重視し，それを量産設計につなげているのである。

　最後に３つ目は，量産設計以外に両組織が持っている機能である。GPCは，量産設計機能以外にも人材育成機能を担当していた。人材開発ツールを開発し，人材育成のスピードアップに貢献している。パイロットセンターは，量産設計機能以外に試作車制作機能を持っていた。新モデル開発の最後に試作車を生産することで，開発プロセスの最後を担っていると言える。これをみても

GPC は工場寄りの機能を持っていて，パイロットセンターは研究所寄りの機能を持っていることがわかる。

　このようにトヨタの GPC と現代パイロットセンターは，グローバル生産体制構築のための量産設計問題の解決という類似の目的を持って，ほぼ同時期に設立された組織である。しかしその設立背景と詳細機能は異なる部分も多いことがわかった。それは，両社の持つ優位性の違い，つまり生産システムの違いに起因するものだった。トヨタは作業者が現場で主導する生産性改善を行ってきたため，そして現代はエンジニアが主導する生産性改善を行ってきたため，それぞれの強みを生かす方向性で新たな組織を設立している。生産システムの差がそれを移転する組織の設立や運用にも差を生み出しているのである。そして，その生産システムの差は，両社が位置する本国の経営環境，たどってきた歴史などから生まれる。このように多国籍企業は，自国でもつ優位性がどのような性質を持ち，またどのような歴史・社会的背景から生まれたものかによって，それを活用する最適な方法も異なってくるのである。

（徐　寧教）

【注】
1　https://www.toyota.co.jp/jpn/company/history/75years/text/leaping_forward_as_a_global_corporation/chapter4/section7/item4_a.html
2　ホンダのオハイオ工場が 1982 年，日産のスマーナ工場が 1983 年，トヨタの NUMMI が 1984 年，トヨタのケンタッキー工場が 1987 年，三菱のイリノイ工場が 1988 年に生産を開始している。
3　現代では，作業者7〜10名を集めた作業組のリーダーを組長，そして3組を集めてつくった班のリーダーを班長と呼んでいる。日本語の一般的な「組」，「班」という用語とは大小関係が逆になっていることに注意が必要である。

【参考文献】
Clark, K. B. & Fujimoto, T. (1991). *Product Development Performance*. Boston, MA: Harvard Business School Press. (藤本隆宏＝キム B. クラーク〔田村明比古訳〕[2009]『【増補版】製品開発力―自動車産業における組織能力と競争力の研究』ダイヤモンド社。)
現代自動車ウェブサイト（https://www.hyundai.com/）。
トヨタ自動車ウェブサイト（https://global.toyota/jp/）。

【さらなる勉強のために】
塩地洋編著 [2012]『現代自動車の成長戦略』日刊自動車新聞社。
徐寧教 [2012]「マザー工場制の変化と海外工場―トヨタ自動車のグローバル生産センターとインドトヨタを事例に」『国際ビジネス研究』4 (2)，79-91。

徐寧教［2021］『多国籍企業の知識マネジメント』有斐閣。
藤本隆宏［2003］『能力構築競争』中央公論新社。

事例 3-3

中小企業の海外生産

1．製造業の 3 つの態様と中小企業

　海外における生産拠点について理解するには，まず，その業態のタイプを知る必要がある。製造業の態様は，①完成品製造，②部品・素材製造，③受託加工（製造工程請負）に大別できる。

　①の「完成品製造」は，製品を完成させて市場に供給する業態である。最終消費者が直接使う自動車や家庭電化製品，衣料品，食料品など B to C の商品が典型例だが，B to B の商品でも，企業がユーザーとして自ら使う工作機械や計測器，通信機，工具などもこれに含まれる。完成品製造を行う企業は，程度の差こそあれ，自ら販路を確保し，附帯サービスを提供しなくてはならない。大企業の多くがこのタイプに属するが，中小企業ながら，オリジナルの自社開発製品を有し，ユーザー市場に完成品を販売している例も少なくない。

　次に，②の「部品・素材製造」は，完成品メーカーなどに向けて，部品や素材などを供給する業態である。この製造品は，最終消費者がそのまま使うものではなく，完成品の一部として組み込まれたり，原材料として完成品を構成するものになる。板材やバネ，ベアリング，ハーネス，添加剤などが典型例だが，ある程度組み立てられたユニットやモジュールなども，これに含まれる。また，完成品の内部に組み込まれる素材ではないが，研磨剤や溶剤，梱包材なども，これに含められる。ただし，タイヤ，電池，電子記録媒体など，そのまま市場に向けて販売できるものもあり，これを部品とみるか完成製品とみるかは，購入者が最終ユーザーであるか否か，メーカーが自ら市場に販売ルートを有するか否かによって決まるといえよう。このタイプの企業の多くは中小企業に該当するが，後述する自動車部品の Tier 1 メーカーや鋼材メーカーなど，

このタイプに属する大企業もある。

　③の「受託加工（製造工程請負）」は，自社の技術や設備，人員を活かして得意な工程の加工や作業を引き受ける業態である。発注者から材料や中間品を預かって，それを加工して発注元に返すかたちが多い。対象になるのは，例えば，特殊な設備や技術を要する割に小ロットなため完成品メーカーが内製するには効率がよくない工程や，比較的単純な作業だが一時期に大量の処理が必要な工程，などが挙げられる。基本的には，加工の手間や納期等を考慮した工賃が加工業者の売り上げになる。このタイプでは，大規模設備を用いて製造工程のほとんどを一括して請け負う大企業の例などがあるものの，大部分は中小企業が占めている。

　以上のように，製造業の業態は大別されるが，大企業に比べて 3 つのタイプを万遍なく包含するのは中小企業である。これらの違いによって，海外生産拠点の性質も異なってくる。

2.　中小企業の海外拠点～大企業との違い

　中小企業の海外拠点は，大企業と比較して，どのような特徴があるのだろうか。まず，日本企業の海外直接投資の実績をセクター別にみていこう。総務省「経済センサス基礎調査」では，海外に子会社をもつ企業の数と，その海外子会社の数について，企業規模別や業種別にデータを取れる。これによると，海外に子会社をもつ中小企業[1] は，平均して 1 企業当たり 2.1 社の海外子会社を有している。これに対し大企業では，平均して 12.2 社の海外子会社をもつ。やはり大企業の方が多く，1 企業当たり，中小企業の約 6 倍もの数で海外拠点を有している。

　では，業種別にみると，どのような特徴があるか。図表 3-3-1 をみてみよう。大企業の場合，海外子会社の業種で最も多いのは，輸送用機械器具製造業（2,801 社）である。次に，化学工業（2,541 社），情報通信機械器具製造業（1,721 社）と続く。「輸送用機械器具製造業」とは，統計上，船舶や航空機，鉄道車両も含むが，大部分が自動車と自動車用部品の製造業が占めている。続く「化学工業」とは，プラスチックや合成ゴム，塗料などの製造業であり，

図表 3-3-1　大企業のうち海外子会社をもつ企業の数，その海外子会社の数

海外子会社数（左軸目盛）

海外子会社をもつ企業の数（右軸目盛）

業種	海外子会社数	企業数
輸送用機械器具製造業	2,801	154
化学工業	2,541	217
情報通信機械器具製造業	1,721 / 1,681	46
電子部品・デバイス・電子回路製造業	1,390 / 1,332	120 / 107
電気機械器具製造業	1,193	145
生産用機械器具製造業	1,125	75
はん用機械器具製造業	746	64
業務用機械器具製造業	703	46
非鉄金属製造業	700	94
プラスチック製品製造業	657	33
ゴム製品製造業	565	59
窯業・土石製品製造業	444	43
繊維工業	443 / 406	50
鉄鋼業	320	39
その他の製造業	310	68
食料品製造業		78
金属製品製造業	166	16
飲料・たばこ・飼料製造業	147 / 128	10 / 12
石油製品・石炭製品製造業	48	30
印刷・同関連業	18	12
パルプ・紙・紙加工品製造業	8	—
家具・装備品製造業	4	2
木材・木製品製造業（家具を除く）		
なめし革・同製品・毛皮製造業		

出所：総務省「経済センサス基礎調査」。

「情報通信機械器具製造業」とは，携帯電話，ビデオ機器，デジタルカメラ，パソコンなどの製造業を指す。なかでも，日本を代表する産業である自動車産業が，広くグローバル市場を狙って，多くの海外拠点を展開していることがわかる。

　一方，中小企業の場合，海外子会社の業種で最も多いのは，生産用機械器具製造業（739 社）である（図表 3-3-2）。そして，はん用機械器具製造業（593社），金属製品製造業（482 社）と続く。「生産用機械器具製造業」とは，工作機械や産業ロボット，建設機械，半導体製造装置ほか，主に工場で使う各種設備などの製造業を指し，「はん用機械器具製造業」とは，ポンプやボイラー，原動機，運搬設備などを作り，「金属製品製造業」とは，刃物や金物，金属素形材，ボルト，ナットなどを製造する業種である。ここから，中小企業の海外子会社の多くが，顧客企業の生産活動で使用する設備や部品を供給しているこ

図表 3-3-2　中小企業のうち海外子会社をもつ企業の数，その海外子会社の数

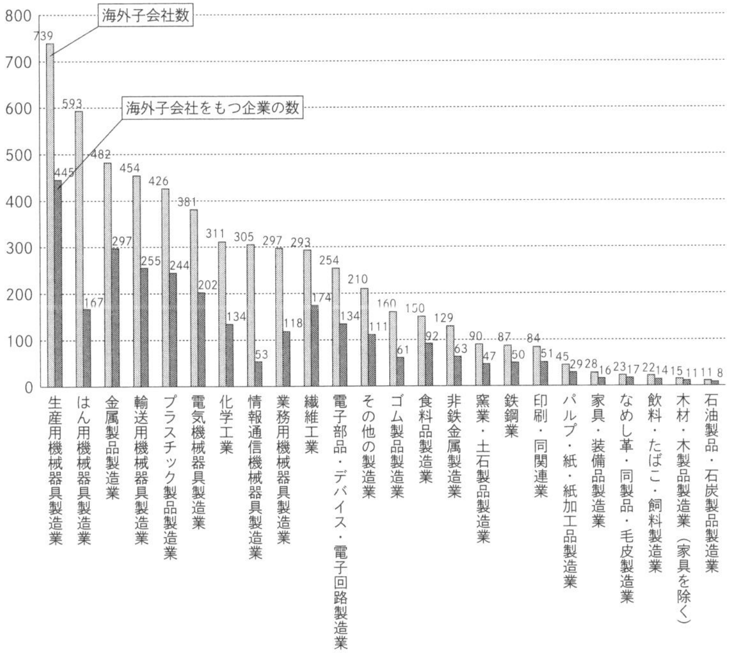

出所：総務省「経済センサス基礎調査」。

とがわかる。

　これらのことは，自動車産業をモデルにして捉えると理解しやすい。自動車という製品は，極めて多様な部品群から構成されており，その部品点数は2～3万点に及ぶことが知られている。こうした自動車の生産体制は，完成車メーカーを頂点とするピラミッド型の重層構造となっており，図表3-3-3のように，Tier 1，Tier 2，Tier 3（1次取引，2次取引，3次取引の企業）などと呼ばれる各層を通して，数次にわたるサプライチェーンが形成されている。この構造は，日本国内のみならず海外でも同様に存在する。上述のデータでみたように，大企業の海外子会社で最も多い自動車メーカーや自動車用部品メーカーは，このピラミッドの頂点やその直下の層（Tier 1）に位置し，自動車の完成品や車体・装備品などのユニットを製造している。

　そして，中小企業の海外子会社で最も多い生産用機械メーカーやはん用機械

図表3-3-3　完成品メーカーへの部品供給構造

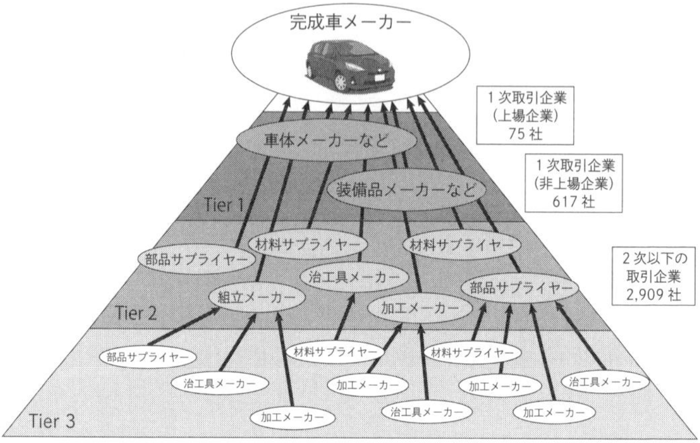

資料：中小企業白書（2007年版）に基づき作成。

メーカー，金属製品メーカーは，Tier 2やTier 3などに位置し，自らの製品を完成品メーカーやTier 1などに納入しているのである。図表3-3-3の表現では，あたかも上位・下位の関係にみえるが，むしろ裾野に位置する企業こそが自動車産業の基盤を支えているのであり，サプライヤーなくして完成品メーカーが成り立たないことは，もちろん言うまでもない。

　このように，同じ海外に設けた生産拠点であっても，中小企業と大企業の子会社は，性格や機能の面で大きく異なっていて，それぞれ別の重要な役割を果たしているのである。

3．中小企業の海外生産の実際

　これらのことを踏まえ，実際に海外子会社をもつ生産用機械器具製造業と金属製品製造業の2社の事例（経営者インタビュー[2]）をみてみよう。

3.1　H社
⑴　事業内容と海外直接投資の概要
　　～大企業の量産現場を支える生産機械メーカーの姿
　当社は，愛媛県に本社を構え，生産用機械器具の製造・販売を事業内容とす

る。本部と海外拠点の協働体制のもと，主力製品として自動車分野や情報通信分野などに自動機（生産用機械）を供給するほか，オリジナルの要素技術を活かした画像処理装置を提供するメーカーである。1961 年に板金加工業として創業し，暖房機用部品の板金加工を受注したことで大手家電メーカーとの取引を始め，その後，ビデオデッキの量産を支えることになった。1973 年には，大手家電メーカーで生産の自動化のニーズが高まり，自動機の開発に一緒に取り組むことになった。1985 年の円高以降，仕事が激減したが，全国の工場を軒並み回って受注獲得に力を注ぎ，業績を再び向上させた。現在は，国内，タイ，中国の 3 拠点において，FA（Factory Automation）事業として自動機を製造し，その売り上げが全体の 9 割を占める。

　顧客別に自動機の需要をみると，自動車メーカー，同部品メーカー向けが約 6 割で，車載機器類をつくる家電メーカーを含めれば，自動車関連製品が約 8 割に上る。電動化等を受けて，自動車業界の生産ライン再編が進んでおり，自動化投資が盛り上がっている。このほか，医療機器メーカー向けや情報通信機器関連の製品もあり，例えば，スマートフォン用部品の生産ラインを納入した経験もある。海外需要については，主に日系メーカーのタイや中国の生産拠点向けに輸出を行い，日系大手部品メーカー経由で外国系完成車メーカー向けの設備も供給している。

(2)　要所要所で独自の自社技術を活かし，オーダーメードで生産

　自動機の製造は，受注から納入までには，おおむね半年から 9 カ月（組み立てに約 2 カ月）もかかる。オーダーメードがほとんどで，1 ラインの価格が 2 ～3 億円になる場合がある。同じ仕様は 1 回限りが多いが，時には，日本の工場でうまく稼働した自動機を海外の生産拠点にも展開するため，同種のラインを複数回受注することはある。

　生産体制を区分すると，部品の切削加工は，グループ会社の 1 社が担当する。表面処理や板金は外注することが多い。生産ラインに組み込むロボットは，ロボットメーカーから調達するが，ロボットに取り付ける機能部品は，個々のニーズに合わせて内製している。制御ソフトは内製し，プログラミングも自社で行う。要素技術の 1 つである画像処理の技術は，かつてはユニットご

と外部調達していたが，理論を学んで内製できるようにした。こうして，要所要所を自前の技術で押さえたうえで，事業全体における内製割合は約4割としている。

(3)　高精度の加工や組み立てで発揮される技能と技術力

加工時の精度は，100分の1ミリレベルで要求される。加工の精度だけでなく組み立ての精度も高くなければならない。ベースプレートの上に多数の部品を組み上げるときのわずかな歪みも，蓄積すれば大きな問題になるからだ。当社の強みの1つは，この組み立ての現場で発揮される技能と技術力である。自動機を組み立てて据え付ける際には，ユーザーの工場内でスムーズに稼働するように，前後の工程を含めた微細な調整が必要になる。この現場での調整力が顧客から高い評価を得ている。他社が行う据え付け作業と比べて，目に見えて短期間で済むと評判だ。ある案件がコンペになった際，発注元の製造現場の人たちが当社の調整力を高く評価してくれて受注を獲得したこともある。

(4)　少数だからこそ可能な国内外拠点の統一的なコントロール

数年前から，得意先の大企業のOBに社外アドバイザーを依頼し，工場内の生産現場の改善に努め，その成果がかなり表れてきた。すべての部品や材料にバーコードを付けて管理し，部品が今どこに流れているのかを完全に見える化した。日本，タイ，中国の3拠点の間でも遠隔で追跡できるようにし，不良品が流れないよう進捗状況をリアルタイムで把握することができるシステムを構築している。工場内の流通が整って，部品を探すような無駄な作業が減り，生産効率が高まった。その結果，従業員の年収を減らすことなく，残業時間を含めた実労働時間が減少，収益率も向上した。生産性向上の取り組みを，国内外3拠点で競い合う形にしており，年に数回，いずれかの拠点に集まって成果を発表し合っている。また，月に1回，社長が3拠点の改善の度合いを見て回る活動も行っている。

(5)　海外拠点における能力向上・人的交流・細かな配慮

国内の設計・開発の担当者は100人以上いるが，海外拠点にも開発能力を

もたせるようにしている。中国拠点の設計担当のリーダーは，拠点立ち上げ時からいる中国人に任せている。タイ拠点の設計担当リーダー，制御担当リーダー，組み立て担当リーダーは，日本人が3〜5年の交替で行っている。両拠点とも日本と同じレベルで開発できるようになってきた。拠点間の人員交流にも努めており，1年単位でそれぞれの海外拠点から数名ずつ，日本へ実務研修のための配置転換を行う場合がある。また，組み立て担当は，生産ラインの据え付けのため，誰でも海外に行く機会がある。長期の海外出張もある。

3.2　E社

(1)　事業内容と海外直接投資の概要
〜高品質で競争力のある製品を量産する部材メーカーの姿

当社は，新潟県に本社を構え，ゴルフクラブヘッド，メタルスリーブ製品（シームレスパイプ），鍛造部品，医療機器の製造・販売を事業内容とする。

1950年，金属加工が地場産業となっている新潟県燕町（当時）で創業した。1960年代に製造を開始したステンレスキッチンツールで高い業績をあげた。高度成長期に入り，製造品目の多角化を進め，ゴルフクラブヘッドの製造に着手し，大手メーカーのブランドで販売するOEMに特化する戦略をとって，生産量を伸ばした。1989年には，タイに生産拠点を設立。日本企業のアジア進出ブームに先立って，いち早く海外での量産体制を整えた。現在，鍛造のゴルフクラブヘッド，ステンレスの産業資材，鍛造の産業資材という3事業を柱にしている。

(2)　製造業の重要な基盤的技術の1つである鍛造技術が強み

中核製品は，鍛造ゴルフクラブヘッドである。もう1つの事業の柱である産業資材の鍛造事業も，ゴルフクラブヘッドの製造で培った独自の鍛造技術を応用している。産業資材の事業は，自動車部品が中心で，その生産ラインは，すべてタイの生産拠点にあり，3つある現地法人の1つが運営し，現地にある日系 Tier 1 企業との間で直接商談を行っている。自動車産業が集積しているタイにおいて，エンジンや変速機，車軸，駆動系部品など，高い強度と耐久性が必要な部品のニーズに鍛造技術で応え，サプライヤーとして確かな地位を築い

ている。

　当社製の自動車部品は，日本はもちろん，欧米自動車メーカーにも採用されている。近年では，アジアにおいて農業の機械化も進んできたことから，農業機械の部品が有望と考え，その製造にも乗り出している。

　医療機器の整形外科用インプラント製品も供給している。この分野には，グローバル企業なども参入しているが，普通は材料から削り出しを行ってインプラントをつくる。一方，当社では，強みの精密鍛造技術をもとに，後加工不要なネットシェイプ鍛造により生産することで，鍛造肌をきれいに仕上げている。これによって，大幅な工程削減と低コストを実現した。

　⑶　単なる量産工場ではない，高い技術・技能・設備を備えた海外生産拠点
　当社は，海外の豊かな経営資源を活かして量産能力と価格競争力を高めるとともに，早くから進出して生産技術・ノウハウを蓄積し，品質をも高めてきた。現在では，タイの3現地法人で3工場をもっている。この国際分業と一貫生産の体制は，その後の成長を大きく支えてきた。本社と3工場間の国境を越えたコミュニケーションで，発注元の要望に迅速に対応できる点が決め手となっている。

　1989年設立の1番目のタイ工場は，ゴルフクラブヘッド製品の生産拠点である。他の2工場と連携し，ほぼすべての製造工程を自社で行う一貫生産体制を構築している。1992年設立の2番目のタイ工場は，シームレスパイプの生産拠点である。効率的な生産ラインで品質管理を徹底し，高品質製品を生産している。さらに，1996年設立の3番目のタイ工場は，金型工場を併設する鍛造工場であり，自動車用などの鍛造部品とゴルフクラブヘッドの鍛造を行っている。

　タイの生産拠点には，ハンマー型の鍛造マシンが17台，プレス型の鍛造マシンが5台ある。主に，ハンマー型で自動車部品を生産し，プレス型でゴルフクラブを生産する。産業資材の分野では，プレス加工よりも工具の高い技能を要するハンマー型鍛造加工の優位性を活かしていくつもりだ。この分野で世界的にもトップの品質を目指していく。そのために，生産設備を徐々に増強しながら，国内工場から指導役の工具を海外派遣し，日本で培った金型製作やハン

マーによる鍛造，精密鍛造，仕上げ等に必要な高い技術・技能をタイに移植した。今では，タイ人の指導役も育ち，タイ人同士で腕前をチェックできる。

(4)　製品開発から高品質仕上げまで日本工場と海外工場が連携する体制

　製品開発では，まず日本で，発注元の製品コンセプトをもとに図面を起こし，構造力学上のシミュレーションを行う。次に，試作職人が原型になるマスターモデルを手作業で作成する。数値では表し切れない打感や打音といった感性の部分に及ぶ性能を引き出すため，熟練した職人が担当する。発注元のOKが出たら，マスターモデルの3次元データに基づき鍛造金型の設計を行う。出来上がった設計図はタイの生産拠点に送られ，タイで精密な加工を行って金型を製作する。金型を内製化しているため，発注元の細かな要望にも迅速に対応できる。

　その後，金型をセットして量産を開始する。高強度・高精度が実現できる精密鍛造を行った後に，鍛造品を切削加工し，部品間の接合面の形状を整える。その後，自動研磨加工と，熟練工による手作業の研磨を組み合わせることで，複雑な形状でも滑らかな表面仕上がりと，マスターモデルに忠実な製品形状を実現している。最後に，自動化されためっきラインや塗装工程を通して，製品として完成する。こうしたモデリング技術，金型設計能力，精密鍛造，研磨技術などが当社のコア技術になる。

4．中小企業の海外生産の特徴

　以上，見ての通り，H社は，中小企業の海外子会社で最も多い生産用機械器具製造業の例，E社は，同じく3番目に多い金属製品製造業の例である。H社がつくる自動機の納入先は，自動車メーカー，同部品メーカー，車載機器類の家電メーカー向けなど，自動車関連製品が大半だ。近年，特に生産ライン再編が進む自動車業界において，H社は高い需要に応えている。また，E社が鍛造でつくる産業資材は，すべて海外生産拠点から，現地にある日系Tier 1の自動車部品メーカーに納入している。エンジンや変速機，車軸，駆動系部品など，高い強度と耐久性を要する部品のニーズに，E社は得意の鍛造技術で応え

ている。

　発注元である自動車関連メーカーの典型的な形態と言えば，大規模な設備を備え，大量の人員を投入する組み立て工場だ。例えば，日系大手完成車メーカーでは，サプライヤーから供給された部品を使って，1km 以上の長さにも及ぶ組み立て（アッセンブリ）ラインが昼夜稼働し，流れ作業を行う数百人以上のライン従事者が働いている。H 社は，そうした生産ラインに組み込まれる自動機を受注しているのだ。

　これに対し，中小企業の生産拠点の典型的な姿は，素形材の部品や，部品の集合体であるユニット，あるいは生産用の工具や機械などを製造する工場だ。鋼板やプラスチックなどの素材をもとに，機械操作と手作業を交えて加工や組み立てを行っている。そこでは，大企業の量産工場とは異なり，職人的な技術や技能（E 社の鍛造，H 社の手作業による組み立てなど）を活かす仕事が多い[3]。例えば，H 社では，切削加工などの精度は 100 分の 1mm レベルが求められる。組み立ても高精度を要し，多数の部品を組み上げる際，わずかな歪みも蓄積しないよう，手作業で慎重に作業している。また，E 社では，海外工場の精密な加工技術で金型を製作する。その金型をセットして量産を開始。高い技能を要するハンマー型の鍛造加工で高強度・高精度を実現している。

　こうした事実は，経済産業省「海外事業活動基本調査（2019 年度実績）」のデータにも表れている。同調査結果からは，海外子会社の従業員数を知ることができる。これをみると，生産用機械器具製造業の海外子会社 1 社当たりの平均従業者数は 84 人，はん用機械器具製造業は 120 人，金属製品製造業は 139 人である。少数精鋭の技能者集団である中小企業の姿が思い浮かぶ。これに対し，輸送用機械器具製造業の 1 社当たり平均従業者数は 500 人，前者の 3〜6 倍となっており，大人数で大規模な生産ラインを回している大企業の姿がうかがわれる。

　大企業が操業するトップクラスの完成車工場では，生産台数を稼働時間で割った 1 台当たりの生産時間（タクトタイム）が 60 秒を切るほどで，極めて高い生産性を誇る。規模の経済や資本力で劣る中小企業の工場では，さすがにそこまでの高生産性は望めないが，小規模であることの利点を生かした情報交換，統一した管理，人的交流，技能系労働者の育成などで生産性の向上が図ら

れている。例えば，H 社では，全部品・全材料をバーコード管理し，完全な見える化を実現。国内外 3 拠点の間でも遠隔で追跡でき，工場内の流通が整って効率が高まった。こうした生産性の向上を 3 拠点で競い合っているという。このように，中小企業の工場は，自らの現場に適した独特の生産性向上策を実行している。大企業と異なり，拠点が少数だからこそできる統一的な拠点制御・交流である。

　最後に，生産の面以外に目を移して経営人材や組織の面をみると，中小企業では，日本国内にある親会社の社長が，自分の兄弟や子息などを海外拠点のトップに据えるという例も多い。国内外の拠点間連携がより緊密になったり，後継経営者に経験を積ませたりする取り組みとして効果があるのだ。こうしたことも，大企業とは異なる，中小企業の海外拠点ならではの特徴といえよう。

APPENDIX 3-3-1
補論：製造業の戦略をめぐる理論的枠組みとの関係
https://www.bunshin-do.co.jp/contents/5234/appendix_0303.html

（海上泰生）

【注】
1　経済センサスの集計区分に従って，ここでは便宜的に，資本金 3 億円以下を中小企業とし，同 3 億円超を大企業とした。
2　海上泰生［2020］「構造変化に対応するスポーツ用品製造業の事業展開 —市場の縮小を乗り越える強いメーカーの成長戦略—」日本政策金融公庫『日本政策金融公庫論集』第 46 号，47-68。海上泰生［2021］「中小企業が支えるものづくりの自動化　Vol.3　活躍する自動機メーカーの姿」日本政策金融公庫『調査月報』No. 148，26-29。
3　ここでは，それぞれの代表的・典型的な姿を示しており，もちろん，中小企業にも手作業を伴わない完全自動化された工程や装置産業的な工程はあるし，大企業にも組み立てラインだけではなく，素材から重要部品を内製している工程はある。

事例 3-4

タイにおける
日用品メーカーの国際マーケティング

1．はじめに

　長年，日本企業の国際ビジネスの課題はマーケティングにあると言われてきた。例えば藤本（2004）は，日本の製造企業はグローバルな生産・サプライチェーンの管理のような「裏の競争力」の構築には熱心だが，戦略策定やマーケティングという「表の競争力」が後手に回ると指摘している。ではなぜ，日本企業は海外でのマーケティングにつまずくことが多いのだろうか。日本企業のマーケティング能力そのものに根本的に問題があるのだろうか。それとも，マーケティング能力そのものは問題ないが，海外でのマーケティングにおいて必要とされる「何か」が足りないのだろうか，あるいは，海外では何らかの理由によりマーケティングの基本を実践できていないのだろうか。

　国際マーケティングにおいて必要とされる能力を検討するために，本事例では，タイの日用品，特に衣料用洗剤市場における企業（ブランド）間の攻防を取り上げる。第二次世界大戦後，アジアの中でも早くから経済成長を遂げてきたタイは，消費財メーカーの長年にわたる激戦区であり，様々な興味深い国際マーケティングのエピソードの舞台となっている。

　なお，本事例で取り上げる企業については，少なくとも「マーケティング能力そのものに問題がある」という指摘は当たらない。花王は国内最大の日用消費財メーカーとして，ブランド力，消費者のニーズを的確に把握する調査力，数多くの商品を送り出してきた開発力，流通チャネルの根幹を支える販社に定評がある。ライオンも花王の長年のライバル企業として，得意分野であるオーラルケアを筆頭に強力な国内マーケティングを展開している。しかし，花王・

ライオンとも早くから海外進出を行っているにもかかわらず，国内での強さに比べ，海外での実績は欧米競合に対して今一つである。例えば，連結売上高に占める海外売上の比率は花王が約36％，ライオンが約29％に達しているものの，P&Gの北米以外の売上比率が約53％，ユニリーバに至ってはヨーロッパ以外の売上比率が約78％に達している[1]のに比べれば，見劣りがする。

　日本企業の国際マーケティング能力に関して，研究者がよく指摘してきたのは海外市場に対する適応能力（Bartlett & Ghoshal, 2002）である。他方，実務家からは，しばしば海外ではマーケティングの基本が実践できていないという問題も指摘される。本事例は，国際マーケティングにおいて必要とされる様々な能力について考える手掛かりを読者に提供する。

2．タイの衣料用洗剤市場

　今日の日常生活に欠かせない商品の1つである洗剤は，1950年代に世界中に普及した。当時，タイ人は洗剤ではなく固形石鹸を用い，洗濯機ではなく手で衣類を洗っていた。58年にコルゲート・パーモリーブ社が輸入販売を始めた「ファブ」は，タイで初めての衣料用洗剤として有名になり，瞬く間に洗剤の代名詞となった。60年代前半，タイ政府が外国製品の輸入関税を大幅に引き上げたため，ユニリーバは64年に「ブリーズ」の現地生産を開始し，花王，ライオンも輸入販売から切り替え，64年，66年にそれぞれ現地企業との合弁により現地生産を開始した。各社の現地生産によって洗剤のマーケティング競争はますます熾烈となったが，後述するように，やがて「ブリーズ」が「ファブ」を抜いてトップシェアを占める。その後，ライオンが80年代，花王が90年代にそれぞれ新しい洗剤ブランドによって台頭し，全体の売上業績も伸ばしてきたが，ユニリーバが洗剤業界の首位を守る構造は変わらなかった（図表3-4-1）。なお，一旦タイに参入後に撤退していたプロクター&ギャンブル（P&G）が，2006年に「ファブ」を含むコルゲートの東南アジア事業を買収したので，現在ではタイの「ファブ」はP&Gのブランドとなっている。このようにタイの洗剤市場では多国籍企業が有力だが，現地企業にもライオンの合弁相手であるサハパット社をはじめとする有力企業が存在する。以下では，

図表 3-4-1　洗剤メーカー各社のタイにおける業績推移

年	ユニリーバ		コルゲート		ライオン		花王		P&G	
	売上高	純利益	売上高	純利益	売上高	純利益	売上高	純利益	売上高	純利益
1976	735	79	508	85			68			
1979	1,301	78	716	40			185			
1982	2,076	109	1,249	18	734	8	451			
1985	2,412	311	1,444	-33	923	9	540	24		
1988	2,813	205	1,806	-1	1,506	26	750	1	200	
1991	3,871	172	2,436	-10	1,732	33	1,628	30	2,000	
1994	10,908	487	5,208	183	1,809	57	2,391	33	3,805	250
1996	13,546	705	5,526	65	2,581	39	3,123	80	5,017	235

出所：1976-1991: International Business Research, *Million Baht Business Information Thailand*.
　　　1991, 1996: Advanced Research Group Co., Ltd., *Thailand Company Information*.
　　　1994: Business Research & Data Center Co., Ltd., *Business Profile Thailand 1996-1997*.

ユニリーバ，ライオン（サハパット社），花王の3社を軸に，1950年代から90年代にかけてタイの洗剤市場で展開された競争を紹介する。

3．ユニリーバの「ブリーズ」による市場制覇

　ユニリーバはオランダのマーガリン・ユニとイギリスの石鹸企業リバーブラザーズ社の合併により1929年に誕生した英蘭系の多国籍企業である。ユニリーバの前身，リバーブラザーズ社は，タイのラーマ4世から王室への石鹸供給を乞われ，1908年にタイに進出した。32年に現地子会社を設立し，54年にリバーブラザーズ社（Lever Brothers (Thailand) Ltd.），97年にユニリーバ・タイ・ホールディングス（Unilever Thai Holdings Ltd.）と改称し，現在に至っている。

　ユニリーバは1962年に「ブリーズ」を上市したが，当時タイのナンバーワンの洗剤ブランドはコルゲートの「ファブ」であった。「ブリーズ」の投入に先立ってユニリーバは周到に市場調査を行い，泡立ちの良さ，洗浄力，魅力的な香りを付け加え，タイ独自のニーズに応えた。「ブリーズ」は「ファブ」との激しい競争を経て68年にシェア首位に立った。

　この時の「ファブ」と「ブリーズ」のマーケティングは対照的であった。当時，洗剤業界では景品競争が過熱していたが，コルゲートは乗用車を景品とす

る「ファブ」の極端なキャンペーンを展開し，景品競争をリードした。タイの消費者はこぞって「ファブ」を購入したが，実際には当選数が非常に少なかったため，消費者の混乱と「ファブ」に対する不信を招いた（Wiriyabanditkun, 2009）。他方，ユニリーバは，景品競争はほどほどにし，マーケティングの本質的な部分に力を入れた。まず，ブランドを浸透させるために，広告宣伝に非常に力を入れた。同社はタイ国内で最も広告宣伝に投資する企業として知られており，タイ国内の広告支出ランキングでは 2 番目の企業を引き離して圧倒的首位に立っている（Ambien Media, 2011）。ユニリーバの広告の強みは資金力だけでなく，表現力や戦略提案力に優れる広告代理店 SSC ＆リンタス社（SSC & Lintas (Thailand), Ltd.）を起用したところにある。リンタス社はユニリーバの企業内広告部門を源流に持つ独立代理店で，グローバルな消費財メーカーの広告を手掛けて自らも世界展開しており，このような強力な代理店との関係は大きな強みとなっている。

　加えてユニリーバがタイ市場を制覇する上で最も重要だったのが，全国に根を張るチャネル（販売経路）の構築である（Tosomboon, 2003）。スーパーマーケットが登場していなかった 1960 年代，全国に商品を行き渡らせるには，メーカーと小売を仲介する中間流通を整備する必要があったが，イープア（二盤）と呼ばれるタイの伝統的な卸売業は，地方への取引のネットワークに欠け，その十分な役割を果たすことができなかった。かといって全国の倉庫や物流人員への投資を直接自社で賄うのはコストがかさむ。そこでユニリーバが取り入れたのが，「ストッキスト」という委託業者を全国各地に張り巡らせる方式である。ストッキストは各地の受け持った地域の倉庫管理に専念し，ユニリーバが派遣するセールスマンが商品の配送・販売・会計の責任を負った。ユニリーバのセールスマンは全国の零細小売店の店頭にきめ細かな巡回を行い，商品が品切れにならないように補充した。ストッキストの数は全国 60 店近くに達し，ユニリーバはストッキストを通じて約 20 万店の全国小売店の店頭に商品を配荷した。

　このようにユニリーバがタイでマーケティング原則を徹底する上で重要な役割を果たしたのが，バイロート（Viroj Phutrakul）のような現地人材である（井原，2017）。バイロートは 1959 年に入社後，最前線のセールスマンを経て

販売部門の長となり，ストッキスト方式の創設に貢献した。その後，3年半のイギリス本社の国際事業部門経験を経て，79年のタイへの帰国と同時に現地法人の社長となり，95年までその地位を務めた。彼は華人系タイ人としてタイの事情をよく知るだけでなく，本社での勤務経験を経てユニリーバの経営理念やマーケティングを熟知するという長所を併せ持っていた。

　このようにして，ユニリーバは「ブリーズ」を通じてタイの洗剤市場の覇者となった。その後も「ブリーズ」はタイ市場でトップシェアを占め続けたが，それは以下に見るように，繰り返し現れる挑戦者に対して効果的な防御策を取ったからである。

4．ライオン（サハパット）の「パオブンジン」の物語

　タイライオン（Lion Corporation (Thailand) Ltd.）は，日本のライオンとタイのサハパット社（消費財サハ・グループの中核企業）との合弁会社である。サハパット社は潮州系の華人，ティアム・チョークワッタナーによって創業された日用雑貨品の輸入販売店，協成晶を原点とする（Wiriyabanditkun, 2009）。ティアムは息子のブンヤシットとともに1955年から61年にかけて京都・大阪で商売を営んだ間，ライオンの小林寅次郎と親交を重ねた。タイに輸入販売したライオンの商品が好調であったため，サハパット社は67年にライオンとの合弁会社を設立し，ブンヤシットが初代社長となった。タイライオンの特徴は日本側・タイ側がほぼ1：1の合弁会社[2]であり，その提携関係が50年以上にわたって持続したことにある。

　当初，タイライオンは日本の洗剤ブランド「トップ」の名称を一部用いたブランドを展開していたが，「ファブ」，「ブリーズ」との激しい競争により，じり貧になっていた。タイライオンは地方・低所得の消費者に改めて目を向け，1975年に新たな洗剤「パオブンジン」を発売した。「パオブンジン」の名称は，中国宋代に実在した有名な裁判官である包青天に由来する。ティアムは台湾で流行していた包のテレビ番組を視聴し，同番組をタイに持ち込むこと，洗剤のCMをタイアップすることを着想した。公平・公正をコンセプトとする洗剤のブランド名は「パオブンジン」とし，パッケージに包を演ずるひげ面

の俳優と判官を象徴する秤を描いた（図表 3-4-2）。日本のライオンの技術により「パオブンジン」の品質は安定しており，洗剤の粉末は他のどのブランドのものよりも白さで優っていた。1,050 グラムサイズで 20 バーツという価格も，同サイズで 27 バーツ程度の他ブランドに比べて安価であった。そして公正な価格・公正な品質を，パオブンジンの CM に乗せて訴えた。このようなブランド・コンセプトに対しては社内では反対意見もあり，うまくいくかどうかは賭けであった。しかし結局のところ，1986 年の「パオブンジン」の洗剤市場でのシェアは約 27％に達し，タイライオンの地位は 3 強の一角に押し上がった（井原，2022）。タイで民主化，民族主義運動が盛り上がった直後という時代の風潮もあり，英語風のブランドネームが多かった他の洗剤に対し，中国風の「パオブンジン」は，「ローカル」を志向する消費者に強くアピールしたのである。

　広告に関しては，グループ内のファーイースト・アドバタイジング社（Far East Advertising, Co., Ltd.）を起用した。同社は欧米系の代理店に比べ，スキルや戦略性に見劣りがしていた。しかしティアムがライオンからマーケティング手法を取り入れつつ，ファーイーストに対して数々の助言を行った結果，同社はタイ人のマーケターが育つ学校のような存在となった。チャネルに関しては「パオブンジン」発売後に改革を行った。当初は日本のライオンのような卸との共存共栄型のチャネルを模索したが，日本とタイの流通条件の違いからそれを不適切と判断した。代わって，ユニリーバのストッキストに近い「ソーロー」というディーラー方式を取り入れ，取引するディーラーの数や小売店は，ユニリーバに大きく遜色ないまでになった。ただし「ソーロー」は必ずしもサハ・グループの専属業者ではなく，地方によっては他社ブランドも扱うこともある[3]。

　当初は好調な「パオブンジン」に意表を突かれていたユニリーバも，1979 年に効果的な反撃を開始した。まず新「ブリーズ」には，新作の化粧品に劣らない良い香りを付け加え，広告でも新しい香りを強くアピールすることにより，ブリーズの立ち位置である「香りの良さ」を消費者に改めて印象づけた。さらにパオブンジンの価格優位を揺るがすために 20 バーツサイズの「ブリーズ」を用意した。こうした対応によって「ブリーズ」のシェアは 48％にまで

図表3-4-2　「パオブンジン」のパッケージ写真

出所：ライオン株式会社アーカイブス室提供。

回復し，一連の防衛策は効果を上げた（Wiriyabandikun, 2009）。「パオブンジンン」の台頭によって最も影響を受けたのは，花王の「ビック」をはじめとする「ブリーズ」以外のブランドであった。

5.「アタック」による花王の攻勢

　花王は1957年に発売した「フェザーシャンプー」によってタイで人気を博し，64年に台湾出身の華人企業，大新との合弁会社タイ花王実業（Kao Industrial (Thailand) Co., Ltd.）を設立した（花王ミュージアム・資料室編，2012）。その後，洗剤「アサチャン」や「ビック」を展開したものの，他ブランドとの競合に押され，特に「パオブンジン」登場後は，花王のタイの洗剤市場でのシェアは3％程度まで低迷していた。

　花王は日本では徹底的な市場調査を誇るマーケティング指向の会社であり，タイでも洗剤の市場調査を行っている。花王がタイでしばしば行ったブラインド調査は，ブランド名を隠して複数の洗剤を消費者に使用させ，印象を聞くというもので，その結果，洗浄力そのものには差が出ないが，漬けおき洗いをするタイでは，泡立ちが重要であることに気づいていた（井原，2000）。花王のタイローカルブランド「ビック」はそうした現地のニーズに適応した配合組

成になっていたものの，それぞれ個性的で強力なブランドである「ブリーズ」（ユニリーバ），「ファブ」（コルゲート），「パオ」（ライオン）に阻まれ，低い地位から抜け出せずにいた。

　起死回生の打開策として花王が目を付けたのは，当時日本で人気が急上昇していた濃縮粉末洗剤である。まだ枕のような大きさの在来洗剤しかない当時のタイでは，濃縮洗剤は明確な機能（コンパクトさと洗浄力）による差別化が図れる。「アタック」の発売に合わせて，花王本社から派遣された日本人の社長やマーケティングスタッフが中心となり，タイでのマーケティング戦略全体も立て直した。そもそもターゲットとする消費者層が明確でなかったのに対し，都市部の比較的高所得層を標的とした。広告は日本と同じ機能性をアピールする「スプーン一杯で驚きの白さに」をタイ語にし，タイでも有力な存在となっていた日系代理店を通じて積極的に広告を展開した。

　ちょうどこの頃，花王はタイ国内のチャネルを整備していた（井原，2018）。合弁相手に頼るのをやめ，単独で全国18カ所（後に15カ所→12カ所に削減）に営業所を整備し，工場から小売店への48時間配送を実現した。小売直販のメリットは値崩れが起きにくいこと，店頭への配送スピードが速いことであるが，デメリットとしては，スーパーマーケット以外の個人商店の店頭への商品配荷はあまりできなかった。

　「アタック」は1989年にタイで投入されると，直ちに都市部の消費者を中心に好評を博した。普段は広告予算で完全にユニリーバに押されていた花王も，この時ばかりは積極的に広告に投資した。それと同時に直販チャネルを生かして店頭へのスピーディーな配荷を実現した。

　「アタック」の登場と都市部の消費者への急速な浸透を，ユニリーバは大きな脅威と受け止めた。そして，同社が花王に対して行った反撃は実に適切であった[4]。まず，すぐには衰退しないと判断した在来洗剤市場に対しては，「ブリーズ」を補完する立ち位置で染み取り性能に特化した「オモ」を再投入し，2つのブランドで守りを固めることにした。同時に濃縮洗剤「ブリーズ・エクセル」を新たに投入して「アタック」の領域に攻め込み，同ブランドは「アタック」とシェアを分け合う存在となった[5]。ユニリーバの読みは当たり，タイの消費者の約4割は濃縮洗剤に転換したが，約6割はその後も在来洗剤を

消費し続け，在来洗剤の優勢は1997年に発生したアジア通貨危機による不況が収まる2000年代初めまで続いた。チャネルの強さも競争を左右した。花王の直販チャネルはスーパーマーケットのような近代小売との取引を強みとしたが，タイでのスーパーマーケットの普及は急速には進まず，零細小売店が未だに有力であったので，地方や農村の小売店への浸透力ではユニリーバがはるかに勝っていた。

　結局，ユニリーバは洗剤市場ナンバーワンの地位を守り通したが，「アタック」との攻防は同社の社内文書に「苦痛だが必要な経験」として刻まれた[6]。先進国市場でのイノベーションの成果を迅速に新興国市場に持ち込むという戦略が，中間層が成長したタイでもすでに可能となっていたことに，ユニリーバは「アタック」を通じて気づかされたのである。

6. おわりに

　以上紹介したタイにおける洗剤市場の攻防戦を，読者はどう読み解いただろか。タイの少し前の話題ではあるが，近代流通部門の未発達や所得格差などの状況は，今日の多くの新興国にも通ずる。筆者はこの事例の中に，国際マーケティングの本質や，日本企業の「強み」と「弱み」が凝縮されていると考える。本事例の冒頭で示した問いについて筆者なりの解題を示しておきたい。

　新興国での国際マーケティングでまず重要なのは，近代的なマーケティングの原則やノウハウの「移転」である。ユニリーバがタイで強いのは，タイで最も早く徹底的に近代マーケティングの原則である，製品開発に先立つ綿密な市場調査，広告計画，チャネルの整備という一連のプロセスを持ち込んだからである。一般的な日本企業では，花王のように日本人の派遣者が中心になって現地のマーケティングを担う場合が多いが，そうするとマーケティング原則の徹底の度合いは，その時々の本社の力の入れ具合や数年おきに入れ替わる派遣者の資質によって左右される。現地でのマーケティングには，マーケティングの原則への理解と，異国の消費者を現地の社会経済的・文化的文脈において捉える資質の両方を兼ね備えた人材が必要であるが，日本企業はそのような国際マーケティング人材を養成するプログラムを持たなかったからである。ユニ

リーバやライオンのように現地の経営者・企業家の担う役割が非常に大きい場合，彼らはそもそも現地の状況に通じている上に，本国やパートナー国からの理念や技法の学習に熱心であれば，現地でのマーケティングの実施体制は確固としたものとなる。

　次に重要なのは現地のチャネルメンバーや広告代理店との「ネットワーク」の構築である。現地パートナーを通じてタイ国内で強いチャネル・ネットワークを持っていたのはライオンだが，ユニリーバも合理的な交渉プロセスによってネットワークを構築した。他方，統合チャネルにこだわった花王は地方への販売の広がりに欠け，この部分が弱みであったと言える。

　最後は現地消費者のニーズへの「適応」である。各社とも現地での市場調査を行っており，そこに大きな違いはない。問題なのは，その先の製品戦略であった。適応化の傾向が強いライオンと標準化の傾向が強い花王まで，各社の製品戦略には大きな幅があったが，重要なのはマーケティング戦略全体と整合した適応化と標準化の適切な組み合わせであって，適応化に振ることが必ずしも正解ではない。ライオンの「パオブンジン」の場合は，地方の低所得層をターゲットとする戦略と，欧米企業中心の競争状況，そして民族意識が高まっていた時代状況の中では，ローカル性の強調がブランドの差別化につながり，効果的だったと言える。他方，花王は「アタック」に先立って現地適応型ブランド「ビック」を展開していたが，他ブランドとの差別化に難があった。次の「アタック」で花王は，適応化よりも技術・機能による差別化を優先したが，「アタック」のストーリーは日本のマーケティングの強みと課題の両方を示している。「ブリーズ」の逆襲により「アタック」の躍進は道半ばに終わったが，これが自動車のような品質や機能性が決め手となる産業であれば，もっと成功していたのかもしれない。しかしトイレタリーのような日用品の場合，品質や機能のみによる差別化には限界があり，広告，ブランド，チャネルなど多方面のマーケティング能力の構築が欠かせなかった。

　2010年代から20年代初めにかけて，タイの流通・消費を取り巻く環境は大きく変化した。だが本事例で紹介した各洗剤ブランドは2021年現在も健在で，シェアなども大きくは変わっていない。国際マーケティングの本質は不変であるし，日本企業の立ち位置も大きくは変化していないと言えるのではない

だろうか。

> **APPENDIX 3-4-1**
> 解題「国際マーケティングの独自性」
> https://www.bunshin-do.co.jp/contents/5234/appendix_0304.html

（井原　基）

【注】

1　花王，ライオンについては有価証券報告書（2020年度），ユニリーバ，P&G についてはアニュアルレポート（2020年）を参照。

2　1967年設立時の所有比率はサハパット 51：ライオン 49（1997年後にサハパット 49：ライオン 51 に変更）である。

3　คู่แข่ง（クー・ケーン），No. 3, Vol. 33, June 1983. p.89.

4　*Unilever Magazine*, Third Issue, No. 97, 1995, p. 12.

5　"Attack: Targeting the No.1 Spot," *Business in Thailand*, March 1991, pp. 24-25.

6　*Unilever Magazine*, Third Issue, No. 97, 1995, p. 13.

【参考文献】

井原基［2000］「製品開発・マーケティングの現地適応―タイ花王の事例」『経営史学』34（3），23-48。

井原基［2017］「欧米多国籍企業のアジアにおける流通チャネル戦略―P&G・ユニリーバの比較」埼玉大学『社会科学論集』151，1-20。

井原基［2018］「アジア流通近代化の深化と進出企業のチャネル選択―花王の現地子会社比較をもとに」『流通研究』21（3），43-56。

井原基［2022］「タイにおける日系企業と華人系企業のパートナーシップ―ライオンとサハパット社の合弁事業発展」『経営史学』56（4），29-53。

花王ミュージアム・資料室編［2012］『花王120年』花王株式会社。

藤本隆宏［2004］『日本のもの造り哲学』日本経済新聞社。

Ambient Media (2011). *The Advertising Book 2011/2012, Thailand Advertising, Marketing and Media Guide*. Bangkok: Ambient Media Co., Ltd.

Bartlett, C. A. & Ghoshal, S. (2002 [1989]). *Managing Across Borders: The Transnational Solution* (2nd ed.). Massachusetts: Harvard Business Press.（吉原英樹監訳［1990］『地球市場時代の企業戦略』日本経済新聞社。）

Tosomboon, Jirapa（จีระภา โตสมบุญ）(2003). วิวัฒนาการของช่องทางการจัดจำหน่ายสินค้าอุปโภคบริโภคในประเทศไทย（タイにおける消費財製品流通チャネルの進化），รายงานวิจัยเสริมหลักสูตร มหาวิทยาลัยธรรมศาสตร์（タマサート大学研究報告書）

Wiriyabanditkun, Somjai（สมใจ วิริยะบัณฑิตกุล）(2009), สหพัฒนฯ โตแล้วแตกและแตกแล้วโต（サハパット　成長から分裂，分裂から成長），กรุงเทพฯ: พีพัฒมีเดียบุ๊คส์（ピープルメディアブック）(1990年ブージャッカーン社より出版された同名書物の増補改訂版)。

事例 3-5

デンソーにおける製品開発の現地化

製品開発とは企業が持つ技術を市場のニーズに結び付けて販売可能な財や
サービスを創造することである。企業は製品やサービスを販売することで利益
と社会的評価を得る。そのため，製品開発の成否は企業の成長や存続を左右す
る極めて重要な活動なのだ。日本企業が日本の顧客に向けて製品開発をする
場合でも，顧客の顕在的・潜在的ニーズ（需要）を把握し，それを競争力のあ
る製品として実現することは決して容易ではない。それでは，海外市場の顧客
に向けた製品開発はどうか。製品の使用環境，習慣，適正価格と性能への期待
など日本の顧客とは違ったニーズを持つ多様な海外顧客に対応するためには，
どのように製品開発を行えばよいか。販売や生産機能のように，開発機能を海
外に立地・育成させる必要はあるのか。本事例では，デンソーの事例を紹介す
る。6カ国（韓国，アメリカ，ドイツ，インド，中国，タイ）に開発拠点を設
け，製品開発機能の現地化を図ってきたデンソーの事例を通じて，現地開発の
合理性と成功の条件について考える。

1．グローバル市場の変化と製品開発の現地化

20世紀後半，世界市場において欧米企業と競争する日本企業が得意として
きたのは，高品質でコストパフォーマンスの良い標準化製品であった。日本で
開発したソニーのテレビが，トヨタのカローラが世界各地の顧客に販売され
た。'Made in Japan' の原産国表記が高品質製品の代名詞のように認識され
た時代であった。リーマン・ショックにより欧米先進国での消費が冷え込み始
めた2008年ごろまで，日本企業の高品質・標準製品志向性が問題視されるこ
とはほとんどなかった。海外市場における急激な需要減は，輸出の急減を通じ

て日本の製造業企業に大きな打撃を与えた。翌2009年に企業決算は最悪の内容となったのである。その時期から，多くの日本企業は急成長中の新興国市場向け製品開発と市場拡大に本腰を入れ始めた。同時に，企業競争力の根幹であるため本国本社におくのが当然視されていた製品開発機能を現地で行う（以下，製品開発の現地化）動きが本格化した。

　デンソーは日本企業の中でも最も積極的に製品開発の現地化に取り組んだ企業の一例である。自動車部品メーカーである同社は，日本の自動車メーカー全社はもとより，アメリカ系・ヨーロッパ系なども含めた先進国企業を主な販売先としてきた。デンソーは，こうした先進国顧客を対象に高技術・高品質の製品を開発・製造できることをその強みの1つとして成長してきたわけだが，2008年のリーマン・ショックの直後に，約60年ぶりの赤字を経験する。売上が前年の8割弱の水準にまで落ち込んだことで，事業内容や構造改革の必要性が高まり，とりわけ新興国市場でのビジネス拡大に向けて製品開発を現地化する計画を次々と発表した。デンソーが世界中に設立したテクニカル・センター（以下，TC）と名の付く技術拠点は全部で7カ所あるが，そのうちドイツとアメリカ，韓国を除いた4拠点（タイ，中国，インド，ブラジル）は2000年代後半に設立された。以下ではまず，かつてのデンソーにおける製品開発の在り方と，戦略転換を図った2000年代後半に新たに設けられた現地開発拠点を概観する。そのうえで，現地開発機能形成の成功と失敗を分ける要因について考察する。

2．従来におけるデンソーの製品開発

　事例の詳細に入る前に，製品設計の標準化とカスタム化という製品戦略の違いについて簡単な定義をしておこう。「現地顧客のニーズに対応するための設計を加えるか否か」によって大きく2つの戦略に分けられる。まず，製品設計の標準化とは，グローバル規模の効率を最優先に考え，異なる複数の海外市場向けに同じ設計と仕様の製品を開発し供給する製品戦略である。例えば，車のバッテリを充電する発電機であるオルタネーターという部品の場合，デンソーは標準化設計で世界中の顧客に対応する方針をとってきた。標準化設計の場

合，製品開発は本国（本社）に集約して行うことが一般的である。一方，製品
設計のカスタム化とは，製品のローカル対応を重視する考え方であり，本国本
社の要素技術や基本設計を活用しつつ，各海外市場の使用環境や顧客ニーズに
合わせて設計することで，個別現地市場における製品競争力を高めようとする
製品戦略である。例えば，運転者の目の前に置かれるメーターの場合，海外自
動車メーカーの車両ごとのデザインやコンセプトに合わせた設計が求められる
ため，カスタム化設計が必要となる。こういった製品の場合，そもそも日本の
自動車メーカーに対応する際にもカスタム化設計が必要となるが，顧客が海外
自動車メーカーとなると自動車の使用環境の違いなどからカスタム化の程度が
高まり，顧客の近くで開発機能を持つ必要性が大きくなる。

　デンソーの従来における全社的な製品戦略は，製品開発機能を本社に集中さ
せた上で，なるべく標準化製品でグローバル対応を図るものであった。デン
ソーの主要製品は電子制御部品，エンジン・マネジメント部品，電装品，空調
システムなど多岐にわたるが，その多くにおいて標準化製品によって対応して
きた。しかし，顧客の車両モデルごとに製品本体そのものの設計を変更せざる
をえないエアコン・ユニット，メーター，ワイパー・システムのような製品も
ある。デンソーは，顧客が海外に存在し，顧客の車両に合わせたカスタム化設
計が欠かせない製品に限って，現地開発機能を海外拠点に設けてきた。「仕方
なしの現地開発」とも言える。アメリカ，韓国，ドイツ拠点の事例を挙げなが
ら少し詳しく説明しよう。

　まず，かつてのアメリカにはビック・スリー（フォード，GM，クライス
ラー）と呼ばれる自動車メーカーが市場をけん引しており，これら3社への
納入は1949年デンソー設立以来の念願の1つであった。フォードとの取引
を契機に1966年にはイリノイ州シカゴ市に初の販売拠点を設けたデンソー
は，2022年現在15社もの子会社をアメリカに持っており（開発・総括2
社，製造9社，販売・サービス4社），1986年に設立されたDIAM（Denso
International America）が開発拠点の役割を担っている。DIAMの主な業務
は，カスタム化設計が求められるメーターと，メーターに組み込まれるソフト
ウエアの開発において，ビック・スリーの開発拠点の近くにて顧客とやり取
りをしながら顧客のニーズに合った設計変更を施すことである。その他のほと

んどの製品は標準化設計されるため，日本本社が一括開発を行っている（2013年当時）。

　韓国市場においても現代自動車・起亜自動車というローカル自動車メーカーが9割近くのシェアを占めている（2021年現在）。アメリカの場合と同様に，標準化製品に関しては韓国拠点で担う設計業務がほとんどないが，メーターは現地でカスタム化設計を施している。

　最後に，ドイツのミュンヘンに1994年設立された開発拠点も，VWグループ，BMWグループ，Daimler（ダイムラー）といったドイツ顧客向けビジネスが8割以上であり，熱機器（ラジエーター，エバポレーター，エアコン）を開発するのが主な業務である（2018年現在）。熱機器は，現地の気候や自動車の使用環境に大きく影響される。例えば，ヨーロッパの場合冬に－40度まで気温が下がる地域もあるため，日本より強化された暖房機能が求められる。また，ドイツの自動車ユーザーは時速200キロを当たり前のように走る。そうなると，車の振動，入ってくる外気，エンジン冷却水の温度などあらゆる条件が日本のそれとは違ってくる。日本で設計した標準化製品では対応しきれないほど要求性能が厳しい上に，車両のモデルごとの設計対応も必要となる。そのため，現地自動車メーカーとの繋がりと頻繁なやり取りができる現地開発機能なしには，ビジネスが成り立たないわけである。

3．新たな開発拠点の設立

　デンソーは，従来において先進国の自動車メーカーを主要顧客としてきたため，上述のようにやむをえない場合を除けば標準化製品戦略でグローバル・ビジネスを展開してきた。それが，2000年代後半以降新興国市場での競争力を高めるため，インド，中国，タイに次々と新たな開発拠点を設けることになる。

　インド事業の始まりは，1984年だった。現地資本と合弁事業でインドでの生産を開始したデンソーは，徐々に事業を拡大しながら2010年には開発拠点も新たに設け，計7社の子会社を有するに至った。インドにおけるデンソーの取引先は，マルチ・スズキ（日本のスズキとインドの現地資本の合弁会社）

が販売額の 7 割程度を占めて最も大きく，トヨタグループが 15% 程度とそれに続く（2013 年現在）。インドの顧客はコストへの要求が厳しく，材料や部品を現地調達しコストダウンを図る必要性が高くなる。日本から輸入した高価な材料や部品では価格競争力のある製品が作れないからである。材料や部品を現地調達するとなると，それらの性質や設計に合わせて設計変更を施す必要が生じるため，インドに現地開発拠点が設けられた。現地調達部品の図面作成，評価，仕入れ先指導などにかかわるエンジニアリング機能の強化が必要不可欠であるとの判断だった。インドに設けられた開発拠点には，DIIN（Denso International India）内のテクニカル・センターと，同時期に設立された DSEC（Denso Subros Thermal Engineering Center India）の両社がある。DIIN はエンジン回り製品の材料や部品を現地調達する際に必要な設計業務を，DSEC は現地自動車メーカー向け熱機器のカスタム化設計業務を担当する（2013 年現在）。

　中国は今やデンソーが最大数の子会社を持つ進出先国であり，2021 年現在その数は 31 社に上る。1987 年北京に設けた事務所が始まりだったが，デンソーの中国進出が本格化したのは 2001 年に中国が WTO に加盟した後，日本の自動車メーカーの中国進出熱が一気に高まったころからであった。それは，トヨタをはじめとする日本の自動車メーカーの本格的な中国進出に対応することが最大の目的であった。よって，中国におけるデンソーの販売先は，日系が 8 割以上を占めており，そのうち 8 割がトヨタ，残りがホンダとスズキとなっている（2013 年現在）。製品開発としては，北京の統括会社 DICH に生産拠点のサポートと現地調達対応の設計をする開発組織を設け，上海（DICH）にはカーエアコン関連部品の開発作業を担当する TC が設けられた。当初 TC の役割は日系自動車メーカーの中国ビジネスをサポートすることに中心が置かれていたが，2010 年前後からは中国民族系自動車メーカーへの販売も見据えた製品開発を試み，日系顧客向けよりもコストダウンされた製品の開発に乗り出した。そこで，中国自動車メーカーのみならず，中国の自動車ユーザーの嗜好や製品の使い方，コスト・品質に対する考え方についての大規模調査を実施し，その結果をもとに現地材料および部品の調達の見直しも進めた。

　最後に取りあげるタイは，オーストラリアとともにデンソーが初めて海外生

産事業を行った国である。タイ政府は，タイで生産拠点を設ける自動車メーカー各社に国産化率を上げるように要請したため，部品メーカーであるデンソーはトヨタの要請で1972年にタイ進出を決めた。2021年現在，統括・販売会社2社，製造会社7社，ソフトウエア開発会社1社の計10社の拠点を持つ。タイのTCはアジア26拠点を統括するDIAT（Denso International Asia）の中に2007年新設された。デンソーのビジネスに占めるトヨタの比重が大きく，タイTCの新設も2007年にトヨタが近隣に設立した統括会社内の開発部門（当時TMAP-EM，現在TDEM）に対応するためであった。タイTCの主な役割・目標は，日系顧客（主にトヨタ）の現地開発に迅速に対応すること，そのため現地での材料評価やユーザー・サーベイ，競合製品のベンチマークなどを行うことであった。

4．現地開発機能が形成される要件

　以上では，デンソーにおける従来の現地開発の在り方（アメリカ，韓国，ドイツ）と2000年代後半以降の新しい現地開発の在り方（インド，中国，タイ）について簡単に紹介した。6カ国における8つの拠点（インドと中国には2カ所ずつ新設）はその後どのように現地開発機能を発達させていたのだろうか。2018年に行った追跡調査で興味深い事実が浮かび上がった。要するに，8つの現地開発拠点は，現地開発機能がその後も発達し続けた拠点と停滞してしまった拠点に分かれつつあったのである。ここでいう「発達」とは，現地拠点でカバーできる開発作業の範囲と能力を高めながら，製品，顧客，エンジニアの規模を拡大しつつある場合を意味する。一方，「停滞」とは，当初の能力構築やエンジニア増員計画が実現されず，開発機能の形成が立ち止まっていたり縮小されたりした場合を示す。このような結果の違いをもたらしたのは，顧客特性と製品特性の2つである。すなわち，①戦略的重要性のある現地顧客（デンソーの場合，現地自動車メーカー）の存在，②標準化製品での対応が難しい環境および使用条件の存在，といった2つの要件が合わさって初めて現地開発機能が発達していった。下記の図表3-5-1に基づきそれぞれの要件について説明する。

図表 3-5-1　デンソーの 6 カ国における開発拠点 *

所在国	拠点名	主要製品	主要顧客	現地開発機能
アメリカ	DIAM	メーター（現）	フォード, GM, クライスラー, トヨタ, ホンダ	発達
韓国	DNPE	メーター（現）	現代・起亜自動車	発達
ドイツ	DNDE	熱機器（現）	VW グループ, BMW グループ, ダイムラー	発達
インド	DIIN	エンジン関連（標）	マルチ・スズキ, トヨタ	停滞
	DSEC	熱機器（現）	Subros, デンソー・キルロスカー **	発達
中国	DICH（北京）	エンジン関連（標）	トヨタ, ホンダ, スズキ	停滞
	DICH（上海）	熱機器（現）	トヨタ, ホンダ, 中国系メーカー	発達
タイ	DIAT	エンジン関連（標), 熱機器（現）	トヨタ, ホンダ	停滞

＊　調査時期：2008 年から 2018 年の間。
＊＊　Subros はインド系自動車メーカー向けにカーエアコンを製造・販売するインド系自動車メーカーであり，デンソー・キルロスカーはインド南部に立地したカーエアコン製造拠点である。
出所：筆者作成。

4.1　顧客特性：戦略的重要性のある現地顧客の存在

　まず，現地開発機能が発達していった拠点の大きな特徴として「戦略的重要性のある現地顧客の存在」が挙げられる。デンソーのような B2B 企業にとって，「現地顧客」とは最終諸費者である自動車ユーザーではなく，現地自動車メーカーを意味する。従来において「仕方なしの現地開発」が進んでいたアメリカ，韓国，ドイツの場合，現地顧客が圧倒的なシェアを占める市場という共通点を持つ。ちなみに，デンソーが主な顧客としてきた日系自動車メーカーとは異なるニーズを持つ現地顧客が存在して初めて，現地開発機能を設ける誘因が生まれる。日系サプライヤーの製品開発は顧客の近くで緊密なやり取りを重ねながら行われるため，重要な現地顧客の近くで開発を行うことは現地ビジネスを確保・育成する上で極めて重要なのである。それぞれ 2 つの開発拠点を持つインドと中国においても，開発機能の発達が見られたのは現地顧客（インドの場合 Subros，中国の場合地場自動車メーカー）向けのビジネスを拡大しようとしている DSEC と DICH（上海）であった。

　一方，日系自動車メーカーを主な顧客としているインド（DIIN），中国（DICH北京），タイ（DIAT）の3拠点は明らかに現地開発機能が育成されず，停滞しているのが現状である。インドのDIINは2011年当初60名の現地人エンジニアを抱え，2015年には150名までの増員と技術強化を図る目標を立てた。しかし，2018年時点でのエンジニアは83名にとどまっており，DIINでは本格的な開発業務が行われず，不満をもったエンジニアの離職率も高い。それは，日系の顧客（自動車メーカー）が開発を日本本社で集中的に行っているため，日系自動車メーカーを主な顧客とするDIINの開発業務も日本本社から現地に移管されないためである。また，インド市場における環境規制の強化によりエンジン関連製品においては開発機能が改めて本社に集中される動きを受け，現地拠点での業務内容も縮小傾向であった。中国（北京）のDICHも同様に，2005年設立以降日系顧客向けコストダウンのため技術体制を強化する動きであったが，2018年時点では現地開発機能はほとんど上海に移管され，北京拠点における開発機能育成計画は中止された。また，2007年にエンジンベンチ（エンジン単体で性能検証ができる実験装置）など実験設備に大規模投資をしながら開発拠点を立ち上げたタイ（DIAT）の場合も，2018年時点では開発部門を技術部として各製造拠点に戻し，現地調達化サポートに限定した機能に縮小した。特に，タイは，日系自動車メーカーが9割以上のシェアを占める市場であり，強力な地場メーカーが存在しない。トヨタがタイに統括拠点内開発部門（TMAP-EM）を設けたことでデンソーも現地開発を強化しようとしたが，トヨタが現地開発機能を縮小することでデンソーの動きも連動してしまう結果となった。

4.2　製品特性：標準化製品での対応が難しい環境および使用条件の存在

　顧客特性と共に，標準化製品では現地顧客への対応が困難な製品特性が現地開発機能の発達をけん引する。図表3-5-1の現地開発機能が発達している拠点はいずれもメーターや熱機器といったカスタム化製品を主力製品とする拠点である。本社で開発した標準化製品では対応ができないようなその地ならではの気候，使用条件，コスト要求などがあるからこそ，現地自動車メーカーからのカスタム化要求が生まれ，現地拠点でそれらのニーズを反映した製品開発が必

要となる。デンソーの例からすると，欧州やインドの気候，ドイツ人ユーザーの車の使い方，インドや中国のコスト要求の厳しさが熱機器製品の現地開発を促す要因となる。また，車両に合わせたデザインの設計が必要となるメーターという製品特性はアメリカと韓国拠点で開発機能が発達した理由であった。

　一方，現地開発機能が育たないインド（DIIN），中国（DICH 北京），タイ（DIAT）の 3 拠点はエンジン関連の標準化製品が主力製品となっている。日本本社が日系自動車メーカーとのやり取りを通じて開発した標準化製品は，現地拠点では顧客の車両に取り付ける部分を設計し直すなど，非常に限られた設計業務しか与えられない。そのため，コストダウンのための現地開発機能を設けようとした中国，インド，タイ拠点の場合も，現地で携われる活動には制限が大きかった。その後，結局は環境規制が厳しくなるにつれ，現地適応よりも標準化の必要性が大きくなり，標準化製品開発の技術と権限が集中された本社に開発機能が再集約される結果となってしまった。

5．鍵は現地人エンジニアの育成

　上述の顧客特性と製品特性が現地開発機能の形成に影響を与えるメカニズムのベースには，現地人エンジニアが育成されるか否かといった課題がある。企業の持つ技術を市場・顧客のニーズと結び付け製品として実現する開発作業の主役はもちろんエンジニアであり，現地開発拠点の場合，現地人エンジニアの育成が上手くできるかどうかにその成否が関わっているといっても過言ではない。開発拠点では，販売や生産拠点よりはるかに人材育成に時間を要するうえで，本社の持つ技術と現地市場・顧客のニーズを結び付けるエンジニア 1 人 1 人の力量こそが現地開発拠点の最も重要な資源だからである。

　図表 3-5-1 のうち開発機能が発達していく拠点では，現地人エンジニア育成の好循環が見られる。つまり，採用された現地人エンジニアには現地自動車メーカー向けに現地化製品を開発する業務が与えられ，本社の技術リソースと現地市場・顧客のニーズについてより深く学習していくことになる。アウトプットとして開発された製品が増えるにつれ，現地人エンジニアの開発経験も蓄積され，現地開発拠点は対応可能な顧客と製品の範囲を徐々に拡大してい

く。このように，現地開発拠点の設計能力が高まると，本社はより幅広い設計
業務を現地開発拠点に移転しようとするため，現地ではより多くのエンジニア
を採用し規模を拡大していく。現地人エンジニアの経験や能力の増大と共に現
地拠点の規模が拡大される好循環といえる。

　一方，図表3-5-1のうち開発機能形成が停滞してしまった拠点では，現地人
エンジニア育成の悪循環が見られる。設立当初は年度別設計能力育成計画およ
びエンジニアの増員計画を明確に持っているものの，インドや中国，タイで日
系自動車メーカーを対象にする開発拠点の場合，現地拠点には本格的な設計業
務が任されない。日本本社で設計が終わった図面を現地調達した材料や部品に
合わせて微調整する作業が主になるわけである。そのため，本社がどのような
技術リソースを持っているのかについても，現地自動車メーカーがどういった
ニーズを持つかについてもそれほど知る機会もなければ必要もない。比較的単
純な設計変更の業務しか任されないため，せっかく優秀な現地人エンジニアが
採用できたとしても，「1から自分の設計した最終製品」が見たいエンジニア
には満足のいく仕事ができない。その結果，現地人エンジニアの離職率は非常
に高く，現地拠点内での能力蓄積はなされなくなる。また，離職者の穴埋めに
採用は続くものの，現地人エンジニアの間でもそのような企業の評判は落ちて
いるため優秀なエンジニアは集まらなくなる。空回りのような状況が続くとも
いえる。

6．むすび

　本事例では，デンソーの6カ国における開発拠点の事例から，現地開発の合
理性と成功の条件について考えた。その結果，現地自動車メーカー向けに標準
化製品では対応できないニーズを満足させる目的がある場合に限って現地開発
機能が発達していくことが分かった。また，現地開発機能が形成されるか否か
という問題のベースには現地人エンジニアの育成の成否が深くかかわっている
ことを指摘した。

　デンソーは自動車メーカーに部品を供給するサプライヤーであるため，B2B
事業という特殊性を持つ。しかし，デンソーの事例分析から得られた「現地開

発機能が発達する条件」の2つは，より広い産業・企業においても考察でき
る。例えば，家電，食品，洗剤，自転車といったB2Cの製品を世界中に販売
する企業の場合はどうだろうか。この場合，デンソーと違って，現地顧客は各
海外市場に必ず存在する。重要なのは，日本市場における顧客と似たようなコ
スト要求とニーズを持つ顧客層に絞るのか，その国のより広い顧客層に浸透し
ていくのかという戦略的選択の問題であろう。また，標準化製品で対応ができ
るか否かは，現地市場の環境や使用条件などに加え競争状況もかかわってくる
であろう。かつては標準化製品と思われていた家電が今や現地化製品という位
置づけにシフトしてきたことも特に新興国市場を中心とした競争の激化による
ものである。どの市場・顧客をターゲットに，どのような製品を開発するのか
は企業が常に抱える悩みである。それに加え，「どこで，誰がその製品開発を
担うか」というのは，より多様な海外市場での事業展開を図る企業なら真剣に
考えるべき新たな課題であろう。

（金　熙珍）

第4章

国境を越えた人的資源の活用

【事例を読む前に】

海外駐在員と現地人材のマネジメント

1．多国籍企業の人的資源管理の問題

　多くの海外事業拠点を有し，海外事業を大々的に展開する多国籍企業では，国内企業とは異なる人的資源管理が求められる。

　第1は，本国だけでなく，進出先の現地でも人材を採用する必要があるということである。海外に生産拠点を設ければ，多数の作業員を雇用することになる。そうした作業員の上に立つ現場監督者・作業者も，現地で採用する必要があるだろう。海外事業がさらに拡大すると，ミドルやトップでも現地で採用した人材を登用する場面も多くなるであろう。しかし，事業環境や文化が本国と異なる海外では，人材の採用，教育・訓練，給与制度，昇進，キャリア開発などで，本国とは異なるマネジメントが求められる可能性が高い。

　第2は，国境を越えて人材の異動が行われるということである。多国籍企業では，本国や海外で採用した人材を，他の国や地域の適切なポストで活用する可能性が開かれている。「適材適所」を1つの国の内部に限定して行うのではなく，国境を越えて広範に実施できるということである。ただし，この効果を実現するためには，国境を越えて人材を派遣できる制度を確立する必要がある。

2．現地採用の人材を活用するメリットと課題

　前述したように，多国籍企業は基本的に，進出先で採用した人材を，可能な限り高い職位で活躍させたいという動機を持っている。

　1つには，本国や第三国から人材を派遣して働いてもらおうとすると，海外

赴任手当の支給などでコスト高になるという理由がある。また，現地で採用した人材を上位の職位で活用しないと，モチベーションが低下して，現地事業拠点の業績低下や，他社に転職する人数の増加などの望ましくない結果が起きる，という理由もあるだろう。入社しても出世の可能性が低いところには，そもそも，現地の優秀な人材は集まりにくいはずだ。

　以上の理由に加えて，現地の事業環境や文化への理解度，政府機関への対応力などで，本国や第三国から派遣されてきた人材よりも，現地採用される人材の方が高い能力を期待できるという点が，重要であろう。多国籍企業が海外に進出する動機の1つは，現地で手に入る有利な条件を活用できることであるが，それを実現するためには現地事情に精通した現地の優秀な人材が不可欠なのである。

　しかし，多国籍企業が現地で優秀な人材を集めて活用することを妨げる要因も存在する。海外進出先の教育水準や技術水準の関係で，多国籍企業側が望む人材が集めにくい国や地域もある。例えば，現地事業拠点のミドルや経営トップに現地で採用した人材を登用しようと考えても，それに相応しい大卒者が少ないところでは，適切な人材は見つけにくい。また，他社への転職に抵抗がなく，離職率が高いところでは，せっかく採用した優秀な人材がキャリアの途中でいなくなってしまう。その結果，高い職位の人材の現地化が進まないことも起きるだろう。

　もう一点，現地で人材を採用する場合に考慮すべき点は，そうした人材は現地の事情に精通するだけでなく，多国籍企業内部の事情にも通じていることが望まれるという点である。多国籍企業は，国境を越えて強みを移転できることが競争力の源泉となる。例えば，日本企業の場合だと，第1章補論で列挙したものがそれに相当する。多国籍企業で活躍するためには，それらの強みを十分に理解した現地人従業員を集めたいはずである。しかし，現地の優秀な人材の中でも，そうした多国籍企業内部で通用する競争上の強みを理解できる人材は，多くないかもしれない。事例1-1では，アメリカに進出して間もない時期のトヨタ自動車が，日本で培ってきた生産現場のオペレーションについて理解のある現地人従業員を集めるのが難しく，苦労したことが書かれている。同社は，結局，自動車生産の経験のない現地の人を集めて，一から教育を行ったた

め，相当の時間と苦労を費やしたはずである。

3．海外駐在員のマネジメント

　多国籍企業で国境を越えて他国や他地域の事業拠点に派遣される人材には，短期の出張者や中期の（新規工場の立ち上げなどの）プロジェクトで応援に派遣される人材なども含まれる。しかし，多国籍企業の中で最も特徴的な海外派遣社員は，国外の事業拠点のポストに就いて年単位で派遣される，海外駐在員と呼ばれる人材であろう。海外駐在員の中でも，最も馴染みがあるのは，本国から派遣される人材である。

　海外駐在員の役割は，1つには情報や知識を国境を越えて移転する役割である。多国籍企業の競争上の強みを国境を越えて移転する際に，文書やマニュアルなどの形で伝えるだけでなく，それらの手段で伝えにくい部分を人と人が直接接触することで伝えるという手段も併用されることが珍しくない。立ち上がったばかりの事業拠点などでは，文書やマニュアルが不備な部分が残っているので，本国から派遣されて長期間駐在する社員に頼る部分が大きいであろう。

　情報や知識の移転は，必ずしも海外から本国への一方通行ではない。本国から派遣された海外駐在員が本国本社に現地の情報を持ち帰るという点も見落とせない。それによって，本国本社の海外事情の理解度が向上し，適切な経営判断が下せるようになるからである。また，海外事業拠点から本国本社，あるいは別の国や地域の事業拠点に派遣される人材も，情報や知識の移転に貢献すると考えられる。

　海外駐在員の中でも，本国から派遣される社員の役割には，本国本社の立場から現地事業拠点のコントロールを行うというものもある。本国本社が入手しにくい現地の情報を伝えたり，本国本社の意向を現地に伝えたりする上で，本国から来た駐在員は一定の役割を果たす存在である。

　以上のような重要な役割を果たす海外駐在員に対しては，候補者の選抜，育成，派遣中の支援，帰国後のケアなどを適切に行う制度や仕組みを構築することが求められている。候補者の選抜では，国内だけではなく海外でも活躍でき

る資質や能力を備えた人材をいかに見出すかが問われる。育成に関しては，現地の言語や文化も含めて現地事情を理解させる教育プログラムの整備が課題となる。派遣中の支援に関しては，駐在員本人だけでなく，家族も含めた支援を考えることが求められる。帰国後のケアに関しては，本国と海外の双方の事情に精通した人材を適切に処遇するためのポストやキャリアをどのように示せるのかが問われる。この問題は，駐在員個人だけでなく，駐在経験を積んだ人材をどのように活用して競争力を高めていくのかという企業レベルの問題でもある。

　事例4-1では，まだ上記のような海外駐在員に対するマネジメントシステムが整備されていなかった時期の日本企業を事例に取り上げている。試行錯誤でマネジメントシステムを構築していくプロセスを掴んでいただきたい。また，事例4-4では，韓国のサムスン電子で実施されている海外駐在員育成システムの事例を取り上げた。日本には見られないユニークな仕組みがあることを知っていただきたいと思う。

（周佐喜和）

事例 4-1

海外駐在員のマネジメント：
経験者が語る実態

　本事例は日本の大企業で，海外駐在員として直接働いた経験と海外駐在員を管理した経験を併せ持つ実務家 X 氏に行ったインタビュー（2021 年 11 月 26 日に実施）の内容に基づいている。日本企業において海外駐在員として働くということがどのようなことなのか，そして日本の大企業ではどのような形で海外駐在員に対する管理が行われているのかについて，なるべく実務家の生の声を生かす形で記述している。

　ここで海外駐在員とは，本国本社に籍を残しながら一定期間（通常，3 年から 5 年），海外に駐在しながら仕事をする社員のことを指す。海外進出の初期によくみられる海外に設けた駐在員事務所に駐在する形と，海外事業の規模が大きくなるにつれて本国本社の出資によって設立される海外子会社に駐在する形がある。前者は本社から後者は海外子会社から報酬が支払われるという点で大きな違いがある。どちらにせよ，比較的長期間現地に滞在するという点で出張者とは異なる。企業によっては，海外出向者，派遣社員などの呼び方もあるが，本事例では海外駐在員（または駐在員）として統一している。

1．X 氏の経歴：海外駐在員としての経験

　1977 年に A 社に入社しました。当時の A 社の海外事業は輸出が中心で，海外生産はまだ本格化していませんでしたので，海外駐在員の数は少なかったのですが，私は，1978 年，入社 1 年後にベルギーのブリュッセルの駐在員事務所での勤務となりました。入社 1 年後での海外勤務というのは，当時非常に珍しかったです。A 社で第 1 号ですよ。当時はやはり海外というのは敷居が高

かったんですね。当時A社でも，海外出張に行くときに，課員が空港に見送りに行ってましたから。私が1978年にブリュッセルに駐在するときは，独身だったし，女子も多い職場だったので，箱崎の見送りの場が人で溢れかえっていたのを覚えています。もう二度と会えないみたいな感じで，今では考えられないことですが，そういう時代でした。

　私は，今で言うところの「若手のトレーニー」ということで，派遣されたのだと思います。当時のヨーロッパでは，生産活動は行われておらず，販売とサービス機能しか置かれていませんでしたが，ヨーロッパのオペレーションは拡大していました。ブリュッセルでは，総務と人事の仕事がメインで，A社にとっての市場規模がそれほど大きくない一部の国（ギリシアやイタリア）の販売も担当させられていました。

　ブリュッセルから帰国した後の3年間は東京勤務となり，ヨーロッパ向けの輸出を担当しました。その後，1984年から1988年まで今度はまたA社のパリの駐在員事務所に勤務となりました。この時期も生産活動はまだ行われておらず，販売が中心でした。当時のパリ事務所は現地資本の販売会社（ディストリビューター）の建物の中に置かれていて，日本人駐在員は自分1人だけで，周りは全員フランス人という中で，ワンマン・オフィスを構えていたという状況でした。

　帰国後は，再び，A社のヨーロッパ向け輸出業務の担当となりました。この時には，目ぼしいディストリビューターやディーラーは，ほぼ全部回ったと思います。その後，A社本社の人事部に課長職として異動しました。これは，1990年代初頭（異動の直前）に，社内でキャリアパス制度が導入され，昇格のためには今までと異質の業務を経験することが求められたためです。私の場合，販売関係や海外関係以外の業務ということになりました。自分にとっては，まさしく異質な世界でありましたが，後から振り返ってみると，これは良い経験だったと思います。

　人事部では海外の製造事業体（工場）の人事労務支援という役割を持つ課長職をやりました。当時，ちょうどA社の海外生産のオペレーションが始まって間もない時期に当たったんですね。それまで私は工場には一切関係ない部署にいたし，しかも人事機能，労務機能などはやったことがなかったので，しか

も課長職で行きましたから，最初は大変心配したんですけれど，人事には優秀な人が多くいて助けてもらいました。そこで，これまでの販売機能から一気に製造機能の経験を積むことになりました。

　現地でローカルの方の人事制度や育成制度をどうするか，組織をどうするか，日本人駐在員と現地人の繋がりをどう持つか，などに関する仕事を担当していました。また現地人化と関連したサクセッションプラン（後継者育成計画：編者注）をどうするかという仕事もやりました。ちょうどＡ社がそういうことをやらざるをえない時期にそういったところの仕事を担当させてもらったということで，これは後々の私のキャリアの中で大変役に立ったことになったわけです。

　そういう中で，1996 年から 2000 年末まで 4 年間，カナダにある製造会社（海外子会社）に人事のシニアコーディネーター[1]ということで，今度は実際の海外駐在員という立場で出向することになりました。この会社はノンユニオン[2]でやっていましたので，労働組合がない中でどのように従業員たちと直接コミュニケーションを取りながら，良いカルチャーをつないでいけるかという，そういう任務も担わされていました。大変タフな 4 年間ではありましたけれど，実戦経験としては役に立ったと思っています。

　2000 年末に帰国をしたのですが，ひょんなことから前にお世話になった先輩がＡ社の系列会社であるＢ社の方に出向していて，「お前も 2，3 年来て手伝えや」と言われて，私もカナダから帰ってきたばかりだし，先輩にはお世話になっていたので，「じゃ 2，3 年行きますわ」ということで，Ｂ社の方に出向することになりました（Ａ社の系列会社であるがＢ社も大企業である：編者注）。Ａ社に籍は残したまま，これまでやったことのない製品関係のＢ社の部署に部長職で出向することになったのです。この製品は，生産はＢ社が，販売はＡ社がやっていたのですが，そのうち 1 年経ったら，Ｂ社がＡ社の販売権をテイクオーバーすることになったということで，Ａ社からＢ社へと転籍になりました。

　2，3 年でＡ社の元部署に戻るつもりが，そのまま転籍になってしまったのですね。今の若い人だったら抵抗したかもしれませんが，当時の我々の世代にとってはサラリーマンとはそういうものだという考え方でしたので，社命と

して受け止めて，思わぬ形でB社の方に転籍になりました。ただですね，これも結果としては非常に良かったですね。A社はその後さらに組織が大きくなりまして，多分1人がプレイできる分野というのがどんどん狭まってたんです。B社の場合にはそこまでの規模ではないですから，やはり部長職なら部長職でカバーする範囲が大変広いですから，そういう意味でいろいろこれまでの知見や経験をより生かせることができたと思います。

　B社に移った当初は海外営業の担当部長をやったわけですが，移ってすぐに北欧の会社C社の買収が進行して，私はこのM&A案件にかかわることになりました。結局，B社はその北欧のC社を当時数百億円で買収しましたので，両社の事業を統合する仕事にも関わりました。今度はM&Aを経験できたということですね。これもB社に移ったから経験できたということだと思います。

　その後，今度は2003年から2006年までブリュッセルにあるB社のヨーロッパ販売会社（海外子会社）の本社に社長として出向することになりました。このときのミッションは，当然B社のヨーロッパでの販売機能の社長ではあるんですけど，買収した北欧のC社とのインテグレーションをどういう形で進めるかということもありました。

　これも大変いい経験でした。C社は大変いい会社なんですけど，ヨーロッパの人はある意味大変プライドが高い人たちなんですね。だから買収はされたけど心までは売ってないみたいなところがあって，どうしてもシナジーを求めるというよりはどちらかというとB社とC社の競合状態がそのままになっているような状況がありました。このような状況をどう打開するかというのがミッションでしたので，私はC社のトップとほとんど毎週顔を合わせて，インテグレーションを進めました。結局，C社とバーチャルの統括会社を作ったんですけど，C社側が会長と社長で，私は副会長をやることになりました。これは非常に不利な布陣で多数決をしたら必ず2対1で負けるわけです。資本の論理からいけば，買収した側とされた側だから買収した側の言うことを聞きなさいというのが一番簡単なんですけど，これをやるとやはり面従腹背になる可能性があるわけですね。だから時間をかけてでも，一緒にやっていこうという気持ちになるまで待つことが大事でした。結果的には両社の良いところを取り入れ

たハイブリッドの形での統合に成功したと思います。

2．海外駐在員の選定と派遣

　海外でオペレーションを開始する，要するに工場を立ち上げるということになりますと，そういうときはかなりの数の駐在員を送り込みます。現地の人が育ってませんから，ある程度日本人主体で動かすしかないわけですね。そのときに日本人も2種類があって，1つは駐在員という形で現地の籍になってやる人たち，もう1つは出張者ですね。出張者は例えば現場の技能指導が多いですね。実際に，手とり足とりで教える人たち，これは当然日本も現場の人が中心になりますから，こういう人たちは出張という形で数カ月だとかそういう単位で行っていただくことになります。駐在員と出張者の組み合わせでやっていくわけですね。

　派遣駐在員の選定ですが，海外でオペレーションが始まったら，日本人駐在員の派遣計画を作ります。私がやっていた2000年以前は，A社にしてもB社にしても現地の社長として日本人が派遣されていました。当然現地のオペレーションは現地が一番わかってますから現地サイドの日本人社長と日本サイドでやりとりをして，それぞれの派遣計画を決めて，受け手の日本本社の工場サイドの製造部長が育成計画にはめ込んで，今回はA君とB君を送る，3年後にはB君を返す，5年後にはA君を帰す，で次に後継者をA君の後の5年目に出す，というふうに，日本サイドの製造部のオペレーションを考慮しながら全体の人材育成計画の中に派遣計画も組み込んで決めていくということですね。このように製造部長が行った人選を，人事部でスクリーニングをかけます。当然その決済自体は社長まで上がりますが，製造部長と人事部のところで決まるといってよいと思います。

　どのような人を送り込むのかということですが，駐在員は現地人をマネージして育てることもやらなくてはなりませんので，基本的には経験の浅い若い人では難しいと思います。若い日本人を向こうで育てるという意味で若い人を出すという形はありますが，日本人駐在員は核になってローカルを育てられる優秀な人をできるだけ数を少なく出すというのが基本的な考え方だと思います。

事務技術職ですと海外駐在員として出すのは，早くても係長クラスですから，10年以上の経験者ですね。現場の技能職ですと，だいたい20〜30年の経験を持つ現場の監督者クラスですね。現場の技能職はやはり言葉の壁がありますので，人格者じゃないと難しいですね。人格者であり，技能が優れていれば，現地の人たちも従ってくれます。腕が立たなければ駄目ですね。ただ事務技術職の駐在員はある程度コミュニケーションもできないと駄目です。相手をするのは現地の課長クラスになりますから，彼らはやっぱり指導していく立場にありますので，スキルや経験も必要ですが，コミュニケーション能力も大事になってきます。以上のように，結果として優秀な人間を海外に出してますので，海外駐在員は将来の幹部候補生に近い人といってもよいと思います。

　このような事情から立ち上げの時はどうしても最初にエースを出すんですけど，最初は現地の人間がまるでわからないのでイロハから教えればよいのですが，イロハが分かるようになると次を教えなくてはいけないんですね。現地の人間が育ってきて，現地のレベルが高くなりますから，次に出る駐在員はどんどんきつくなるわけです。日本側としてはだんだん出すカードが薄くなってくるし，出る駐在員も苦労をすることになる。これが日本企業の1つのジレンマだと思います。

　慣れない海外での勤務になりますので，向き不向きという問題もあります。うまく馴染めない人は，しっかり把握して早く日本に帰してやった方がいいですね。当然仕事のパフォーマンスも出ませんし，メンタルの問題にもなりかねません。またよくあるのは奥さんが馴染めなかったりする場合ですね。これも旦那が仕事どころではなくなってしまうので，早く帰すのがよいと思います。本来であれば，派遣する元部署が適性も含めて選抜をしてくれるといいのですが，なかなかわからない部分もありますので難しいです。ただ現地でそれを早く把握して返すというのが大事だと思います。また，食べもの，言葉，治安などに問題がありうる地域へ派遣するときは特に駐在員の人選に気をつける必要があります。

　本人の希望ですが，A社とB社では毎年意見調査書というのを出させて，海外でやってみたいとか，いろいろなことの把握に努めていました。私がやってた時代でいうと，事務屋の場合は海外でやりたいというケースが結構多かっ

たですが，技術屋さんの場合には海外に行きたいというのは少なかったです
ね。技術の方は日本が進んでますので，海外に5年出てると遅れちゃうと言わ
れてました。今は技術屋であっても，そこのマインドはかなり変わってきてる
と思います。あと当時我々が最初に出たころは，それこそインターネットもな
かったので日本の情報がほとんど入ってこない状況でした。OCS（国際輸送）
で新聞が1週間後に届いてそれが上から回って私のところに来るのは1カ月後
とかそんな時代でしたね。今は情報もすぐ取れるし，食べるものも日本食屋に
しても，日本食品にしてもすぐ手に入ります。ですので海外に行くというハー
ドルそのものはすごく下がったと思います。

　最近入ってきている若い人たちは，エンジニアでもキャリア形成の面で海外
出向も厭わない，もしくはむしろ行きたいという人が増えてきていると思いま
す。B社にいた頃は役員として海外派遣の決済もしていましたが，人選で困る
という話はあまり聞かなかったですね。おそらくA社やB社に入ってくる人
たちは，会社の海外オペレーションの規模をある程度わかって入ってきてます
から，当然自分にもそういうチャンスがあるだろうと思っている人がかなりの
割合を占めていると思います。そういう中でどうしても嫌だという人もいるか
もしれませんが，多分それはマイノリティーだと思います。

3．派遣前の内示と教育

　私がB社に移ったときは，B社では派遣前の内示や研修が割と曖昧でした。
それは駄目だということで，私が行ってから，現地側のニーズと日本側の人材
リソースの状況をすり合わせた人材育成計画を導入しました。要するに，3年
5年計画を組んで，次の出向者の候補も育てなさいということですね。上司の
ところでは次の派遣候補者についてはもう人材育成計画を組んでますし，毎年
のコミュニケーションの中で派遣にふさわしいかどうかのチェックも行ってい
ます。その内示を出すタイミングですが，銀行とか商社と違ってメーカーは割
とリードタイムが長いので，だいたい短くても半年，普通は1年ぐらい前には
本人が分かるようにしています。そういう人は当然その前にいろいろ出張とか
で向こうとやりとりをやらせたりしますので，いきなり全く知らない海外に送

り込まれるということはないですね。だから本人もある程度次は自分かも知れないなということを思いながら仕事をする。1年ぐらい前に内示を出すというのがスタンダードな感じがします。

　派遣前の教育としては当然各機能から出しますので，各機能ごとの知識や知見があるというのが前提ですから，そこのところは心配しませんが，あとは例えば英語力が低ければ語学の教育を受けさせたり，半年ぐらい前からはクロスカルチャーのところを勉強させたりはしていました。また派遣の直前にはいろいろと現地での do and don't，つまり現地でしてはいけないことについても教育を行っていました。現地法人の社長も含めて，現地に幹部として派遣される駐在員については，前述した教育に加えて人事労務的なことやクロスカルチャーの部分についてかなり強く教育をしました。彼らが現地で問題を起こすと，一発でその事業体がおかしくなってしまうからです。各機能から出る駐在員は各機能の専門性がまず第一ですが，幹部として出る駐在員はコミュニケーション力，クロスカルチャー，人事労務管理，法務（コンプライアンス）の部分をより重点的にやりました。

　このような派遣前教育はすべて社内教育の形で行われました。そういうことを教えられる人も育成していました。このような教育を外部にお願いすると一般論でしか語れませんので，やはりインハウス，つまり内製がいいですね。人事部の中に海外派遣を担当する課があって，そこで教育プログラムを組んで，人事でやれるのは人事で行い，法務に頼むことは法務に，経理に頼むことは経理に頼む，という形で会社全体としてプログラムを組んでやってました。人事の関係であれば人事部，法務の関係であれば法務，経理の関係だったら経理の人間が，専任ではありませんが他の仕事もしながら先生役になるという形ですね。語学やクロスカルチャーについては人事の方で担当していました。

4．海外駐在員の評価

　A社のカナダ工場のケースをいうと，日本人駐在員も現地人のマネジャー職と同じレイヤーとして見てましたので，第一次的な評価は現地の製造部長が行います。一義的にはその部長がやって，それが社長を経て日本にフィード

バックされて，日本で調整して決めます。製造部長が現地人の場合もあります
が，そのときは現地人製造部長が評価します。Ａ社もＢ社もグローバルに評
価制度を統一していこうということで，基本的には同じ内容の評価シートを日
本語と英語で作っています。この評価シートを使って，現地法人の部門長が駐
在員を評価して日本本社にフィードバックするということですね。日本人駐在
員の賃金の決め方は日本本社にいたときと同じやり方なので，現地の人の賃
金の決め方とは違いますが，評価自体はやはり現地で同じ基準でやらないと，
一体感が生まれないと思います。もちろん現地法人にも日本人上司がいます
ので，日本人も入っての評価になりますが，やはり形の上では現地のヒエラル
キーを尊重する形でやらないと駄目だと思います。

５．海外駐在員の家族帯同

　単身赴任とか家族帯同と関連して，会社として決まった方針はありませんで
したが，私が管理者の立場の時は家族帯同をすすめていました。日本企業は単
身赴任が多いといわれますが，いまの若い人たちは家族帯同が大半ですね。Ｂ
社の場合でいうと，一昔前と違って，乳飲み子でも連れて行くし，向こうで出
産するケースもあります。また若い人，特に奥さんたちは海外での生活をエン
ジョイしてる人も多いように思います。ただ社長クラスになると，親の問題や
子供の教育の問題などの家庭の問題で単身赴任というケースもあります。
　現地での子供の教育と関連しては，Ａ社やＢ社の場合，現地がアメリカ，
カナダ，イギリスなどの英語圏である場合は，基本的に中学校まではローカル
の学校に行かせることを原則としています。英語圏以外の国については，なか
なか現地語での学校に行きなさいとは言えませんので，インターナショナルス
クールの費用の補助を行っています。東南アジアや中国のように日本人学校が
あるときは，日本人学校に行かせる方が多いです。

６．海外駐在員の管理者としての感想

日本人駐在員が複数いる場合は，その中で職制上一番上の人に相当影響され

ると思います。その人のキャラクターやマネジメント能力によって，その下の駐在員が働きやすいか働きにくいか，伸びるか伸びないかが決まるような気がします。現地ではどうしてもオフタイムにゴルフをやるにしても，食事にいくにしても，日本人同士で集まるケースが多くなりますが，そこにヒエラルキーが持ち込まれるので，どうしても上の人間の影響力が大きくなります。上の人間が人格者ではない人がでると，他の駐在員が影響を受けるケースがあります。そういうときは早く上の人間を変える必要があります。そのような部分をモニタリングするのが本社の機能部門であり人事部です。現地の情報を吸い上げる特別な制度があるわけではありませんが，上級者に問題があるときにはローカルの人事機能を含めていろいろなルートから嫌というほど情報があがってきます。

7．人の現地化

　ある程度オペレーションが軌道に乗ると，すなわちローカルが育ってくると，徐々に駐在員の数を減らしていくわけです。駐在員に対しては，あなたが帰るときは，あなたの後任がいなくてもできるようにしなさいと言います。いつまでも日本人が行って，日本主導でやる会社ではなくて，現地人化する必要があります。基本的には日本人駐在員がいなくても回るような，それがあるべき姿だと思います。最後は日本人が決済するとか，最後はやはり日本人にお願いしなくてはいけないとか，になると，現地サイドの本当に優秀な人間はなかなか根づかないで辞めちゃうと思います。

　日本人コーディネーターの大事な仕事は当然その各機能のコーディネートですけれど，ローカルを育てて，ローカルに仕事を任せて帰ってくることもリクエストとして出しますが，なかなか難しいですね。ただ，A社でも，今はかなり日本人駐在員の数を海外工場で減らしています。海外の工場の数もものすごく増えてますので，そんなに日本人は出せないんですね。またコスト的にも日本人は大変高いですからなかなか出せない状況だと思います。例えば，各機能ごとに1人プラスアルファで日本人を送り込んで，そこに出張者も入るような形ですが，まずは出張者が抜けて，駐在員も2人から1人というふうな形

でやっていくのが一般的な形だと思います。

　ただ，日本人を全く出さないというのはなかなかオペレーション上難しいのかもしれません。派遣部署も誰か日本人を出しておいた方が安心です。現地人には特にコミュニケーション力が不足する部分もあるので情報がちゃんと入ってくるかどうか心配なんですね。管理部門[3]は駐在員に後任が要らないようにしなさいと言いながらも，機能部門[4]ではなかなかそこまで腹をくくれないという部分があります。特定の機能部門のオペレーションがおかしくなると，その機能部門の責任になりますので，結果として，今まで2人だったのは1人にするくらいの妥協はあっても，なかなか各機能の部分を0にするというところまでは各機能サイドが腹をくくれないというのが現状だと思います。日本人がいれば，夜中でも電話して色々聞けるし，すぐに指示が出せますが，ローカルだけに任せるともう修復不能になってから連絡が来るのではないかと不安になるわけですね。ある程度日本人のようなことができる現地人も育ってきてはいると思いますが，人の現地化が進まない一番大きな原因は日本サイドの機能部門の心配という日本本社の問題だと思います。機能部門はどうしても日本人駐在員を減らせないので，管理部門が減らせ減らせと言ってちょうどいいバランスになっていると思います。結局，人の現地化は本社側の安心感がどう担保できるのかが肝心であり，これが日本企業の1つの限界なのかもしれません。

8．日本企業の内なる国際化

　1990年代の半ば，私がA社の人事部にいたときは，A社がちょうど海外のオペレーションを始めた時期でもあって，今では考えられないことですが，海外から英語の電話がかかってきたということだけでA社の人事部が大騒ぎになっていました。いまは，B社の場合，日本の社員が約2万人いる中で300人くらいの海外駐在員がいますので，延べでいうと海外駐在員の経験者は2千人を簡単に超えると思います。社内にも海外子会社からの逆駐在員が何十人の単位でいます。国内の本社にもあちらこちらに世界各国からの外国人がいて一緒に働くわけですね。海外に行かなくても国内でクロスカルチャーを経験することになります。このように海外のオペレーションが進んでいくことによって，

日本国内においても自然に国際的な感覚が芽生えてきていると思います。

（文責：銭　佑錫）

【注】

1　海外駐在員の中で課長や部長などの直接的な役職につかずに，本国本社と現地社員との間の調整を主な業務とする海外駐在員をコーディネーターと呼ぶ。シニアコーディネーターは上級調整役ということになる。企業によっては，コーディネーターではなくアドバイザーと呼ぶところもある（編者注）。

2　社内に労働組合が存在しない状態をあらわす（編者注）。

3　人事，総務，法務などの社内の管理を主に担当する部門を指す。間接部門，バックオフィスとも呼ばれる（編者注）。

4　企業によっていろいろな意味で使われるが，ここでは開発，生産，販売，マーケティングなどの会社の事業そのものを遂行する部門を指していると思われる（編者注）。

事例 4-2

日本多国籍企業における経営者の現地化：
韓国アルプス電気の事例

1．はじめに：本事例の狙い

　しばしば経営者の現地化が遅れていると指摘される海外日系企業であるが，その例外の1つは韓国における日系企業である。韓国では，進出後の早い時期から韓国人が社長を務める事例が少なからずあった。例えば，筆者が最初に韓国での本格的な調査を行った1992年時点において，調査対象8社のうち4社の社長が韓国人であった（単独出資1，合弁3）[1]。しかも，これらの韓国人社長は，流暢な日本語でインタビューに応じてくれるなど，日本語に堪能な人材であった。ただ，敢えて言えば，歴史的に微妙な対日感情の残る当時の韓国社会の中で，現地に受け入れてもらいやすくするために韓国人を経営トップに据える面もある，というのが筆者が受けた率直な印象でもあった。誤解のないように付け加えておけば，インタビュー相手の韓国人社長は，いずれも部下を巻き込む力があり，同時に日本の企業文化や組織をよく知る人材であったので，適材適所であったことは確かである。

　そうした中にあって，韓国アルプス電気は，当初，経営陣の面でも全従業員に占める日本人出向者の比率の面でも，日本人主体の経営を行っていた。しかし，経営環境の激変に伴って事業内容を大きく転換し，その過程で経営者の現地化を深化させていった。そこで，進出当初は他地域の多くの日系企業と同じく日本人主体の経営を行っていたが，やがてローカル人材主体の経営に切り替えるという興味深い事例として，韓国アルプス電気を取り上げたい。韓国アルプスに関する本事例の記述は，1992年，2013年，2017年に筆者が行った経営幹部に対するインタビューと工場見学から得られた情報に基づくものである[2]。

2．韓国アルプスの概要・事業転換

　韓国アルプスの親会社であるアルプス電気（現社名はアルプスアルパインであるが，本事例では調査時点の社名を使う）は日本を代表する電子・電機部品メーカーである。その韓国拠点である韓国アルプスは 1987 年に光州で設立された。韓国アルプス設立の最大の要因は円高対応であり，1992 年の訪問時には，日本の 5 事業部にまたがる多岐の製品を生産し（モジュレーター、チューナー：相馬事業部，マイクロ・プリンター：盛岡事業部，DC-DC コンバーター：涌谷事業部，VTR 用音声磁気ヘッド：新潟事業部，キイボード：小名浜事業部），金星アルプス[3] に納入している VTR 用音声磁気ヘッド以外の全量を日本に逆輸出していた。しかし，90 年代初頭に韓国の経営環境は大きく変わろうとしていた。1980 年代後半における民主化運動とそれに伴う労働争議の頻発によって賃金が高騰し，アルプス電気にとって韓国は輸出拠点としての魅力を失いつつあった。急激な労賃上昇の結果，日本の事業部本体と比べればまだコスト競争力は維持できていたものの，その周辺で組立を行う協力工場とは「いい勝負」という状況となった。「本社会長の意向として，できるだけ地元に貢献したいので簡単には撤退しない」としつつも「正直を言えば苦しい」とのことであった。

　その後，経営環境の変化に対応しようと，韓国アルプスは経営転換を模索しはじめた。輸出だけに依存するのではなく，韓国国内向けのビジネスにも着手する必要があると考えたのである。韓国国内市場を開拓するには，日本で培ってきたコア技術を活用し，それまで日本で設計していたものを韓国で設計し直す必要が生まれた。97～98 年ごろには日本の指導を受けながら，日本の商品を仕立て直して韓国に合わせた PC 用電源などの開発にこぎ着けた。次いで，韓国アルプスのさらなる発展の礎となる商品，すなわち車載用製品の製造と開発にも乗り出し，車載用製品が電子・電機部品と並ぶ 2 本柱へと成長した。車載用製品においても，日本が開発したコア技術を使って開発能力を向上させていった。今後の成長の種となる新技術の開発（エネルギー・健康など）も手がけているが，これも日本からの応援を受けている。車載用製品が 2 本柱とな

図表 4-2-1　韓国アルプス電気の概要

訪問時期	1992.9.1	2013.3.13	2017.3.17
立地	光州		
操業開始年	1987		
参入方式	新規合弁→単独		
日本側出資比率	95	100	100
沿革	1987 設立：日本からの受託生産の製造中心（PRT 生産開始） 1987〜89：金型・備品加工開始 1989：労働組合設立 1993：電装品（委託生産開始） 1994：設計組織の新設 1996：LG との合弁契約を解消してアルプス電気 100％出資に 1997：ソウル営業所開設 1999：初の自主設計品生産（ノート PC 用電源） 2004：MDD 製品（USW）生産開始 2005：電装（RKE）の自主設計実施 2008：G-CDP 開発拠点化へ着手 2012：研究開発棟の新設 スタート時は，金型と部品に投資。委託された製品を生産。1999 年自主開発を開始（ノート PC 用電源）。2008 年パワーウィンドースイッチのグローバル製品の生産。		
従業員数	802	1,560	2195
日本人出向者数	22	6	13
日本人比率	2.7	0.4	0.6
経営トップ	日本人	日本人	韓国人
事業内容	家電・PC 用電子部品	車載用電子部品／家電・モバイル向け電機電子部品	車載用電子部品の製造開発 50％：組立の生産品目：パワーウィンドウ用スイッチ，ハンドルスイッチ，ナビ，AV。家電・モバイル向け電機電子部品 50％
業種	製造	製造・開発	製造・開発
輸出比率	70	N.A	N.A

出所：各訪問時点でのインタビュー調査から。

ることによって，2011 年には韓国国内販売が輸出を上回るに至った。2015 年時点での主要顧客は，サムスン，韓国電力，現代自動車，起亜（現代自動車傘下の自動車メーカー），LG 電子，現代 MOBIS（現代自動車・起亜の主要モジュール部品メーカー）と地元企業が大半を占めるに至った。

3．グローバル機能の強化

設計機能の強化は，アルプス電気の中における韓国アルプスの能力と地位を

一段と向上させ，車のドア用パワー部品の分野ではグローバル市場向けの生産と開発を担うようになった。2017年時点では，同製品の開発において，200品番のうち7割が韓国，3割が日本（2017年）となったのである。

アルプス電気のグローバル活動における韓国アルプスの役割の重要性は，製造と開発にとどまらず人の面にも及ぶ。車載用製品の開発に当たってキーマンを日本に逆出向させるなど，当初の日本への逆出向は技術の吸収を目的としていたが，エンジニアの採用が難しくなった日本の支援のための逆出向がそれに加わり，やがて韓国で開発された製品を製造する日本以外の拠点に対するグローバル支援も行うようになった。

2017年の訪問時には，技術や営業などを中心に，北米に4人，日本に5人，EUに1人，ベトナムに1人と計11人の出向者を派遣していった。2013年時点ではマネジメント系が多かったが，2017年時点では，技術系と営業が増えた。技術系だけでなく営業を出すのは。例えばベトナムではLG・サムスンが顧客であるため，韓国人同士の方がコミュニケーションがとりやすいからである。韓国で開発された製品を生産するメキシコの工場には品質の技術者を派遣している。韓国の開発機能が強化されるにつれて，グローバル出向者をさらに増やしていく方針である。ただし，今後は日本でグローバル研修を受けたメンバーだけを出向させる。

こうしたグローバル出向には，海外拠点の支援とともに人材育成という目的もあった。つまり，逆出向によって力をつけて，帰国後に管理者になるのである。ただ逆出向だけでなく，設計機能の拡充・強化とともに日本から韓国アルプスへの出向者も同時に増えており（2013年の6人から2017年の13人），技術の源泉としての日本の役割が相変わらず大きいこともうかがわれる。韓国アルプスの韓国人経営者の表現を借りれば，「当社は日本の親からみて長男の役割」を担うまでに成長した。「長男」とは，第2本社的役割と言い換えることができよう。

4.「韓国的」生産現場とグローバル対応型人材育成

設計開発の面では，日本との密接な連係によって能力の向上が図られたが，

韓国アルプスの生産現場は極めて「韓国的」である。生産現場は基本的に協力会社の請負となっている。すなわち，パワーウィンドウ，ハンドルスイッチ，ナビ，AV などの生産を担っている作業者はすべて請負であり，正社員の役割は支援である。設備のメンテナンスすらも正社員ではなく協力会社が担当している。当初は派遣社員を使っていたが，2000 年度半ばに派遣が法的に認められなくなり，請負に変更した。請負のメリットは，人件費が安いことと生産の変動に柔軟に対応できることである。ただし，製品の精度に深く関わる金型の製造は，9 人のメンテナンスを含めて正社員が担っている。金型の現場では，改善事例が日本語で掲示されるなど，設計開発と同じく日本との深い連係があるものと思われる。

　こうした生産現場の特色を受けて，正社員の中に占めるエンジニアの比率は高い。正社員 870 人中，エンジニアが 280 人（設計 180 人，金型 40〜50 人，生産技術 40〜50 人）を占めている。生産現場における作業者の熟練には期待せず，エンジニア主導のモノ造りが韓国アルプスの特色であると言ってよいだろう。

　こうしたモノ造りの特色故に，教育訓練も入社後 3〜4 年以上の経験を持つものに力を入れている。入社からおよそ 4 年周期の教育訓練プログラムを実施しているが，日本と比べて新入社員教育は軽めである。すなわち，新入社員教育は 10 日間であり，①社内入門課程，②現場実習，③克己訓練を行う。階層教育の対象は，新任グループ長，課長，次長，部長である。入社後 3〜5 年経った社員を選別して，毎年 20 人〜30 人をトレーニーとして海外に出している。海外トレーニーの目的は，グローバル製品の生産準備のためであり，人材教育のためでもある。

5．日本人主導の経営から韓国人主体の経営への転換

5.1　出発点は日本人主体の経営（1992 年訪問時）

　1992 年訪問時には，操業開始から 5 年が経過したこともあって，ある程度韓国人が経営ラインの要職に就くようになってはいたものの，まだまだ日本人が主導する経営であった。まず，社長は日本人であり，理事も 3 人のうち 1 人

が日本人となっていた。部長は9人のうち3人が日本人で（経理，生産管理部，第四製造部（金型）），課長すらも15人中日本人が7人を占めていた（品質管理，生産技術，ヘッド，キーボード（チューナーと兼務），モジュレーター，部品）。つまり，課長以上の管理職28人中，日本人出向者の数は12人に達したのである。

　日本人社長は本社の役員であり，アルプス電気の海外法人の中で本社の役員が社長を務めるのは，韓国の他はアメリカとイギリスのみであった。「従業員が1,000人に満たない規模の海外法人に，本社の役員クラスがくる必要があるかどうかは疑問だが，韓国は肩書き社会だから，金星社との対抗上そうする必要があった」とのことであった。肩書き社会という韓国の特色は，後に韓国人が社長を務める要因の1つでもある。

　また，従業員数802人のうち日本人出向者の数は22人で日本人比率が2.7%に達し，当時の韓国における日系企業としては異例の高さであった。

　なぜ，日本人主導の経営になるかについての，韓国アルプス側の説明は以下の通りである。「日本人は、ミクロン単位の精度を追求する。品質管理では不良率をPPM単位で管理する。また，それを実行し成果を出す。他民族から見れば、どうしてそこまでやらなければならないかという感じになるのではないか。韓国人の気質を表す言葉として「クェンチャナヨ（まあいいじゃないか、気にしなくていい）があり、日本人とは対照的である。我々自身も海外に出てみるとなぜ日本人はあそこまでゆとりがないのかと違和感を感じてしまう。最近、過剰品質を少し見直そうではないかという反省も出ている。1万分の1の不良をなくすために、努力をしすぎていないか。プリンターを除き、各製品に日本人の課長がつく。プリンターは日本人から現地人に切替えたが、近いうちにまた日本からきてもらう。去年までは30名近い出向者がいたが，それでは現地化しないということで減らした。現地化は合言葉だが、日本人ゼロはありえない」。やや脇道に逸れるが，1992年当時から「過剰品質」が言われており，しかし，その後も過剰品質・高価格が日本企業の新興国市場への浸透を妨げていると指摘され続けているのは，善し悪しは別として日本企業の志向性を表すものとして興味深い。

5.2　社長は日本人だが経営ラインの大部分は韓国人（2013 年訪問時）

　2013 年になると，社長は日本人であるが，全従業員に占める日本人出向者の比率は 0.38%（全従業員数 1,560 人のうち 6 人）へと大きく低下した。しかも，日本人出向者 6 人のうち経営ラインに就いているのは社長を含めて 3 人だけであり（社長の他は技術関連），後の 3 人は経理，金型，品質のアドバイザーである。韓国人が経営ラインの要職に就く態勢へと大きく転換したことが明らかである。2010 年頃から車載向け製品を中心とした韓国市場の比率が輸出を上回ったことが，こうした転換の背景にあったのは疑いない。

5.3　韓国人主体の経営（2017 年訪問時）

　韓国アルプスにとっての韓国の国内市場の比重が高まるとともに，2016 年には社長も韓国人になった。国内市場への転換に伴って韓国人社長となった最大の要因は，韓国と日本のスピードの差であるという。例えば，韓国の顧客の代表であるサムスンは 24 時間体制で開発しており，ともかくスピードが肝心である。慎重に物事を進める日本人では対応が難しい。また，フレキシブルな対応が求められるので，顧客を頻繁に訪問する必要がある。さらに，肩書きが重視される韓国社会では，訪問するのは社長である必要がある。これらが，韓国人社長となった要因である。

　社長をはじめとする韓国アルプスの韓国人経営幹部の特徴を挙げれば，長期勤続の内部昇進型人材であり，かつ，日本語が堪能な日本語人材である。韓国人幹部は皆，創業以来のメンバーであり，設立当初からのメンバーは 30 人ぐらい存在する。同時に，韓国人管理者 70 人全員が日本語人材である。会社の全体会議は日本語で行われ（「日本人が 1 人でもいれば，会議は日本語」），日本から来る図面も全て日本語である。韓国アルプス経営幹部の日本語能力は，日本語を母国語とする日本人に比べても遜色ない。彼らとのインタビューはすべて日本語で行ったが，他社において日本人出向者とインタビューするときと同じ密度，同じ豊かさの情報量の質疑応答が可能であった。この高い水準の日本語能力が，日本人出向者と日本本社との円滑な意思疎通を可能とし，それを通じて日本企業におけるローカル人材の能力向上に大きく寄与したと言える（金他，2021）。

　長期勤続の内部昇進といい日本語の堪能さといい，韓国アルプスの韓国人経営者達は，日本人出向者と相似形なのである。しかも，それはひとり韓国アルプスのローカル人材だけの特徴ではない。韓国，ひいては台湾，中国の東アジアにおいて日系企業のトップを務めるローカル人材に共通した特徴なのである。日本企業の経営者の現地化を可能にする注目すべき要因の1つと考えられる（板垣，2021）。

6. まとめ

　90年代初頭以降の経営転換に伴って，韓国アルプスでは経営者の現地化が深化していった。まず，日本への逆輸出から国内市場への転換を行うために開発機能が強化された。その中で車載用製品が電子・電機部品と並ぶ経営の2本柱へと成長した。その結果，主要な顧客も韓国の地元メーカーへと転換していった。スピード，フレキシビリティを重視する地元メーカーへの転換によって韓国人経営者の役割が増大していき，やがて長期勤続の内部昇進型で日本語が堪能なローカル人材からなる経営陣が，主導権を発揮するに至ったのである。

（板垣　博）

【注】
1　板垣（1997）を参照。
2　本事例の記述は，板垣（2021）の一部を使用している。
3　1970年に設立された韓国の金星社とアルプス電気の合弁会社。出資比率は金星社とアルプス電気がそれぞれ50％。納入先は韓国内の韓国メーカーが中心。

【参考文献】
板垣博編［1997］『日本的経営・生産システムと東アジア―台湾・韓国・中国におけるハイブリッド工場―』ミネルヴァ書房。
板垣博［2021］「異時点間比較研究からみた海外日本企業の進化：事業転換とローカル人材登用の視点から」『武蔵大学論集』第68巻第2・3・4号。
金煕珍・板垣博・関口倫紀［2021］「日本企業の海外子会社における言語選択」，『一橋ビジネスレビュー』69巻1号。

事例 4-3

タイの日系企業における能力構築と
ローカル人材活用の特徴

1．はじめに

　TX 社は，1966 年 4 月，日本の商用車メーカー T 社がタイのトラック生産会社（日本の大手総合商社が一部出資）に資本参加して設立された。X 社がタイに進出した最大の動機は，タイの輸入代替型工業化政策への対応という側面が大きいと考えられる。TX 社におけるローカル人材の育成と登用は，同社のみならず，またタイや ASEAN のみならず様々な地域における多くの日系企業に共通する特徴，すなわち「漸進的な人材の現地化」という特徴をもつ。さらに，タイの社会ならではの特徴も加わっている。

　筆者は，同社に 1993 年，2016 年，2019 年の 3 回に亘ってインタビューと工場見学の機会をもつことができた。本事例では，そこで得た情報に基づき，TX 社の量的・質的成長を支えた要因と能力構築の特徴を明らかにし，そうした能力の構築に際して日本人出向者とローカル人材がどのような役割を果たしたか，ローカル人材育成の制約要因は何かを論じていきたい。なお，本事例の記述の多くを板垣（2021）に負っている。

2．TX 社の量的・質的な成長

　図表 4-3-1 に示されているように，TX 社の量的・質的成長は著しかった。

　量的成長の第 1 は，第 2 工場とノックダウン（KD）工場の新設である。第 2 に，こうした工場の新設と第 1 工場の拡充と相まって生産能力の著しい増大をもたらした。第 3 に，上の 1，2 に連れて従業員数も，1993 年の 2,050 名か

図表 4-3-1　TX 社の概要：1993, 2016, 2019 年

訪問日	1993/9/9	2016/8/22	2019/2/21
操業開始	1966/4/1		
参入形式	新設直後に資本参加		
沿革	1957 年 3 月：タイ国内へのトラック輸入開始 1963 年 11 月：トラック生産開始 1966 年 4 月：TX 社設立（X 社出資）；それまでは日本の総合商社が出資 1974 年 12 月：ピックアップトラック生産開始 1999 年 7 月：豪州へのピックアップトラック輸出開始 2002 年 5 月：ピックアップトラック・ピックアップ乗用車の生産拠点を日本からタイへ移管 2010 年 4 月：ピックアップトラック・ピックアップ乗用車の開発主体を日本からタイへ移管 2012 年 11 月：第 2 工場でピックアップトラックの生産開始 2017 年 1 月：新 KD センター稼働開始		
X 出資比率	47.90%	71.10%	71.10%
経営トップ	日本人	日本人	日本人
従業員数	2,050 人	5,577 人（含む期間工）	5,422 人（含む期間工）
日本人出向者	17 人（X 社 16 人，総合商社 1 人）	71 人（第 2 工場は 1 人）	83 人
日本人比率	0.8%	1.30%	1.53%
主要製品	大・小トラック，バス（商業車の組立）	ピックアップトラック 85 %，中大型トラック 10%，その他部品 5%	ピックアップトラック，ピックアップ乗用車，中大型トラック，KD キット
生産能力	10 万台／年	第 1 工場：ピックアップトラック 235,000 台；第 2 工場：ピックアップトラック 91,000 台，中大型トラック 35,000 台	第 1 工場：ピックアップトラック・ピックアップ乗用車 235,000 台；第 2 工場：ピックアップトラック 91,000 台，中大型トラック 35,000 台；KD：小型トラック用 KD86,000 台，中型トラック用 KD37,000 台
現地市場シェア	Total 車両 20 %（1992 年），トラックバス部門 30%（1992 年）	ピックアップトラック 36%，中大型トラック 48%（2015 年実績）	ピックアップトラック：33.4%，ピックアップ乗用車：19.4%，中大型トラック：50.6%
輸出比率・仕向地	0.2%，日本向けのパネルのみ。輸出できる体制ではない。	輸出比率：約 6 割（2015 年）仕向地：中近東（29 %），豪州（25 %），欧州（17 %），アジア（19 %），中南米他（9%）	輸出比率：約 5 割（2018 年）仕向地：小型：豪州（38%），アジア（21%），欧州（19%），中南米他（13%），中近東（6%）；KD：南ア（22%），GM エジプト（19 %），GM 南米（14 %），中国（15%），ASEAN（13%），インド（8%），GM その他（8%）
開発機能・要員	2 年前から別会社に。従業員 35 人。うち日本人	要員は 250 人ぐらい。日本人は 20 人ぐらい。エ	開発スタッフは約 250 人。外観デザインは日本

	5人。	ンジン，トランスミッションなどのパワートレインの開発は日本。車体，内外装，シャーシーはこちらで。フルモデルチェンジ以外はタイで完結。	で（X社のアイデンティティー）。ただし，タイにデザインセンターがあり，タイ人の好みを取り込む。
海外工場の支援	姉妹工場からの従業員の受け入れ。	マザー工場的役割：中国とインドの立ち上げ支援。中国へは40人，インドへは60人以上のタイ人が支援に行く。日本も指導はする。	小型トラックのインド，中国にとってのマザー工場機能：タイが先行してモデルチェンジ。その後，先方に行ってタイ人が指導する。インド，中国の従業員がTX社に来て改善，品質管理などを学ぶ。

注：2019年に訪問した後，従業員数と日本人出向者数に大きな変化があった。2022年10月時点で，
　　従業員数は5,993人に増え，逆に日本人出向者数は50人に減少した。従業員数の増加は生産台数
　　の増加に伴うものであり，日本人の変化は，2019年にプロジェクト対応の支援で出向者数が多数
　　駐在していたことが主な要因である。
出所：インタビューデータから筆者作成。

ら2016年の5,577名，2019年の5,422名へとほぼ2.7倍に増加した（それぞれ日本人出向者および期間工を含む）。こうしたTX社の量的発展は，現地市場における市場シェアの拡大（図表4-3-1の現地市場シェアの項目参照）に示されるタイの商用車市場の著しい拡大の果実を確実に取り込んだことと並んで，次の質的成長の中で述べる輸出力の飛躍的向上の結果でもあった。

　質的成長の第1は，輸出能力の向上である。1993年訪問時における輸出は，日本向けのプレス部品のみであり，TX社の売上高に占める輸出比率はわずか0.2％に過ぎなかった。その最大の理由は，タイの方が日本より1.5倍も高いという完成品の価格の高さにあった。ただし，注目すべきは1993年当時からTX社が既に高い品質レベルを達成できていたことであろう。1993年訪問時の日本人経営者によれば，「TX社の品質のレベルは世界中の途上国のどこにも引けをとらない。日本の車よりむしろ丈夫」とのことであった。

　TX社の海外輸出は，1999年のオーストラリアへのピックアップ輸出に始まる。これは，多くのタイに進出していた日本の自動車メーカーと同様，1997年のアジア通貨危機に端を発した経済不況によるタイ国内市場の急激な縮小を補うための苦肉の策としての意味合いがあった。しかし，やがて，輸出は国内向け生産と並ぶ2本柱へと成長していった。輸出比率は2010年に約4割，

2015年には6割へと上昇したのである。しかも，車両の使用環境が厳しく高い耐久性が求められる中近東や，オーストラリアおよび欧州という自動車先進国が輸出先の大きな割合を占めていることから，同社製品の品質の高さがうかがい知れる。

　質的成長の第2は，開発・設計機能の強化である。大きな転機となったのが，2002年にピックアップの生産を全て日本からタイに移管したことである。開発機能強化のために2000年ごろから期間2，3年の逆出向という形で技術者を日本に派遣して技術の移転・吸収を図った。2010年にピックアップトラックの開発主体を日本からタイに移管することができた。

　質的成長の第3は，マザー工場としての役割を本格的に果たすようになったことである。2016年および2019年訪問時には，インドと中国の姉妹工場に対する本格的なマザー工場としての役割を担うまでに成長した。両工場の立ち上げ時には，日本からだけでなくTX社から中国とインドに支援部隊が派遣された。また，小型商用車では，タイが先行してモデルチェンジを行い，ノウハウを蓄積した後にタイと中国に行ってタイ人が指導する。同時に，両工場からの従業員を受け入れて，改善，品質管理など伝授する。まさに多くの日本企業の親工場と同じ役割をTX社が担っているのである。

3．生産現場における能力構築の特徴

　TX社の生産現場における能力構築の特徴を，海外工場の能力を高めるための技術移転において鍵を握る重要な領域である以下の3.1～3.8について記述する（板垣，2018）。

3.1　多能工の育成

　いわゆる多能工が，日本の製造業の現場を支える重要な要素であることは，よく知られている。多能工とは，様々な作業を幅広くこなす力をもつ作業者を指し，彼らの存在によってライン作業の組み替えが円滑に実施でき，それによって生産量や製品のモデルミックスの変化に柔軟かつ迅速に対応することが可能となる。また，工程の中身を幅広く知ることによって，品質問題への対処

能力も向上する。

　既に 1993 年訪問時において，TX 社は多能工の育成に力を入れていた。多能工育成のために日本の教育訓練プログラムを取り入れており，日本へ研修にも出している。多能工化の現状を把握し，作業者の意欲を引き出すための，個人別の訓練習熟表が工場の中に掲示されていた。その後も，多能工育成の努力は続けられているものの，その成果は日本の国内工場と比べると限定的なものにとどまっている。2016 年の訪問時では「3 工程ぐらいはできるようにしている。さらに，5 工程ぐらいできる人を増やしたい」とされていた。2019 年の訪問時でも「現場のリーダークラスは，5 工程を超える多能工である」とのことであった。この状況は，日本の製造現場における多能工化の程度とは，かなりの差がある。もちろん，先に述べたように，本格的なマザー工場としての役割をこなすからには，かなり技能レベルの高い作業者群が存在するのは間違いない。したがって，日本との差は，技能の高い層とそうでない層との力量の差が大きいことにあるといった方が適切だろう。

3.2　作業長の育成

　生産現場の中核となる作業長は，日本の国内工場では，しばしば「製造現場の情報交換の要であり，製造現場のオールマイティー」とまで評される，まさに製造現場の中核要員である。TX 社では，フォアマンとその上司のジェネラルフォアマンがそれにある。1993 年当時から現在まで一貫して彼らは作業者からの内部昇進である。

　1993 年当時は，「ジェネラルフォアマンを含めて，ほとんどが小学校卒であり，能力不足が問題である」とされていた。これは，当時のタイにおける大きな学歴格差という社会状況が，企業内の管理の問題に反映されていたとみることができよう。

　それからみると，ジェネラルフォアマンやフォアマンの力量は一定の進歩を遂げているといえよう。2016 年と 2019 年に得た情報を総合すると，以下のようになる。ジェネラルフォアマンが，最終組立，溶接といった生産ラインの管理を担当し，ジェネラルフォアマンの下に 2〜3 人のフォアマンがつく。稼働，品質，出荷といった生産ラインそのものの管理の内容は日本と基本的には

大きく違わない。しかし，作業の手順を示し生産性に大きな影響を及ぼす標準作業の設定と文章化は，日本では作業長が行うのに対して，TX社では基本的には生産技術部隊が行い，それを各工場の指導者クラスが現場に落とし込む。高卒の作業者から昇進した人たちに，標準作業を作成してもらうのは難しい。作業標準をジェネラルフォアマンやフォアマンが判っていないというのではない。それを文書化できないのである。つまり，標準作業（ST）の設定，標準作業書の作成といった現場のデスクワーク的な側面では，日本との差が明白である。「ジェネラルフォアマンは，本来なら課長的な仕事をしなくてはならないが，ななかそうはならない」という。現代においても，なお残る学歴による格差というタイの社会状況が，企業内の人材育成に影を落としていると理解できるのではないか。それは，後述する現場の改善活動にも影響を及ぼしている。

3.3 品質管理

　1993年の時点で，出荷段階での高い品質水準が達成されていたことは既に述べた。当時から，工程内での品質の造り込みという点でも，日本と同じ仕組みが目指されていた。ただし，日本と比べて自動化の程度が格段に低く人海戦術に頼っているだけに，品質のチェックポイントを多く設けて出荷段階の品質を確保しようとしていた。さらに，品質のつくり込みの達成度合いにおいても日本とは大きな差があった。生産ラインのスタート時点から何ら品質上の問題がなく出荷検査を終えることができる車両の比率，すなわち直行率は，1993年当時の日本が90％程度であったのに対して，TX社では40％だった。

　2019年の訪問時には，車体溶接後の直行率が，第1工場では90％，第2工場では98％と格段の進歩を遂げていた。こうした工程内の品質改善には，作業者や後で述べる設備メンテナンス要員の熟練度の向上に加えて，次に述べるように，日本から調達する生産設備が寄与している。

3.4 生産設備

　1993年時点での，生産設備の特徴は以下の通りである。以前は全部日本製の設備だったが，その後台湾などからの調達に切り替え，日本製の割合が3分

の1にまで低下していた。それが，2019年には次のように変化した。「主な設備は日本から調達している。しかし，本社工場と，ある時点をとると同一ではない。設備はモデルチェンジの時に更新するが，モデルチェンジのサイクルが本社工場とTX社とでは異なるからである」。1993年の時点で塗装工程の自動化はかなり進んでいたので，近年の変化の主な原因は，車体溶接の自動化である。それが，先に述べた直行率の改善に寄与していると言えるだろう。

3.5　設備メンテナンス（設備保全）

　1993年当時は，一般の作業者とメンテナンス要員を区別せずに採用していた。それを，X社に入社してから保全一筋でやってきた55歳の日本人が，1人で全部指導する，という状況であった。近年（2016～2019年）の状況は次のようである。保全要員は，まず派遣社員として入れて，彼らをできるだけ正社員にするよう育成する。また，2018年に工程ごとに分かれていた保全要員を，部署が分散していると人材育成が進まないので，新設した保全部に集めた。こうしたメンテナンス要員の育成強化策は，3.4で述べた自動化の進展に対応しようとするものであろう。

3.6　改善活動

　現場の作業改善はフォアマンとその部下のリーダーが中心になって行う。設備保全の改善活動は，メンテナンス要員，技術者，現場の要員が一緒になって実施しているが，計画はスタッフが作っている。つまり，設備保全の活動では，技術者がかなり大きな役割を果たしている。なお，この活動はTX社内部だけでなく，学校をつくって協力会社からも生徒を募集し，3カ月などの期間を区切って活動を行う。

　QCサークルや5S活動は実施していない。TX社の場合，啓発的な意味合いをもつQCサークや5Sよりも，実質的な業務としての改善活動に力点を置いている印象が強い。

3.7　教育訓練

　現地での教育訓練と日本での研修に分けて記述する。

　現地での教育訓練は，1993 年時点では，現場の作業者は仕事をしながら技能を身に付ける OJT が中心であった。2016 年訪問時には，日本の親工場とほぼ同じモノづくりトレーニングセンターがあり，現場の中堅クラスを対象にフォアマンに昇進する前に 1 年間の研修を行っていた。日本との違いは，日本では高卒の新しい人を対象として研修を行う点である。この違いは，タイではまず派遣社員として採用して，採用後 5 年が経つと正社員になる試験が受けられることにある。モノ造りトレーニングセンターでの指導者は，日本で半年から 1 年間勉強する。さらに日本からの出張者が教え方を確認している。

　1993 年訪問時から現在に至るまで，積極的に日本での研修に取り組んでいる。1993 年時点では，技術系と管理系の 2 種類の日本への派遣があった。帰国後は彼らが中心になって改善活動に取り組んでいた。

　日本での研修に関する，近年の大きな変化は，現場の作業者クラスを派遣するようになったことである。日本に行く前に日本語教育をして，合格した人だけを派遣する。日本に派遣した現場の人たちで，辞める人はほとんどいない。おそらく，現場の中核メンバーたり得る人材を派遣し，派遣される側もそれを十分意識している結果であろう。

　筆者が知る限り，大多数の日本企業の傾向として，操業経験が長くなると，日本で研修を受ける人の数は少なくなり，なおかつ現場の作業者クラスを派遣する事例は稀で，ほとんどが技術者や管理層が中心になる。TX 社の大きな特徴は，操業経験が長くなっても積極的に日本での研修を行っていること，しかも最近は現場の作業者クラスを日本で教育していることである。その要因として，①X 社の中にあって，タイが生産拠点としてはもちろん，マザー工場として，あるいは KD センターとして世界の中で大きな役割を果たしていること，②そうしたグローバル拠点としての役割を果たすためには，生産現場の従業員の力量にまだまだ大きな課題を抱えていること，の 2 点があろう。

3.8　主要な部材の調達先

　主要なサプライヤー（調達先）について記述する。

　主要な調達先が日系メーカーであるのは，1993 年以降，一貫している。それはタイの自動車産業が，X 社のような最終組立メーカーだけでなく，部品

メーカーを含めて日本企業を中心として発展してきたためである。現在でも，機能部品は日系を中心としたグローバル・サプライヤーからの調達であり，地場メーカーからの調達は樹脂やプレス部品である。したがって，金額ベースでみると 80％以上が日系メーカーとなる。なお，駆動系のうちエンジンはすぐ近くに立地する X 社のエンジン製造会社（税制の恩典の関係で 1987 年に分離）から，マニュアル・トランスミッション（タイのピックアップトラックは 9 割以上がマニュアルである）はフィリピンの姉妹工場から調達している。

4．ローカル人材育成の特徴

4.1　生産現場における熟練者の育成とその限界

　多くの海外日系企業と同様に，TX 社も生産現場における熟練工の育成には力を入れている。しかし，多能工の層の厚さ，作業長の力量や果たす役割など生産現場の中核的人材の育成において，上述したように今なお様々な制約と課題を残しているのも，また否定できない事実である。

4.2　漸進的な経営者の現地化：日本人出向者の果たす役割の大きさ

　TX 社の経営陣の特徴を一言で述べれば，1993 年から一貫して日本人が大きな役割を果たしてきたことである。これは，実は TX 社だけの特徴ではなく，ASEAN に事業展開する多くの日本企業に共通した現象である。以下，具体的にみていこう。

　まず第 1 に，会社設立以来，現在まで現地経営の最高責任者＝社長は日本人が務めている。1993 年以来会長はタイ人であるが，会長が経営に直接関与しているわけではない。

　第 2 に，経営の主要なポストも日本人出向者が担っている。部品会社 314 社のうち日系が金額ベースで 8 割を占めるなど取引相手が日本人なので，価格交渉と最終判断は日本人同士のやり取りとなってしまう。タイは最初の段階から日本企業の市場なので，日本の考え方が主流になっている。タイ人もだいぶ育ってきており，コスト分析まではできるものの，まだまだ関与の程度は限られてしまう。人材の現地化で比較的やりやすいのは TX 社の中で自己完結でき

る管理，製造などの部署である。2019年時点で，タイ人の中での最高位は副社長であり，執行役員にもタイ人が4名存在するなど，経営者の現地化がある程度進んではいるものの，ローカル人材の果たす役割は，まだ限定的である。

　第3に，従業員全体に占める日本人出向者の比率は，1993年が0.8％（2,050人中17人），2016年が1.3％（5,577人中71人），2019年が1.5％（5,422人中83人）とむしろ上昇傾向にある。ただし，2016年から2019年にかけての日本人比率の上昇は，新しいプロジェクト対応のために比較的短期間の日本人が常駐したという事情がある。したがって，2022年時点での日本人比率は0.8％（5,993人中50人）へと低下した。しかし，これも裏返せば，操業経験が長くても，現地会社の機能が拡大したり，高度化したりすると，それに伴って日本人出向者が必要になることを示している。これまた，TX社だけでなくASEAN地域の日系企業で広く観察できる現象である（板垣, 2018）。

　第4に，こうした技術移転には，出向者だけでなく日本からの出張者も大きな役割を果たしている。1993年時点での情報であるが，年間延べ300名の出張者が3カ月のローテーションでタイに来る。出張者の中心は技術者と現場の技能者である。モデルチェンジのたびに確認業務，指導のために出張者が貼り付き，組立の問題点の抽出作業，金型・治具の仕上げといった指導を行う。

5. 小括と考察

5.1　小括

　最初の訪問時の1993年以来，TX社は量的・質的にめざましい成長を遂げた。量的な成長は，工場の複数化，最初の工場を含めた生産能力の著しい向上，従業員数の大幅な増大であり，それらはタイ自動車市場の急速な成長の果実を取り込んだことと輸出の著しい拡大の2本柱を通じて達成された。質的な成長の中味は，完成車とKD用キットの双方からなる輸出能力の飛躍的向上，開発・設計機能の拡充，マザー工場としての役割強化であった。

　こうした量的・質的成長を支えたのがヒト・モノ両面における日本的要素である。ヒトの要素とはまず日本人出向者と日本人出張者が，現地の経営と知識や技術の移転に果たす大きな役割である。また，常時実施している日本での研

修もこれに含まれる。モノの要素とは，日本の設備（特に自動化が進んだ以降）と日系サプライヤーが現地生産の品質や効率を支えていることである。さらに，後者が前者をもたらすという側面もある。

　もちろん，生産現場や経営管理層におけるローカル人材の能力向上が量的・質的成長にとって不可欠であるのは言うを待たない。しかし，生産現場の中核的人材と経営管理層の双方において，なお様々な制約と課題を残している。しかも，それは，既に指摘してきたように，TX 社のみならずタイさらにはASEAN で事業を展開する多くの日系企業に共通した課題である。

5.2　考察

　それでは，なぜ上で述べたような発展の特徴が観察されるのであろうか。その点について，少し大胆な推測も交えて考えておきたい。

　第 1 に，タイの自動車産業が日本企業を中心として生成・発展してきたことが大きな要因であろう。その結果，現地の企業間取引においてもしばしば日本人同士の交渉となる。また，産業全体において日本流の考えが主流となっている。

　第 2 に，これはあくまで筆者の推測であるが，現場の中核要員が抱える問題は，実は企業側の「確信犯」的な要素があるのではないか，ということである。筆者が初めてタイやマレーシアなどの日系企業を訪問した 1980 年代末から 30 年以上にわたって，多くの日系企業で「課題は，作業長の力不足と育成です」という声を聞き続けてきた。そうなると，果たして本気でこの問題を解決しようと考えているのかどうか疑わしくなる。これは，批判として言っているのではない。一定のレベルに達している中核要員の力量をさらに高めるための追加的コストと，その効果を秤にかけるとどうなるかという，ある種合理性の問題である。中核要員のさらなるレベルアップに追加的なコストをかけるよりも，日本人出向者や現地の技術者が現場の中核要員の力不足を補う方が合理的である，という判断が働いてもおかしくない。

　第 3 に，現地人経営管理層の育成と言語の関係も重要ではないだろうか。この点は，本文で触れなかったので，少し具体的に述べておこう。TX 社における使用言語の状況は，以下のようである。経営会議の基本は日本語が使われ

る。タイ人のほとんどの役員は日本語ができる。TX社におけるタイ人の日本語への学習意欲は非常に高い。日本に研修に行くまでに4級を取らなくてはならない。日本に行くと3級レベルになって帰ってくる。仕事上の会議なので，話のパターンが決まっており，そのレベルの日本語でも支障はない。（日系サプライヤーとのやり取りが必要な）購買部門では，100人のうち20人ぐらいは日本語ができる。日本との重要会議では，先輩に日本語を学びながら取り組む。

　ASEANで，企業内にこれだけの豊富な日本語人材が存在する企業は，筆者の知る限り極めて少数派である。多くのASEANにある日系企業では，日本人出向者と現地人経営管理層との意思疎通は英語が使われる。

　問題はその先にある。インタビューにもタイ人の管理者が参加してくれたが，正直に言って韓国や台湾の日本語人材とは日本語の水準に相当な開きがある。その開きとは，「報告や指示ができる」日本語の水準（タイの場合）と，「結論が出ていない込み入った課題について，深く議論をして結論を導き出す」日本語の水準（韓国や台湾の場合）の違いである。その違いは，単なる意思疎通の円滑さではなく，ローカル人材がどれだけ深く経営に関わることができるかの問題となり，当然のことながらローカル人材の成長と経営者の現地化に大きな影響を与える（金・板垣・関口，2021）。言語の距離は，国際経営にとって大きな問題であると言える。誤解のないように一言つけ加えれば，これは日本語が使われるからなのではない。英語であっても同じことである。

　第4に，タイの社会・文化と日本企業の経営との適合性も関係があるのではないか。その1つは，タイの階層社会（例えば初等中等教育と高等教育との断絶）と，階層間の断絶が小さくミドルを軸とする日本企業の経営とが必ずしもしっくりとはかみ合わないのではないか。もう1つは，華人系中心のタイのビジネス社会と日本の製造業とが，重なることが難しいある種のパラレルワールドとなっているのではないか。自分に自信があり，上昇志向の強い華人系の人々は，流通，サービス，金融に関心が強く，あるいは起業家となることを目指し，日本企業を中心として発展してきた製造業には関心が薄いのではないか。したがって，彼らの日本企業との関わりも，経営に直に関与するのではなく，あくまで異業種の合弁相手や株主として関わるに過ぎないのではないか。

こうしたタイの社会的・文化的特徴が，日系企業にとって経営者の現地化を難しくしているものと思われる。

（板垣　博）

【参考文献】

板垣博編著［2018］『東アジアにおける製造業の企業内・企業間の知識連携：日系企業を中心として』文眞堂。

板垣博［2021］「異時点間比較からみた海外日本企業の進化：事業転換とローカル人材登用の視点から」『武蔵大学論集』第68巻第2・3・4号。

金熙珍・板垣博・関口倫紀［2021］「日本企業の海外子会社における言語選択」（『一橋ビジネスレビュー』69巻1号。

Itagaki, H. (Ed.). (1997). *The Japanese Production System: Hybrid Factories in East Asia*. London: Macmillan Press.

事例 4-4

サムスン電子におけるグローバル人材の育成

1．はじめに

　人材育成，特にグローバル人材育成方法には，企業の置かれている状況によって様々なやり方があり，一概には言えない。ここではグローバルビジネスの発展段階に合わせて，ユニークなやり方で関連人材を育成し，グローバル市場で成功的にビジネスを拡大しながら短時間でその存在感を増やしたサムスン電子のケースを整理しておきたい。サムスン電子は，韓国サムスングループという財閥の系列会社である。したがって，サムスン電子の人材育成は，サムスングループ全体としての人材育成に関連する基本方針やガイドラインに従う形で自社の人事政策を展開してきたと言えるだろう。ということで，本事例ではまずサムスングループの人材育成に関連する全体図を俯瞰した上で，サムスン電子の具体的な実践ケースを考えていくことにする。1969 年に設立されたサムスン電子が世界マーケットシェア No.1 の製品をいくつも生み出しながら，いわゆるグローバル企業としてそのプレゼンスが確立されたのは 2000 年代に入ってからであり，TV 市場で SONY を抜いて世界 No.1 になったのも 2004～2005 年頃である。特に半導体（Memory）ビジネスは，1980 年代前半に市場へ参入し，1992 年の時点で世界 No.1 になったので，10 年余りの短時間でグローバル規模の成功を収め，他のビジネスを牽引する役割を果たした代表的なケースであると言えよう。以下では，サムスン電子が本格的にグローバルビジネスに参入し，それなりの成功を収めた 1980 年代から 1990 年代の約 20 年間にわたって，サムスングループとサムスン電子の行ったグローバル人材育成の具体策についてみていきたい。

2．サムスングループの人材育成体系

　1938 年に創業したサムスングループは「人材第一」という言葉を経営スロー
ガンとして掲げており，体系的に人材育成に取り組んでいることから，韓国で
は「人材士官学校」とも言われるほどサムスンの社員に対する教育訓練は評
判が高い。次の図表 4-4-1 は，2009 年時点のサムスングループの人材育成体
系（階層別の代表的な教育訓練プログラム）を整理したものだが，その中身は
1990 年代後半のものとそれほど変わってない。

図表 4-4-1　サムスングループの人材育成体系

	SVP	SLP	SGP	
役員	経営者セミナー 新任・中途採用役員	最高経営者 高位経営者	新任法人長	外国語
部長	新任部長	役員事前育成	法人長事前育成	
次長	新任次長	コア幹部育成	駐在員リーダーシップ	
課長	新任課長		駐在員事前育成	
社員	夏季修練大会 外国人社員入門 新入社員入門	サムスン MBA 地域専門家 指導先輩育成（新入社員入門教育担当）		

出所：サムスンの社内資料から筆者作成。

　SVP（Samsung Value Program）は，いわゆる「Samsung Way」を徹底さ
せる目的で行われる段階的な教育訓練で，会長の経営哲学とも言える「サムス
ン新経営」関連内容を軸とし，それぞれの職位に相応しいマネジメントスキル
やサムスングループの一員としての連帯感を醸成する内容で構成されている。
特に，まだ「サムスンマン」として組織化されてない大卒新入社員の場合，約
1 カ月弱の合宿教育を行っており，翌年に行われる「新入社員夏季修練大会」
は，過去 1 年間入社したグループの大卒新入社員全員（2000 年代後半は毎回 1
万人前後が集合）と，グループ社長団が一緒に参加するなど，大きなイベント
になっている。SLP（Samsung Leadership Program）は，コア幹部社員を育
成するプログラムで，将来役員になってサムスンの経営を引っ張っていく人材
の育成を目標としている。SGP（Samsung Global Program）は，サムスンの

グローバル人材育成関連教育で，その中でもサムスン独自の特徴的なプログラムが，「地域専門家」と「サムスンMBA」制度である。

　地域専門家制度は，1990年から始まった制度で，2008年1月のデータによると，延べ3,725人（内，日本615，中国1,016，北米509，欧州454，東南アジア397人など）が育成された。サムスン経済研究所人事組織室長として長年サムスングループの人事制度企画に携わった張相秀は地域専門家制度について次のように語っている。

　「李健熙氏が会長に就任したのは87年ですが，『地域専門家制度』の構想は，70年代前半から持っていたそうです。会長語録によりますと，73年から4回にわたって，実施を命じたと書いてあります。会長は，サムスンの成長には，グローバル経営以外に道はない，と危機的な認識を持っていました。そのために必要な人材，すなわち長期的布石としてのグローバル人材育成を考え，強い意志を持って，就任後3年目にスタートさせたんです。韓国の人口は，日本の半分以下で，国内市場が小さい分，外に出ていかざるを得ない。その思いは切実でしょうね。そこで，会長は地域専門家制度を作ろうと考えたわけですが，90年当時のサムスンには，お金がなかったので，初年度は39人という少人数でした。翌年には81人，そして3年後は314人と，累計で5000人を超えます」（張・片山，2015）。

　企業で新しく導入される制度は，概ね一定の期間中に試行錯誤を重ねることになる。サムスンの地域専門家制度も初期に派遣された人たちの経験を踏まえて，より洗練された制度として生まれ変わったと言えるだろう。最初はすべて当事者の自由に任せたが，しばらくしてからは現地語学習の方法や現地で生活しながら体験する多様な出来事について記録を残すよう求められるようになり，数年後には専用のウェブサイトまで開設され，現地での活動写真などの画像や当事者の現地適応記などが定期的にアップロードされるようになった。さらに，帰任後も研修センター（海外地域研究所）に派遣され，過去1年間の地域専門家としての活動を総整理するよう義務付けられた。このようにして蓄積された情報は，海外ビジネス担当者や駐在派遣対象者などにも参考情報として

大いに活用された。制度運営の初期段階では部署長たちの抵抗感もあり，担当の仕事から1年間外すことができないと思われたS級の本当に優秀な人材は地域専門家として選ばれず，AかB級人材を中心に派遣されたという批判もあったが，どんどん雰囲気が変わり，MBA派遣制度とともに優秀人材育成コースとして確実に位置づけられることになった。

　サムスンMBA制度は，世界のトップレベルのMBAスクールや国内優秀大学大学院に社員を派遣し勉強させるプログラムで，2008年1月のデータによると海外244名，国内380名に至る。サムスンMBA制度以前にも社員を海外の大学に派遣したケースはあったが，それは先進技術を習得させるため，アメリカなど先進国工学関係大学院の博士課程に限定されていた。サムスンMBAの始まりは，エンジニアが事業部長や社長になることの多いサムスン電子のような製造会社では，経営者になる可能性のある優秀エンジニアたちに経営（マネジメントスキル）を学ぶ機会を与える必要性があると感じたからである。それで，当初は「Techno-MBA」と名付けられた制度のもとで，国内の大学院（韓国科学技術院：KAIST）に専用の大学院コース（技術経営関連）を開設するほか，海外の優秀大学院MBAコースにも派遣するようになった。その後は，非技術系社員にも大学院で修学する機会を与えるべきであるということで「Socio-MBA」制度も作られた。

　1つ特筆すべきことは，創立以来「能力主義人事」を行ってきたサムスン電子でも地域専門家制度の経験者がまたMBA派遣対象者として選ばれることに抵抗感があったことである。しかし，1997年以降，アジア通貨危機を乗り越えるために年俸制を中心とする成果主義人事制度が導入され定着するとともに，本当に優秀な人材であれば両方の制度を経験することもおかしくないという雰囲気が醸成された。つまり，代理クラスまで地域専門家を経験し，代理や課長クラスでMBA，課長以上のクラスで駐在派遣対象になるという流れが，グローバル人材育成の定番コースとして見做されるようになったのである。サムスン電子では，当時の大卒新入社員が課長になるまで約10年かかったことを念頭におくと，地域専門家1年とMBA2年の3年間は，会社を離れることになり，また，派遣準備期間（外国語生活館での語学教育を含む）や受験準備期間（合宿教育を含む），そして帰国後の整理期間などを考えると，最低限4

年以上の期間は仕事に活用できない状況になる。生え抜きの国際人材育成への
会社の熱意が伺える部分である。

　以上のようなサムスングループのグローバル人材育成を時系列別にみると，
次の図表4-4-2で示されているように，概ねグローバルビジネスの発展（拡
大）段階に合わせて，その都度コア人材を育成してきたと考えられる。

　まず，第1に，海外ビジネスが始まる段階では「即戦力」が必要であるた
め，語学や駐在員の派遣に重みが置かれることになる。サムスングループで
は，1980年頃からグループ総合研修センターである「サムスン人力開発院」
の主導で様々な外国語教育を実施してきた。特に象徴的なプログラムが10週
間にわたる「外国語生活館」の合宿教育である。例えば日本語合宿の場合，研
修センターの中に日本式の畳部屋まで設置されており，韓国語使用禁止の生活
環境で日本人の講師と一緒に過ごすことになる。全く日本語を知らなかった人
でもこの研修プログラムを修了したら日本で生活するための最低限の日本語会
話はできるようになると知られている。「外国語生活館」教育プログラムは，
年4回，定期的に実施されるもので，英語，日本語，中国語，スペイン語など
が設置されており，会話中心の教育で，それぞれの言語圏の多様な状況に対応
できる能力の育成にフォーカスされている。

　第2は，ビジネスのグローバル化が進むことによって，現地のことをよく理
解する社員の存在が大事になる段階である。前述した地域専門家やサムスン

図表4-4-2　サムスングループのグローバル人材育成

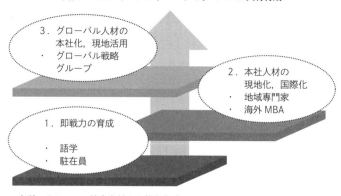

出所：サムスンの社内資料から筆者作成。

MBA プログラムがこれに該当する。

　第 3 は，現地の人に本社のことをよく知ってもらわないといけない段階である。サムスングループは，このようなニーズに対して他のグローバル企業と同じく現地法人社員の本社研修も行ってきたが，サムスン独自のユニークな試みは 1997 年から始まった「グローバル戦略グループ (GSG)」という組織の運営であろう。

　タルン・カナ＝ソング・ジェヨング＝イ・ギョンムク (2012) は，サムスングループの GSG について次のように述べているが，GSG 運営の本当の狙いについては少し勘違いしているようである。

　　「グローバル戦略グループ (GSG) のメンバーは，欧米の一流校で経営学や経済学を学び，マッキンゼー，ゴールドマン・サックス，インテルなど一流の国際企業に勤務した経験がある外国人だ。彼らはサムスンで正規の職位に就く前に GSG で丸 2 年を過ごし，初歩の韓国語を取得するよう求められた。それでもなお，こうした外国人人材の多くは，結局は国外子会社――通常は本人の出身国――に配属されてきた。文化の違いを乗り越えるのは容易ではない。1997 年に GSG が創設されてから計 208 人の外国人 MBA 取得者が採用されたが，2020 年 12 月現在でサムスンに留まっているのは 135 人である」。

サムスングループの GSG 運営の目的は，別にそのメンバーたちの国内定着ではなかったし，必ずしも海外法人などグローバルサムスンの中に囲もうとも思わなかったからである。もちろん彼らがグローバルサムスンで活躍してくれたらありがたいという本音はあったが，サムスンという組織の中でなくても良いのではという発想があったからである。筆者が耳にした当時の GSG 制度企画担当者の話を借りると，「類は友を呼ぶという表現もあるように，天才的な人材たちは彼らなりのネットワークがあり，そのネットワークの中に入られるのであれば，彼らとの接点（ノード）が必ずサムスンという組織の中に存在する必要はない」と考えたのである。

3．サムスン電子のグローバル人材育成

　サムスン電子が輸出主導で成長したのは1980年代になってからであり，グローバル人材の育成は概ねサムスングループの人材育成体系の枠組みの中で行われた。サムスン電子独自のグローバル人材育成が本格的に始まったのは1997年のアジア通過危機以降のことである。海外ビジネスの比重が大きかったため会社の存亡の危機にさらされたサムスン電子としては，国内ビジネスをメインとする他の系列会社を含むサムスングループ全体の平均レベルの人材育成プログラムだけで危機を乗り越えることは難しいという経営陣の共感があったからである。

　サムスン電子は，クローバルビジネスの展開に対応できる，いわゆる「国際化人材」を別途管理してきたが，この「国際化人材」は地域専門家制度などの制度に助けられ1990年代に入ってから急激に増えた。次の図表4-4-3からもわかるように，サムスン電子の言う「国際化人材」とは，「法人長育成課程，駐在員派遣前過程なとの約1年間にわたる長期国際化教育の履修者，海外大学で勉強して入社した人，または，1年以上の海外勤務経験かある人」などであり，その規模は2002年上半期の時点で経歴重複者を除けば約3000名規模になっている。特に，1年以上の海外勤務経験がある者のうち，1990年から実施してきた「地域専門家制度」によって育成された人数は約1千人程度であった。

　ここで注目したいのは，長期国際化教育の修了者である。約1年にわたる海外法人長育成教育課程や駐在員派遣前教育は，サムスングループの標準的な教育プログラムではなく，アジア通貨危機を克服するための事業調整などが一段落した1999年以降に，サムスン電子がメインになって積極的に進めた国際化教育プログラムであるからである。わずか3年程度の期間に272人の駐在員または法人長クラスが育成されたことから，グローバルビジネスの危機を短期集中のグローバル人材育成を通じて乗り越えて行こうというサムスン電子の強い意志がうかがえる。2002年の時点でサムスン電子の海外駐在員数は約700名弱であったので，平均すれば5年を単位に駐在員が交代することを考えると，

図表 4-4-3 サムスン電子の国際化人材（2002年）

	1年以上の海外勤務経験	海外大学の修士，博士	長期国際化教育の修了	合計
人数	2,361 （内，駐在経歴 1,218）	957	272	3,600 （重複 599 人）

出所：李（2012）。

　毎年新しく駐在派遣されるのは 150 名前後になる。地域と職務のマッチングなどの問題を念頭に置いても，いつでも駐在派遣できる人材がすでに 3,000 名規模になっているということは，グローバルビジネスを展開する上で大きな競争力を備えていると言えるだろう。

　さらに，サムスン電子は，生産管理，購買，品質，企画，人事，財務などの担当分野における核心的な専門知識や技術を習得させるために，約 4 週間から 5 週間にわたる合宿教育を行っている。これらの教育課程を通じて，1999 年以降 2003 年までの 5 年間で約 10,500 人がそれぞれの専門家として育成された。また，グローバルに通用する専門家の育成を目指して CMO（Chief Marketing Officer），CFO（Chief Finance Officer），CTO（Chief Technology Officer）などの教育課程を設け，約 9 カ月にわたる大学委託教育も行った。

　1997 年のアジア通貨危機は，サムスン電子のグローバルビジネスに携わる人材の教育訓練に対する考え方を大きく変える転換点になったと考えられる。それまでには「Global Integration」の発想から本社主導の教育訓練がメインで，海外法人採用の現地人に対する教育訓練プログラムも本社主導で開発されたが，1998 年以降は現地法人主導の教育訓練への方向転換が行われた。つまり，サムスン電子本社は国内人材育成プログラムの質的改善に主力しながら現地法人には「Local Responsiveness」を求めたのである。さらに，2001 年以降は，本社と海外法人とのシナジー創出を目指して教育訓練における「Transnational Strategy」を実践していくことになる。つまり，現地法人の役員向け戦略セミナーなど本社主導の戦略的教育プログラムを運営しながら，リーダーシップ開発プログラムや職能教育など，現地法人主導の教育訓練を積極的に支援することになったのである。

　サムスン電子の人事部がリストラを進行させながらもグローバル人材の育成や 1 年以上の長期にわたる専門家教育にも熱心であったという事実について

は，企業特殊能力に注目する伝統的な人的資本論からみると一見矛盾があるようにもみえるが，それには次のような事情があった。社員たちに馴染みのある「生涯職場」という表現からもわかるように，サムスン電子は社員に雇用安定を提供する代わりに会社に対する忠誠心を求めてきた。したがって，リストラを行った以降は，何を持って従業員の会社への献身を引き出すことができるのかという問題が，サムスン電子人事部の大きな悩み元になった。そこで注目されたのが「雇用可能性（Employability）」という概念ある。他の会社からも求められる人材になるように専門能力を高める教育を強化すれば，むしろ優秀な人材の離脱を引き止めることが可能なのではないかと考えたのである。また，従業員に自分の仕事（職務）に対する忠誠心を強く求めると結果的にはそれが会社への忠誠心にも繋がるのではないかとも考えた。ともあれ，それぞれの分野で専門性を高めることは，会社にとっても従業員にとっても望ましいことだと受け止められたのである。

　サムスン電子における2001年以降の国際化人材育成と関連して特筆すべきポイントは，海外コア人材の国際化である。図表4-4-2でみてきた「グローバル戦略グループ」の活動と重なる部分もあるが，サムスングループ主導の「グローバル戦略グループ」が外部人材に特化されていることに対して，サムスン電子では現地法人の優秀社員にも門号を開いたことに意義がある。サムスン電子では，特に，中国（中国ビジネス総括），シンガポール（東南アジアビジネス総括）やタイ，インド，ロシアなどの，いわゆる「戦略国家」を対象に優秀人材の採用と育成を持続的に行うプランを実施することになったが，その背景には次のような考え方があった。

　第1に，戦略的に重要な国家の天才級優秀人材の持続的確保である。「類は友を呼ぶ」という表現のように，「天才」たちも自分と似たような才能の持ち主と社会的関係を持ちやすいと考え，サムスン電子の現地社員としてその仲間入りを期待したからである。

　第2に，現地法人優秀人材の「サムスンマン化」である。真の国際化は本社の国際化人材だけでは駄目で，現地の社員に本社のことをよく理解してもらう必要があることに気付いたからである。

　第3に，現地法人の次世代リーダー育成である。少なくとも現地法人のマネ

ジャーになりうる人材に対しては，本社のマネジャークラスと同じ教育訓練を行うべきであるという認識が広がったからである。

　第4に，現地優秀人材との交流を通じた本社人材の国際化である。学生（大学院）身分であれ，現地法人社員であれ，海外コア人材として選抜された人たちには本社で2年間勤務できるオプションを提供することになっているが，その間，本社社員との交流が進み，本社の社員たちもその過程で学ぶことがあるだろうという認識があったのである。

4．おわりに

　以上でみてきたサムスングループとサムスン電子のグローバル人材育成ケースは，国際ビジネスの段階別に必要とされるコア人材の類型を見せてくれたことに意義があると考えられる。少なくとも，サムスン電子は，海外ビジネスの初期段階に必要な即戦力としての語学力に長けた人材，海外ビジネスが軌道に乗る段階に必要な現地の事情やビジネス慣習に精通した現地化された人材，超国籍（Transnational）企業の段階に必要な本社のことをよく理解する現地人材の供給に成功してきたと言えるだろう。

　近年コロナ禍の中でグローバルビジネスにおいてもオンライン・コミュニケーションが増えており，グローバル人材育成に対する考え方も変わっていると思われるが，地域専門家やグローバル戦略グループのような人材育成制度の有効性が色褪せることはない。多重知能理論（MI：Multiple Intelligence）を借りる必要もなく，これからも情報として理解することと体感することの隔たりは依然として存在するはずだからである。

（李　炳夏）

【参考文献】
タルン・カナ＝ソン・ジェヨン＝イ・ギョンムク［2012］「サムスンに見るグローバル化への軌跡（The Paradox of Samsung's Rise）」『ダイヤモンドハーバードビジネスレビュー』2012年10月号。
張相秀・片山修［2015］『サムスン・クライシス』文藝春秋。
李炳夏［2012］『サムスンの戦略人事』日本経済新聞出版社。

第 **5** 章

多国籍企業と現地の経営環境

【事例を読む前に】

本社優位性の適用と現地適応

　多国籍企業が本国で培ってきた優位性は，最初から確固とした目的を持って形成されたわけでは必ずしもない。様々な歴史的・社会的・文化的・自然的・国際的条件に影響を受けながら，あるときには無意識のうちに，またあるときには意識的に，しかし試行錯誤を重ねながら形成されてきたものである。つまり，ある特定の国のある特定の産業（例えば日本の自動車産業やアメリカのIT産業）が国際的に強い競争力を発揮できるのは，それぞれの国の特性に強く規定されているからだと考えてよい。とりわけ，経営システムの組織的な要素において，人々の行動様式や価値観などと密接な結びつきがあると言えよう。その点を，日本の経営・生産システムを例にとりながらもう少し丁寧に説明しておこう。日本の経営・生産システムの成立にとって，第二次世界大戦中の戦時統制や戦後の高度成長，さらには石油ショック後の経済成長率の急激な低下など，様々な経済的・歴史的・国際的条件が大きな役割を果たしてきた。それと同時に，人々の価値観や行動様式があまりかけ離れてはおらず，意思疎通の比較的容易な同質的横並び的社会という日本の特性が一定の役割を果たしてきた点も重要であろう。同質的横並び社会をもう少し具体的に言えば，人種的・宗教的な断層が比較的に希薄であり，階級関係が明白でなく，組織内においても組織間においても個的な自由（その自由には，短期の利益を求めて他人を出し抜くという機会主義的な行為も含まれる）よりも，他との調和や信頼関係を重視すべしという規範が相対的に強く組み込まれた社会をいう。職務の垣根が低く職務間・職場間の連係を特徴とする組織のあり方，長期雇用を前提とした企業と従業員のギブ・アンド・テークの関係，企業間の長期的取引慣行などのいずれもが，日本社会の特性と深く結びついていると考えるのが自然である。特定のシステムが合理性があるというだけでどのような社会においても成

立するわけではない。また，その合理性は社会環境によって異なってくる可能性がある。

　誤解のないように付け加えれば，ある経営システムが特定の国の環境と深く結びつきながら形成されたとしても，環境の異なる社会に移転するのが不可能だと言っているわけではない。経営システムが生み出される過程（発生の論理）とそのシステムが環境条件の違いを超えて機能するか否か（機能の論理）は異なる次元の問題だからである。とはいえ，本国とは諸々の環境条件が異なる海外へ経営システムを移転する際に，容易に移転できる要素もあれば，極めて困難な要素も存在する。たとえ，移転が不可能ではないにしても，様々なコストを伴ったり，現地社会との摩擦を引き起こす可能性もある。移転のコストが高すぎる場合や深刻な摩擦の可能性がある場合には，移転を断念したり現地の環境に合わせたりすることも必要になる。さらに，移転の難易度は，移転される要素の性質とそれを受け入れる現地環境との組み合わせに応じて異なってくる。また，移転の必要性の強弱自体が，それぞれの産業の技術的特性，現地の市場規模や競争条件に応じた企業戦略によって左右される。

　経営・生産システムの要素を現地に持ち込む側面をここでは「本社優位性の適用」と表現する。この適用という概念は，本書の序章で説明した「グローバル統合」とよく似ている。しかし，「グローバル統合」においては，本社の優位性を進出先各国にいわばコピーのように移転する側面が強調されているが，「適用」は，移転される要素や必要性が受け入れ先によって異なってくることを含んだ概念である。また，従業員の行動様式，顧客の嗜好性，政府との関係のあり方，法的・政治的制度など現地の環境に合わせる側面を「現地適応」と呼ぶ。つまり，多国籍企業の現地経営は，「適用と適応のハイブリッド」（安保他，1991）＝本国の慣行と受入国のそれとの融合物」（高宮，1981）なのである。

　　　　　　　　　　　　　　　　　　　　　　　　　（板垣　博）

【参考文献】
安保哲夫・板垣博・上山邦雄・河村哲二・公文溥著［1991］『アメリカに生きる日本的生産システム　―現地工場の「適用」と「適応」―』東洋経済新報社。

高宮誠［1981］「ヨーロッパにおける日本の多国籍企業」高宮晋編『多国籍企業と経営の国際比較』同文舘出版。

事例 5-1

日本の小売企業における地域密着型の
国際ビジネス戦略：
中国のイトーヨーカ堂とイオン

1. はじめに

　国際化する小売企業は現地顧客へ独自の価値を提供しなければならない。しかしその方法，すなわち国際ビジネス戦略は業態ごとに実に多様である。例えば，ファーストリテイリング社が展開するユニクロ，スウェーデンのH&MやIKEAなど，アパレルや家具を扱う製造小売業は，世界中の顧客へ高品質な商品を低価格で提供している。また近年急速に成長しているEC（electronic commerce：電子商取引）型小売業[1]は，幅広い品揃えと優れた配送サービスにより顧客へ高い利便性を提供している。アメリカのアマゾン，中国の京東商城（JD.com）や天猫（アリババが運営），日本では楽天が代表的なEC型小売業である。

　本事例では，日本を代表する小売企業[2]であるイトーヨーカ堂とイオンの中国市場開拓のケースを取り上げ，独自の価値を創造するその国際ビジネス戦略の特徴と有効性について解説する。両社は共に，1994年の中国政府による小売業の外資規制の緩和に伴い，ウォルマートやカルフールなどの欧米の巨大小売企業とほぼ同時期にあたる1990年代半ばに中国進出を果たしている。結論を先取りすれば，両社は競争の激しい中国市場において，地域密着型小売業として商圏ごとに競争優位を構築する戦略を採用し成長している。地域密着型小売業とは，店舗が立地する商圏や地域に深く根差して事業を展開する小売業態である。商圏内の顧客の声に耳を傾け，生活に密着し，商品の供給網を新たに

整備し，地域コミュニティとの良好な関係づくりに努力する。店舗で働く従業員もまた主に地域住民により構成される。地域密着型小売業は，国際化を加速する小売業態の中でも特に現地，さらに言えば店舗の立地する商圏の特性に寄り添ったきめ細やかな現地化を追求する戦略に特徴がある。急速な多店舗展開による量的な拡大よりも質を追求する「昔ながらの商店街のような」古くて新しい業態と言えよう。

　中国進出当初，イトーヨーカ堂とイオンは共にチェーンストアとして店舗数の拡大も視野に入れていた。しかし現地での学習を経て，偶然にもこの 2 社は共に地域密着型小売業へ戦略をシフトしている。これは中国市場において独自の価値を創造し，競争に勝ち抜くための選択に他ならない。本事例ではこの両社が中国市場において構築した価値創造の仕組みとその競争力について解説する。

2．イトーヨーカ堂の中国戦略[3]

　イトーヨーカ堂は，1994 年の外資規制の緩和に伴う中国政府からの出店要請を受け，1996 年 12 月に四川省成都に現地法人成都イトーヨーカ堂（以下，CIY）を設立し，1997 年 11 月に第 1 号店を出店している。第 1 号店出店から 24 年目を迎えた 2021 年の時点において，CIY は成都とその周辺エリアに 9 店舗を展開（年間売上高 643 億円）している[4]。24 年間で 9 店舗という数は量的な拡大を追求するチェーンストアとしては物足りない。ましてや小売業の EC 化率が急上昇し，これまで以上に量的拡大が求められる中国市場においては今後もさらに競争の激化が予測される。事実，かつては 300 店舗以上にまで店舗数を伸ばしたカルフールが 2019 年に中国撤退を発表している。カルフールは中国において EC 型小売業に対抗するだけの明確な強みを構築できなかった[5]。一方，CIY の 1 店舗当たりの売上高は長きにわたり 1 位を維持し地域ナンバーワン店としての地位を盤石なものにしている。実はこの少数精鋭の個店舗経営こそが中国市場でのイトーヨーカ堂の成功を読み解く鍵である。

　中国進出当初，CIY は苦難の船出を経験している。食料品と生活雑貨全般を取り扱う GMS（総合スーパー）業態は商品の品揃えに競争力がある。顧客

は品揃えが不十分な店舗にはそもそも足を運ばない。1997 年当時，日本国内で業界 2 位にあったイトーヨーカ堂はその強い購買力を背景に，魅力的な商品を仕入れ，店頭で豊富な品揃えを実現していた。しかし成都で全くの無名であった同社は，店頭に陳列する商品の仕入れ先であるサプライヤー[6] の開拓に奔走しなくてはならなかった。成都において営業実績のない CIY との取引に，多くの現地サプライヤーは尻込みしたのである。その結果，オープン時には日本の標準的な店舗の 10 分の 1 程度の品揃えしか実現できないという危機的な状態に陥った。

　店舗での販売力を磨くことなくして現地サプライヤーからの信頼を得ることはできない。そこで CIY がまず取り組んだのは，顧客にとっての快適な売り場づくりであった。1997 年当時の成都の小売店では，顧客が自身で商品に触れることができるオープン・ディスプレイはまだ一般的ではなかったが，CIY はセルフ・サービスを前提としてオープン・ディスプレイの陳列を導入した。オープン・ディスプレイは顧客が商品を気軽に手に取り，自由に比較することができるため，大いに歓迎された。丁寧な接客サービスもまた顧客より高い評価を得た。長く計画経済が続いた中国では，1997 年当時であってもお店側に「売ってやる」という意識があることは珍しくなかったという。CIY では工夫を凝らしたマニュアルを通じた徹底した研修と現場教育により，売り場での接客サービスの質の向上を短期間で実現した。清潔な売り場づくりもまた顧客より高い評価を獲得している。ゴミの落ちていない床，清潔なトイレなど，日本では当たり前のことが当時の成都では珍しかった。快適な売り場を維持するためには従業員 1 人 1 人の意識改革が求められた。次第に顧客の評価が高まり売上につながってくると従業員は手応えを感じ，進んで接客サービスと清潔な売り場づくりに努力するようになった。

　中国の商習慣への適応もまたサプライヤーとの信頼関係の構築には欠かせない。日本ではメーカーやサプライヤーの保有する商品の所有権が小売店側に移転する「仕入れ販売方式」が一般的である。つまり販売の責任と権限は小売店側にある。しかし中国では，メーカーがサプライヤーへ販売を委託し，サプライヤー自らが小売店の売り場を間借りして顧客へ直接販売する方式が一般的であった。CIY は現地での学習を経て，この商習慣に適応し，サプライヤーと

共に協力して成長する道を選択した。開店して 1 年半後には店頭に配置されるサプライヤーの販売スタッフは約 50 人から 300 人以上にまでに増加している。CIY は現地社員が指導役となり，サプライヤーの販売スタッフに対して接客サービスの教育を施し，顧客から高い評価を得ている。このような地道な売り場づくりを通じて，CIY は現地サプライヤーとの良好な関係を構築し，その結果，取引先サプライヤーの数も次第に増加していった。

　顧客のニーズに合わせた品揃えの実現，すなわちマーチャンダイジングもまた日本では当たり前に取り組んでいたが，成都の商圏では新しい取り組みであった。当時の現地の小売店では，顧客のニーズの理解とそれに基づく品揃えが徹底されていなかった。現地の小売店はその必要性すら認識できていなかった。そこで CIY は商圏内の顧客の生活実態を理解するため，地域生活者の家庭訪問を通じて徹底的な市場調査を行った。商圏内の顧客に顕在するニーズを満たすマーチャンダイジングを追求し，さらには一歩先を行く目新しい商品やサービスを店頭において顧客へ提案した。顧客のニーズに合わせたマーチャンダイジングの精度が高まれば，自ずと売上が伸びていく。売上高の改善に伴い，CIY に対する現地サプライヤーの信頼は高まり，取引先の数も増加していった。取引先の増加は品揃えの一層の充実を実現し，さらに売り場は賑わい，顧客を惹きつけることにつながった。このような好循環を通じて CIY は成都において優れた調達網の構築に成功し，店頭の商品が高回転する収益力の高い店舗経営を実現したのである。

　この結果，1 号店（春熙店）の売上高は初年度である 1997 年の 2 億 4,000 万元（38 億 4,000 万円）からわずか 3 年後の 2000 年には 6 億元（87 億円）へと成長し，同時に 1 号店は地域ナンバーワン店と評価されるまでに成功を収めた。現地サプライヤーにとっても CIY は重点小売店となり，成都での 2 号店出店への弾みとなったのである。

　2021 年時点で CIY は成都とその周辺エリアにおいて 9 店舗を展開する地域を代表する地域密着型小売業へと成長した。イトーヨーカ堂は，中国の主要都市への素早いチェーン展開による量的拡大よりも，地域密着による質の追求を選択したのである。店舗立地への密着を第一に考える CIY では，現地顧客との関係づくりにも継続的に取り組んでいる。店舗周辺在住の顧客 1,000 人を対

象として年に 3 回，大規模な調査を実施している。2020 年度には実に 2 万件にも迫る意見が顧客から寄せられた。2008 年からは各店舗において 10 名の顧客に「品質監督員」への就任を要請している。品質監督員との定期的な会議を通じて意見を収集し，店舗ごとに品質の改善に取り組んでいる。

また，1 号店の出店当時から CIY は現地従業員の積極的な登用を行っている。全 9 店舗の店長はすべて現地の中国人である。役員を除く管理職に占める中国人従業員の割合は 99.1%にて，ほぼ現地従業員で運営する現地化を実現している[7]。

CIY は地元四川省への社会貢献にも力を注いでいる[8]。四川大学への寄付や地元小学校の教育環境の改善に取り組んでいる。2007 年からは地元小学校 4 校を選出し，寄付を行っている。毎年 4 校を訪問し，学校の要望に基づき，文具，教具，体育用品などを寄贈している。また，地域の生活困窮の家庭，障害者，1 人暮らしの高齢者などに対して生活必需品を贈る活動を続けている。2020 年度の社会貢献活動では合計 2,816,000 元（約 4,500 万円）を拠出している。

CIY は地域とともに成長する地域密着型小売業の道を歩んできた。この地域密着型の店舗運営により CIY は地元の成都市や四川省において毎年数多くの賞を受賞し，地域を代表する企業としての地位を確立している。地域の顧客に選ばれ続ける小売店として，CIY は今後も立地に深く根ざした地道な活動を継続していく。この一連の活動の継続力こそが，CIY の競争優位の源泉であり，EC 型小売業を含む他の小売業態との明確な差異化を実現している。

3．イオンモールの中国戦略[9]

イオングループは 1980 年代に香港にてスーパーマーケットを初出店，1996 年に広東省において GMS 業態にて中国第 1 号店を出店し，その後上海，青島，深圳にも進出している。中国進出の当初はエリアごとに現地法人を設立し，GMS と SM（スーパーマーケット）業態を中心に店舗数の拡大とチェーンストア化を急いできたが，2000 年代よりショッピングモールと GMS を同時に出店する方式を中国市場での成長の柱に据えている。そこで 2008 年，イオ

ングループの中核会社であるイオンモールが中国に現地法人を設立し，北京に
第1号店を出店した。2008年の北京市ではすでに近代型の百貨店やショッピ
ングモールが乱立し，後発であったイオンモールにとっては厳しい競争環境
であった。北京市からの要請もあり，モール1号店は北京市中心部から北西に
位置する北京国際商城に出店している。その後イオングループは北京・天津・
山東省，江蘇・浙江，湖北（武漢），広東の4エリアを中心にモールを順次出
店し，モールの中核テナントとしてGMSを同時に出店する戦略を採用してい
る。イオンモールは2021年時点で中国全土に22モールを展開するまでに成長
している。中国においてイオンモールは地域密着型小売業として商圏ごとの事
業開発に努力を続け，地域の顧客から選ばれる店舗としてその地位を確立して
いる。詳しく見ていこう。

　中国におけるイオンモールの成功要因は主に4つある。店舗立地ごとのコン
セプト作り，テナントとの協働，地域コミュニティとの関係づくり，そして計
画的な館内イベントの実行である。これら成功要因はすべて日本で長年培った
ノウハウに基づいている。しかし中国進出当初からこれら成功要因を特定し，
実行できたわけではない。2008年の第1号店出店においてはオープンまでの
時間的余裕がなく，結果として商圏内の顧客ニーズを十分に捉えきれないまま
に，テナントの選定，配置，品揃えを余儀なくされた。当然，期待された成果
を上げることはできずに北京の第1号店は再起を図ることになる。厳しい船出
となった。

　日本国内のイオンモールは「狸が出るところにモールを出店する」と経営陣
が方針を示す通り，交通に不便な新規開発エリアや工場跡地等に出店してきた
実績がある。新規開発エリアの場合，モール内に店を構える側のテナントは十
分な集客が見込める立地であるか事前に見極めることが難しいため，リーシン
グ（テナントの募集）は容易ではない。出店予定のモール自体が新規エリアの
魅力の大きな部分を占めることが期待されているのである。そこでイオンモー
ルでは，店舗立地ごとにコンセプトを開発することからモールづくりを始め
る。商圏内の人口や所得などの統計データの分析に加えて，顧客の生活実態に
ついて家庭訪問調査等を通じて詳細に観察，分析する。競合となる大小の商業
施設についても調べ上げ，当該商圏内の顧客によるイオンモールへの潜在的な

期待を検討していく。また地元行政のニーズについても事前に十分な聞き取り
を行い，モールの機能に盛り込んでいく。テナントの種別，フードと物販の比
率，エンターテイメント要素，公共機能などについて，地域が抱える課題に対
するソリューションを提供するようにモール・コンセプトを固めていく。店舗
立地ごとにモール・コンセプトを作り込むことは，地域に密着したお店づくり
の第一歩である。この日本のノウハウに基づき，中国のイオンモールでも各店
舗の立地に根ざしたコンセプト作りから着手するようになった。

　コンセプト開発に前後してテナントのリーシングが始まる。モール・コンセ
プトを実現するためのテナント構成はもちろん重要であるが，同時にイオン
モールはテナントとの協働関係の構築を重視している。2008年当時の中国で
はテナントのスタッフの接客サービスの質と定着率は共に極めて低い状態に
あった。そこでモール側はテナントのスタッフに対して，接客，商品陳列，在
庫管理などに関する手厚い研修制度を用意した。また2015年ごろより中国全
土のテナントのスタッフを対象とした技能コンテストを開催し，組織全体とし
てサービスの質向上に取り組んでいる。現在の中国のイオンモール各店舗で
は，販売や集客のデータ，他のテナントの成功事例などに関するマーケティン
グ情報は随時テナントと共有し，モール側がテナントを徹底的に支援する体制
を構築している。テナントとモール側の賃料契約では歩合制を採用し[10]，モー
ルとテナント側の収益を連動させている。集客力と販売力の向上に伴い，モー
ル主導のもとで，アンカーテナントであるイオンのGMSと他のテナントの間
でも次第に品揃えにおいて協力と補完が進み，商圏に適した品揃えをモール全
体で目指す体制を整えている。テナントはモール全体の集客力アップのため
に，モール内での出店場所の移動・転換にも柔軟に応じる。このように中国に
おいても，同じ船で旅をする仲間としてモールとテナントが一体となって集客
力と販売力の向上へ協働するしくみを構築することに成功している。

　日本と同様に，地域コミュニティとの関係づくりもまた中国での成功要因で
ある。中国のイオンモール各店舗は，地元の行政，病院，学校などと連携し
て，地域生活者の憩いの場，情報交換のための公の場としての機能を備えてい
る。例えば，行政主導の物産展，無料の健康相談，地元小学校の発表の場とし
てイベントスペースを開放している。地域の生活者はイオンモールを毎日の生

活に欠かせないパートナーとして認識し，買物目的以外でも日常的に利用している。また各店舗は，従業員による清掃ボランティア活動，交通安全講習，地球環境に配慮した植樹などの活動を通じて，地域コミュニティの一員としての地位を確立している。地域コミュニティとの強い関係づくりを通じて，各店舗は顧客に選ばれる地域ナンバーワン店へと成長している。

　各種の館内イベントの計画と実行もまた中国での成功要因である。中国のイオンモール各店舗では，1 年 52 週において，季節ごと，曜日ごと，時間ごと，館内イベントスペースごとに各種イベントを年間 125 から 130 回程度もきめ細やかに計画し実行している。小売業の EC 化が急速に進展している中国では，リアルな場における質の高い集客イベントは希少であり，集客と顧客の滞在時間に大きく貢献している。イベントの企画と運営においては事前にテナント会議にて情報共有を図り，テナントとモールが協力して集客と販売に努力する体制を整えている。一部のイベントではテナントの品揃えとイベントの内容を連動させ，販売にも直結するように設計している。モールはイベントの企画と運営をできる限り内製化してノウハウを蓄積し，これを強みとして活用している。

　これら成功要因は日本国内のショッピングモールでは当たり前に実践されていることであり，一見すると競争の激しい中国において通用するとは思えない。中国では一般にモールの開発デベロッパー（不動産企業や建設企業）にとって，新規に開発するエリア内にモールを設置すること自体はオフィスやレジデンスの不動産価値を高める手段として認識されている。そのため，モールのオペレーションは単純な施設管理に留まり，イオンモールのようなモール全体としての集客と販売力の向上に努力する仕組みづくりは中国のショッピングモールでは珍しい。小売業の EC 化が急速に進展する中国において，徹底した地域密着を実践するイオンモールは独自の方法で顧客価値を創造する稀有な存在なのである。

4．地域密着小売業の国際ビジネス戦略としての有効性

　海外から進出してくる企業は現地市場で不利な立場に置かれる。なぜなら

ば，新規の進出企業は現地市場の法制度や商習慣への適応，現地顧客ニーズの理解，地元行政や関連する現地機関との関係づくり，現地での調達網の整備など，すべてにおいて一から取り組む必要があるためである。これが国際ビジネスの厳しさであり難しさである。そこで進出する企業は現地市場の競争で優位に立つために本国本社の保有する独自の技術やノウハウを識別し現地市場で活用しようと試みる。現地の競争相手が保有しない当該企業の独自の強みこそが，現地市場において競争優位の源泉となる。この国際ビジネス戦略の基本法則は，製造業であっても小売業であっても，また産業や国の違いに左右されることなく，共通して有効であることがこれまでの研究で明らかになっている。

　イトーヨーカ堂とイオンもまた中国市場開拓においてこの戦略を採用している。日本国内において巨大なチェーンストアとしての競争力を持つ両社は，中国において量的な拡大を目指す戦略も選択できた。しかし中国の競争環境での学習を経て，両社は奇しくも共に地域密着型戦略を選択している。両社は店舗の立地する商圏の顧客ニーズを徹底的にそして継続的に学習し，それらニーズに合致する商品とテナントを取り揃えている。そのために両社は，現地サプライヤーやテナントとの信頼関係づくりに努力し，仕入れと売り場づくりの両面において個店舗ごとに協力体制を構築している。両社は共に地域のステークホルダー（顧客，サプライヤー，従業員，行政，その他公共機関など）に愛される地域コミュニティの一員としての確固たる地位を築き，持続可能な成長の基盤を開発することに成功している。現地市場開拓のプロセスにおいては日本で培ったノウハウを中国へ移転し，現地での学習と統合し，これを独自の強みとして活用している。ウォルマート，カルフールなど欧米の巨大小売チェーンが店舗数の拡大を推進し，中国の現地企業がEC化へ舵を切る中，CIYとイオンモール中国は地域密着型小売業として第3の道を開拓したのである。

　2社のケースは，現地市場において独自の価値創造の仕組みを構築することの重要性を示している。現地の競争環境と顧客ニーズに関する深い理解と自社の独自の技術やノウハウの活用が，国際ビジネスの成功の鍵であることを示唆している。地域密着型小売業は，日本を代表する小売企業2社が中国市場において選択した独自の価値創造の仕組みなのである。

（臼井哲也）

【注】

1　2020 年時点における EC 化率は，中国で約 30％，アメリカで約 15％，日本で約 8％となっており，年々上昇している。カテゴリー別では食品が 3％程度である一方で，書籍・映像・音楽等は 50％に迫る（経済産業省，2021；JETRO, 2021）。

2　Deloitte（2021）の調査によれば，世界小売業の売上高ランキングにおいてイオングループは世界 14 位（アジアで 2 位），イトーヨーカ堂を運営するセブン＆アイ・ホールディングスは世界 18 位（同 3 位）である。ちなみにテンセントが出資する JD.com が 2019 年よりアジア 1 位となっている。

3　本節は，秦・成田・臼井（2016）に基づいている。

4　イトーヨーカ堂は CIY に加えて，北京の華糖イトーヨーカ堂が 1 店舗（年間売上高 51 億円）を出店しており，2021 年 12 月時点で中国に合計 10 店舗を運営している（セブン＆アイ・ホールディングスのウェブサイト「中国スーパーストア事業」より，2021 年 12 月アクセス）。

5　Forbes.com（2019）より。

6　仕入れ型の小売業は商品を中間業者やメーカーより仕入れて店頭に陳列して販売するのが一般的である。「サプライヤー（またはベンダー）」とはこの商品の仕入先の業者の呼称である。中国では「代理商」とも呼ぶ。

7　セブン＆アイ・ホールディングスのウェブサイト「中国スーパーストア事業」より（2021 年 12 月アクセス）。

8　同上。

9　本節は，臼井・星田（2017）に基づいている。

10　モール店舗によっても異なるが，概ね 60～90％のテナントが歩合制賃料で契約している（臼井・星田，2017）。

【参考文献】

臼井哲也・星田剛［2017］「ビジネスモデル思考で捉える国際マーケティング：日系ショッピングモールの中国市場進出」『日経広告研究所報』293, 54-61。

秦小紅・成田景堯・臼井哲也［2016］「リソース・リポジショニングのプロセス分析：成都イトーヨーカ堂のケース」『国際ビジネス研究』8（2），107-120。

経済産業省［2021］『令和 2 年度電子商取引に関する市場調査』（https://www.meti.go.jp/policy/it_policy/statistics/outlook/210730_new_hokokusho.pdf）。

JETRO［2021］『中国 EC 市場と活用方法』（https://www.jetro.go.jp/ext_images/_Reports/01/0f325ff0aaf3c1b8/20210012.pdf）。

Deloitte (2021). Global Powers of Retailing 2021. (https://www2.deloitte.com)

Forbes.com (2019). Carrefour Is The Latest Victim Of The China Retail Syndrome. Jun 24. (https://www.forbes.com/sites/warrenshoulberg/2019/06/24/carrefour-is-the-latest-victim-of-the-china-retail-syndrome/?sh=7a63e9202037)

事例 5-2

現地子会社との協業による新興国市場向け製品開発：
エプソンの事例

1．はじめに

　「インクタンク」とは，エプソンが2010年から導入した新興国向けのインクジェットプリンターのシリーズである。新興国でベストセラーとなり，その後，日本や欧米などの先進国で「エコタンク」シリーズとして販売されているプリンターである。

　本事例では，エプソンの新興国戦略である「インクタンク」の導入事例について，既存製品が新興国で立ち行かなくなった経緯，導入のための事業革新の過程，その後の展開過程を踏まえて，経営学・国際経営の関連理論について考えて行きたい。なお本事例は，松井義司（2017）「日系企業の新興国市場における事業革新—エプソンインクタンクの導入過程」，『赤門マネジメント・レビュー』16巻6号を加筆修正し，教科書向けに再構成したものである。

1.1　新興国市場の拡大

　2000年以降，BRICsを中心とした新興国の経済発展が著しくなった。それに伴い国際経営において新興国市場の重要性が高まって行った。図表5-2-1は世界のGDPに占める新興国の比率の推移である。1990年代までは世界のGDPの2割程度で推移していたが，2013年以降は4割前後にまで比率が高まっている。

APPENDIX 5-2-1
理論やキーワードの解説① 「新興国」
　　　　https://www.bunshin-do.co.jp/contents/5234/appendix_05021.html

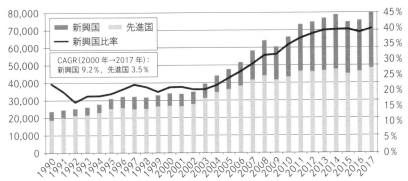

図表 5-2-1　世界の GDP と新興国比率の推移（単位：10 億 US ドル）

出所：IMF World Economic Outlook Database, April 2018.

図表 5-2-2　1 人当たりの GDP 比較

1960 年	アメリカ	日本		
GDP/ 人	$2,912	$478		
アメリカ = 1	1	1/6		
1980 年	アメリカ	日本		
GDP/ 人	$12,576	$9,466		
アメリカ = 1	1	3/4		
2010 年	日本	インド	インドネシア	中国
GDP/ 人	$44,674	$1,423	$3,178	$4,524
日本 = 1	1	1/34	1/14	1/10

出所：同上。

　また，図表 5-2-2 は 1 人当たりの GDP を比較した表である。戦後の高度成長に伴い，世界における日本市場の重要性が高まった。日本の 1 人当たりのGDP は 1960 年がアメリカの 6 分の 1，1980 年は 4 分の 3 であった。これに対して，2010 年の新興国の 1 人当たり GDP は日本と比較すると，インドが 34分の 1，インドネシアが 14 分の 1，中国が 10 分の 1 であった。当時の日本と米国と比較すると，今日の新興国の 1 人当たりの GDP はわずかである。つまり先進国とは大きな所得格差ありながら，新興国市場が急速に発展し世界全体における比重が高まって来たと言える。

　経済的な違いが大きい市場の拡大は，日系グローバル企業にどのような意味をもたらしているのだろうか。新たな市場が拡大したことはよいことである

図表 5-2-3　インクジェットプリンターの市場規模と新興国比率の推移

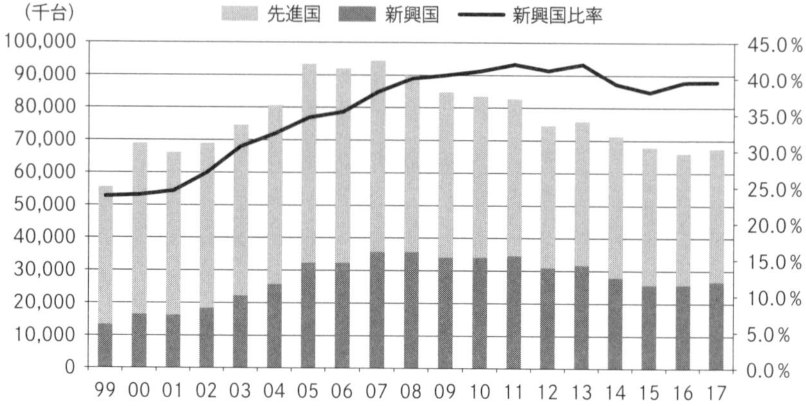

出所：JEIDA（2000-2018）の推定資料から筆者作成。

　が，一方で，先進国向けに開発した製品が，一部あるいは多くの新興諸国で，上手く適応しないという問題が生じるようになって来た。

　図表 5-2-3 は，インクジェットプリンターの年間市場規模（複合機を含む）と新興国市場の比率を示したグラフである。

　2000 年から 2007 年にかけ世界のプリンター市場が急速に拡大した。特に新興国の数量・比率の拡大が顕著である。新興国の比率が 2000 年に 4 分の 1 程度であったが，2007 年以降は約 4 割まで拡大した。ただし，インクジェットプリンターの市場規模は，以下 2007 年をピークに，2008～2014 年に大幅に縮小した。特に以下 2 つのメーカーの販売政策の変更が要因となっていると考えられる。1 つ目は，過度なメーカー間での過当競争への見直しである。2 つ目は新興国での問題への対応である。新興国では，メーカーの収益源である純正消耗品を使わず，低価格プリンターに安価な互換インクを使うユーザーが増加した。2008 年以降の新興国向け数量減は，純正消耗品販売があまり期待できない超低価格プリンターの販売見直しと考えられる。ただし，新興国の互換インク問題への根本的な対策は「インクタンク」導入まで待たなければならなかった。

1.2 「インクタンク」とは

「インクタンク」は，エプソンが 2010 年から新興国向けに導入したインクジェットプリンターのシリーズ名である。

インクジェットプリンター市場が世界的に拡大する一方で，メーカー間の価格競争の結果，家庭向けを中心とした低価格プリンターの分野でジレットモデル化が進んだ。ジレットモデルとは，製品本体をたとえ不採算でも安く販売し市場での設置台数を増し，そこから得られる純正消耗品の利益で採算を回収する事業モデルである。

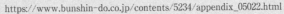

APPENDIX 5-2-2
理論やキーワードの解説② 「ジレットモデル」
https://www.bunshin-do.co.jp/contents/5234/appendix_05022.html

多くの新興国では，メーカー純正のインクカートリッジを使わず安い互換インクを使う形で，それらの低価格プリンターの普及が進んでしまった。正式な統計が存在しないが，インドやインドネシアなどでは，純正カートリッジを使う比率が 2〜3 割以下であったという話もある。

「インクタンク」はこの問題を根本的に解決した最初のインクジェットプリンターである。図表 5-2-4 はエプソンの既存の低価格プリンターと「インクタンク」を比較したものである。従来製品と価格・機能面を比較すると「インク

図表 5-2-4　既存製品と「インクタンク」（新興国製品）の比較

	既存製品	インクタンク
主な市場	先進国	新興国
主な顧客	家庭	中小事業所
主な用途	家庭用	業務用
想定の印刷量	少量	大量
代表モデル	Stylus TX121	L200
製品本体価格	¥8,400	¥15,900
消耗品価格（黒印字 1 枚）	¥4.2	¥0.2
消耗品の印刷枚数	200 枚	4,000 枚

注：インドネシアでの小売価格。円換算は 2010〜2011 年の平均
　　レートを使用。
出所：関係者への取材に基づき筆者が作成。

図表 5-2-5　既存製品と「インクタンク」

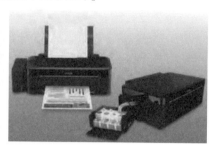

出所：エプソンウェブサイト。

タンク」は従来製品より製品価格が2倍，その代わり消耗品価格（1枚印刷するインク代）が20分の1となっている。また1回の消耗品（インク）の容量が20倍になっている。同時に，「インクタンク」は新興国で大量印刷をするユーザー向けに製品の耐久性・信頼性の改良が加えられた製品である。

2．エプソンの「インクタンク」導入とその後の展開

「インクタンク」は大ヒット商品に成長した製品であるが，そこに至るまでの経緯を本節では3つの過程（7つの段階）に区分して解説をして行きたい（図表 5-2-6 参照）。

図表 5-2-6　エプソン「インクタンク」の導入に至り展開して行く過程

出所：筆者作成。

2.1　先進国でのジレットモデルの形成（1990年～）

エプソンが初めてインクジェットプリンターを市場導入したのは1984年であり，当時の国内価格は1台49万円もした。その後，アメリカ HP 社が1000

ドルを切る DeskJet プリンターを導入し，インクジェットプリンターが急速に普及した。同時に，キヤノン，エプソンなどのメーカー間の競争激化の中で，特に家庭用インクジェットプリンターで低価格化が進み，本体を安く売り消耗品で収益を確保する「ジレットモデル化」が進んだ。2010 年には本体価格 US\$29.99 のインクジェットプリンターも現れた。

2.2　新興国での互換インク普及（2003 年頃～）

　先進国では純正インクカートリッジを使う比率が比較的高く，製品本体を安売りして消耗品で儲けるジレットモデルは，有効なビジネスモデルであった。しかし 2000 年代に入り新興国での販売拡大に伴い，多くの新興国では低価格の互換インクの普及が進んだ。中国，インド，インドネシアなどでは，互換インクの使用比率は 7 割以上であったと言われている。

　安い製品本体と安い互換インクは，ユーザーにとって理想的な組み合わせかもしれない。しかしメーカーにとっては，製品を売れば売るほど採算が悪化する事業構造であった。各社とも様々な対策を新興国で講じたが，成果が上がらない国も多くあった。

　エプソンは 2000 年にインドネシアで販売会社を設立し順調に販売を拡大した。しかし 8 割程度のユーザーが互換インクを使っていたため，思うように純正消耗品の販売ができなかった。しかもギフトポイントなど純正消耗品の販促活動を進めたものの効果が乏しかった。

　それどころか互換インクの利便性がますます向上した。以前は互換カートリッジやスポイトでの互換インク注入する方法が主流であった。その後 2004 ～2005 年頃にはペットボトルに補充インクを入れカートリッジにチューブを繋ぐ方式（後述 CISS の原型）が登場し，さらには 2008 年までには CISS が急速に普及した。CISS（Continuous Ink Supply System）とはインクジェットプリンターで互換インクを使うための改造キットである。通称ビックタンクやインクタンクと呼ばれ，大容量インク容器をインクジェットプリンターに取り付け，そこからカートリッジにチューブで繋ぎ，互換インクを供給するキットである。

　このような問題への対応のため，エプソンは新たな製品と事業モデルの模索

図表 5-2-7
CISS キットを付けたプリンター

出所：筆者撮影。

図表 5-2-8
インドネシアでの CISS キットの販売風景

出所：筆者撮影。

を行った。

　1つ目は CISS 付きプリンター販売である。インドネシアの顧客からの提案で，エプソンは自社製の CISS を付けたプリンターの販売を検討した。しかし事業性などの点で導入には至らなかった。製品価格を上げないと採算が取れないし，製品を値上げすれば売れなくなるという問題に直面したためである。

　2つ目は 2008 年頃の「EC-01」導入である。テスト導入なので既存製品の部品を活用して開発コストを抑えた導入であった。「EC-01」は複合機のボディーを使ったプリンター単機能の製品である。スキャナー（コピー・スキャン用の読み取り機）を入れずに，その空いたスペースに大型インク容器を内蔵し 8,000 枚の印刷ができるようにした。製品価格は通常のプリンターよりも大幅に値上げし 6 万円とし，その代わり，1 枚当たりの印刷コストを大幅に値下げした。欧州や台湾などのビジネス機器ルートで，既存商品と並行して販売を行った。製品で採算を確保して消耗品を安価にするというジレットモデルから脱却する試みであったが，市場では受け入れられず，テスト販売は失敗に終わった。既存の主力商品と並行してテスト的に販売したこと，プリンターのみの導入で複合機の導入がなかった，当時としては斬新な製品でありユーザーにその利便性が伝わらなかった，などの事情があったと考えられる。

2.3　新興国での既存事業モデルの否定（2008〜2009 年頃）

　互換インクの各種対策の効果があまり見られず，互換インクの利便性が前よ

りも向上し，新興国向けプリンターの採算改善の目途が立たなかった。この状
況に対し，以下2つの事情から，エプソンは他メーカーと比べて，新興国での
事業運営に極めて強い危機感を持っていた。

　1つ目はエプソンの損益悪化である。2008年度（2009年度）の営業利益率
は，キヤノン12.1%（6.8%），ブラザー4.1%（6.0%）に対し，エプソンは－
0.1%（1.8%）と最も悪化していた。その主因は，互換インク普及による新興
国での消耗品販売の不振と，過当競争による先進国を中心とした低価格インク
ジェットプリンターの採算悪化であった。ページプリンター（トナーを使うプ
リンター）と比べて，互換インクが使われる傾向がインクジェットプリンター
で顕著であった。そのためインクジェットプリンターの販売比率が高いエプソ
ンの業績悪化が，他メーカーより深刻であったと考えられる。

　2つ目はエプソンの技術的強みが裏目に出た点である。エプソンの事業の中
心は，精密加工技術を基礎としたピエゾ方式のインクジェットプリンターで
あった。ピエゾヘッド（紙に微細なインクを吹き付ける機構）は，各種方式の
インクジェットプリンターの中でも耐久性に優れていたため，業務用の大量印
刷に適していた。しかしジレットモデル化が進み，先進国では大量印刷をし
ない家庭用低価格プリンターの販売が拡大した。さらには，それらの低価格
プリンターは大量印刷に適しているので，新興国では安い互換インクを用い業
務用として使われてしまったのだ。当時は新興国中心に互換インクが普及して
いた。先進国でも同様の普及が加速すれば事業の骨幹を揺るがす可能性もあっ
た。

2.4　調査活動と「インクタンク」の仮説形成（2009〜2010年頃）

(1)　プロジェクトの開始

　そういった事情を背景に，他社よりもいち早く2008〜2009年に，新興国で
の新たな事業モデルを追求するプロジェクトが始まった。これは，立ち行かな
くなった既存の事業モデルから脱却し新たな事業モデルを模索するプロジェク
トであり，以下5つの特徴を持つプロジェクトであった。

①　本社主導のプロジェクト

　ピエゾ方式の耐久性に優れた点が裏目にでて，新興国では，エプソンの低価

格プリンターに CISS キットを付けて互換インクを使う業務用ユーザーが拡大してしまった。純正消耗品が売れないため収益悪化の要因となっただけでなく，それが世界的な傾向となれば事業の骨幹を揺るがしかねないため，このプロジェクトはあくまで本社主導で進められた。

②　本社と現地販社の協働プロジェクト

本社主導ではあったが，本社と現地販社の協働で実施するプロジェクトであった。数多くの開発・営業関係者が日本から複数回インドネシアを訪問し，取扱い店やユーザーを訪問して調査を行った。

③　既存製品との並行販売ではなく完全置き換えを目指したプロジェクト

EC-01 の例のように既存製品との並売では成果があまり上がらないため，今回は完全な置き換えを目指した。

④　1カ国（インドネシア）限定のプロジェクト

しかし，既存モデルからの完全置き換えは非常にリスクを伴う販売政策である。そのため，当初はインドネシア1カ国だけでの実施を目指した。互換インクの普及が著しく，市場シェアが高いため調査や製品導入で販売店やユーザーの協力が得やすく，エプソンの主力工場があり本社に馴染のある市場であるため，インドネシアで調査と導入を行うことになった。

⑤　早期導入と導入後フィードバック重視のプロジェクト

開発面では突貫工事のようなプロジェクトであり，通常の半分の開発期間で導入を目指した。既存製品では事業の将来性がないため緊急性があった点だけでなく，まずは早期に市場導入し市場からのフィードバックから学び，さらに改善しモデルチェンジして行くという姿勢であった。導入直後に本社と現地スタッフが協働で導入後調査を行った。

(2)　見過ごされて来た事実への気付き

本社と現地販社の協働調査の最大の成果は，見過ごされて来た事実への気付きであり，これがプロジェクトを進展させたと考えられる。この点について下図を交えて説明を行いたい。

既存製品に純正消耗品を使うケースが①である。先進国の家庭向けなどを想定して導入した低価格プリンターであり，1回のカートリッジで200枚しか印

図表 5-2-9　既存製品と「インクタンク」の比較（「インクタンク」の導入当時）

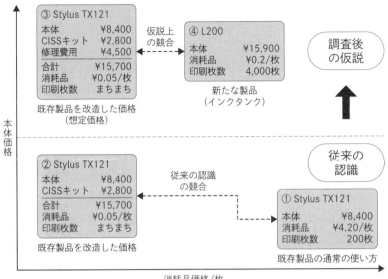

注：インドネシアでのインクジェットプリンター（複合機）の小売価格，インク代は黒インクで比較。インドネシアルピアから円換算は，2010年1月〜2011年12月の平均レート（IDR 107/¥）を使用。
出所：関係者への取材に基づき筆者が推定して作成。

字できない。また印刷コストは4.2円／枚と，新興国の大量印刷をする業務用ユーザーには高額である。これに対して②は，CISS キット（互換インク改造キット）を使う場合の製品価格と消耗品価格である。CISS キットを使えば消耗品価格は純正品の40分の1以下である。大量印刷をするユーザーにとってこの互換インクのコストがあまりにも安く純正消耗品が売れないという認識であった。

　互換インクを使うとピエゾヘッドに悪影響を及ぼすので，その問題はメーカー保証の対象外である。そのため，互換インクユーザーの困りごとについて十分な把握ができていなかった。しかし調査が進むにつれ今まで見過ごされて来た事実への多くの気付きがあった。1) 互換インクの補充で手が汚れる，2) CISS キットの不具合でインク漏れがある，3) 互換インクの成分に問題がありピエゾヘッドが詰まり印字できなくなる，4) CISS のチューブが外れる，

5) 主に家庭向けにつくられたので必ずしも大量印刷を想定した製品ではない，
6) 互換インクによる不具合はメーカー保証の対象外なので正規修理店では取り扱って貰えないのでユーザーが修理先を探すのに苦労する，7) ピエゾヘッドを交換する場合は高額な修理費用（製品価格の半分）がかかる，などについての気付きである。

　従来の認識は，CISS で互換インクを使う場合は（図表 5-2-9 ②）安い消耗品が使えるので，純正インクを使う場合（図表 5-2-9 ①）よりも，インドネシアの業務用ユーザーには魅力的な使い方であるという悲観的な認識であった。しかしこれらの気付きにより，CISS で互換インクを使うユーザーに，実は各種の不便や修理コストが生じていることが明らかになった（図表 5-2-9 ③）。そして，このような困りごと・修理コストを解決する製品を開発すれば，大量印刷する業務用ユーザーの問題解決ができ，かつ，困りごと・修理コストに見合う製品価格の値上げが恐らくでき，消耗品価格を大幅に値下げしても（図表 5-2-9 ④）事業採算が改善する，という仮説が出来上がったと考えられる。

　既存製品と比較して本体価格を 2 倍，1 枚当たりの純正消耗品価格を 20 分の 1，という「インクタンク」の価格面の見直しの一方で，新興国で大量印刷をするユーザーが安心して使えるように，品質・機能面の見直しも重要な側面であった。大量印刷をする上でのインク供給の信頼性向上，インクの廃液容器の大型化，埃対策など，様々な改良が行われた。

2.5　インドネシアで「インクタンク」導入と訴求（2010〜2012 年頃）

　2010 年 10 月にインドネシア中のマスターディーラー約 40 社（各都市の小売店兼卸店）がジャカルタに招待され，「インクタンク」の製品発表会が盛大に行われた。しかし本体価格が約 2 倍になることから反応が悪く，その場で販売の意思表示をしたのは 4〜5 社に過ぎなかった。また，インドネシア全土にエプソンは約 500 の小売店を擁していたが当初販売開始ができたのは 80 店に過ぎなかった。修理店をしている小売店は，互換インクユーザーの苦情をよく知っていたので興味を示し，純正消耗品が売れそうなので消耗品販売に積極的な店は「インクタンク」の販売に興味を示した。

　業界関係者の話では，競合他社からはあまり注目される新製品ではなかっ

た。

　エプソンのインドネシア販社が最も力を入れた訴求活動は，メディア広告ではなく，当初取扱って貰えた 80 店の店頭で，販社スタッフも加わりインクタンクを繰り返しデモすることであった。調査で明らかになった CISS で互換インクを使うユーザーの各種問題点を踏まえて，店頭で 1 万枚の連続印刷などを行い，大量印刷をしても「ハッスルフリー」（インク漏れ・印字不良などが起きないこと）を訴えることで，本体価格が従来の 2 倍でも価値がある点を訴求した。

　既存モデルを売っていた時のインドネシアでのエプソンの台数シェアは約 3 割であった。しかし，多くの販売店からの反発の中で既存モデルから「インクタンク」への置き換えを進めた結果，2011 年 1〜3 月には台数シェアが 15% まで低下した。ただし価格が 2 倍でも価値を認めて購入してくれるユーザーがいることが判明した。台数が半減したが製品価格が 2 倍になり，グループの事業採算が改善と売上金額の維持ができ，しかも実地で有効な訴求方法を見出すことができた。そのためこの時点で，新たな事業モデルへの置き換えという事業革新は，「一定の成功」を収めたといえる。

2.6　新興国での各国展開と製品拡充（2011 年〜）

　2010 年 10 月にインドネシアで「インクタンク」が導入された当初は不人気な製品であり，2011 年 1〜3 月に辛うじて「一定の成功」を収めた程度であった。しかし，その後 2012 〜 2015 年にかけて，「インクタンク」は多くの新興国でヒット商品に成長して行った。

　インドネシアでの初代「インクタンク」導入と同時に，インドネシア販社と本社が導入後の調査を実施した。従来と異なるコンセプトの製品のため，導入後のフィードバック調査とそれに基づく改良は重要な活動であった。それらに基づき，印字速度・インク補充のしやすさ・モデル数（2 モデル→6 モデル）の改善が加えられ，2012 年に次期モデルが導入された。この時期，インドネシアでは数量シェアが 3 割に回復し，単価が以前の倍であったため売上も拡大し，インドネシアの販売店・販社とも漸く「インクタンク」の販売に自信を持つようになった。

　「インクタンク」は「一定の成功」の後，他の新興国への導入が始まった。アセアン各国，インド，ロシアなどエプソンの新興国販社の多くの関係者がインドネシアを訪問し，実地で販売状況の理解に努めた。2011年からタイ，フィリピンなどアセアンでの販売が始まり，その後，インド，中国，中南米なども加わり，2011年には約30カ国，2012年には約90カ国で販売されるようになった。そして，2015年には150カ国で年間500万台近く売れるヒット商品に成長した。

　またキヤノン，HP，ブラザーなど他社も，2015～2016年にかけて「インクタンク」と同様のコンセプトのプリンターを新興国で販売するようになった。

2.7　先進国での「エコタンク」の展開（2015年～）

　「インクタンク」は当初新興国向けに導入された製品であったが，後に先進国でも販売されるようになった。「エコタンク」という商品名で北米（2015年）と日本国内（2016年）にテスト的に導入された。その後2017年後半からは，日本国内において「エコタンク」が主力製品として販売されるようになった。さらには2019年には，キヤノン，ブラザーが先進国においても「インクタンク」と同様なコンセプトの製品を導入し，インクジェットプリンターは，市場全体としてジレットモデルからの見直しが進んでいる。

3．まとめ

　エプソン「インクタンク」の導入事例には様々な学術的示唆があった。中でも次の2点が特に着目すべき点である。

3.1　計画型戦略策定と創発型戦略形成

　エプソンの「インクタンク」導入事例は，調査や市場導入を進めながら徐々に戦略がつくられて行く創発型戦略形成の事例であった。経営層がトップダウンで，インドネシア1カ国での調査・新モデルの仮説設定・導入を進めたのは計画型アプローチと言える。しかし純正カートリッジ啓蒙やEC-01導入など，数多くの失敗を踏まえた上での計画であった。インドネシアで調査を始め

て学んだ「大量印刷ユーザーが互換インクを使って品質問題で困っている点」は今まで見過ごされて来た事実への気付きであり，当初から把握できていた訳ではない。これがきっかけに「インクタンク」の価格・機能の仮説構築に至った。あくまで仮説であり実地で売れるか判らなかった。売り始めると評判が悪く，取扱い店も限られていた。限られた店頭でデモをし，漸く少し売れるようになった。導入後に本社と現地販社で調査を行い，課題を把握してモデルチェンジをしながら改良を重ねた。当初はインドネシアだけで販売し，そこでの販売を見ながらアセアンでも販売し，その後，新興国各国へと展開していった。そして新興国での実績を踏まえて先進国でも販売するようになった。これらの経緯は，当初から確りした計画があった訳ではない。調査や製品導入の試行錯誤に基づき製品や販売方法を見直し続け，事後的に戦略が形成された創発型戦略形成の事例だったと言える。

APPENDIX 5-2-3
理論やキーワードの解説③「計画型戦略と創発型戦略」
　　　https://www.bunshin-do.co.jp/contents/5234/appendix_05023.html

3.2　リバース・イノベーション

　本事例は，一般的なイノベーションの流れとは逆に，新興国から発生し後に先進国でも普及した事例である。当初はインドネシアだけで本社と現地販社が協働調査をし，インドネシア限定で導入・既存製品からの置き換えを行い，それが新興国各国に普及し，その後，先進国でも普及した事例である。

　このように新興国から先進国へ普及するイノベーションは「リバース・イノベーション」と呼ばれている。今後，リバース・イノベーション事例が益々増えていくのではないかと考えられる。

APPENDIX 5-2-4
理論やキーワードの解説④「リバース・イノベーション」
　　　https://www.bunshin-do.co.jp/contents/5234/appendix_05024.html

（松井義司）

【参考文献】

松井義司［2017］「日系企業の新興国市場における事業革新─エプソンインクタンクの導入過程」『赤門マネジメント・レビュー』16巻6号。

松井義司［2019］「新興国発事業革新と本社・現地販社のダイナミズム：エプソン・インクタンク導入事例から（博士論文）」『名古屋市立大学学術機関リポジトリ』平成30年度23903甲第1708号（第67号）。

Govindarajan, V. & Ramamurti, R. (2011). Reverse innovation, emerging markets, and global strategy. *Global Strategy Journal*, 1 (3-4), 191-205.

Govindarajan, V. & Trimble, C. (2012). *Reverse Innovation: Create Far from Home, Win Everywhere*. Boston, MA: Harvard Business School Press. (渡辺典子訳［2012］『リバース・イノベーション─新興国の名もない企業が世界市場を支配するとき』ダイヤモンド社。)

Mintzberg, H., Ahlstrand, B. & Lampel, J.〔齋藤嘉則監訳〕［2013］『戦略サファリ　第2版』東洋経済新報社。

Teece, D. J. (2010). Business models, business strategy and innovation. *Long Range Planning*, 43, 172-194.

事例 5-3

ヤクルトレディを活用した新興国ビジネス

1. はじめに

　新興国市場は，先進国市場とは様々な部分で異なっている。ここでは，そこに参入しようとしている先進国企業の視点から見た場合に直面する，大きく3つの側面での違いについてまず説明しよう。

　第1は，製品・サービスを販売するときに直面する違いである。例えば，商品を流通させるためのネットワークにおける未整備は，商品を届ける配送業者の数は限られる。配送コストに対して，得られる利益が少なすぎるため，農村部には配送しようとする流通業者が少ないのである。

　販売活動において，消費者に製品・サービスの価値を伝えることもまた難しさがある。例えばインドネシアでは，ヨーグルトなどの「機能性食品」が普及しておらず，塩・砂糖以外の風味調味料に触れたことがない人もいる。こうした地域で，事前説明をせずに整腸作用のある乳製品や料理を美味しくする調味料を販売したとしても，現地の消費者の多くは興味を示さない。全く知らないものを調べて試そうとする消費者は少なく，また一方的な広告宣伝でその魅力を伝えることも簡単ではない。

　第2は，人材における違いである。新興国には小中学から高度教育機関までの教育全般が十分に機能していない。その結果として高度なマーケティングや英語，技術の知識を要する仕事をこなせる人材は慢性的に不足している。例えばカンボジアには，子どもを学校へ通わせられる豊かな家庭は少なく，勉学よりも農作業を優先して小中学校を中退する子どもが多い。地域によっては，読み書きや計算ができる人材が十分に見つからないことさえある。このような新興国において，先進国と同様に業務をこなす従業員を採用することは難しい。

したがって新興国に進出した企業は，スキルが十分でない人材を雇用したのち，採用後に新人研修などの学習の機会を用意する必要がある。例えば，カンボジアに進出した企業では，工場で働く従業員に対し「遅刻をしない」，「トラブルがあれば報告する」など基本的な働き方について教育をしている。作業マニュアルを用いるために，採用した従業員に文字や数字を教える企業も珍しくない。

　第3には，資金のやりくりにおける違いである。新興国市場に進出した企業が事業を拡大しようとしたとき——例えば工場を増やしたり，新製品を作るための開発拠点を作ろうとしたときには，その国で資金調達が困難となる場合もある。金融市場が十分に発達していなかったり，本国からの金銭の授受がスムーズにできなかったり，あるいは売り上げの回収などの日常的な支払い業務についても，不正や契約不履行などの可能性が生じる。

　こうした新興国でみられる事業活動を妨げる不備を「制度の隙間（institutional void）」という。制度の隙間のある新興国市場であるが，実は少なくない日本企業がそこで大きな成功を収めている。味の素，マンダム，エースコック，コマツ，サラヤなど多様な業種，多様な規模の企業がそこで活躍しているのである。そこにはいかなる成功の鍵があるのか。世界数十カ国で確かな事業基盤を築いているヤクルトの事例から考えてもらいたい。

2．ヤクルト

　小さな容器に入った乳酸菌飲料といえば『ヤクルト』を思い浮かべる方も多いだろう。ヤクルト本社は1935年の創業以来，日本に止まらず10カ国以上の新興国で機能性飲料『ヤクルト』を販売している。興味深いことに，同社は日本で開発された商品を海外拠点にも展開し，日本でも用いられているレディ方式を活用しながら販路を広げている。レディ方式とは，「ヤクルトレディ」と呼ばれる女性たちが消費者の自宅を訪問し，丁寧に製品の説明を行う営業手法である。この手法は1963年に，顧客に親近感を持ってもらうために地元の女性を用いたことから始まった。

　ヤクルトレディを活用した新興国ビジネスは，経済と社会の持続的発展に寄

図表 5-3-1　国別の乳製品売上本数構成比（2021 年）

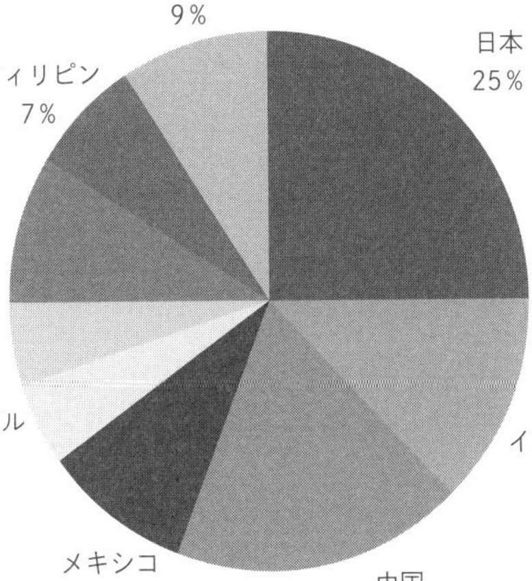

出所：株式会社ヤクルト本社アニュアルレポート 2022。

与するものであるとして評価を得ている。社会的弱者である場合が多い新興国の女性に就業機会を提供し，その自助努力によって経済的自立をはかることは，海外から進出した企業のみならず，現地の人や経済をも豊かにしうるのである。

　ヤクルトはなぜ多くの新興国市場で成功を収められたのか。その鍵は同社独自の販売方式であるレディ方式にある。ヤクルト固有の販売手法は，先進国とは異なる環境においても安定した運用が可能なシステムなのである。レディ方式が，いかに新興国の攻略に有効であるのかを，いかにして新興国市場の特徴に対応したかという目線で分析していく。

3．流通チャネルの未整備への対応

　新興国では流通チャネルや交通インフラが整備されておらず，消費者に商品を届けることが簡単ではない。この課題に対してヤクルトは，流通チャネルの発達状況を問わず各国の消費者に商品を届けるため，自社商品を販売するヤクルトレディを活用している。ヤクルトはスーパーなど小売店でも販売している

けれども，主たる販売方法となるヤクルトレディを通じた直接消費者との取引によって，流通網が未発達であろうと，また逆によく発達していようとも，その条件を問わず最終消費者にアクセスできていたのである。

　どの国のヤクルト社も，各地域を担当するヤクルトレディを1名採用し[1]，そのエリア内の販売を一任している。どの地域にも必ず担当のヤクルトレディを配置することで，漏れのない自社独自の顧客への直接販売ルートを構築していくのである。

　インドネシアの首都圏では，細い路地が多く自動車では商品を配送できないエリアがある。そうした地域でも，ヤクルトレディであれば徒歩で商品を届けることが可能である。メキシコおよびブラジルの農村部は，人口密度が低いため既存の流通網の手が届いていない。そうした場所にも，各農村に住む女性が販売を担う仕組みをとり，各地の営業拠点からそのヤクルトレディたちに自社営業所から商品を配給する形を自ら作ることで，他社ではアクセスできない地域にまで，商品の供給を可能にした。

　このように，ヤクルトはあらゆるエリアにヤクルトレディを配置し，どのようなエリアでも流通が可能にすることで，多くの消費者に商品の販売を実現していた。ヤクルトは進出時からTVCMなど一定のマス広告を打ち商品の知名度を高めている。その結果，顧客が商品を目にする機会に比例して売上が伸びるのである。

図表5-3-2　自転車に商品を積み，細い路地の広がるエリアで営業を行うヤクルトレディ

出所：筆者撮影。

４．未整備な情報インフラへの対応

　ヤクルトが直面した問題は，新興国で「乳酸菌が身体によいことが知られていない」ことであった。むしろ「菌を飲むなんてとんでもない」と拒絶されることもある。商品の健康効果および健康に寄与するメカニズムについて知っている消費者はほとんどおらず，「ヤクルト」が嗜好品として飲用されるケースが多かった。

　こうした課題に対して，ヤクルトレディは消費者に対して詳細な商品情報を伝える役割も担っていた。彼女たちは，毎週の商品宅配時に顧客とコミュニケーションを取りながら商品情報を伝える。「最近は気候が不安定でだるくなりやすいですね。おなかの調子を整えて，元気に乗り切りましょう」，「風邪が流行っていますね。ヤクルトを飲んで免疫力を高めて備えてくださいね」など，その時々にヤクルトがどう役に立つか丁寧に説明する。TVCM を通じて商品の認知度を上げたうえでヤクルトレディが消費者とコミュニケーションをとることで，消費者はヤクルトを認知し，理解するのである。

　しかし就任当初のヤクルトレディもまた消費者と同様，十分な知識がある訳ではない。そのため，すべてのヤクルトレディはまず充実した社内研修を受ける。商品が健康に役立つメカニズムを学ぶほか，1：1 の現場研修，レディが

図表 5-3-3　ヤクルトレディの研修の様子

出所：筆者撮影。

集まり互いにアドバイスを行うグループ研修を用意している。

　顧客の商品理解を深め，ヤクルトレディとの会話を通じて，顧客に商品効果を認識させることは，顧客自身に商品の必要性を認識させ，結果として継続購買に繋がる。多くの顧客が毎週一定数の商品を購入することは，常に需要が一定水準で維持されることを意味する。これは，悪天候や給料日前になると大きく売上が落ちる小売店経由の販売と比べて大きな強みである。ヤクルトレディ経由の販売は小売店経由で流通した場合と比べ，1本当たりの利益は小さい。しかしながら安定需要はそれを補って余りある利益をもたらすのである。

図表 5-3-4　顧客宅でコニュニケーションをとるヤクルトレディ

出所：筆者撮影。

5．技能教育の不備への対応

　ヤクルトレディが保有する地元の人間関係は，マーケティングにかかわる高度な技能を代替する役割も果たしている。ヤクルトレディ採用にあたって，ヤクルトは高度な営業の技能があることを要求せず，ヤクルトレディが地域内に住んでいる既婚女性で，人格的に信頼できる人であることを要件とする。ヤクルトは，ヤクルトレディが担当地域で活動を開始する以前に営業ルートを設定する。月曜〜土曜日の営業先および大まかな訪問時刻を定めておき，ヤクルトレディがこれを遵守することで顧客の信頼を得ようとする。こうして得た信頼

関係は顧客との関係構築の土台となる。例えばインドネシア拠点の営業成績の良いヤクルトレディは，総じて顧客宅の滞在時間が長くなる。1軒の訪問につき5分程度費やし，他愛もない世間話や健康に関する情報提供を行っている。信頼関係があるために顧客が多様なことを話してくれるようになり会話が弾む。そうした会話から得られた情報をヤクルトレディはまた次の営業に活かすのである。

6．ヤクルトレディとの個人代理店契約によるインセンティブ付与

　ヤクルトは，ヤクルトレディを自社の正規従業員とはせず，1人1人のヤクルトレディと個別に販売代理店契約を結んでいる。この仕組みはヤクルトレディ方式の中核と位置づけられている。出来高と報酬を連結させることで，ヤクルトレディが自らの努力と創意工夫で働くことを促しているのである。すなわちこの個人代理店契約は，ヤクルトレディに働くインセンティブを与える仕組みなのである。

　ただし，ヤクルトはむやみに高いインセンティブを設定して少数精鋭のヤクルトレディ集団を形成しようとはしていない。むしろどのヤクルトレディも平均的な売上を上げられるようインセンティブ設計を工夫しているのである。同社はヤクルトレディを主要な流通経路と位置づけている。さらに取り扱う製品1つ1つは薄利であり，利益を確保するには数を売らねばならない。したがって一部の優秀なヤクルトレディが一部のエリア内で飛び抜けて大きな売上を上げるよりも，あらゆる地域でヤクルトレディが十分に売り上げる状況を目指しているのである。このためヤクルトは極端に高いインセンティブは避け，どのヤクルトレディも十分な売りを立てられるような営業支援に力を入れている。基本的にはその国の最低賃金付近をヤクルトレディの収入の1つの目安と設定し，インセンティブを付与すると同時にヤクルトレディの活動を手厚くサポートしている。

　自社が理想とする販売を実現するため，駐在員は日本で確立されたヤクルトレディの仕組みに現地事情を反映した変更を加える。例えばインドネシアは日本とは比べられないほど国民の所得格差が大きく，広い邸宅で使用人を雇って

暮らしている世帯と日々の食事に困るほど貧しい人々の世帯が隣り合って存在している。この状況を鑑み，駐在員は日本で確立したヤクルトレディの販売方法をそのまま実行するのではなく，現地の状況に合わせて変更を加えている。インドネシアで市場開拓を行う駐在員はまず，進出しようとしている地域に購買力を持つ顧客が十分に存在するかを確認する。駐在員は当該地域にある住宅地を隅から隅までくまなく歩き，そこにある住宅1軒1軒について所得水準を推定するのである。所得格差の少ない日本では，ヤクルトレディの担当エリアはその面積や住宅数だけを一定にするが，インドネシアではどのヤクルトレディの担当エリアにも購買力のある消費者が十分に存在するようさらに細やかな調整が加えられているのである。結果としてインドネシアのヤクルトレディも，誰しもが就任初期時点からある程度安定した収入を得られるようになる。その他の新興国でも，人口密度や住宅の形態，所得水準に応じて独自の販売エリア区割りルールが作られている。さらに，早期離職問題に対しても対策が講じられている。初期顧客を一定数確保できるように，ヤクルトレディ契約前後に販路構築を従業員が支援していたのである。

　もしも現地事情を加味せずに日本の仕組みを海外で用いると，ヤクルトレディたちが十分な売り上げを上げられなくなり，離職率も高くなる。ヤクルトの多くの拠点において，当初ヤクルトレディ方式を導入した段階では，こうした地域差を考慮していなかったため，苦労せずとも販売実績を上げられるヤクルトレディもいれば，大変な努力をしてもなかなか販売実績が上がらないヤクルトレディもいた。この収入格差が不公平感を生んでしまっていた。結果として，自身の収入を上げるために担当エリアを離れて富裕層の多いエリアで販売活動を行うレディが増えた。このほか，ヤクルトを消費者に販売せずに個人商店に安価に横流ししてしまうなど不正がみられた。同時に，初期に十分な売上を上げられないヤクルトレディは早々に営業努力に見切りをつけ1カ月〜半年以内の早期離職に至った。こうした状況を受けて，新興国拠点の駐在員が中心となったインセンティブ設計の工夫が行われたのである。

　ヤクルトの事例は，BOPビジネスの理念が強調してきた新興国の人々の自助努力だけを前提とした仕組みが不十分であることも示唆している。BOP（Base of Pyramid）とは，年間所得が約3,000ドル以下の低所得層を指し，彼

らを対象とした事業活動を BOP ビジネスという。BOP ビジネスにおいて，BOP の自助努力がことさら強調されてきた。20 世紀までの先進国が BOP に対して続けてきた ODA（政府開発援助）が十分な成果を上げなかった経験がある。一方的に「与える」だけの支援は，BOP 層の援助依存を強め，彼らの自立を妨げたのである。

　こうした反省に立ち，先進国企業と BOP が対等のビジネスパートナーとして付き合い，ともに苦労し，ともに利益を分かち合う事業活動：BOP ビジネスが注目されるようになった。そして，ヤクルトレディシステムは，現地人材をヤクルト社が対等な関係のパートナーとして扱い，彼らにインセンティブとリスクをあえて積極的に負わせ，自助努力によって経済的成功を勝ち取るという点がこの BOP ビジネスの理念に合致しているものであった。

　だが，その単純な図式での見方では，ヤクルト社の努力や新興国ビジネスの難しさを覆い隠してしまう。ビジネスの根幹をなすのがレディへのインセンティブ付与であるがゆえに，同社は常に各国でバランスの見直しを行っているのである。事実，インドネシアではインセンティブ設計の見直しを継続する中で，ヤクルトレディの努力と創意工夫を引き出すことに成功し，ヤクルトレディ 1 人当たりの売上が増加し，同時に離職率を低下させることに成功している。

7．資金回収と関連した制度の未整備への対応

　ヤクルトレディが商品を販売するとき，必ずその場で現金と交換することを徹底している。日本では，定期購買などの購買方法や，支払い方法も様々に用意されているが，これを新興国各国の状況をみながら修正しており，特に資金回収にリスクのある地域では現金での販売が徹底されている。掛け売りや月極といった商品の受け渡しと回収のタイミングが大きくずれる売り方を行わず，現物をその場で顧客に提供し，現金をその場で受け取るかたちを採用しているのである。加えて，ヤクルトレディと会社の間での取引でもほぼ同時期の現金と商品を交換している。会社は，ヤクルトレディが不正を行うリスクを回避するため，ヤクルトレディの売上金を手渡しないし振り込みで毎日ないし毎週回

収しており，その販売実績に応じて翌営業日のための商品が補充される仕組み
をとっている。虚偽の申告をすれば手元の商品在庫が過小・過剰となってしま
うため，ヤクルトレディは販売実績を不正に申告するインセンティブを持たな
いのである。この消費者とヤクルトレディ，ヤクルトレディと会社という2段
階の現金・現物取引方式の下で，会社は毎日出荷しただけの売上金の速やかな
回収を達成している。現金・現物取引により確実にその都度資金回収を行うこ
とで，確実に代金を回収し，損失を出さないことが可能になっている。

8．金融機関の未整備への対応

　ヤクルト社のビジネスが新興国市場で機能しやすい理由の1つは，事業を始
めるにあたって莫大な投資を必要としないことである。ヤクルトの海外法人
は，事業が成り立ちうる最小限の人数，せいぜい数十名のヤクルトレディを採
用してスタートする。このとき，必要となる資金は当座の売上が立つまでの人
件費のみであり，彼女たちの営業活動がある程度軌道にのれば，その後は彼女
たちによる売上から従業員への給与支払いが可能となる。そして，余剰資金
が増えるにつれて，少しずつヤクルトレディの採用人数を増やしていくのであ
る。高額な投資が必要となるマス広告の大量投下や，一度に大きな流通網を構
築することはせず，ヤクルトレディという非常に小さな単位で少しずつ拡大す
る。

　例えば，1991年から参入したインドネシアでは，当初は数十人のヤクルト
レディからスタートし，毎年エリアを拡大しながら2000年頃に500人規模，
2007年に1,000人超，2013年に5,000人と，自社としての経営基盤とそれに基
づく資金拠出能力が強化されるにつれて，拡大のペースを増加させている。同
社は，初期時点で莫大な費用投下を行わず，最初に持ち込んだ少額の資金で事
業をスタートし，商品売上が上がるにつれてその利益を使って事業を拡大して
いた。

9．駐在員による学習と現地適応

　最後に，新興国市場への直接的な対応策とは異なるが，ヤクルト本社から送った本国人駐在員に強い権限を与え，現地で自由にヤクルトレディシステムの細かな仕組みを修正させることを許容していることを付け加える。ヤクルト本社は 1980 年代には，最初の進出地・台湾での経験をまとめて日本の事業との差異を踏まえた海外展開のためのヤクルトレディシステムの原型を整備しており，海外進出にあたっては，この標準化されたヤクルトレディシステムがまず移転されることが一般的となっている。

　このシステムは，上述のレディの採用から育成，インセンティブ設計に販売方式，そして法人のかたちや日本人駐在員の人数まで標準化されたものである。だが，このシステムのもう 1 つの特徴は，日本人駐在員が現地事情に合わせてヤクルトレディシステムを修正することを許され，それがミッションとして与えられていることである。例えば，インドネシアに派遣される駐在員は，日本国内でまずヤクルトレディシステムの基本を数年間にわたって徹底的に学び，その後派遣されてからは原則として 1 ～ 3 年間を現地の事業概況の学習にあてる。その後，日本で得たヤクルトレディシステムに関する深い理解と，現地状況に関する理解とを組み合わせて，与えられた大きな裁量を振るって販売の仕組みを変えていくのである。以上の流れが海外展開の標準形としてヤクルトグループ内で確立されている。

　なお，ヤクルトの新興国での成功要因としては，レディ方式のみならず，製品としての特長による部分もあることを最後に付記しておこう。容器が小さく単価が安い，売り場の場所をとらない，技術的難易度が低く現地や近隣地での量産が利きやすい…といった特徴は，新興国市場で成功した他の日系消費財（マンダムの男性用整髪料や，味の素の調味料「AJINOMOTO」，エースコックや日清食品の即席麺など）とも共通する点である。また，ヤクルト固有の事情としては，健康補助飲料であり，その効果もわかりやすいものであるため，継続購買が狙いやすいということもある。こうした製品特性もまた，新興国ビジネスの成功を左右する要因としてよくよく注視しなければならないだろう。

APPENDIX 5-3-1
補論：「制度の隙間」とは
https://www.bunshin-do.co.jp/contents/5234/appendix_0503.html

（今川智美）

【注】

1　実際には，レディは正社員として雇用契約を結ばず，ヤクルトと販売代理店契約を結んでいる。したがって，通常の採用とは異なる。ただし，ヤクルトがレディと契約を行う一連のプロセスが正規雇用の「採用」とほぼ同一であり，ヤクルト社内ではレディとの契約を「採用」と呼んでいるので，本事例でも，あえて「採用」という言葉を用いている。

事例 5-4

多国籍企業と現地政府：松下電器（中国）の事例

1949 年中華人民共和国が成立した。毛沢東主席がソ連の共産主義に学んで
国家建設を進めたが双方の国益が合わず絶交状態になった。内政も大躍進，文
化大革命に求めたが 20 年に及ぶ鎖国状態になってしまった。国家指導者鄧小
平が「改革開放」に大転換するべく 78 年海外から科学技術と資本の導入を促
進するために，来日した。政府関係業務を負えた後，松下電器を訪れ，松下幸
之助創業者に中国の近代化を手伝って欲しいと要請した。松下は即座に同意し
た。鄧小平は同行した中日友好協会の廖承志会長に訪中招聘状を出すよう指示
した。

1．外資系企業最初の松下電器中華代表事務所の設立

1979 年 6 月松下創業者の訪中に備えて，松下電器の現地代表事務所を設立
する必要が生じた。その代表者として台湾松下とインドネシアのナショナル・
ゴーベル社で 10 年の勤務歴があった筆者が設立されたばかりの本社中国本部
に呼び戻され，北京に赴任することになった。中国側にはまだ外国企業の代表
事務所は認可されておらず，商品貿易は商社社員が商務査証（ビザ：最長 90
日）を対外経済貿易省（経貿部）傘下の貿出会より取得し案件ごとに対応して
いた。したがって大手商社の職員も自社の事務所は無くホテルの客室で商談を
していた。鄧小平の招聘という特別客員の資格により中日友好協会（当時廖承
志会長）が松下創業者一行と筆者を含めて出入国ビザを発行していただいた。
筆者は中日友好協会の幹部と相談し，代表事務所設立申請のための膨大な
関連資料を本社から取り寄せ経貿省に提出し，5 月末には新日鉄，アメリカの
ヒューレドパッカード，ドイツのフォルクスワーゲン，ジーメンス等と共に代

表事務所設置許可を得て，北京飯店の一室に事務所を駐華代表所処長として開
設することができた。その後すぐ "外資合弁法" が発表され "改革開放" 政策
の本格的なスタートとなった。

2．鄧小平と松下創業者の協議プロジェクト，
北京・松下カラーブラウン管の生産開始

　1979年6月，鄧小平の招聘により，松下創業者一行が訪中し，1週間北京で
鄧小平および谷牧副総理等幹部と協議し日本の電子工業企業連合の合弁会社設
立案を持ち帰った。帰国後松下創業者は80歳後半の高齢にもかかわらず自ら
日本政府と関係企業のトップに折衝したが，時期尚早ですぐには実現不能とな
り，翌年10月再度訪中し，鄧小平に松下電器単独で理想の合弁会社を作ります
と宣言した。筆者はその宣言の大きさに現場で身震いした。

　この経緯を受けて3代目の山下俊彦社長が社長プロジェクトとして鄧小平に
喜んでもらうのに「どんな商品を，どこで作るのか」という課題に取り組み自
ら深圳，杭州，上海を訪れ，筆者も同行したが最終的には首都北京で松下が技
術的にも最も得意とするカラーブラウン管工場を作ると決意した。1884年10
月，山下社長は北京市長と会談し，快諾を得て会社設立の準備にかかった。
国家計画委員会，電子工業省，対外経済貿易省への説得は北京市が責任を負っ
た。それから2年半筆者は松下側の実務担当者として北京市の代表団が数度に
亘り来日し，合弁会社設立の「意向書」，「事業目論見書」「合弁契約書」「技術
協力書「人事契約書」をまとめ上げ，やっと87年5月人民大会堂で李鵬副総
理（後に総理）臨席の下，北京側4名の出資者代表と松下の谷井昭雄4代目社
長が契約調印した。

　松下電器が単独で80年代では外国投資最大の資本金200億円の北京・松
下彩色顕像管有限公司（北京・松下カラーテレビ用ブラウン管製造合弁会社
（BMCC：Beijing・Matsushita, Color Picture Tube Company）を北京市4社
の国営企業グループ他と日中折半投資で設立した。社名標記の北京と松下の間
の "・" は互恵平等を強調している。

　この一連の契約文書は以後のプロジェクトの参考になった。145千平米の土

地に最新鋭工場が 22 カ月で完成し，250 名の日本への技能実習生が帰国して
BMCC の第 1 号合格製品ができたのが 89 年 6 月 3 日であった。翌日が六四天
安門事件の運命の日であった。翌日北京日本大使館からは不要不急の日本人は
帰国するようにという通知が出て，約 5 千名の在京日本人が緊急帰日した。
BMCC には製造立上がりのため 38 名の日本人が勤務しており，総経理と筆者
が営業部長として大使館に駆け付け，我々は要にして急であるので帰国できな
い旨を告げた。外務省も同意しているので残留可という回答を得た。北京側も
鄧小平と松下の約束を実現するために日本人の生命は厳守するのでぜひ生産継
続したいという強い要望が有り，日中間の堅固な協力関係を再確認することが
できた。その後 BMCC は契約期間の 20 年を完了して，日中合弁会社成功例の
1 つになった。

　2019 年 12 月，習近平主席は改革開放 40 周年を記念して国内 100 名，海外
10 名の貢献者を表彰した。海外部門の 10 名の中，日本人としては大平正芳元
総理と松下幸之助創業者のみであった。

3．国家プロジェクト "VTR 一条龍" の交渉

　鄧小平が後，改革開放政策を積極推進するために，上海市長として 4 年間で
6・4 事件を軍隊を出さず解決し，浦東開発に着手して，ダイナミックな経済
活性化を成功させてきた朱鎔基を 91 年 4 月中央の副総理に抜擢した。朱鎔基
は 93 年 3 月全国人民大会で「国家は社会主義の市場経済を実施する。国家は
経済立法を強化し，マクロコントロールを完全にする」と憲法改正を行った。
94 年には病気療養の李鵬に代わり総理代理につき 98 年には正式に総理になり
2002 年には WTO に加盟して国際化を前進させた。

　それから 20 年間，中国は驚異的な高度経済成長を続け，GDP で 2010 年ま
で 40 年間世界第 2 位であった日本を追い抜き，今や数年後にはアメリカに追
いつき追い抜くような勢いを示すようになった。

　しかしこの国家の運営構造を規定している機構は建国以来一貫として変わ
りなく中国共産党の下に全国人民代表会議（全人代），全国政治協商会議，全
国軍事委員会が主体になり，地方政府も同様な組織体系を共有している。した

がって中央政府の決定がすべてであり，規模の大きい国家プロジェクトは国家の所轄部門の認可を得なければならない。ここで紹介する国家プロジェクトは90年代に折衝され認可されたケースであるが，政府との折衝は法律・法規に基づき人と内容は代わっても折衝のシステムは変わっていない。

　1980年代に入り改革開放政策の立ち上がり期において，最低限の衣食確保をした「温飽」状態からまずまずの中流化を実感できる「小康」状態のシンボル的耐久消費材が家電商品であった。白黒テレビ，ラジカセ，扇風機からカラーテレビ，洗濯機，冷蔵庫の三種の神器の時代になった。これらの完成品の正規輸入は制限され，北京，上海，広州，南京，青島等の有力都市でのカラーTVプラント技術導入が始まった。この段階では中央政府の介入は無くそれぞれの地方都市の申請を許認可する程度であった。この時期技術支援ができたのは松下，シャープ，日立，東芝の日系大手数社に限られており，中国実習生の受け入れは多数に上り技術支援料の支払いは個々の地方政府に任せられ，地方経済を興隆させる意図は果たした。現在にいたるも青島海信，綿陽長虹，広東TQC等世界のカラーTVトップメーカーとして発展している。しかし国家としては重複投資となり時間もかかりすぎ国家財政としても，貴重な外貨を集中管理すべきであるという反省になった。

　そこで91年鄧小平の抜擢による朱鎔基副総理が国家計画委員会で目を光らせることになり，傘下の電子工業省の国家VTR導入プロジェクトを進めることになった。

　VTRは80年代後半より日本固有の先端技術としてビクター，松下，ソニーがアメリカを最重要市場として新製品の開発競争となり，フォーマット競争で松下グループがソニーのベータ方式を凌駕した。中国にもVTR完成品が3～4年に亘り年々数百万台が輸出されていた。この実情を見て，朱鎔基は国家計画委員会と電子工業省に対し，「VTR一条龍」（龍の頭から尻尾までの一貫製造する国産化プロジェクト）を国家として推進することを指示した。この商談執行責任者は電子工業省の新進気鋭の曽培炎副大臣であった。基幹部品のシリンダーヘッドは一カ所で集中生産し，関連部品五十数件はそれぞれ1カ所で，組立てはカラーテレビ製造プラントの重複投資の無駄を避けるため，9カ所のみの定点工場で製造することに限定された。導入するプラントは国際入札方

式で日本2社，韓国1社，欧州1社が参加して熾烈な技術の優位性と価格を争う競争になった。松下は筆者が駐華総代表を勤めており中間商社を入れる必要はなかったが，競争相手の日本メーカーは大手商社を中に入れ交渉力を強化した。その交渉代表者は「このプラントは取るも地獄，取らぬも地獄」と嘆いていた。松下は曽培炎副大臣の意向も強く内々にVTR事業を育てた谷井昭雄社長自身と直接折衝したいと要請されひと月に2回北京出張しトップ交渉を行った。価格交渉の最終段階では工場建設予定地の大連市の副市長が夜半松下の北京連絡事務所に現れ，コストダウンの強い要求を出された。最終的には4社が集められ曽培炎副大臣より技術力とプラント価格を総合評価され松下に任せることが宣言された。決定後も商社を通じて決定価格の10%ダウン値下げ案が申請されたようであるが，中国政府は厳として受け入れなかった。

　大連のハイテク工業団地に巨大なシリンダーヘッドなどビデオ用基幹部品製造工場が2年掛かりで建設され，その間450名の新入社員の日本実習が3カ月間行われ大連～大阪も往復船便で費用節約に努められた。工場の組立てラインは日本の工場以上に最新鋭のコンピューター制御によるピカピカの最新鋭ラインであった。

　この間円高が1ドル70円台まで暴騰し，契約時の20%近く中国元安になってしまい，中国側の資金手当てが不足してしまった。製品開発期間も予定より短縮化せざるをえなくなり，中国側のプラント導入だけでは成功しないことが次第に明確になってきた。その結果日中双方でこの事業の発展にはBMCC同様合弁方式に切り替えるべきであるという結論に至った。中国側は国家計画委員会，電子工業省，大連市が共同で松下と協議し94年6月，中国華録松下録像機有限公司（China Matsushita VTR Co, Ltd, 略称CHMVC）としてスタートした。

　CHMVCがVTR基幹部品の生産販売を開始した頃から，中国のVTR市場が大きく変化し始めた。元々中国ではテレビ局が少なく番組も単調で，それを録画する機能を利用する人は少なく、正規の仕様ではなく，映画ソフトを再生することが多かった。この分野にVCD（ビデオCD）の画像解像技術が改良され，正規の仕様ではない光デスクが廉価で大量に販売されて，急速にVTR市場を奪い始めた。VTR市場も録画機能を有しない再生オンリーの普及品が

主流となった。9カ所の定点組立工場も販売不振で次々と生産停止となった。
CHMVCも国内販売不振で輸出に頼らざるをえなくなったがそれも限定的で，
新製品光デスク機器の導入に取り組み，VCD，DVDの光ピックアップを初め
とする主要部品と製品を生産する事業改革を敢行した。その他の50社に及ぶ
関連部品工場はそれぞれ自己の特性を生かし多角化して発展した。江沢民主席
は2度，朱鎔基総理は3度CHMVCの現場を訪れ，企業改革の成功例として
高く評価されるに到った。

4．総合事業支援会社松下電器（中国）有限公司 CMC 設立の交渉

　90年代の前半から，各地方政府傘下で続々と設立された製造事業場が個々
別々に開発，製造，販売，アフターサービスを行っていくに当たって，松下
グループとしてのより統一的，効率的な各種の事業支援を行う統括会社の必要
性が高まった。筆者は事業場の主要都市，上海，広州，大連，厦門，杭州，成
都，武漢，ハルピンに小規模の連絡事務所を設置したが，活動範囲は情報連絡
のみに限られており，実務を行う営業活動は認められていなかった。筆者は駐
華事務所の総代表として各地の関係政府機関に当たって見ても異口同音に「我
が国は認可された製造企業以外には開放していない。そんなことをすれば外国
に利益を持ち出されてしまう」という警戒論で取り付くしまもなかった。
　1993年3月朱鎔基副総理は年1回開催される全国人民代表会議（全人代）
において歴史的な中国を社会主義市場経済に転向する憲法改正を提案し可決さ
れたが，その会期中3月8日に松下電器第5代目の社長に就任したばかりの森
下洋一社長が30分だけ会見する機会を得た。これは全く内密に国家計画委員
会がアレンジした会合であった。
　森下社長は松下グループが中国の経済発展に貢献するために各地に展開して
いる自社合弁事業の製造事業場を補助する人材育成，研究開発，市場開発，輸
出入促進，アフターサービス等を総括助成する会社を設立する要望を提示し
た。外国の先進技術と資本の導入を国家運営の課題の1つとしていた朱鎔基副
総理は前向きに取り組むことを約束した。その後国家計画委員会の幹部季崇武
顧問に訪日し松下の経営全般を調査するよう指示した。李顧問はありのままの

松下を時間をかけて本社部門，中央研究所，主要事業部，労働組合，海外事業本部を視察して回った。帰国後報告書を中央幹部に回覧され，中身は極秘扱いであったが，聞くところによると「松下電器が弁証法的唯物論の立場からも衆知を集めた全員経営をしている」ことが強調されているようであった。

しかし国家計画委員会としてもまだWTOにも未加入でグローバリゼーションが進んでいない段階で，このようなホールデイングカンパニー（傘型会社）を作るには時期尚早という意見もあった。1年後李鵬総理が病気休養のため総理代理に昇進した朱鎔基は森下に会見して明確に松下電器（中国）公司の設立に合意した。「松下電器は創業者の松下幸之助氏が鄧小平に一早く中国の改革開放を手伝うことを表明し，すでに十七社の合弁会社を設立しており，その経営理念も中国に適合しています。それぞれの合弁企業と本部が上部の関係が無く，平等に協議し決めることでこの統括会社を創設することに合意します。細則は所轄の対外経済貿易省と協議して下さい」と筋を通した結論であった。

細則を詰めることになると，前例は無く，中国側も国益を代表した官僚弁護士が数人表れ，当方の専門家との論争が続いた。外資100％はまだ認められておらず，日本側は松下が60％を出資し，合弁会社のパートナーとしては国家計画委員会の下部法人となった。

企業目的は単なる貿易会社ではなく，科学，工業，貿易三位一体の「科工貿一体」の業務推進することとし，新技術を導入し新工場を建設することによって，国内と輸出の販売権（アフターサービスを含む）を委譲するという考え方を受けて94年9月に契約調印した。

事業範囲の科学の領域ではR&D部門と人材訓練センターを設立し，工業分野が投資事業部門が投資促進を行い，CMC自身の3社以上の投資が義務づけられた。これにより国内販売と輸出が許可された。また中国国内の松下グループの製品を当該会社董事会の決議を経て，販売委託契約を締結し，仕入れ販売することが可能になった。アフターサービスについては消費者保護の観点からも輸入品を含めてのサービス活動をすることが許可された。その他情報通信ネットワーク，物流，知財，法務，品質管理、広報等でCMCがグループの中核として関係事業場に事業支援する体制をとった。

このように中国政府にとっても実験的試みであったCMCの設立は，その半

年後95年に多国籍企業の投資促進を図る傘型会社（持ち株会社）設立のガイドラインに集約され公布された。日本を始め欧米の大企業が一気に数百社が持ち株会社を設立した。投資比率も外資100％が認可されることとなり，CMCも日本側100％に切り替えられた。

　2001年，交渉開始後国を挙げて取り組んできたWTO加盟が16年かかってようやく実現し，経済の国際化に拍車がかかり年率10％以上の高度経済成長が6年続いた。08年に北京オリンピック，10年に上海万国博覧会が開催され総合的に国際的な地位が向上した。その年40年続いた日本のGDP世界No.2が中国に取って代わられた。

5．国際経営を行うに当たって相手側政府と交渉する心構え

　日本企業としてあるいは日本の民間人として国際経営を行うために相手国政府と交渉する場合，注意しなければない心構えを列記しておきたい。

①　その国の歴史，特に日本との関係，政治経済の過去，現在，将来についてできる限り理解を深めておく。特にこれからの3〜5年先の政治・外交，経済，社会，環境，エネルギー資源の変化については現時点での予測が順調発展か，まあまあ進展か，多大な困難が有りうるかリスク管理を予測しておくことが肝要である。その冷静な認識に立ち，相手側政府との会談でポイントを絞って相手の不快感を招くことなく，むしろ好感をもってもらい良好な関係を結ぶことができるよう努めること。

②　交渉に当たっては，決して高ぶらず日本人の特徴である礼節謙譲を忘れず，構想の説明で先方に協力要請をする場合は簡明に資料を用意し適切に対応すること。日本人の特徴である礼節謙譲を忘れず，互恵平等の提案であることに好感を持ってもらうこと。

③　先方の要望を理解し，不明な点は遠慮することなく堂々と質問する。公明正大に行動し，贈り物や食事接待などもその国の既定の範囲内で行い，賄賂など不正行為は厳禁である。

（青木俊一郎）

事例 5-5

日本におけるアメリカ IT 企業の異文化経営

　現在の企業にとって，自国以外の国に活動拠点を置いたり，他国と取引をしたりすることは珍しくない。ソフトウエア系 IT の分野でも，製品やサービスの世界規模の展開は以前から行われていたが，特に 1990 年代後半〜2000 年代以降，多国同時展開もごく一般的になっている。IT サービスの多国語対応や各国に適したマーケティングを行うために，複数の国に拠点を置く企業も珍しくない。日本は，固有の言語を持つ大規模な市場の1つであるため，日本に拠点の1つを置く外資系の IT 企業は多い。

　日本に拠点を持つ外資系 IT 企業では，その企業が設立された国の文化，活動拠点である日本の文化，IT 分野の文化，そして，その企業自身の文化，という，異なった文化が多重に重なり合った状態にあり，これらの異なる次元の文化がどのように表出しているかを観察するサンプルになり得る。この事例では，日本に活動拠点を置くアメリカ系 IT 企業である日本アイ・ビー・エム株式会社（以下日本 IBM），日本マイクロソフト株式会社（以下日本マイクロソフト），株式会社セールスフォース・ジャパン（以下セールスフォース・ジャパン），アマゾンウェブサービスジャパン合同会社（以下 AWS ジャパン）の4社を取り上げ，企業が設立された国であるアメリカとは異なる文化を持つ日本の活動拠点において，どのような文化が表出し，どのように維持されているかを示すことを目標とする。

　ここで取り上げるアメリカ系 IT 企業は，4社とも，ソフトウエアサービスの開発や提供に力を入れている。このため，次の節で，先行研究におけるアメリカと日本の国の文化の違いを示した上で，ソフトウエア系 IT 分野の文化，アメリカ系 IT 企業に共通する文化について記述する。また，後に取り上げる4社で記述する項目を解説する。

1．国の文化，分野の文化，企業の文化

1.1　文化の記述

　ここでの文化とは，ホフステード他（2013, pp. 3-4）に従って，「集団に発生する行動の仕方やパターンのメンタルプログラム」を指し，国や民族に由来するものを「国の文化」，企業に由来するものを「企業の文化」と呼ぶ。シャイン（2012, pp. 16-18）で説明されている通り，ある集団にとっての文化自体は目に見えず，実際に観測できるものは，その集団の規範や公的理念や公式の習慣等だけである。このため，この章で記述される「企業の文化」は，シャイン（2012, pp. 28-38）で述べられる文化のレベルのうち，観察された行動や，その企業で共有される理想像や規範等とする。後に取り上げる各社の事例では，こうした行動や理想像や規範などを主に記述し，それらを通して各社の文化や姿勢を浮かび上がらせることを試みる。

1.2　先行研究におけるアメリカ・日本間の国の文化と就職構造の違い

　異文化は，国や国民性の差の文脈で語られることが多い。このため，ここでも，先行研究におけるアメリカと日本の文化の違いを簡単に紹介しておこう。

　図表5-5-1は，メイヤー（2015）を基にした，アメリカと日本のカルチャーマップである。これについて非常に大まかな具体例を挙げると，アメリカ系企業の日本拠点での議論において，アメリカ文化が色濃く出るなら対等で率直な意見交換が行われ，日本文化が強く出るなら地位や立場に配慮した「空気を読んだ」意見交換が行われる，といった表出になるだろう。この他，ホフステード他（2013）では，アメリカが個人主義的であるのに対して日本はやや集団主義である，等の傾向が示されている。

　国や国民の文化とは少し異なるが，企業の文化形成に大きく関係する，就職事情の違いにも触れておこう。日本では，よく知られている通り，新卒者の一括採用が大きな部分を占めており，通年採用は，中途採用などの限られた部分だけに適用されていることが多い。また，倒産や大規模事業縮小などがない限りは雇用され続ける終身雇用制が採用されているため，現在の人員を中心に仕

図表 5-5-1　メイヤー（2015）を基にしたアメリカと日本のカルチャーマップ

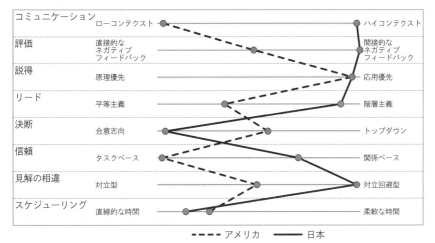

事を割り当てるメンバーシップ型[1]雇用が定着している。これは，日本企業の「今いる人員が即戦力でなくても，雇用した後に企業の中で育てていく」という文化と密接に関連しており，図表 5-5-1 に挙げた日本の「関係ベースで協力関係を築きやすい」という面に繋がっている。

　他方，宮本（2018）等でも述べられている通り，アメリカでは通年採用が行われている。また，あるポジションに就くためのスキルと経験が決まっているジョブ型[2]雇用が定着しており，「雇用後即戦力となることが期待される」というアメリカ系企業によく見られる企業文化に繋がりやすい。これは，図表 5-5-1 に挙げたアメリカの「タスクベース[3]で関係を築きやすい」という側面と繋がっている。

1.3.　ソフトウエア系 IT 分野の文化

　企業文化は，前項で述べた国の文化や就職構造だけでなく，その企業の基盤となる分野によっても異なることが，シャイン（2016, pp. 25-26）で紹介されている。アメリカのソフトウエア系 IT 企業の文化を説明する前に，まず，ソフトウエア系 IT 分野の文化を簡単に説明しよう。

　IT 分野でアメリカが非常に大きな役割を果たしている状況は，GAFAM

(Google, Apple, Facebook（Meta），Amazon, Microsoft の頭文字を合わせた造語）と呼ばれる巨大 IT 企業 5 社が，すべてアメリカ発であることからうかがえよう。また，GAFAM のうち，Google，Apple，Facebook，Microsoft の 4 社が学生や 20 代に入ったばかりの若者によって設立されていることから分かる通り，ソフトウエア系 IT 分野では，若くして業績を上げることが珍しくない。この分野は，言わば「プログラムを作れば実力がはっきり見える」ため，年齢や分野での活動年数は，序列にはあまり関係しない。このことから，ソフトウエア系 IT 分野では，上下関係や年齢による規律が強くなく，意見交換においても，地位や年齢はあまり重要視されず，対等な議論が行われることが多い。ソフトウエア系 IT 分野におけるこうした対等さは，図表 5-5-1 のカルチャーマップのアメリカの文化によく似ているが，アメリカに限らず，例えば日本の大学のソフトウエアの研究室でもこうした傾向は見られる。アメリカ・日本，企業・大学といった種別に関わらず，ソフトウエア系 IT の分野全体が平等主義的な色合いを帯びていると言えよう。

1.4　企業事例における事例の説明事項

　国や分野の文化を紹介した上で，次の節からアメリカ系 IT 企業 4 社の事例を紹介する。アメリカ系 IT 企業では，1.2 や 1.3 で触れた，アメリカやソフトウエア系 IT 分野に見られる，対等で率直な文化が共通して表出しているが，企業の成り立ちや目指す目標や経営者の方針によって各企業の文化はかなり異なっており，各企業は，自社の文化を重視し，それに適合する人材を採用するために，それぞれの採用手法を展開している。この章では，事例を通して，各企業が何を重要視しているかを示すために，以下の項目を各企業の事例で共通に示すものとする。

- ・設立と製品・サービス，日本拠点の役割：その企業の概要説明として，提供する製品やサービスと日本法人の設立年，海外拠点の 1 つとしての日本拠点の目的や役割を示す。
- ・社風と文化の浸透：各社の社風の特徴と，どのような情報共有と文化の浸透の施策が行われているかを記述する。
- ・採用と人事：企業の採用形式や人事は国の法律や慣習に強く依存するた

め，図表 5-5-1 の「信頼」の国ごとの差が企業文化に表出しやすく，アメリカ本社由来の企業文化が日本法人にカスタマイズされている度合いを観察する手掛かりの1つとなる。このため，各社の採用形式と，プロジェクト編成や組織異動に際した手順等を説明する。

以下では，アメリカ系ソフトウエア IT 企業 4 社の説明とその比較を行う。

2．日本 IBM

2.1 設立と製品・サービス，日本拠点の役割

日本 IBM は，米国 International Business Machines Corporation（以下米国 IBM，アメリカだけでなく全世界的な全社を指す場合は IBM と表記する）の孫会社で，1937 年に日本で設立された。形式的な親会社は IBM Japan Holdings 合同会社だが，「直接米国の IBM 本社に業務報告する」と発表されている通り，実質的な業務体制は，米国 IBM の直下にある。

米国 IBM は，1911 年に設立された時には秤やパンチカードやタイムカードを扱っていた企業だったが，戦後，コンピュータ企業として大きく成長し，2019 年時点で全世界合わせて 35 万人の社員を抱える巨大 IT 企業である。近年は，B2B ビジネスに注力して製品やサービスを提供しており，その範囲は，スーパーコンピュータ，タワー型コンピュータ，クラウドサービス，データベースなどのミドルウエア，SPSS などのソフトウエア，アウトソーシングサービス，コンサルティングサービスなど，非常に幅広い。また，チェスの名人カスパロフと対戦したコンピュータ Deep Blue（1997 年）や，アメリカのクイズ番組 Jeopardy! で人間のチャンピオンに勝利したコンピュータ Watson（2011 年）など，IT 技術に関する先進的なチャレンジによって世の中にインパクトを与えようとする特徴的な一面を持ち，最近では量子コンピューティングにも力を入れている。20 年以上に渡って全米オープンテニスのデジタルパートナーであるため，全米オープンテニスの中継で IBM ロゴを見たことがある人も多いかもしれない。

日本 IBM は，日本という大きな市場で IBM の製品・サービスを扱い，技術開発に貢献する役割を担う。日本 IBM で扱う製品は，1980 年代には，日本語

を扱えるワープロアプリケーションである「DOS 文書プログラム」など，日本固有のものも存在したが，現在ではほぼ世界共通であり，初めから多言語対応を念頭に置いて設計される。

2.2　社風と文化の浸透

　米国 IBM は，1970 年代には，「レイオフ[4]をしない」等日本企業の経営方針と共通する側面があり，ピーターズ他（1982）が記した『エクセレント・カンパニー』でも「日本企業とほとんど変わらない」と評されていた。当時の日本社会にとってもこうした側面は受け入れられやすく，1980 年代に日本 IBM の社長だった椎名武雄氏はインタビューで，米国 IBM が日本的な側面を持つことと，日本 IBM でも日本的な経営が行われていることを述べている。その後，1990 年代には米国 IBM はレイオフに踏み切り，「日本企業とほとんど変わらない」と言われる面は薄れていったが，日本 IBM では，外資系としては日本的な文化も継続されている。このため，「平社員が社長を呼ぶ場合も『○○さん』」「誰が全世界の誰に何を聞いてもよい」等，1.2 や 1.3 に挙げた，アメリカ風の対等で率直な文化は定着しているが，他の面では，図表 5-5-1 の日本の特徴である関係ベースの人材配置が行われるなど，後に取り上げる他の 3 社に比べて日本的な側面が強く出ている。これは採用形式とも強く関係しているだろう（1.2，1.3 参照）。また，日本 IBM のドレスコードは，ビーチサンダル等が許されている他 3 社と比べて堅く，日本由来の IT 大手企業とほとんど変わらない。

　日本 IBM では，経営トップのビデオレター等のメッセージがしばしば全社員と共有され，各組織の定期的に開かれる会議においても経営上の決定やそれを支える根拠が繰り返し説明される。IBM 社員全員に，経営トップからのメールが直接送付されることもある。

　全 IBM の社員が守るべき行動基準は「ビジネスコンダクトガイドライン」という文書にまとめられ，この規範に関する社員教育が行われている。ダイバーシティとインクルージョンへの取り組みが長く行われ，周知されているのも，アメリカ系 IT 企業らしさの 1 つと言えよう。

　2003 年に全 IBM 社員を対象として開催された，IBM の企業理念を問い直す

APPENDIX 5-5-1
理論やキーワードの解説「ダイバーシティとインクルージョン」
https://www.bunshin-do.co.jp/contents/5234/appendix_0505.html

社内イベント "Values Jam" では，時差があっても参加できるように，全社的なチャットシステムや掲示板システム等を用いられ，2〜3 日以内に全 IBM の全社員が参加を推奨された。こうしたイベントは，IBM 全体の「誰が全世界の誰に何を聞いてもよい」という雰囲気を強化し，社員 1 人 1 人に企業理念を浸透させるのに役立っている。ただし，こうしたイベントの有無は，各組織のトップの意向や時流で大きく変わるため，いかなる時にも行われるものではない。

2.3　採用と人事

　日本 IBM は大学新卒一括採用を導入しており，次節 3.「日本マイクロソフト」の解説でも述べている通り，他の 3 社に比べて新卒一括採用の割合が高い。米国 IBM はアメリカで一般的な通年採用を行っており，ジョブ型雇用で即戦力が求められる。日本 IBM の採用形式は，日本の事情に合わせたものであり，「経験のない新卒に企業の文化の教育を施して育てる」というメンバーシップ型の文化が主流であることと表裏一体になっている。

　IBM のソフトウエア開発には，日本 IBM の開発組織も参加する。しかし，サービスプロジェクトは，日本 IBM のビジネスの担当境界がほぼ日本の国の範囲にあることから，日本国内で組まれることも多い。そうしたサービスプロジェクトに関する社内の人材募集もあるが，「プロジェクト向きのスキルにマッチする人材がいなければ組織は人材を供出しない」というジョブ型ではなく，「分担を請け負った組織がプロジェクトの人材を供出する」というメンバーシップ型が主流である点が，他の 3 社と異なっている。組織の改廃に伴う人事異動も同じで，アメリカのジョブ型の「個人がスキルにマッチする行き先を探す」のではなく，日本式のメンバーシップ型に基づいて「組織のメンバーの行き先を探す」という手順を踏むことも珍しくない。こうした点が「外資系でありながら日本的」と言われる社風に大きく関係していると言えよう。

2.4 日本IBMのまとめ

現在の日本IBMは他の3社と比べて日本的な面が多いが，アメリカ流の状態も残している社風と言えよう。これに比べて，他3社がどのような社風であるかを比較しながら読み進めてほしい。

3. 日本マイクロソフト

3.1 設立と製品・サービス，日本拠点の役割

日本マイクロソフト株式会社は米国 Microsoft Corporation の日本法人として 1986 年 2 月に日本で設立された（以下，日本法人を「日本マイクロソフト」，米国本社を含む全 Microsoft Corporation を Microsoft と表記する）。

Microsoft は，1975 年 4 月に当時ハーバード大学の学生であった Bill Gates と，Paul Allen の 2 人が米国で設立し，当初は初期の商用パーソナルコンピュータ（PC）に搭載するソフトウエアを開発・提供していた。1980 年代半ばから PC 用オペレーティングシステム（OS）として Windows を開発提供している。2021 年時点で，Windows は世界の PC 用 OS のシェア第 1 位を守り続けている。Microsoft のソフトウエアは個人向けという印象が強いかもしれないが，企業内 PC 用にも多用され，さらに近年の主力ビジネスであるクラウドコンピューティングが多くの企業で利用されている。

日本マイクロソフトは，Microsoft 同様にソフトウエアおよびクラウドサービス，デバイス営業，マーケティング，コンサルティングサービスを提供している。ソフトウエアの開発については Microsoft として世界レベルで統括推進されており，日本マイクロソフトが固有な製品や機能を開発したり日本語対応を行ったりするわけではない。しかし，これらの製品の販売や，サポートサービス，コンサルティングサービスなどの日本の顧客に対しての提供は，通常日本マイクロソフトから提供される。ただし，海外展開する日本法人の顧客の海外拠点へのサービスはその国の Microsoft 社から提供されるケースがある。

また，クラウドサービスの管理に関しては，日本国内にも複数のクラウドサービスを提供するデータセンターを有しているが，その運用監視は Microsoft が海外からリモートで実施している。世界中のデータセンターにつ

いても同様で，現地での運用監視ではなく Microsoft が遠隔オペレーションを行っており，世界中で等しいレベルのサービスの提供ができている。

　総合的に言って，日本マイクロソフトは Microsoft の一部として同じマーケティング戦略とビジネス戦略を共有し，推進するが，具体的な日本における展開・実施にあたっては必要があれば日本に合った調整を行うことができる。また，日本の顧客に対するサービス提供の役割を担う。しかし，基本的には世界で 1 つの Microsoft としての施策が日常的に共有され，日本マイクロソフトのビジネス目標も個々人の目標とも整合性を持っているため，親会社としての Microsoft との大きな壁やギャップを感じることは少ないと言える。

3.2　社風と文化の浸透

　Microsoft は，2021 年現在，アメリカ・ワシントン州シアトルにある本社を頂点として世界を地域に分けており，さらに国が地域に所属する。日本の場合には Asia Pacific 地域の中にある Japan という分類になる。2021 年に創立 46 年周年を迎えた Microsoft であるが，現在は世界 150 カ国に法人があり，社員数は約 17 万 5 千人の企業に成長している。このように環境が異なる世界各地に社員が存在しているにもかかわらず，同じ方針のもとで仕事をしていくためには制度やルールを超えたビジョンの存在が重要な役割を果たしている。

　Microsoft 設立から 39 年後の 2014 年に Microsoft の 3 人目の最高経営責任者（CEO）に就任した Satya Nadella（サティア・ナデラ）は，新しいビジョンとして "Empower every person and every organization on the planet to achieve more"（日本語訳「地球上のすべての個人とすべての組織が，より多くのことを達成できるようにする」）を掲げている。生産性でもスピードでも価格優位性でもなく，地球上のすべての人々がより多くのことを成し遂げるための手伝いをする存在であるというビジョンの下に，多様な地域の多様な背景を持った人々が集まる場として，Microsoft が存在する。こうした大きなビジョンが共通のものとして存在するため，今までの Microsoft にとらわれず様々な可能性にチャレンジし，同業他社も驚くような先進的な技術の領域での連携や，先進的な企業の買収に踏み出すことに抵抗が無い（サティア・ナデラ他，2017）。

こうしたビジョンを実現するため Microsoft が目指す自社の文化を以下のように定義している。

　・Growth mindset（成長マインドセット）
　・Customer obsessed（常にお客様を第一に考える）
　・Diverse & Inclusive（ダイバーシティ＆インクルージョン）
　・One Microsoft（1つの Microsoft）

注意すべき点は，これらの文化はそこに存在している空気感や共通認識ではなく，「目指すべき共通の価値観」であって，全員の努力で獲得していくものととらえられていることである。そのためこれらの文化を実現していくことを目的とした研修プログラムが全員必須やアドバンスなトレーニングが提供されている。

また，「共感」も重視されている。サティア就任以前の Microsoft では，お互いが競争相手として営業成績を競い，お互いの足を引っ張りあうことも珍しくない社内風土があった。「共感」はそれと反対の価値観である。共感に基づく社員の行動として Contribution to Others（他者への貢献）と，Build on Others（他者の成果の活用）というコア・プライオリティが社員全員の評価指標として設定されている。もちろん個々人のビジネス貢献＝ Individual Contribution の評価軸も存在するが，最終評価は3つの指標の総合的なものとなる。つまり，営業成績が非常によくても，他者に貢献したり他者から学んだりすることができないと，それが反映された評価にとどまる。

こうしたビジョンや目指す文化，重視されている価値は，国や Role よりも上位に存在する Microsoft としての共通のものであり，One Microsoft としてすべての社員が自分のものとして取り組む姿勢が貫かれており，日本拠点でもその姿勢が共通している。

全社を対象にした重要なメッセージは Web による社内イベント，全員必修のトレーニング，エグゼクティブのビデオメッセージ，社員向けの e メールなどで直接世界中の社員に伝達される。上司がチームに伝達するのではなく，発信者から受け取るべき人に対して直接発信されている。

3.3　採用と人事

　公表されている日本マイクロソフトの正規雇用労働者の中途採用比率は，2021 年度で 88％であった。この比率は 2019 年度から毎年増え続けている。約 9 割が中途入社の日本マイクロソフトに対して，日本 IBM は 2020 年で中途採用比率は 36％であった。日本マイクロソフトの 88％とは単純比較でも 2 倍以上の開きがある。この差は当然，社風にも影響を与えていると考えられる。日本 IBM の新卒一括採用が「新卒を会社で育てる」という，ある意味日本的な社風とセットで行われているのとはかなり異なる状況である。

　日本マイクロソフトおよび Microsoft の採用は，通年行われており，世界中で募集されている職種が Web サイト上に公開されている。ここから職種や世界中の勤務地などを指定して自分の興味のある職種を検索し，その職種で期待されている能力，成果，責任，などの情報を見ることができる。社員が社内で異動するときもこのサイトから応募することになる。

　日本マイクロソフトを含む Microsoft の共通のリクルーティングは，新卒社員以外は明確にその職種や仕事の内容（JD：Job Description）とその仕事の責任範囲（Responsibility）に基づいて採用されるいわゆるジョブ型である。また，企業文化の 1 つである Growth Mindset を持ち合わせ，自発的に新しい挑戦と学びを続けることができるかは採用においても重要なポイントである。日本マイクロソフトを含む Microsoft に入社して気づくのは「会社」に入社するという感覚より，「それぞれの職種で働く人」の集まりが会社を構成しているということである。

　日本マイクロソフト入社後，社内の他の職種に異動したい場合は，外部応募者と同様に希望職種への公式な応募が必要であり，通常の採用プロセスを経て採否が決まる。また，上司の指示での異動ではなく，個々人が自らの意思で応募している。

　このように，日本マイクロソフトおよび Microsoft では，会社全体で一定数の人材を採用した後，社内で最適な部門や職種に配置するといった日本 IBM などで取り入れられている日本的な採用や人事異動のやり方とは異なる方法がとられている。

　人材の流動性は高く，毎月相当の人数が入れ替わっている。人の入れ替わり

の激しい環境や，チームメンバーが同じ場所にいない場合でも，生産性高く働くことは日本マイクロソフトにとっても Microsoft にとっても重要なテーマである。働き方の自由度が高く，仕事の場所も制約されず時間も自己裁量という社員が多いため，チームで仕事を進める上では IT を駆使することが必須である。クラウド上のソフトウエアである Teams や Outlook などを駆使してスケジュールや文書管理を行い，会議開催や資料の共有，顧客とのやりとりも行っている。机の中や個人のパソコンの中に情報が埋もれてしまう状況にしない仕組みがあるため，ネットワーク接続が確保されればどこにいても同じように仕事ができる。災害時や非常時，あるいは個人的な事情があっても，同じように仕事ができることは個人的にも魅力的なうえに，会社にとっても才能ある多様な人材を世界中から集められるという大きなメリットである。

　IT を駆使してより多くの人が力を発揮する姿は，Microsoft という会社のビジョンそのものであり，このビジョンに共鳴し，それぞれのやり方で実践する人が集まることによって，目指す企業文化が現実のものとなっている。そしてそれ自身が日本マイクロソフトと本社といった区別はない，1 つの Microsoft（One Microsoft）の企業文化そのものである。

3.4　日本マイクロソフトのまとめ

　CEO に就いたサティアは，先に挙げたビジョンの実現には，今までの Microsoft の企業文化を変えることが重要としていくつもの企業文化改革を始めている。この改革は国により進み方には違いがあっても全世界の Microsoft が同じ方向を共有しながら進めている。つまり，日本マイクロソフトは Microsoft の一部であり，かつ他国の Microsoft と同列であり，例外なく Microsoft の一部としてその改革を推進している。具体的な施策について日本という国の特性は尊重されるが，Microsoft という社のビジョンのレベルで共有されており，Microsoft の方針や施策と日本マイクロソフトは同じ認識で進む。

　今回取り上げた 4 社の中では日本 IBM に次いで日本法人の歴史が長い日本マイクロソフトだが，その社風は，日本 IBM とは大きく異なっていることが読み取れるだろう。

4. セールスフォース・ジャパン

4.1　設立と製品・サービス，日本拠点の役割

　データベースソフトウエア大手のオラクル社の最年少バイスプレジデントになった Mark Benioff（以下マーク・ベニオフ）が，今後のキャリアを考えるためにハワイで取得していた休暇中に発案した「サービス」を基に，1998 年に salesforce.com を創業した。のち，1999 年に最初の海外拠点として日本でも販売とサービス提供を開始した。以下，日本法人の場合は「セールスフォース・ジャパン」，アメリカや全社を含む場合は Salesforce と記述する。

　Salesforce は，これまでのソフトウエア製品の販売に疑問を投げかけて，「クラウド」を立ち上げてきた会社であり，世界最大の SaaS 会社である。Customer Relationship Management（以後 CRM；顧客関係管理システムを指す）の提供からスタートして，後に Sales Cloud と名称を変え，Service Cloud へと展開されている。現在では顧客が Web へアクセスしてきたときから，営業活動，契約後の顧客とのやりとりなどがすべて一元管理される Customer 360 のプラットフォームを実現しており，2021 年の時点で，数年連続で CRM の世界シェアのトップを維持している。クラウドでの最先端での経験から，サブスクリプション管理やカスタマーサクセスなど，多くの派生ビジネスが生まれており，大きなエコシステムを形成して，経済を動かすほどになっている。大学でもよく使われるメッセージングアプリである Slack を Salesforce が 2021 年に買収したことは，大学生にもなじみがある話題だろう。

　Salesforce は，アメリカでの成功体験をもとに日本での展開を行っているが，この展開は日本拠点に任されている。日本語という固有の言語や大きな市場である日本市場への対応という点での Salesforce からセールスフォース・ジャパンへの権限委譲は大きい。日本法人は，展開開始当初，顧客にまだ名前があまり知られていない「不安なクラウド」から「信頼できるクラウド」にするために，大手顧客での採用を優先して実施したり，「エコポイント」という期間限定の公共サービス案件を成功裡に完了したりすることで，日本においても政府，顧客，パートナーからの信頼を得てきた。日本で 2015 年から始めた

新卒採用によって，若手への認知度が一気に向上し，テレビ広告の展開により，知名度をあげ，大きな成長につなげてきている。

　顧客からの製品の要望は Idea Exchange と呼ばれ，Web から誰でも行える。また，こうした製品要望に投票することで，要望を直接行わなくても，Salesforce へのリクエストを示せる。採用された方々の製品に対する愛情は想像を超えている。開発陣の評価は「このアイデア要望のポイントをいくら消化したか」で測定されており，顧客指向が徹底されている。

　この製品の要望は，テーブル化されたメッセージ一覧を変更すれば，日本語を含む 20 カ国語前後の多国語対応ができ，英訳されて世界に共有される。この多国語対応の仕組み自体は日本法人からの提案によるものであり，日本人社員が開発した。

　Salesforce プラットフォームは広くカスタマイズできるように作られている。顧客用へのカスタマイズや設計，導入など，Salesforce 関係のパートナービジネスは「Salesforce エコノミー」と言われ，2021 年から 2026 年の間に日本で 10 兆円のビジネスと 44 万人の雇用を生み出すとしている。

4.2　社風と文化の浸透

　日本法人であるセールスフォース・ジャパンを含め，Salesforce は創業者マーク・ベニオフの個性が非常に強くでている会社である。彼の想いの下に，「信頼」「お客様の成功」「イノベーション」「平等」を共有する価値と定義し，「製品の1％，株式の1％，就業時間の1％を活用してコミュニティに貢献する」というボランティアの「1-1-1 モデル」を含めて，全社員への徹底した教育がなされている。入社時のオリエンテーションでは 1 時間必ずボランティアに参加することになっていて，最初の社員間交流にも好影響を与えている。

　最初の大規模障害の結果で生まれた「信頼 Trust」という概念は trust.salesforce.com という Web サイトを生み出し，そこへ行くと現在のサービス稼働状況がわかるようになっている。「カスタマーサクセス」や「サブスクリプション」のような単語とともに，その発想まできちんと共有，トレーニングされるのが特徴である。また，最近まで，ベニオフがサービスを思いついたハワイの地の文化を社内に取り入れていたのが特徴で，社員が毎日アクセスする

トップページは「アロハ」と呼ばれ，社員全員にはその家族も含めて「オハナ（家族の意）」を提唱し，1つの共同体として血がつながっていなくともお互いに助け合い信頼し，家族のような絆を持とうとしている。アメリカでのキックオフでは「アロハ」「ジーンズ」「サンダル」というドレスコードが指定され，困惑している日本人も多かった。

　サンフランシスコでの最大 IT イベントとなった Dreamforce や社内キックオフは，セールスフォース・ジャパンを含む社内で TV 中継されており，情報の共有は徹底されている。毎年のように変わる企業メッセージやサービスのために，社員の認定試験が設定され，LMS（Learning Management System）で管理されており，完了までの実施を徹底される。これにより最新の状態で，全社員が動ける仕組みを作っている。Dreamforce 後に世界各国で開催される World Tour も意識の共有に役立っている。新機能のご紹介だけではなく，Executive の顧客訪問，パートナーとのディスカッションなど多くのミーティングが同時に発生している。これらにより，Salesforce の考え方が社外だけではなく，社内にも再度徹底されて通知される。

　社内業務に関しては，Chatter や Slack などの社内 SNS を使い，素早い情報伝達も心がけている。ビジネスレビューは Chatter で情報伝達がなされているため，商談などは打ち合わせの場で細かく説明することはしない。「読んでこない」人がいないように徹底されており，顧客と話した内容はオンラインで素早く共有する文化が根付いている。これにより組織が大きくなっても，商談数が増えても，自社製品である Sales Cloud のダッシュボードやレポートをうまく使いながら，商談の状況を把握することができる。営業マネジャーはチームからの Chatter での問い合わせに素早く回答し，打ち合わせを待たずにどんどん指示をだす。このスピード感に加え，商談のフェーズの定義が顧客基準でできており，Stage5 なら勝率 50％など経験則があるので，その四半期の数字がパイプライン（契約に至るまでの進み具合等の情報が付与された商談リスト）を見ているとわかる。その会社での精度は来年予想で 95％，今四半期では98％という驚きの数字をだしており，これらが企業価値（株価）の動きにも大きく影響している。これらのノウハウはカスタマーサクセスチームにより，顧客にも共有され，顧客なりの言葉などに直しつつ，伝承，成長させている。

Salesforce を使って，企業の顧客への対応を改善することで，企業自身がさら
に成長していくサイクルが生まれる。このサクセスの循環もまた社員には大き
な満足感を与えている。創業以来 22 年連続の 20%以上の売上成長率を誇って
いるが，中には失敗も多い。それを覆い隠せるほどの急成長が，社員全体の前
向きでチャレンジ精神旺盛な社風を生み出している。

　ある社員が「自分でこの案件を獲得した」というような件が発生したとき，
マーク・ベニオフより "Don't lose alone, don't win alone."（1 人で負けるな，
1 人で勝つな）というメッセージがでて，「チームで勝つ」ということが徹底
された。そのため，商談での会話は Chatter（社内 SNS）でほぼすべて共有さ
れている。商談獲得のメッセージが書かれるとそのお祝い数が 100 を超えるこ
ともある。社員の勤続に対しては 3/5/10/15 年での盾を贈るほか，毎年の入社
日に上司がお祝いのメッセージを皆に向けて送り，お祝いしあう慣習がある。

4.3　採用と人事

　セールスフォース・ジャパンの採用は中途採用から始まり，2015 年から新
卒採用を始めた。Salesforce Tower TOKYO のオフィスが 2021 年 10 月にオー
プンしたが，そのオフィスの規模に合わせて 2019 年からは毎月 100 名単位で
の採用が進んでいる。基本，社員数が増えるところに売上目標が載る仕組みで
あり，採用は最重点項目になっている。特にリファラル（社員紹介）制度には
注力しており，半数弱は自らの社員の紹介から獲得していると思われる。面接
内容は部門や個人で差があるが，面接での重要な評価項目としては，4.2 で述
べた「信頼」「お客様の成功」「イノベーション」「平等」の「共有する価値」
や「1-1-1 モデル」のボランティアなどに対するカルチャーフィット（日本語
訳：文化的適合性）が上げられる。新規事業や新規顧客獲得などが課せられ，
20%程度の成長率も期待される。それにワクワクしながら前向きに解決してい
けるメンバーを求めている。

　人財の流動は，流出だけではなく，流入もある。面白いのはパートナー企
業との間の転職だろう。Salesforce パートナーから見れば一番の成長要因は
Salesforce のコピーをすること，つまり社員を雇うことなので，次のステップ
として勧誘するところも多い。このとき，競争相手へ行かない限り，パート

ナーも Salesforce ユーザーであることがほとんどなので，鷹揚に人事異動的な感覚を持っている人もいる。逆に，パートナーから Salesforce に憧れて転職してしまう人もいる。

　社内人事は，「人事」という言葉がなく「エンプロイー・サクセス」と呼ばれる。社員を成功させるのがミッションという意味である。

　昇給・昇進については，部門内での当年の評価，今後への期待などを部門マネジャーで話し合って，評価を決めている。非常に人財獲得競争の激しい分野なので，給与レベルは高い位置に保たれている。

　昇進希望者はその準備として 360 度評価を求められる。上司，他部門，自部門からの回答を元に，今後のキャリア設計を上司と行う。また部門付け人事担当がおり，社員らとキャリアについて話し合うこともある。

　社内での異動はこれまでの上司間での合意に加え，自ら応募する仕組みもできた。社外への募集は同時に「社内募集」でもあり，他部門の枠を見つけて，そこに応募し，異動していく者も増えている。

4.4　セールスフォース・ジャパンのまとめ

　クラウドを牽引してきた Salesforce は CRM という営業目標管理のツールを，クラウド化し，顧客の成功を助けるものへと変身させた。その裏側には CEO である マーク・ベニオフのカリスマ的な個性と，その発想，そしてそれらを全世界の全社員に徹底させる仕組みがあった。

　社内では生産性高く，顧客の成功へ向かって協力する仕組みができており，自社の成長を感じつつ，ビジネスの成功を経験できることが多い。高い社員満足度により，顧客の成功に尽力する姿はまさに仏教でいう「利他」の世界に通じる。

　日本市場への定着については時間もかかったが，「エコポイント」や郵政民営化でのシステム構築などで実績をあげ，東京でのクラウドセンター構築も実施して，日本政府の要望に応えてきた。市場対応については現地を一番知っているものが判断する，という規律も本社と一緒に作り上げてきたのが，セールスフォース・ジャパンであると言えよう。

　また近年では「物言う経営者」としてのマーク・ベニオフは有名になってき

ている。ボランティアを突き詰めていき，社会を変えていく「事業」としての位置づけを持ってきた Salesforce には社員の期待も高く，男女の処遇格差や人種差別など多くのことに意見を述べながら，社会を変えることを目指してきている。この過程での苦悩などはベニオフ（2020）に記載されているので，参照されたい。

5．AWS ジャパン

5.1　設立と製品・サービス，日本拠点の役割

　AWS ジャパンの正式名称はアマゾンウェブサービスジャパン合同会社である。2021 年現在 Amazon 全体の CEO である Andy Jassy が，Amaozn.com の社員だった時，バックエンドの仕組みは社外にも有効なのでは，と考え，2003 年に始めた事業が Amazon Web Services, Inc.（以下 AWS）である。AWS が提供している製品は，インターネット上で計算資源となるサーバーやネットワーク，データを保管するストレージで，これらは利用しただけ費用を支払うサブスクリプション型の契約で利用できるサービスとなっている。

　AWS のサービスは多言語対応しており，地域ごとの展開に時差があるものの，グローバル共通である。新しいサービスや機能の 95％は顧客の声により開発されており，どの地域に何をいつ展開するかも随時変更されていることから，長期の製品開発計画は存在しない。製品開発チームは，サーバー機能である EC2 などを扱う Compute，データを蓄積・分析するための Redshift などを扱う Data Analytics といったカテゴリに分けられ，スピード優先で開発しているため，サービス間で機能が重複する，あるいは画面に統一感がない箇所などが見られる。ただ，このような不整合も各チームが随時修正をかけていく。リリースは年に数千回もあり，社員でもリリース後に知ることになる。

　もう 1 つ AWS のサービスで面白いのが，サービス価格が不定期に頻繁に値下げされる事である。AWS の営業職は当然売り上げターゲットを持っているが，期末前に突然値下げが実施され，期の売り上げターゲット未達になる，ということが発生する。

　日本法人は，日本にある主に企業や公共機関向けに，日本にあるデータセン

ターより AWS のサービスを提供するために設立された。日本法人では，日本
国内にデータセンターを設立し AWS サービスを提供できるようにし，例えば
金融機関や医薬製薬などの規制業種向けに日本のガイドラインに準拠した形
でサービスを利用できるようにしたり，日本固有の規約例えば FISC[5] のガイ
ドに準拠するためのガイドを提供したり，日本円でのサービス料金支払いを可
能にしたり，日本の IT サービス事業者が AWS のサービスを再販できるよう
に，日本語で AWS サービスの利用方法について教育を実施，といった業務を
提供している。

5.2　社風と文化の浸透

　AWS の社風は「まさに外資で，顧客重視が徹底されており非常に個性的」
であると言われている。AWS は主に企業向けのサービスを展開しているにも
関わらず社風はカジュアルで，ドレスコードはなく，ビーチサンダルと短パン
でも全く問題ない。また，組織階層が少なくフラットで，出張時の航空券は
CEO まで全員エコノミー，オフィスの座席は日本も役員以外は全員固定座席
が無い状態である。

　Amazon 全グループで，国や役割を問わず，「地上でもっとも顧客志向の会
社であること」というビジョンと，Our Leadership Principal（OLP）という
16 項目の企業文化が，採用から目標設定，評価，また製品開発から営業，技
術まで徹底されている（アマゾン「リーダーシップ・プリンシプル」）。OLP
の中では，管理職であるかどうかに関わらず全員がリーダーであることが明記
されており，誰もが Ownership（日本語訳しづらいが「当事者意識」）を持っ
て進めることが期待されている（これは 1997 年に Amazon.com の創始者 Jeff
Bezos が株主に送った手紙にも明記されている）。事務処理などを行うための
派遣社員は一切おらず，自分でやる経済合理性がない仕事は，その仕事自体を
無くすことが期待されている。

　OLP は Customer Obsession（徹底的にお客様にこだわる），Invent and
Simplify（小さい事でも常に新しいやり方を発明する，あるいはうまくいって
いる方法でもよりシンプルに実現する方法を考える），Bias for Action（まず
やってみる）などで表現され，日常の社内会議でこれらを聞かない日はないく

らい社内に浸透している。

　もう1つ，特徴的な文化の1つが「ナラティブ文化」というもので，社内文書は原則，プレゼンテーションスライドではなく文章で記述する（ナラティブ narrative は日本語で「叙述」「説明を文章で記述する」等の意味である）。1時間の会議の最初20分は全員が無言でナラティブを読み，コメントを入れ，20分が過ぎるといきなりディスカッションに入る。特に関係者が増えるほど，意思決定の質とスピードが加速度的に上がる仕組みで，例えば，新しく立ち上げる製品のアイデアなども全て Press Release（PR）という形式のナラティブで残されている。Press Release は通常製品・サービスを世に出す際に記述するが，Amazon では新しいアイデアを思いついた時，開発前に記述する。そのPR を様々な人に見てもらってアイデアをブラッシュアップし，「確かにこれが世に出れば嬉しい」となった時，人員や予算を割り当て開発に着手する

　また，数値による可視化も徹底されており，一部セキュリティ上の理由を除いては誰もがあらゆる数値にアクセスできる環境が構築されている。弊害として，数値化しにくいものを数値にするため社内ではアンケートが非常に多く，1日数件は「新しいこのマーケティング施策にノミネートしたい顧客は何社いますか」というようなアンケートの回答を依頼するメールが来たりする。

　文化の浸透はトップダウンだが，業務の実行は完全にボトムアップである。Amazon 全体で，どのような組織でも業務の最小単位であるチームの集まりとなっている[6]。チームでは数人の集まりが自主性を持って活動することが求められており，"2 pizza team" という言葉で定義されている。これは，2枚のピザでチームメンバーの全員がお腹いっぱいになるくらいの規模，つまり最大12名で，チームのリーダーが全権限を持ってチームとして自律的に動く，というものである。国をまたがるチームも多数存在している。「他のチームが同じことをやっていないか」「間違っていないか」などを気にせず顧客のことを考えてとにかく早く動くことが期待されており，重複したり間違えたりしたらやり直せば良い，という考え方が浸透している。そのため，業務やその切り替えのスピードが非常に早い。例えば，2020年の3月に，世界でコロナ感染が急拡大していた時「これまでの仕事を止めてでも，コロナで困っている顧客を全力で助けるべきでないか」と言い出したチームがいた。次の週にはそのチームは

活動をコロナ関係に切り替え，例えばドラッグストアの顧客で需要予測のモデルを再構築したり，医療機関のコールセンターを立ち上げたりした。この活動はすぐ他国にも広がり，1 カ月間継続された。

5.3　採用と人事

　全世界的に新卒採用と中途採用の 2 つがあり，規模が大きくなった現在でも主力は中途採用である。どう使いわけるのかはチームに任されており，チーム単位で採用が行われている。例えば「営業と，それに対応する技術営業で組織構造が違う」「営業は Global HQ 配下に Asia Pacific がありその下に日本があるが，コンサルタントのチームは HQ 直下に日本がある」などの組織的な非対称があちこちで見られる状態である。

　採用のプロセスやツールは Amazon グループ全体で統一されている。特徴的なのは，どのポジションでも，OLP の適合性とポジションごとのスキルの 2 つで合否が決まることである。OLP の適合性をみる質問は，いわば Amazon で活躍することができるのかを確認する質問で，Amazon 全体で標準化され Interview Questionary Bank として公開されている。例えば OLP の 1 つである Customer Obsession については，過去に候補者が顧客のニーズを積極的に収集，予測してきたか，長期にわたり持続可能な顧客満足をもたらすような行動・決定を行ってきたか，を確認している。面接結果もナラティブで記述し，採用可否を決めるミーティングではそれを元にディスカッションが行われる。

　AWS ジャパンは長らく中途採用のみを行っていたが，数年前，まずはサポート部隊が新卒採用を始め，その後他部門へ広がった。新卒採用も部門ごとに実施されており，例えばコンサルタントのチームが新卒採用する場合には，コンサルタントチームに卒業生がいる大学の教授を個人的に回って採用課を紹介してもらい，説明会を開いて，面接も自分たちで行う。その中で，例えば「技術営業とコンサルタントは会いにいく教授が似ている」と分かると一緒に活動する場面が出てくることもあるが，それもチームごとの判断で行われる。

　年次評価はグローバルで統一されている。その中の 1 つは，本人が選んだ同僚達に，OLP の観点で良い点，改善点を匿名でフィードバックしてもらい，上司が同様に追記して本人に伝えるものである。ここでもいかに OLP に沿っ

て仕事をしてきたのかが重視される。

　AWS 全体で人事異動という概念はなく，オープンしているポジションがあれば，社内からでも上司の承諾なく応募できるようになっており，面接も社外と同様に実施される。もし合格すると，チーム内の上司は反対できず，原則として2週間以内に異動処理を行うことになっている。社内からの採用は OLP 適合性が高く採用側にとって魅力的であることから，社内採用イベントが頻繁に開催されており，Amazon.co.jp から AWS へ，AWS から Amazon Prime へ，あるいは日本からアメリカの AWS へ，などの異動が多い。このように AWS の人事管理はグローバル統合されている。

5.4　AWS ジャパンのまとめ

　AWS は，製品・サービス，意識の共有，人事管理，採用などすべての面においてグローバル統合されていて，国という概念が薄い。ただ，グローバルで決まっているのはビジョンや企業文化や一部のプロセスおよびハイレベルのゴールのみで，あとは組織の中のチームが2 Pizza team の概念で企業文化に沿って自律的に動くことが浸透しており，社内は常に意図されたカオス状態にある。

6．考察とまとめ

　アメリカと日本の文化，および，ソフトウエア系の IT 分野の文化が重なり合うアメリカ系 IT 企業の日本拠点では，4 社の事例から分かる通り，一般的に，対等で忌憚のない意見交換が行われるアメリカ寄り，または，ソフトウエア系 IT 分野の文化が浸透しているが，法的な制度などは日本に合わせられている。シャイン（2016, pp. 13-16）の異文化同士の競合状態のうち，法的な制度などの部分は日本と「融合」しているが，それ以外の多くの部分は本社があるアメリカや IT 分野の文化が「支配」している，と言えよう。

　シャイン（2016, pp. 13-16）では，こうした「支配」に押し付けがましさが伴い，時には衝突や反抗が生じることが示唆されているが，前節の4社の事例から分かる通り，アメリカ系 IT 企業の日本拠点では，アメリカ寄りの文化

が，ほぼ当然のように受け入れられていることが多い。この要因を考察し，以下に挙げてみよう。

・アメリカの文化とソフトウエア系ITの文化の類似

　1.3で述べたようにソフトウエア系IT分野とアメリカの文化はよく似ている。このため，ソフトウエアIT系の人材にとって，アメリカ系IT企業の文化は，なじみにくいものではない。

・アメリカ系IT企業の経験がある人材の中途採用

　この章で対象とした4社のうち，日本IBM以外の3社は，事例から分かる通り中途採用者が多く，ジョブ型雇用が定着していることから，アメリカ系IT企業間の転職も少なくない。こうした中途採用者は，他のアメリカ系IT企業を既に経験しており，アメリカ的な文化に納得して就職に至るため，あまり衝突や反抗が生じない。

・リモート協業による仕事と日常生活の住み分け

　IT分野の中でも特にソフトウエア開発は，物理的な移動がそれほど必要なく，日常生活は自分の所属文化の中で過ごしながら，ITツールで情報共有やコミュニケーションを行うリモート協業が以前から行われてきた。このため，日常生活でも物理的に異文化に晒される状態よりも，各文化の所属者の障害は少ない。

・多民族国家であるアメリカのIT企業の経験の積み重ね

　多民族国家アメリカのIT分野では，数十年前からユダヤ系，中国系，インド系等，多種の民族が活躍している。例えば，ここで取り上げた4社のうち，MicrosoftとIBMの2022年現在のCEOはどちらもインド系だが，30年以上前からアメリカのIT企業で勤務している。多種の国の文化があまり意識されてこなかった国や分野より，多文化の混在に関する経験を積み重ねていると言えよう。これは，他国で働く苦労を長く経験している就業者が多いということでもあり，企業のトップダウンの姿勢だけではなく，現場での他国の就業者に対する理解に繋がっている。例えば20年ほど前，米国IBMのあるエグゼクティブは来日講演で「私は中国出身で，アメリカで社会科学を学んだが，母語でない言語で社会科学を学ぶのは本当に大変だった。だから，あなたがた（日本人）の苦労は心からよく分かる。」と語っていた。こ

うした理解も，文化の衝突を回避する一因となろう。

　もちろん，アメリカと日本の文化的なギャップが社内で表出することもあ
る。例えば，前出の日本 IBM では，アメリカのエグゼクティブが日本拠点を
訪れた際に若手社員との座談会が行われ，エグゼクティブから「何でも質問を
してほしい」と言われることがよくある。こうした場で皆が「偉い人の前で口
火を切るのは止めよう」と黙っているのは，階層型で集団主義の傾向がある日
本ではよく見かける光景の1つだろう。しかし，アメリカのエグゼクティブか
らは「こうした場で自分から質問しないなんて考えられない，チャンスを何だ
と思っているのか」と苦言を呈されやすい。アメリカ側から見るとあまりに消
極的で覇気がなく見えるのだろう。

　しかし，こうしたギャップは，若手社員が職場に慣れるにつれて埋まってい
く。上司や先輩たちの振る舞いを見ながら海外との協業の経験を積み，自分も
対等に，対立を恐れずに意見を述べるようになる。全体的に，その企業のやり
方に慣れる人材が自然に残っていく風土が共通していると言えよう。

　ここで取り上げた4社のうち，日本 IBM は採用や人事を含めて日本寄りの
方式を採っているが，他の3社は，事例の記述から分かる通り，アメリカ本社
と日本拠点との文化の差はあまり感じられないくらいに，日本拠点でもアメリ
カ本社の文化が浸透している。それらが必ずしも「アメリカの国の文化」に
合致する訳ではないことに注意されたい。例えば，1.2で触れた通り，ホフス
テード（2013）では，アメリカは個人主義的，日本は集団主義的な側面がある
と指摘されているが，Microsoft で定義されている「共感」や，Salesforce の
マーク・ベニオフのメッセージ "Don't lose alone, don't win alone." ではチー
ムとしての協働が強く打ち出されている。

　また，一概にアメリカのソフトウエア系 IT 企業と言っても，各社の文化が
それぞれ異なることも各社の事例から読み取れよう。各社は，マーケティング
なり，顧客対応なり，それぞれの理由で日本拠点において人材を採用するが，
各社の事例の「採用と人事」の項に「カルチャーフィット」（「文化的適合性」）
「OLP（Our Leadership Principal）への適合」といった記述がある通り，こ
うした IT 企業では企業文化が重要視されており，その企業文化に合っている

かどうかが，その企業に働くための条件の1つとなっている。そのため，各社の文化に適合する人材を採用できる工夫を凝らされていることが，「採用と人事」の説明項目から分かるだろう。各社のゴールや文化に共鳴できる人材がその企業に採用され，共鳴しない人材は，アメリカ流の人材流動性の高さに従って他社に移る，という構造であり，ドラッカーが残したとされる "The culture eats strategy for breakfast"（ぴったりと一致する日本語は難しいが「文化は戦略に勝る」といった意味合い）の言葉の通り，その企業における文化が重視される傾向があると言えよう。

（荻野紫穂・鎌田（板倉）真由美・北原祐司・野崎恵太）

【注】

1　メンバーシップ型雇用：採用の際に職務内容や資格，経験等の条件を大まかにだけ設定し，職務に必要な知識やスキルを現場や研修等で修得させる雇用方法。「日本型雇用」とも呼ばれ，「新人を現場で育てる」という慣行と親和性が高い。

2　ジョブ型雇用：職務の内容や必要なスキル，資格，経験等の条件を明示し，その条件に合致する人材を選考する雇用方法。スキルや経験等が採用の条件であるため，即戦力としての働きが求められることが多い。

3　タスクベース，関係ベース：メイヤー（2015, pp. 203-239）には，信頼関係を築く土台の国ごとの違いが示されている。仕事における役割を全うすることでビジネス上の信頼が築かれるのがタスクベースであり，ビジネス上の信頼も親近感の感情や個人間の関係を土台にして築かれるのが関係ベースである。

4　レイオフ：第3章【事例を読む前に】「日本の経営システムとその海外移転」第1章注3を参照。

5　FISC（The Center for Financial Industry Information Systems）は，金融システムに関する調査や安全策の推進を行う公益財団法人で，安全対策基準文書を公開している。

6　組織は，営業や技術，マーケティングといった機能別であったり，関東や関西といった地域であったり，様々な単位で存在する。組織を構成する最小単位のチームも同様であり，例えば関東の顧客を担当する営業組織の中には，東京の製造業を担当する営業チームがあったりする。また，時にはボトムアップかつ期間限定でプロジェクト的にチームが構成されることもある。

【参考文献】

アマゾン「リーダーシップ・プリンシプル（Leadership Principles）」（https://www.aboutamazon.jp/about-us/leadership-principles, 2021/12/20 13:30JST 確認）。

シャイン，E. H.〔梅津祐良・横山哲夫訳〕［2012］『組織文化とリーダーシップ』白桃書房。

シャイン，E. H.〔尾川丈一 監訳・松本美央訳〕［2016］『企業文化—ダイバーシティと文化の仕組み』白桃書房。

ナデラ，S. ＝ショー，G. ＝ニコルズ，J. T.〔山田美明・江戸伸禎 訳〕［2017］『Hit Refresh（ヒット・リフレッシュ）　マイクロソフト再興とテクノロジーの未来』日経 BP 社。

ピーターズ，T. ＝ウォータマン，R.〔大前研一訳〕［1982］『エクセレント・カンパニー（2003 年復刊版）』英治出版。

ベニオフ，M. ＝ラングレー，M.〔渡部典子訳〕［2020］『トレイルブレイザー企業が本気で社会を変

える 10 の思考』東洋経済社。

ホフステード，G.＝ホフステード，G. J.＝ミンコフ，M.〔岩井八郎・岩井紀子訳〕［2013］『多文化社会―違いを学び未来への道を探る【原著第 3 版】』有斐閣。

宮本弘曉［2018］「フィールド・アイ　ワシントン DC から―①」『日本労働研究雑誌』No. 690，労働政策研究・研修機構，88-89。

メイヤー，E.［2015］『異文化理解力―相手と自分の真意がわかるビジネスパーソン必須の教養―』英治出版。

事例 5-6

日本企業の海外子会社における言語選択：
アジア地域３社の比較

　人は「言語」を使って仕事をする。新入社員の教育，各種文書の作成，メールや電話での連絡，ミーティングや会議など，「言語」無しにできる経営活動はない。国内で活動している日本企業はどんな言語を使っているのか。ごく少数の例外を除けば，言うまでもなく日本語である。それでは，海外に立地している日本企業の子会社ではどんな言語を使っているだろうか。この質問に対する答えはそう簡単ではない。企業が国境を越え組織の境界を広げていくにつれて，必然的に多様な言語を母国語とする従業員が構成員になってくるからだ。つまり，企業が海外展開を始めると，言語は国際経営特有の課題として浮かび上がる。

　では，実際に母国語が異なる様々な国に立地した日本企業の海外子会社は，子会社経営のためどの言語を使っているのだろうか。つまり，現地人（マネジャーや従業員）と日本人（駐在員や本社従業員）の間のコミュニケーションのためにどの言語を選択しているのか，というのが課題となる。大きくは，日本語，英語，通訳を介してという３つの言語選択のパターンがある。本事例では，アジア地域の非英語圏国に立地した日本企業を対象に行った調査から，それぞれ異なる言語選択のパターンを見せている４つの子会社の事例を紹介する。それを通じて，海外子会社が違った言語を選ぶ理由とその合理性について考える。

1．"我々の公用語は日本語です。"

　１つ目のパターンとして，「日本語公用語政策」を明確に打ち出している海

外子会社がある。このパターンは，日本側と日常的にコミュニケーションをと
りながら，本社側に蓄積された知識と経験を積極的に吸収しようとする子会社
に見られる。特に，製品開発能力を育成しようとする子会社は，日本側と太い
パイプをつくるため日本語を選択する傾向がある。ここでは，東レの中国開発
拠点の例を紹介しよう。東レ繊維研究所中国（以下，TFRC）はケミカル大手
東レ株式会社の海外子会社として 2002 年に中国の上海近郊に設立された。中
国の優秀な人材を活用し市場と顧客の近くで製品開発をするという目的があっ
たため，人材確保に有利な上海の近くを選んだ。東レグループは，繊維を中心
に，電気自動車，電池，新エネルギー関連の幅広い素材技術に強みを持って
おり，従来は日本や欧米といった先進国市場向けのビジネスが主流であった。
一方で，同社が得意とする様々な素材技術が展開できる大規模かつ急成長する
市場として，中国の重要性も高まりつつあった。しかし，品質やコスト基準の
みならずニーズそのものが大きく異なる中国市場では，従来の製品はなかなか
受け入れてもらえない。また，現地で浮かび上がる課題をいちいち日本からの
出張者が日本に持ち帰って対応するのでは，中国市場が求めるスピードにとて
も間に合わない。そこで，中国に 40 社以上あるグループの生産会社とも連携
しながら日本のコア技術を展開する開発拠点として設立されたのが TFRC で
あった。2018 年の調査当時，繊維と非繊維の 2 つの組織体制，250 名の規模で
運営されていた。

　TFRC が設立当初に選んだ言語は英語だった。やはり海外 R&D 拠点なので
グローバル拠点らしく英語にしようと思ったという。しかし，実際に走り出し
てみると必要性に迫られるのは日本語だった。仕事の特性上，日本側とはほぼ
毎日のように会議やメールのやり取りがあり，開発テーマの進捗による定例会
議も毎週のようにあった。つまり，日本側の技術者と現地人エンジニアの間
での日常的なやり取りが必要だったので，英語ではとても無理であることに気
づき，日本語への方針転換を図ったのである。その結果，採用時にも日本語能
力を重視することになったので，日本での留学経験のある人を採用したり，
TFRC で働くことを前提に日本本社で採用活動を行ったりもした。2004 年ご
ろからは，入社した人をすぐ日本に送って 1 年以上日本に滞在させる研修も実
施し始めた。研修中は OJT（On the Job Training）を通じて日本語を覚えて

もらうと同時に，仕事が終わってからは近くの市民講座で日本語の勉強をしてもらった。また，TFRC において中間管理職に昇進させる際には日本語能力を重要な要件の１つとして設定したり，日本語能力試験のレベルによって給料へのインセンティブも設けたりするなど，従業員の日本語学習を動機づける施策も整えてきた。その結果，技術者の半分ぐらいは日本語を用いた職務遂行に支障がないレベルに達しており，残り半分も日本語で業務が遂行できるように勉強している最中であるという。

　TFRC の日本語政策には，日々の業務における必要性だけではなく，次のような２つの狙いがある。１つ目は，日本語を通じた企業文化の共有である。特に，開発拠点である TFRC のスタッフには，製品開発に関する東レグループの考え方を理解してもらう必要があった。１つの研究を粘り強く何年も継続することが東レのコア技術の特性上何より大事であり，粘り強く本質を追求し深堀して初めて新しい発見がある。日本への研修と日本語政策の裏側にはこのような狙いがあった。例えば，東レが掲げる研究者・技術者の DNA は「深は新なり」である。これは，日本文化が重視する価値や日本語のニュアンスが分かって初めて理解できる理念であろう。日本語政策の２つ目の意義としては，教える側の意欲が挙げられる。TFRC は現地では 20 年足らずの経験しかもっていないが，日本本社には 90 年以上の経験の蓄積がある。そこで，日本側が現地に対して指導するという構図になるが，現地に対して指導する日本側の指導能力と意欲が言語によって大きく変わってくるという。例えば，東レの本社にいる日本人の技術者が TFRC の中国人技術者に「ある特殊加工繊維の実験結果の解釈方法」について教える場面を浮かべてみよう。もし英語や通訳を介しての説明をすることとなったら，相当な労力と時間を要するため必要最小限の説明にとどまりがちである。それが，日本語となると「なぜそのように解釈したほうがいいのか」といった背後にある考え方やマインドセットまで説明する意欲が出ると，TFRC の日本人技術者は言う。

２．"英語が中心ですが，色々使っています。"

　２つ目のパターンは，英語を子会社経営のメインにしながら，日本語も併用

している事例である。世界各地の顧客，サプライヤー，他の子会社など，より多様な相手との情報共有が必要な子会社の場合に，このパターンの言語選択が見られる。ここでは，「英語公用語化」を実施しているデンソーの事例と，英語と日本語を併用しているオムロンの事例を紹介する。まず，自動車部品メーカーであるデンソーのタイ子会社である Denso International Asia Thailand（以下，DIAT）は，「英語公用語化」を実施している。2007 年に設立された地域統括拠点であり，2018 年の調査当時，364 名の規模でアジア地域の各拠点に対する支援活動を担当していた。DIAT では，社内経営会議はもちろん英語で，本社からの方針も英語で送られてくるし，本社スタッフとのやり取りも英語で行われる。そのため，TOEIC 成績が昇格条件の 1 つとなっている。アジア地域における数十の子会社の状況把握と共に，域内の 4 つの子会社と調達や生産業務において調整役を担当しているため，英語が必要不可欠である。一方，込み入った話になると日本人同士（DIAT の駐在員と他拠点または本社の日本人）の日本語による話し合いになりがちで，そこから決まったことを現地人スタッフに英語で伝える。タイ人，インド人などのスタッフが経験を積み管理職になっても，日本語ができなければ重要な意思決定には参加できないといった，英語と日本語の二重構造が存在するといえる。DIAT は，地域統括拠点でもあることから，複数の多拠点との連携が必要な子会社である。そのため，子会社間の連携を重視すべく英語を公用語として定めた例である。

　英語と日本語を部署や製品によって使い分けている事例もある。大手電気機器メーカーであるオムロンの中国開発拠点「欧姆龍（上海）有限公司（Omron Shanghai Co., 以下 OSC）」は，タイマー，電源，温度調節器，光電センサー，近接センサー，イオナイザ，PLC（プログラマブル・ロジック・コントローラ：機械や装置の自動コントロールに必要となるプログラムが書き込まれたコンピューター）など多様な製品を生産する同社中国製造拠点と連携しながら開発作業を進めている。コア技術の開発とそれを使った最新の製品が日本で開発されると，それをもとに中国市場やグローバル市場のニーズに合わせたシリーズ製品を開発することが主なミッションである。

　OSC 社は（2015 年の調査当時），約 300 人規模の開発組織を有しており，製品やターゲット市場によって大きく 3 つの開発部に分かれている。部署に

395 事例 5-6 日本企業の海外子会社における言語選択

よって，また職位によって主に使われる言語が異なってくるのがOSC社の特徴だ。まず，センサー類を担当する開発1部は日本語を使っており，部長も日本人である。開発2部はシステム系製品を扱っており，オムロン・グループのヨーロッパの開発組織が主導する製品であるため英語を共通語としている。システム系製品（例えば，生産現場の自動化をサポートするFAシステム機器など）は業界の規格が決まるヨーロッパの動向をうまく把握することも大事である。また，開発3部はタイマー，温度調節器，電源類の開発を担当する部署で，日本語を使っている。第2部と3部の部長は日本語ができる中国人である。日本語を使う1部と3部は日本の技術部が開発した製品を販売する地域の基準に合わせ設計変更を行うため（例えば，インド向けならインド市場の基準に合わせ機能を集約しコストダウンを図る），日本とのやり取りがある程度は必要だ。だが，部長レベルで日本側とコミュニケーションができればよいとの考え方であるため，徹底した日本語公用語政策はない。日本語ができない現地人エンジニアは，通訳も交えながら本社側と話しをしたり，日本語ができる部長を通じてコミュニケーションをとったりする。OSC社は，製品や市場によって複数の言語を使っている例として理解できる。筆者が行った調査で把握したOSC社と類似した事例では，機能部門ごとに言語を分けている海外子会社もあった。例えば，人事・総務・経理・調達部署は英語を使い，開発や生産は日本語を使い，適宜通訳も交えて全体の取りまとめをするといったパターンであった。

3．"お互いの母国語で話して，通訳してもらいます。"

3つ目は，現地人従業員は現地語を，日本人駐在員は日本語を使いながら，通訳を介してコミュニケーションをとるパターンである。このパターンは，現地顧客・市場向けビジネスを現地パートナーとの合弁事業で行っている拠点に多く見られる。この場合，現地顧客と市場に関する情報は現地パートナーが有しており，製品や生産技術は日本の本社側が有している。そのため，それぞれ大事な情報源へのアクセスを円滑に保つため各自の母国語の使用を優先し，現地人マネジャーと日本人駐在員との間のコミュニケーションは通訳を通じて行

われる。また，合弁会社であるという特徴もこのパターンの言語選択に影響している。なぜなら，前述の通り現地人マネジャーと日本人駐在員との役割分担が比較的明確な上に，現地側の親会社から派遣された現地人の経営層や従業員は，当然ながら元々日本語を必要としておらず，合弁会社に派遣されても日本語を学ぼうとするインセンティブに欠けるからだ。下記では，中国における小糸製作所の例（2011 年調査）を取り上げながらより詳しく説明する。

　小糸製作所は，1989 年に上海汽車集団との合弁で中国に生産会社である「上海小糸車灯有限公司（Shanghai Koito Automotive Lamp Co., Ltd., 以下 SKAL）」を設立し，ずいぶん早い時期から中国市場に本腰を入れてきた。自動車用ランプを専門とる会社で，中国の乗用車ランプ部門においては 37％とトップシェアを誇る。現地パートナーである上海汽車の出資率は 50％で，人事，総務，経理と購買の一部を上海汽車系列の人が担当し，日本側は主に開発と製造を担当する。トップ・マネジメント層の経営会議である董事会メンバーは 7 名で，3 名が中国人，4 名が日本人で構成されており，そのうちトップ・マネジャーである董事長と総経理は中国人が担当している。上海汽車は GM と VW とも合弁事業で完成車を生産しているため，上海汽車と組んでいることは小糸製作所の中国事業にとって競争優位の源泉の一部といえる。主要取引先は上海 VW，上海 GM，天津トヨタ，四川トヨタ，東風日産，広州本田など 13 社程度であるが，そのうち上海 VW と上海 GM 向けのシェアが約 7 割を占める。

　このような背景を持つ SKAL 社の中で，中国人の管理職と日本人駐在員の間のコミュニケーションは常に通訳を介して行われている。管理職レベルにおいては，お互いが管理する部門が明確に分かれており，お互いが強い連携を持つ主体も中国人マネジャーと日本人駐在員とは明らかに区分される。つまり，中国人マネジャーは上海 GM や上海 VW といった現地顧客とより強く繋がっている一方で，日本人駐在員は開発・製造にかかわる知識を日本本社との連携の中で共有している。そのため，両側のマネジャー同士のコミュニケーションは通訳を介した情報交換と最終意思決定が主となる。

4. 異なる言語選択の影響

　以上，子会社経営の主な言語として日本語，英語，日本語と現地語を通訳を介して使用する3つのパターンを紹介した。これらの事例から明らかにされたのは，その企業全体あるいは特定の部門がある言語を選ぶ最も重要な要因は，誰（本社，顧客，姉妹拠点など）との知識共有が重要であるかというものであった。それでは，異なる言語選択の在り方は，現地人（マネジャーや従業員）と日本人（駐在員や本社従業員）との間のコミュニケーションにどのような影響を及ぼすのだろうか。

　現地人と日本人の間のコミュニケーション手段として特定の言語が選択される場合，それの影響は海外子会社経営のために両側が共有する情報の「量」と「密度」という側面から考察できる。まず，共有する「情報の量」が多い場合と少ない場合がある。例えば，幅広い製品類や顧客を対象とし，開発・生産・販売といった多様な機能を持つ子会社の場合，現地人と日本人マネジャーの間で共有される情報の量（幅）は多いだろう。逆に，比較的単純な機能を持ち（例えば，生産のみ），限られた製品を取り扱い，現地人と日本人マネジャーの仕事の分業が明確な場合，共有される情報の量は比較的少なくなる。そして，共有される「情報の密度」においても，「高い」と「低い」密度の情報に分類できる。「高い密度の情報共有」とは，「込み入った話」ともいえる。つまり，答えのまだない問題について，議論を重ねながら答えを導き出していくことと定義できる。一方，「低い密度の情報共有」とは，伝達，指示，報告などすでに決まった内容を伝える一方通行的なものといえる。

　まず，海外子会社経営の言語として日本語を選択する場合，「多量・高密度の情報共有」，「多量・低密度の情報共有」の両方のパターンが見られる。前者は，現地の言語と日本語との距離が近い韓国・台湾・一部の中国における海外拠点に限って可能なパターンである。本事例で紹介した東レの中国拠点，TFRCはこの一例といえる。東レが持つ幅広い材料・素材技術を中国市場における40社以上の製造拠点と連携しながら製品開発を行うTFRCは，日本人駐在員や本社の日本人と現地人エンジニアとの間に共有する情報の量が極め

て多い。そのため，TFRCと日本本社のエンジニア同士は日々連絡を取り合いながら開発業務の進捗や結果について話し合っている。同時に，東レ本社に蓄積したコア技術と中国市場のニーズをつなげるといった正解のない開発業務は，両側の高い質の情報共有を必要とする。技術とニーズの両方を探りながら最適な製品として実現するプロセスは，両側の「込み入った話」無しには不可能である。一方，現地の言語と日本語との距離が遠いASEAN諸国の場合には，そういうわけにはいかない。例えば，タイに進出した日系自動車メーカーや部品メーカーの場合，日本語を選ぶ場合もある。しかし，日本人駐在員や本社従業員と込み入った話ができるほどの日本語能力を持つ現地人従業員の数は極めて少なく，情報共有の密度は低いと言える。ちなみに，アジア近隣国の中でも日本人従業員と日本語を使って「多量・高密度」のコミュニケーションができるのは韓国・台湾・一部の中国に限られる特殊な状況である。海外拠点の現地人マネジャーと日本語で込み入った話をしながら経営活動を営むことができるという意味で，これら3カ国は日本企業にとって非常に恵まれた言語環境を提供する。

　次に，海外子会社経営の言語として英語と日本語を併用する場合も，「多量・低密度の情報共有」と「多量・高密度の情報共有」の両パターンがみられる。前者は，英語を中心に日本語も一部併用する言語選択のパターンで，デンソーのタイ拠点であるDIATがこれに近い。地域統括拠点としてアジア各国の子会社とも連携しているDIATの場合，現地人と日本人マネジャーの間に共有すべき情報の量は多いといえる。一方，常に両側で相談しながら意思決定すべき案件は多くはないため（情報の密度は低い），英語を主に使っている。ただし，事例の部分で述べた通り「込み入った話」になると日本人同士の日本語での議論になっている。そして，後者は，日本語を中心に英語も併用する言語選択のパターンで，オムロンの中国拠点であるOSCの例がこれに当たる。OSCでは，部署や製品によって違う言語を使っており，現地人の中では部長レベルの管理職にのみ流ちょうな日本語能力が求められていた。それは，一部の現地人管理者と密度の高い情報共有ができれば子会社経営に問題ないからであろう。

　最後に，通訳を介してコミュニケーションを行う場合は，「少量・低密度の

情報共有」から「多量・高密度の情報共有」まで，様々なバリエーションがあ
る。本事例で取り上げた小糸製作所の中国生産拠点である SKAL の事例は，
「少量・低密度の情報共有」に近い。現地資本との合弁設立である SKAL の場
合，管理職レベルの分業体制が明確であるため，お互いが共有すべき「情報の
量」は比較的少ない。また，経営会議においても，現地側が担当する人事や総
務などで決定されたことと，日本側が担当する開発や生産で決定されたことを
報告し合う程度の情報共有であるため，その密度も低い方であるといえる。し
かし，より一般的に言えば，通訳を介してコミュニケーションを行う場合，情
報の密度が低くなるか高くなるかは通訳者の腕次第である。高密度の情報交換
の必要性が高い拠点では，優れた通訳者の存在が不可欠となる。そのため，通
訳を介したコミュニケーションを行うから情報の密度が低いとは限らない。

5．言語選択の光と影

　最後に，海外子会社において日本語や英語といった特定の言語を選択した
場合に，どのようなメリットとデメリットがあるのかについて触れておきた
い。日本企業の言語政策に関する既存研究では，「日本企業は自国中心主義
（ethnocentrism）が強いため，海外でも日本語を用いて経営している」という
のが通説であった。一方，2010 年ごろから「グローバル企業は英語を使う」
といった議論が流行ったことで，日本企業の間でも英語公用語化の動きが見ら
れ始めた。例えば，楽天を代表例に，武田製薬，日産，ファーストリテイリン
グ，ホンダなどの企業が，国内採用時に TOEIC700〜800 点以上の条件を設け
たり，英語公用語化への中長期計画を示したりした。しかし，上述の通り言語
選択はそう簡単な問題ではない。図表 5-6-1 で示しているように，日本語と英
語どちらかを選ぶ場合においても，メリットとデメリットの両面が存在する。
　まず，海外子会社を経営する言語として日本語を選ぶと本社との情報共有が
円滑になる。東レの中国開発拠点である TFRC の例で示しているように，現
地人従業員が日本語を使うことで，本社と子会社の間で企業文化が共有され
やすくなる。また，日本人駐在員や本社の日本人が母国語で話せるため，現地
人従業員に対する教育や指導が容易になる。表面的な仕事の進め方だけではな

図表 5-6-1　日本語と英語選択のメリットとデメリット（アジア地域の非英語圏国の場合）

	メリット	デメリット
日本語	・企業文化や価値の共有 ・日本人側の指導意欲が高まる	・日本語人材の数が限られる ・人材育成には社内言語教育や日本研修など膨大なコストと時間を要する
英語	・優秀な人材の確保が比較的容易 ・言語に関する社内教育や研修のコストがかからない	・言語の二重構造

出所：筆者作成。

く，なぜそういったプロセスを踏むのか，何が重要なのかといった背後にある考え方まで伝えようとする意欲が高まる。一方，海外子会社で日本語を使うという選択はそう簡単にできるものではない。現地人従業員を教育するため，膨大な時間と労力，コストの投資を覚悟しなければならないのだ。まず，海外において日本語ができる人材は非常に限られている。そのため，一般的には仕事の内容に見合った人材を採用したうえで，日本語教育をする場合が多い。社内教育として，専任の日本語講師を雇用したうえで週2〜3回日本語教室を設けたり，日本語が学べる塾に通えるような費用を支援したりもする。従業員の日本語学習を動機付けるために，日本語能力試験の高いレベルの資格が取れたらボーナスを支給し，昇進の要件として日本語能力を設ける場合も多い。さらに，1年から3年程度日本に現地人従業員を送り込んで仕事と日本語両方を学んでもらう「逆出向」制度も実施される。しかしながら，このように時間とコストをかけて育成した現地人の日本語人材が他の日本企業に転職してしまう例もまれではない。つまり，コストとリスクが伴う選択肢なのだ。

　英語を選択する場合においても同様に，メリットとデメリットの両面がある。まず，海外子会社の経営のために英語を選ぶと，人材の確保が比較的容易になる。英語はほとんどの国において外国語として学習されているため，幅広い人材プールから英語ができる優秀な人材を採用することができる。現地人人材は中等・高等教育課程ですでに英語を習得しているため，採用後に追加コストをかけて言語能力を育成する必要がない。つまり，日本語を選ぶ場合と比べ，言語教育にかかるコストやリスクがほとんどないことが英語選択のメリットといえる。一方，英語を選択した海外子会社で見られる問題として，「言語

の二重構造」がある。一般的に，「英語中心」の子会社では，社内経営会議はもちろん英語で，本社からの方針も英語で送られてくるし，本社スタッフ（主に開発部門）とのやり取りも英語で行われる。表面的には英語でスムーズに経営活動がなされているように見えるものの，その裏側には日本語による意思決定が存在する。デンソーのタイ統括会社であるDIATの事例で見られるように，込み入った話になると日本人同士（本社からの駐在員と他拠点または本社の日本人）の日本語による話し合いになりがちで，そこから決まったことが現地人スタッフに英語で伝えられる。現地人スタッフが経験を積み管理職になっても，日本語ができなければ重要な意思決定には参加できないといった，英語と日本語の二重構造が存在するのだ。これは，現地人従業員のモチベーションにかかわる大きな課題となり得る。

　本事例では日本企業の海外子会社4社における言語選択の事例を通じて，なぜそれぞれの子会社が違う言語を選択するのかについて，また，特定の言語が選択された場合における現地人と日本人従業員の間に共有される「情報の質と密度」を軸にした説明を試みた。しかし，海外子会社における言語選択には，その他にも様々な要因が影響する可能性がある。そもそも進出先国の歴史・文化・言語的背景（特に日本語との言語距離）も大きな影響を及ぼすだろうし，海外拠点の資本関係や歴史的背景も言語選択に関わるであろう。本事例で取り上げた事例および他の事例を参考にしながら，様々な影響要因について考えてみてほしい。また，本事例で取り上げた事例は，アジア地域の非英語圏国をコンテキストとしていることには注意が必要である。日本企業が英語を母国とする国々，または英語との言語距離が近い欧州の国々に進出した場合には，どういった言語選択をするのか，またアジアの非英語圏国とは何が違ってくるのかについても考えてみる必要がある。

（金　熙珍）

索　引

編著者紹介 （五十音順）

板垣　博 （いたがき・ひろし）　武蔵大学名誉教授／埼玉大學名誉教授

最終学歴：東京大学大学院経済学博士課程単位取得退学
主要著書：板垣博編［1997］『日本的経営・生産システムと東アジア―台湾・韓国・中国における
　　　　　ハイブリッド工場―』ミネルヴァ書房
　　　　　Itagaki, Hiroshi (Ed.). (1997). *The Japanese Production System: Hybrid Factories in
　　　　　East Asia.* Macmillan Press
　　　　　板垣博編著［1997］『東アジアにおける製造業の企業内・企業間の知識連携：日系企業
　　　　　を中心として』文眞堂
担当：はしがき，第1章事例を読む前に，事例1-1，第1章補論，第3章事例を読む前に，事例
　　　4-2，事例4-3，第5章事例を読む前に

周佐喜和 （しゅうさ・よしかず）　横浜国立大学大学院環境情報学府・研究院教授

最終学歴：東京大学大学院経済学研究科博士課程単位取得退学
主要著書：岡本康雄編［1998］『日系企業 in 東アジア』（共著）有斐閣
　　　　　岡本康雄編［2000］『北米日系企業の経営』（共著）有斐閣
　　　　　周佐喜和・鈴木邦雄［2008］『マネジメント入門』（共著）オプトロニクス社
担当：はしがき，第1章事例を読む前に，第2章事例を読む前に，第4章事例を読む前に

銭　佑錫 （ぜん・うそく）　中京大学経営学部教授

最終学歴：東京大学大学院経済学研究科博士課程単位取得退学
主要著書：安保哲夫編著［2008］『日本石油・ガス企業の国際競争戦略―国際石油メジャー・日本
　　　　　製造企業との比較―』（共著）ミネルヴァ書房
　　　　　山﨑克雄・銭佑錫・安保哲夫編著［2009］『ラテンアメリカにおける日本企業の経営』
　　　　　（共著）中央経済社
　　　　　Yamazaki, Katsuo, Juhn, Wooseok, & Abo, Tetsuo (Eds.). (2013). *Hybrid Factories in
　　　　　Latin America: Japanese Management Transferred*, Palgrave Macmillan
担当：はしがき，第1章事例を読む前に，事例2-3，事例2-4，事例2-5，事例4-1

執筆者一覧 （執筆順）

公文　溥 （くもん・ひろし）　法政大学名誉教授
担当：事例1-2

小林　元 （こばやし・はじめ）
元東レ株式会社（欧米事業部長・アルカンターラ社副社長など歴任）
担当：事例1-3，事例1-7

苑　志佳 （えん・しか）　立正大学経済学部教授
担当：事例1-4

上池あつ子（かみいけ・あつこ）　中央学院大学商学部准教授
担当：事例 1-5

海上泰生（うなかみ・やすお）
横浜市立大学国際商学部／立教大学経済学部兼任講師（日本政策金融公庫兼職）
担当：事例 1-6，事例 3-3

鬼塚雄大（おにつか・ゆうだい）　東海大学経営学部講師
担当：事例 2-1

王　中奇（おう・ちゅうき）　東京都立産業技術大学院大学産業技術研究科助教
担当：事例 2-2

伍　　安（ご・あん）　元中京大学大学院経営学研究科院生
担当：事例 2-5

大木清弘（おおき・きよひろ）　東京大学大学院経済学研究科准教授
担当：事例 3-1

徐　寧教（そ・よんきょ）　神奈川大学経営学部准教授
担当：事例 3-2

井原　基（いはら・もとい）　埼玉大学大学院人文社会科学研究科教授
担当：事例 3-4

金　熙珍（きむ・ひじん）　東北大学大学院経済学研究科准教授
担当：事例 3-5，事例 5-6

李　炳夏（り・びょんは）　阪南大学経営情報学部教授
担当：事例 4-4

臼井哲也（うすい・てつや）　学習院大学国際社会科学部教授
担当：事例 5-1

松井義司（まつい・よしじ）　名古屋経済大学経営学部教授
担当：事例 5-2

今川智美（いまがわ・ともみ）　ビジネス・ブレークスルー大学大学院経営学研究科助教
担当：事例 5-3

青木俊一郎（あおき・しゅんいちろう）　神戸社会人大学学長／元松下電器（中国）総経理
　　担当：事例5-4

荻野紫穂（おぎの・しほ）　武蔵大学経済学部教授
　　担当：事例5-5

鎌田（板倉）真由美（かまた（いたくら）・まゆみ）　日本マイクロソフト株式会社
　　担当：事例5-5

北原祐司（きたはら・ゆうじ）　ServiceNow Japan 合同会社
　　担当：事例5-5

野崎恵太（のざき・けいた）　データブリックス・ジャパン株式会社
　　担当：事例5-5

トピックスで読み解く国際経営

2023年9月30日　第1版第1刷発行　　　　　　　　　　検印省略

編著者　板　　垣　　　　博
　　　　周　　佐　　喜　　和
　　　　銭　　　　佑　　錫

発行者　前　　野　　　　隆

発行所　株式会社　文　　眞　　堂
　　　　東京都新宿区早稲田鶴巻町533
　　　　電　話　03（3202）8480
　　　　FAX　03（3203）2638
　　　　https://www.bunshin-do.co.jp/
　　　　〒162-0041 振替00120-2-96437

製作・モリモト印刷
© 2023
定価はカバー裏に表示してあります
ISBN978-4-8309-5241-8　C3034